儒教と革命の間

東アジアにおける徐復観

黄俊傑 著
緒形 康 訳

集広舎

儒教と革命の間

◉ 目次

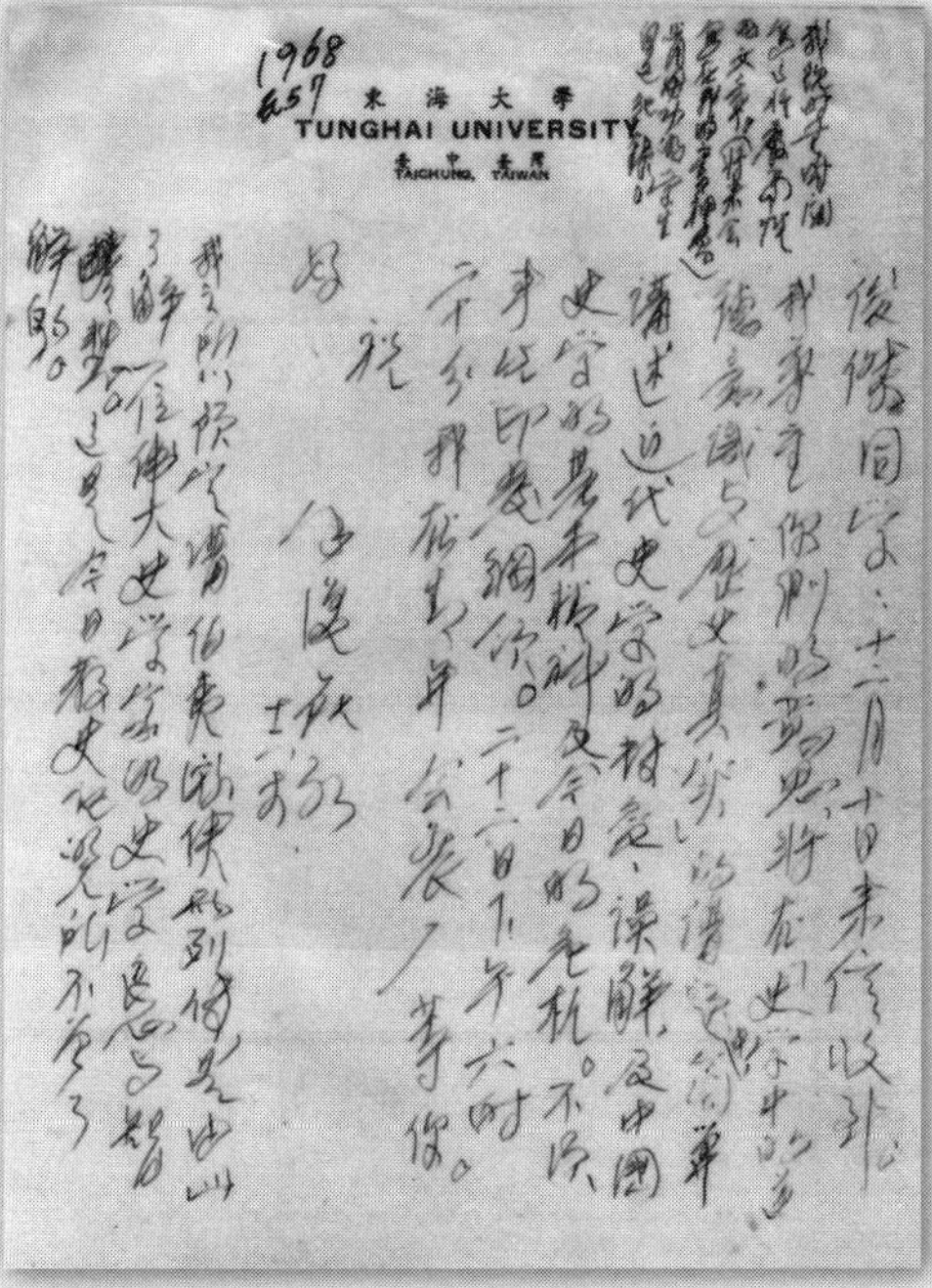
東海大學
TUNGHAI UNIVERSITY
台中 台灣
TAICHUNG, TAIWAN

黄俊傑氏の将来を決めた徐復観の書簡

◉付論　『中国人性論史・先秦篇』における方法論の立場とその革新

◉徐復観著作一〇選

凡例

(1) 本書の底本は、二〇〇九年に出版された黄俊傑『東アジア儒教の視界における徐復観とその思想（東亜儒学視域中的徐復観及其思想）』（台北：国立台湾大学出版中心、ISBN 978-986-02-0273-1（精装））の増訂版で、二〇一七年一〇月六日、著者より訳者に送付された。同書のうち、自序、第一章〜第七章、名詞索引（本書では「事項索引」と表記）、人名索引を翻訳し、付録一「徐復観の著作に現れる日本人名とその評論表」、付録二「徐復観の著作に現れる日本論著とその評論表」、付録三「日本友人の徐復観宛書簡資料集」については、訳者が整理のうえ、第五章の注19、20、21に組み込んだ。引用書目、誌謝（謝辞）は翻訳しなかった。

また、黄俊傑『思想史の視野のなかの東アジア（思想史視野中的東亜）』（台北：国立台湾大学出版中心、二〇一六年、ISBN 978-986-350-185-5（精装））の付録一「『中国人性論史・先秦篇』における方法論の立場とその革新」は、本書を理解するうえで意味があると考え、著者の同意のうえ、「付論」として、本書に収めた。

(2) 読者の理解を深めるために、徐復観の著述から一〇編を選んで訳出し、簡単な解題を付した。うち、「劉少奇を哀しむ」は、石川泰成・竹内和喜「徐復観著作選訳(3)——評論編Ⅰ」『九州産業大学国際文化学部紀要』第五七号（二〇一四年、八七〜一〇一頁）の訳文を使用させていただいた。掲載をお認めくださった石川氏・竹内氏に深く感謝したい。あわせて、「徐復観略年譜」を作成した。

(3) 原著書の注のうち、徐復観のテキストからの引用の出典は、すべて以下に掲げる引用記号を用いて、本文における引用の直後に記載した。そのため原著書の注番号と、本書のそれとは完全に一致していない。

引用記号については、たとえば、[RX 1963 (1969): I-2] とあるのは、一九六三年に初版が出版された『中国人性論史・先秦篇』の一九六九年の版本一〜二頁から引用したことを表している。

なお、引用記号の後に記した書誌情報は、黎漢基「徐復観先生出版著作繋年表」(https://sites.google.com/a/xufuguan.net/academic/home/a)、謝鶯興、陳姵穎「徐復観教授研究資料彙編——著作専書之部」『東海大学図書館館刊』第五期（二〇一六年五月一五日）を参照して作成した。

■引用した徐復観のテキストとその引用記号

BB 1-6：『徐復観雑文補編』第一冊思想文化巻上、第二冊思想文化巻下、第三冊国際政治巻上、第四冊国際政治巻下、第五冊両岸三地巻上、第六冊両岸三地巻下、全六冊、黎漢基、李明輝（編）。台北：中央研究院中国文哲研究所籌弁処、二〇〇一年。

JS：『徐復観家書精選』曹永洋（編）。台北：台湾学生書局、一九九三年。

JSJ：『徐復観家書集（1963-1981）』黎漢基、曹永洋（編）。台北：中央研究院中国文哲研究所、二〇〇一年。

JX：『中国経学史的基礎』。台北：台湾学生書局、一九八二年、一九九〇年。北京：九州出版社、二〇一四年（『全集』第一一冊）。

LH 1-3：『両漢思想史』巻一周漢政治社会結構之研究、巻二、巻三、全三冊。香港：新亜研究所、一九七二年（巻一のみ）。台北：台湾学生書局、一九七四年、一九七五年、一九七六年（同版より『増訂両漢思想史』巻一、巻二全二冊）、一九七八年、一九七九年、一九八〇年、一九八二年、一九八四年、一九八五年、一九八九年、一九九〇年、一九九九年。香港：香港中文大学出版社、一九七五年、一九八五年。上海：華東師範大学出版社、二〇〇一年、二〇〇二年。武漢：湖北人民出版社、二〇〇九年（選録本）。北京：九州出版社、二〇一四年（『全集』第七～九冊）。

LZ：『論戦与訳述』。台北：志文出版社、一九八二年。

RJZZ：『儒家政治思想与民主自由人権』蕭欣義（編）。香港：八十年代出版社、一九七九年。台北：台湾学生書局、一九八八年再版。

RX：『中国人性論史・先秦篇』。台中：東海大学出版社、一九六三年。台中：中央書局総経銷、台北：台湾商務印書館、一九六九年、一九七五年、一九七七年、一九七八年、一九七九年、一九八二年、一九八四年、一九八七年、一九八八年、一九九〇年、一九九三年、一九九四年、一九九六年、一九九九年。上海：三聯書店、二〇〇一年。上海：華東師範大学出版社、二〇〇五年。武漢：湖北人民出版社、二〇〇九年（『徐復観文集（修訂本）』第三冊）。北京：九州出版社、二〇一四年（『全集』第四冊）。

ST：『石濤之一研究』。台中：民主評論、一九六八年。台北：台湾学生書局、一九七三年（書名に「増補」を付す）、一九七九年（書名に「増補三版」を付す）、一九八二年（書名に「増補」を付す）。北京：九州出版社、二〇一四年（『全集』第五冊）。

SX：『中国思想史論集』。台中：東海大学、中央書局経銷、一九五九年、一九七四年、一九七五年、一九七九年、一九八一年、一九八三年、一九八四年、一九八八年。上海：上海書店、二〇〇四年。北京：九州出版社、二〇一四年（『全集』第三冊）。

SXX：『中国思想史論集続篇』。台北：時報文化出版社、一九八二年、一九八五年。台北：台湾学生書局、一九八三年。上海：上海書店、二〇〇四年。北京：九州出版社、二〇一四年（『全集』第二冊）。

WC：『徐復観文存』曹永洋（編）。台北：台湾学生書局、一九九一年。

WL 1-4：『徐復観文録』第一・二冊文化、第三冊文学与芸術、第四冊雑文、全四冊。台北：環宇出版社、一九七一年。

WX：『中国文学論集』。台中：民主評論、一九六六年。台北：台湾学生書局、一九七四年、一九七六年、一九七九年（七九年版と八二年版には書名に「増補」を付す）、一九八〇年、一九八二年、一九九〇年、二〇〇一年。台北：正中書局、一九八〇年。北京：九州出版社、二〇一四年（『全集』第六冊）。

WXX：『中国文学論集続編』薛順雄（編校）。台北：台湾学生書局、一九八一年、一九八四年。

XC：『徐復観文録選粋』蕭欣義（編）。台北：台湾学生書局、一九八〇年、二〇一三年。

XJ：『徐復観雑文続集』。台北：時報文化出版社、一九八一年、一九八六年。

XS：『学術与政治之間』（甲、乙合訂本）全二冊。香港：南山書屋、一九七六年。台北：台湾学生書局、一九八〇年、一九八五年（書名に「新版」を付す）。台中：中央書局、一九八〇年（書名に「新版」を付す）、一九八一年。上海：華東師範大学出版社、二〇〇九年（一二編の「存目」に整理）。北京：九州出版社、二〇一四年（『全集』第二冊）。

XY：「瞎遊雑記」『華僑日報』（香港）、一九七七年七月二日〜二〇日。

YS：『中国芸術精神』。台中：東海大学、一九六六年。台北：台湾学生書局、一九六六年、一九六七年、一九七二年、一九七三年、一九七四年、一九七六年、一九七九年（この年から書名に「増補」を付す）、一九八一年、一九八三年、一九八四年、一九八八年、一九九二年、一九九八年。上海：華東師範大学出版社、二〇〇一年、二〇〇四年。瀋陽：春風文芸出版社、一九八七年。桂林：広西師範大学出版社、二〇〇一年。商務印書館、二〇一〇年、二〇一一年。

ZG：『周官成立之時代及其思想性格』。台北：台湾学生書局、一九八〇年。北京：九州出版社、二〇一四年（『全集』第一一冊）。

ZH：『徐復観最後雑文』。台北：時報文化出版社、一九八四年。

ZHRJ：『無慚尺布裹頭帰——徐復観最後日記』翟志成、馮耀明校注。台北：允晨文化、一九八七年。北京：

九州出版社、二〇一四年（『全集』第二四～二五冊）。

ZQH：『周秦漢政治社会結構之研究』。香港：新亜研究所、一九七二年。台北：台湾学生書局、一九七四年、一九七五年。

ZW1-4：『徐復観雑文集』蕭欣義（編）。（一）論中共、（二）看世局、（三）記所思、（四）憶往時、全四冊。台北、時報文化出版社、一九八〇年、一九八二年、一九八四年、一九八五年。

(4) 本書で使用した括弧は、（ ）〔 〕「 」『 』の四つである。

（ ）：原文の丸括弧は訳文でそのまま用いた。

〔 〕：(3)の引用記号に用いたほか、訳者による訳注もこの括弧内に収めた。

「 」：原文の引用符をこの括弧で表した。引用テキストもこの括弧を用いてある。論文タイトルを示すときにも用いる。

『 』：書名、新聞・雑誌のタイトルを示すのに用いる。鉤括弧のなかの鉤括弧はこの二重鉤括弧にした。

(5) ゴシックは、原文が強調されている箇所に用いた。

(6) 読み方が難しい人名や語句に適宜ルビをふった。

(7) 原注は、徐復観のテキストの引用出典以外のすべてを、それぞれの章末に一括して掲げた。訳注は、(4)で書いたように、本文において〔 〕内に収めた。

(8) 引用のうち、既訳のあるものは随時参照したが、原文の文脈を尊重し、必ずしもすべてに従わなかった。既訳者のご海容を乞う次第である。

日本の読者へ

本書の中国語初版が二〇〇九年に台湾大学出版中心から上梓されてから一〇年の歳月をへたが、このたび、畏友・緒形康教授に本書の翻訳の労を取っていただき、多くの日本の読者の前に提供されたことを衷心より嬉しく思う。緒形氏には深い感謝の意を表したい。日本語版が出版されたこの機会を借りて、現代の東アジアから照らしたとき徐復観《じょふくかん》の思想がどのような独特のすがたをもって現れるかを簡潔に述べて、日本の読者の教示を乞うものである。

日中の地理的な距離は遠いものではない。一八九八年に康有為《こうゆうい》（一八五八〜一九二七）は「海は山をも押しやる勢いで日本に通じ」〔宮崎滔天『三十三年の夢』（一九〇二年）「康有為日本に入る」に引く一八九八年一〇月二二日の詩のフレーズ〕と詠んだが、古代より両国の関係は密接で、唐代の文化が日本文化に与えた影響はとくに大きい。けれども、一八九四年の日清戦争で大清帝国が惨敗してから、日本はアジアの覇者となり、中国が仰ぎ見る対象となって、ここに多くの中国人が日本に留学することになった。二七歳の青年であった徐復観も一九三〇年に留学し、明治大学で経済学を専攻した。マルクス・レーニン主義の政治経済学者である河上肇（一八七九〜一九四六）の著作を読み始め、その後、陸軍士官学校歩兵科に転じ、一九三一年に日本が柳条湖事件を発動したのに抗議して帰国した。その日本留学は一年にすぎなかったが、この間の学習がかれの日本語読解の基礎を形づくり、みずから振り返るように晩年まで毎年大量の日本語訳ヨーロッパ文献を購入し閲読することになった。かれほど日本を通じてヨーロッパ文化を理解しようとした知識人は同時代の中国にいない。その留学経験は短かったが、かれの人生に消えがたい刻印を残したのである。

にもかかわらず、二〇世紀の中国知識人にあって、かれほど日本の社会とその文化を鋭利にして独特の方法で批判した者もいないのである。日本民族が極端へと向かいやすく、ある種の悲劇的な性格を有することをかれは鋭く指摘した。こうした論調は、日本の大哲学者である和辻哲郎（一八八九〜一九六〇）が『風土——人間学的考察』に記した「モンスーン型」の風土と性格を想起させる。また、一七世紀の中国亡命者である朱舜水《しゅしゅんすい》（一六〇〇〜一六八二）が日本人の性格を「果断にして軽率である」〔福岡柳川藩儒臣の安東省菴（守約、恥斎、一六二二〜一七〇一）に宛てた手紙のフレーズ〕と考えたことをも思い起こさせる。徐はさらに日本の政治家や知識人の多くが「鋸《のこぎり》歯型の心理習性」をもつと言ったが、こうした見解を支持するか否かは別として、それが独創的かつ肺腑をえぐる洞察であることに変わりはない。

徐先生は長く日本に滞在したわけではないのに、これほど鋭く日本民族とその文化の特徴を言い当てることができたのは一体なぜだろうと常々考えてきた。そのおもな理由は、先生が中国文化の思想的な「雰囲気」に深く溶けこみ、中国文化によってその「自我」を構築し、またその「自我」が有する文化のまなざしによって、「他者」としての日本社会とその文化の特徴を了解したからである。四世紀の東晋（三一七〜四二〇）の郭璞《かくはく》（景純、二七六〜三二四）はその編集になる『山海経《せんがいきょう》』の序文で

「世に変わったことと言われるものも、それが変わったことであるとは言い切れないし、世に普通と思われていることも、それが普通であるとは言い切れない。なぜなら、物それ自体が変わっているのではなくて、わたしがそれを見ることによって変わったものとなるからである。変わったものはわたしのなかにあるのであって、物それ自体が変わっているのではない」と書いた。「それ自体」と「他者」に関わる関係について郭璞が述べたことを、徐復観による日本観はこの上なくはっきりと証明しているのである。

つぎに、二〇世紀後半における「ディアスポラ」集団のひとりとしての徐復観について語りたい。一九四九年に国共内戦が終結し、国民政府が台湾に移って、中国共産党が政権を打ち立てたさい、徐復観は、現代新儒家の学者や知識人とともに中国大陸を逃れ、台湾と香港を漂泊し、故郷との絆を絶たれた難民となった。徐復観は同時代の「ディアスポラ」中国知識人とともに天を仰いで、「流浪者の魂が安息する場所」(徐先生のことば)はどこにあるのかと嘆息したのである。

徐復観も現代の新儒家とおなじように、中国文化をその魂の安息の場と考えるにいたった。政治的な変動によってみずからの地理的な故郷にもう一度安住することはできなかったが、かれは太平洋の鮭《さけ》のように後半生の生命力を奮い立たせて山間にある渓谷の源流へと回帰した。その儒学研究は学術的な研究であるとともに、かれ個人の生命の意味の拠り所をもとめた場所であり、たんなる「事実の判断(factual judgment)」ではなくて「価値の判断(value judgment)」でもあって、さらには「価値」というコンテキストから「事実」の是非や正誤を考えるものであった。徐復観がおしすすめた学問は、かれと同時代の儒家哲学者である牟宗三《ぼうそうさん》（一九〇九〜一九九五）が述べた「生命の学問」に当たる。清代の考証学をかれが批判し、傅斯年《ふしねん》（一八九六〜一九五〇）や胡適《こてき》（一八九一〜一九六二）を激しく批判した根本の理由もそこにあった。

一九世紀に「文明開化」を唱えた日本の知識人である福沢諭吉（一八三五〜一九〇一）は、同時代の知識人とともに明治維新をくぐり抜けた後、「一身にして二生を経る」、つまり「漢学の前半生」と「洋学の後半生」を得たり、と述べた。明治以降の知識人の多くは、「洋学の後半生」を追求するにあたって「漢学の前半生」を忘れることが多かった。こうした文化の断絶は深く遺憾とするところである。徐復観が近代日本の知識人と違っていたのは、その青年時代に日本をつうじて「洋学」（とくにマルクス主義）を学習しながら、「漢学の前半生」を忘れることがなかったことである。こうした生命の選択はわれわれにつぎのような啓示を与える。二一世紀のグローバリズムと反グローバリズムが激突する新時代にあって、「自我」「他者」「文化アイデンティティ（cultural identity）」「政治アイデンティティ」という四つの次元（dimension）が激しい相互の交渉を繰り広げるなかで、「自我」の「文化アイデンティティ」こそ、ひとのひとたるもっとも重要な出発点となるであろうと。おそらくここに、二一世紀に生きるわれわれが徐復観の思想やその精神世界を再訪せねばやまない理由がある。

二〇一七年一〇月六日　　文徳書院にて

黄　俊傑

自序

『東アジア儒教の視界における徐復観とその思想』は、わたしにとっては情理こもごも忘れがたい書物である。理知的、客観的に徐復観の思想を明らかにするなかで、昔日の思い出がつぎつぎと胸に湧き上がってきた。民国五四（一九六五）年九月、わたしは高雄から台北におもむき、台湾大学歴史系に進学した、その頃の大学キャンパスは欧米の雰囲気に満ちていた。仲間たちが読むのはカミュ、サルトルの実存主義小説であり、書くのは意識の流れの散文であった。わたしもこうした戦後西洋の新しい思想にあこがれはした。けれども、中国文化における儒教の存在を忘れることはできなかった。大学時代、銭穆《せんぼく》の『国史大綱』を読みはじめ、熊十力《ゆうじゆうりき》の『十力語要』『読史示要』をへて、馬一浮《ばいっぷ》、唐君毅《とうくんき》、牟宗三《ぼうそうさん》や徐復観といった「現代新儒家」の著作にすすむと、銭、唐、牟、徐らの筆端にあらわれた伝統への思慕と民族文化への悲願が、大学時代のわたしに鮮烈な精神の召命（ヴェーバーの言う意味での）を呼びおこし、中国思想史の道へとわたしを導いたのである。

はじめて徐復観に会ったのは民国五六（一九六七）年一二月二二日午後六時二〇分、台北市許昌街の女子青年会レストランだった。父の畏友である湖北黄梅の涂《と》以仁《いじん》叔父の紹介によって、いかに学べばよいかについて、徐復観からじかに教えを受けようとしたのである。話は『史記』の伯夷列伝からはじまり中国哲学の特徴におよんだ。声は破れ鐘のごとく、双眼は炯炯《けいけい》と光り、四二年をへて、徐復観の墓前の木が高く伸びたいまもなお、あのときの懇切な教えを垂れる情景は眼前にあるごとく記憶に新しい。この面談を終わった後の手紙には「中国哲学は思弁によるのではなく、鍛錬から得た体験による。西洋哲学から見れば、中国哲学はとても未熟で、中国哲学のおもなテーマとはほとんど関わることはない」とあった。この考えは面談の内容ともつながっていた。わたしは「現代新儒家」の中心をなす学術的立場にはじめて触れたのである。

　中国の「現代新儒家」のなかでも、徐復観の生命力は強靭で、殷海光《いんかいこう》（一九一九～一九六九、戒厳令時代の台湾における自由主義の闘士）が「かれは怒り猛ること獅子のごとく、従順なること羊のごとし」と述べるとおりである。現代中国で権力を握る政治家や中国文化を踏みにじる知識人には、獅子の雄叫びをもって怒りを加え、裏切りの悲哀に苦しむ無告の労働者農民大衆には、羊のようにその心の傷を愛撫する。何十年にもわたり、わたしは徐復観の書いたものの行間に、かれの「発憤《はっぷん》の心」と、その「発憤の心」が二〇世紀の苦難にみちた中国に残した記録を読むのである。

　この書はいわゆる「思想の伝記（intellectual biography）」ではなく、徐復観の思想世界に分け入り、かれの「発憤の心」を学んだメモである。「中国文化はどこへ行くのか」にかんする徐復観の問いかけに光を当てている。とくにかれが「ネイション」と「デモクラシー」を調和しようとした考えに注目した。本書の各章を書いた時間は十数年におよぶが、本書に収録するさい、大幅な加筆と修正をほどこし、全書の流れを統一した。第一章と第七章は本書のあらかたを完成させた後に書いた。敬虔なる感謝の気持ちをこめて、本書を徐復観の霊前に捧げ、読者諸士の指正を衷心より願う。

二〇〇九年七月一日　関西大学訪問時に

黄　俊傑

【第一章】

思想史家、徐復観

——思想史の方法論とその実践

徐復観と夫人王世高の記念写真

これまですすめてきたこうした思想史の仕事は、（中略）おもに「動的な見かた」と「発展的な見かた」を適用できたことが大きく関係している。動的な見かたを静的な見かたに替えることが、これからの思想史研究がやらねばならない方法である。——徐復観［「自序」、YS 1966（1967）: 7］

一　はじめに

徐復観（一九〇三〜一九八二）(1)は二〇世紀香港・台湾の新儒家にあって、経歴の点でも思想の点でも、ひときわ異彩をはなつ。現代新儒家のひとりとして、かれは唐君毅《とうくんき》（一九〇九〜一九七八）や牟《ぼう》宗三《そうさん》（一九〇九〜一九九五）たちとおなじく、二〇世紀以後に中国人が直面した「道徳」「存在」「形而上学」の迷走(2)からなる「意味の危機（the crisis of meaning）」という困難にたいして、中国文化の特色をそなえた道徳価値のシステムを再建し、現代の中国人に生のよりどころを与えようと、ひとり苦闘した。徐復観は唐君毅や牟宗三とともに、熊十力《ゆうじゅうりき》（一八八五〜一九六八）の示唆と呼びかけ(3)を受けとめ、中国文化の刷新に全身全霊を捧げた(4)。かれらは時代の悲願をひとつひとつ理路整然たる著作に結実させることに心血をそそぎ、二〇世紀中国の精神の生き証人となった。

しかし、二〇世紀中国の儒家のなかで、徐復観は同時代の他の新儒家とは異なる面がある。かれは唐君毅や牟宗三が科学実証主義を批判するさい、たしかに張灝《ちょうこう》（一九三七〜）〔オハイオ大学教授、香港科技大学教授、一八九五〜一九二五年を転型期と捉える理論で有名〕が述べたような「反実証主義的な思想モデル（anti-positivistic mode of thinking）」(5)をもちいた。

にもかかわらず、かれらの間の相違ははっきりしており、それは歴史学（徐）と形而上学（唐、牟）の相違であった。ほかにも歴史研究の分野で、徐復観と銭穆《せんぼく》（賓四、一八九五～一九九〇）の相違はたいへん顕著である。銭穆は中国知識人と歴代政権の調和的な関係を強調したが、徐復観はそれらの緊張関係を重く見た。二〇世紀の中国思想史において、徐復観はこのように突出した存在だった。かれは湖北の浠水《きすい》の農村の子供で、大地から生命のダイナミズムを得た(6)。ハツカネズミのように農村の泥土から頭角を現し、レーダーのような眼光と叡智で伝統中国の文化の病根をえぐり、現代中国の苦痛を診断し、思想史の立場から病の処方箋を書いて、この時代に瞠目すべき数の著作をのこした。

二〇世紀の東アジア儒教のパースペクティヴから見ても、徐復観の思想には特殊なものがある。かれは伝統中国の文化を分析するさい、とりわけ農業・農村・農民が中国文化のもっとも大事な基礎だと強調し、中国が将来、自作農という階級のうえに民主政治を花開かせることを願った。ところが、二〇世紀日本の知識人のなかで、徐復観のように『論語』をきわめて高く評価した渋沢栄一（号は青淵、一八四〇～一九三二）は、農本主義を放棄して『論語』とソロバンを結びつけ、東アジアの未来に「義と利が一体化した」儒教資本主義の精神をもたらそうとした。また、徐復観は近代西洋文化の進展をきびしく批判したが、日本の啓蒙思想家である福沢諭吉（一八三五～一九〇一）や著名なシノロジストである内藤湖南（虎次郎、一八六六～一九三四）は西洋近代文化を高く評価しており、両者ははっきりした相違を見せている。

二〇世紀の中国儒教もしくは東アジア知識人のどのパースペクティヴから見ても、徐復観は生命力に満ち、活力に富んだ学者かつ思想家である。かかる生命の色合いは、かれと同時代の現代儒家たちとはその風貌を大きく異にしており、その思想は同時代の日本の思想家と比べても、生命に刻印された中国文化の深い痕跡において抜きん出ている。

徐復観の生涯にわたる思索には一貫した最終的な関心がある。「中国文化はどこへ行くのか」とは、二〇世紀の知識人が夢にだに忘れなかった問題であり、それは『ネイション』と『デモクラシー』をどう調和するか」という問いに具体化されている。徐復観の生涯にわたる思索も、二〇世紀中国の知識人を捉えて離さなかったこの大きな問題なのだ。ここに言う「ネイション」とは伝統中国の文化のことで、「デモクラシー」とはここ二〇〇年にわたる西洋民主政治のライフスタイルのことだ。農業を軸にした、儒教を中心とする伝統中国の文化から、どうやって現代的な民主政治を切り開くのか。これは一九一九年の五四運動の後、中国人すべてが目標としてきた課題である。徐復観がこの問題を考えて書いた多くの著作は、二〇世紀の中国知識人のなかで現代儒家を代表するものである。ただ、かれの思索のなかでの日本ファクターは、同時代の現代新儒家とは大きく異なる側面をかれにもたらし、また日本の著作をつうじてヨーロッパの近代文化を理解し、日本文化をモデルに中国文化を考えるところから、かれの特殊性は生まれたのである。徐復観とその思想が二〇世紀の東アジア儒教史の重要な一章であるのは確かなことだ。

徐復観の二〇世紀儒教史における普遍性と特殊性を明らかにするために、わたしはここで比較思想史のやりかたを用いて、かれとその思想を二〇世紀中国の儒教史と東アジア思想史の広いパースペクティヴのなかで分析し、かれの思想面での論敵であった胡適《こてき》（一八九一〜一九六二）や傅斯年《ふしねん》（一八九六〜一九五〇（北京大学で胡適に学び、五四運動で活躍、国立台湾大学学長））と比べ、またその儒教の同志である唐君毅や牟宗三と対照して、その同一性を述べ、あるいはその相違を論じた。さらに近代日本の啓蒙思想家である福沢諭吉（一八三五〜一九〇一）や「近代日本の資本主義の父」である渋沢栄一（一八四〇〜一九三一）の思想を参照して、徐復観の思想の「中国的な特徴」をつかみ、伝統中国の文化やその若き日の農村の経験がかれの生命に刻印した記憶を確かめようとした。

本書は七つの章からなり、第一章は、徐復観の思想史の方法とそれが多くの著作でどのようにもちいられているかを探る。第二章と第三章では、二〇世紀中国および日本や戦後台湾のコンテキストをつうじて、かれによる中国の伝統文化の解釈を論じ、かれが中国文化の定義づけから、どのようにしてみずからのアイデンティティをつくりあげ、二〇世紀中国の激動と離散《ディアスポラ》のなかで「さまよえる魂」を慰撫したかを分析する。第四章では、かれの西洋近代文化の議論を分析する。これは「中国文化はどこへ行くのか」を考えるさいの第一のモデルだった。第五章は、それを受け、かれによる日本の政治、社会、文化にかんする評論を俎上に載せる。これは「中国文化はどこへ行くのか」を考えるさいの第二のモデルである。第六章は、さらに古典儒教に新しい意味を与えて中国文化を革新する可能性をもとめた徐復観について考える。第七章で、本書の各章をまとめ、東アジア文化交流における「自我」と「他者」の相互関係、文化の「特殊性」と「普遍性」の弁証法的な関係に注目して結論を述べたい。

本書が探るテーマは徐復観の「中国文化はどこへ行くのか」についての見かたである。その著作と具体的な論点を考える前に、まず思想史家としての徐復観について触れておかねばならない。本章では、かれの学問世界における思想史の方法論というテーマをめぐって、かれがみずから信ずる方法論を具体的な研究のなかでどのように実践したかを分析する。本章は第一節の「はじめに」を受け、第二節では徐復観の人格、かれの時代観、その学術研究のありさまを描き、第三節ではかれの全体論的なアプローチ（holistic approach）やその細かい定義と問題を考え、第四節ではかれの思想史の方法論のもうひとつの側面である比較の観点から、中国思想史のどのような特殊なすがたが現れるのかを考える。第五節は結びのことばである。

徐復観は二〇世紀の中国思想史の重要な対象であるが、これまでの研究モノグラフはその政治思想、とりわけ儒家思想と民主政治の相互関係に集中している。ウンベルト・ブレチャーニ（Umberto Bresciani）は、現代の新儒家の運動を紹介した本のなかで、ひとつの章をさいて、学者かつ評論家（コラムニスト）としての徐復観を論じており(7)、また倪培民（Ni Beimin）の論文は徐の「実践的なニューマニズム」に注目し(8)、劉鴻鶴（Hong-he Liu）の研究は徐による儒家の政治伝統にたいする批判を取り上げ(9)、謝暁東《しゃぎょうとう》は殷海光の政治哲学との異同を語っている(10)。李淑珍（Su-San lee）の博士論文は徐の生涯の「思想的な伝記」とも言うべきものだが(11)、一九四九年以後の台湾と香港を漂泊した時期（一九六九～一九八二）の思想遍歴を集中して取り上げている。陳昭瑛《ちんしょうえい》が編集した二つの論文集は徐復観の研究の最新の成果である(12)。

これまでのモノグラフと比べて、徐復観の「中国文化はどこへ行くのか」についての見かたに注目し、あわせて近代の西洋文化や日本文化にかんする徐の評論を取り上げ、参照システムとしたのが本書である。そうしたテーマに入る前に、徐復観の精神的なすがたとその思想史方法論について一瞥しておきたい。

二　徐復観の精神的なすがたとその学術

徐復観の精神的なすがたとその学術を語るには、一九四九年以後の香港台湾の新儒家たちの共通点とその思想の特徴をざっとスケッチしなければならない。

一九四九年、中国大陸は奔騰し、政権はくつがえり、天地が逆転して、東海は三たび桑田《そうでん》となって、百万の軍隊と民衆が大陸から蹌踉《そうろう》として台湾に居をうつした。一九四九年以後香港にさまよい台湾にやってきた現代新儒家たちの学術の世界には、二つの共通した特徴が見られる。第一は、中国文化にはげしい一体感をもち、「中国文化はどこへ行くのか」という共通の関心のもとで、儒教を研究することが、かれらにとってはたんなる「事実を描くこと」ではなく、「価値への一体化」であったことだ。言い換えれば、戦後の香港台湾のかれらの目には、儒教の思想は自分から離れた客観的な存在ではなく、みずからの生命のよりどころであり、また自我や他者を統治する価値システムでもあったのである。第二に、かれらは一九四九年以後の中国大陸の現実のありかたに強い関心をもっていた。その儒教の研究は、儒教を、世界を解釈するシステムと考えると同時に、世界を変革するアイデアと見るものだった。現代中国の儒教思想は時代とともに変転した。「世界のありかたがたびたび変化することに驚いたら、興亡する世界の歴史にその答えを求めるが良い」（馮友蘭《ふゆうらん》〔コロンビア大学卒、中国人として初めて英文で中国哲学史を完成させた〕の一九七二年の詩〔「王浩に贈る」（一九七二年七月）。王は西南聯合大学卒業後アメリカに留学、日中国交正常化交渉で訪中した田中角栄と交流をもった〕）とは、実際に起こったことを描いたものなのだ。徐復観の世代の儒教研究者は、一九四九年の東海と桑田の大きな変化に苦しみ悩んだが、「チェスのゲームに完敗しても、けっしてあきらめず」（徐復観の一九七七年の詩）、時代のはげしく逆巻く変化に向かって、「国族《ネイション》は無窮であり、わたしのそれへの誓いも永遠である。祖国の大地は広く、その歴史は長い」（徐復観による梁啓超《りょうけいちょう》の詩の改作〔梁啓超の詩「自厲二首」は「世界は無窮であり」となっている〕）という悲願をいだき、儒教の研究によって中国が苦悩からのがれる道を探ろうとした。こうした二つの精神の特徴は、一九四九年以後の香港台湾の新儒家すべてをつらぬくものであり、そのもっとも抜きん出た精神のありかただった(13)。

つぎに、現代新儒家には共通した思想のパターンが見られた(14)。二〇世紀中国の文化思潮として、香港台湾の新儒家は、ネイションの文化が直面する変化につよい危機感をいだいていた。けれども、ナロードニキが排外的な意識や人種の立場から始めたのに比べれば、かれらの態度はもっと積極的で、普遍的な意識から生命の意味を再考しようとした(15)。哲学のシステムとして、新儒家は二〇世紀中国における科学主義（scientism）をはげしく非難し、カント（Immanuel Kant, 1724-1804）[16]やヘーゲル（Georg Wilhelm Friedrich Hegel, 1779-1831）[17]によって二〇世紀の儒教ルネサンスを創造しようとし、また中国思想史の再解釈によって中国文化を復興する基礎をつくろうとした。ひとつの方法論として香港台湾の新儒家は、乾隆《けんりゅう》・嘉慶《かけい》〔一八世紀半ばから一九世紀初めの古典文献学の全盛時代の総称〕以後の考証学にたいして大なり小なりの抵抗と非難をおこなった。かれらが崇拝するのは孔子（前五五一～前四七九）から新儒教にいたる、熊十力が述べた「文化意識の宇宙」[18]であり、生命力がおとろえ精神の萎縮した清代の学術――島田虔次はそれを「悲しき文明（sad civilization）」[19]と呼んだ――にふかい不満を表明し、はげしく非難した。いま述べた文化の危機意識・反科学主義・「文化意識の宇宙」へのあこがれという三つの思想の傾向こそ、多かれ少なかれ、さまざまな場面で、徐復観を含むすべての香港台湾の儒家思想のなかに現れたものだった。

　こうしたバックグラウンドから出発して、徐復観の精神のありかたと学術の世界のいくつかの特徴を描き出すことができるだろう。まず、かれの著作を読む者はだれでも、その躍動する「発憤《はっぷん》の心」を感ずるにちがいない。かれの学術の著作や文化・政治の評論は二〇世紀の動乱する中国の悲劇に迫られて生まれた「発憤の心」である。かれは一九四九年以後の自分の心境をこんなふうに述べたことがある。

> 悲劇の時代に生まれた発憤の心は、このとき、わたしに文化の問題を考えるよう絶えず促した。

文化の問題を考えれば、ますます「学術が国を滅ぼす」ことを感じ、それ以外の政治社会問題よりもっと深刻なのだと感じるにいたった。（中略）わたしは発憤の心で政論を書き、発憤の心で評論を書き、やはり、発憤の心によって門を閉ざして書を読み、本を書くという作業を迫られた。自分ではコントロール不可能であったのが、この発憤の心であった。

［「自序」、XC 1980: 2］

『中国思想論集』の「再版序」でも、こう述べている。

わたしのこれらの文章は、みな時代の激動のなかで、発憤の心をもって書いたものだ。歴史上の人物を理解するときも、時代精神に導かれながら、一歩一歩それらを発掘していった。だから、いつもクローチェ（B. Croce）〔一八六六～一九五二、イタリアの哲学者、ヘーゲル哲学と生の哲学を結びつけ、美学や歴史学の方法論を体系化した〕が述べた「すべての歴史は現代史である」という考えを思い出した。つまり、どの文章にもわたしの血と肉がなにがしか含まれているのである。［SX 1959 (1975) : 3］

この二つの自我解剖は、徐復観のもっとも抜きん出た精神のありかたをはっきりと描きだすものである。かれの言う「発憤」の「憤」にはどんな意味があるだろうか。『方言』〔前漢のひと、揚雄（前五三～一八）の著とされる中国各地域の言語にかんする書物〕に「憤とは盈つるなり」[20]とあり、『説文』〔後漢のひと、許慎（五八?～一四七?）がつくった中国最古の漢字字典〕に「憤とは懣《まん》〔いきどおり〕なり」(21)とあるのが、「憤」がどんなものかの初歩的な説明である。朱熹（晦庵、一一三〇〜一二〇〇）の『論語』述而《じゅつじ》篇の注には「憤ならざれば啓《おし》えず」と言い、「憤とは、心に求めていまだ得ざるの意なり」とあって、よりふかい意味を汲み取ることができる。しかし、どういうわけで「憤」するのだろうか。『論語』述而篇には「憤を発して食を忘る」の一節があり、清代の劉逢禄《りゅうほうろく》（一七七六〜一八二九〔公羊学を再評価し、清代の学術を考証学から実践的な今文学へと転換させた〕）が編集した『論語述何』で「呉と楚が夏を僭称し、乱賊が踵《きびす》を接しておこる、だから憤するのだ」(22)と述べているくだりが、『春秋』をつくったとき孔子が直面した歴史的な背景をもっともよく明らかにしている。徐復観の「発憤の心」とは、ひとつには司馬遷《しばせん》（子長、前一四五〜前八七）の歴史学の伝統に由来するものである。かれの『両漢思想史』巻三「史記を論ず」は、この「怨み発憤する心」について透徹した理解を示している。もうひとつは徐自身が時代の激動から得たふかい感慨に由来するものである。かれは一九四六年の日中戦争勝利後の心境をこう語っている。「民国三〇（一九四一）年より、時代の激動にかんする予感は、絶えずわたしの精神を圧迫し、かんたんには吐き出せそうになかった。危機を救おうと、何年にもわたって心血をそそいだ。民国三三（一九四四）年から三五（一九四七）年にかけて、はなばなしく活躍する国民党・政府・軍隊のひとびとを、ほとんど見てきた。率直に言って、時代の苦難を担えるほどの人材を見いだすことはできなかった。国家と社会にたいしてほんとうに誠意をもち、それを担おうとする人物を見つけられなかったと言ってもよい」[XC 1980: 304-305]。こうした時代の圧力のなかで、一九四六年に徐の兄が逝去し、母は病に倒れ、みずからも大陸から逃れ[XC 1980: 329]、東海は三たび桑田となり、雲は白く犬は青ざめ、時代の変転ただならず、徐復観はこうした時代の変化にたいする「発憤の心」をいだいたまま、五二歳より東海大学中文系の教授として、中国思想史についての教育と研究を始めたのである。

徐復観の多くの著作のなかで「発憤の心」によって研究した代表作としてまず推すべきなのは「前漢・後漢知識人が専制政治から受けた閉塞感」［ZQH 1972 (1975) : 281-294］であろう。かれはこの論文で、前漢・後漢と秦代とのもっとも大きな違いは、専制政治ができたこととそれが知識人に閉塞感をもたらしたことであると述べている。かれによれば「前漢・後漢の知識人の人格やその文化思想の発展の方向やもとになる性格は、いずれもこうした閉塞感のなかで広められ形づくられた」［ZQH 1972 (1975) : 282］。かれが引いた漢代知識人の編集になる賦は、みずからの運命にたいする「怨み」を吐露するものだ。かれは、東方朔《とうほうさく》（前一五四～前九三）の「客の非難に答える」、楊雄《ようゆう》（前五三～一八）の「嘲りを晴らす」、班固《はんこ》（三二～九二）の「客の戯れに答える」などが時代の閉塞感を反映している点に意味を見いだし、それらをつぎのように要約したのである。「こうした一統をたっとぶ〔原文は「大一統」（だいいっとう）で、大はたっとぶと読む。『春秋公羊伝』にあることばで、歴代政権に支配の正当性を提供した〕という個人専制の政治をしっかりつかまえることが、前漢・後漢の思想史を理解するうえでの前提であり、それ以後の思想史を理解するうえでの前提でもある」[23]。この論文は、徐復漢が二〇世紀の動乱の中国における時代の閉塞感にせまられて、個人の時代経験を中国思想史に投影した典型的な事例と言ってよいだろう。かれは一九四四年、四一歳のときに蒋介石（中正、一八八七～一九七五）の幕僚となり、現代中国における最高権力に近づき、帷幄《いあく》に加わるチャンスを得た。「もっとも後悔するのは高き楼に近づいたこと」〔民国期の遺民、陳宝琛（一八四八〜一九三五）の「前落花詩四首」のフレーズ〕と言うとおり、五〇歳になって中国文化の研究を始めるさい、若きころの政治経験が、大漢帝国の専制政治に翻弄される知識人についての身につまされるような深い理解をもたらしたのである。

第二に、徐復観の学問の世界は大きく広がっているが、その方法にかんするかぎり、清代の乾隆・嘉慶時代の考証学に反対する姿勢は揺らぐことがなかった。かれは述べている。

中国の学問は、西周《せいしゅう》のはじめから清代のはじめまでは、知識を偏重して自然科学というジャンルを広げた時代があったとはいえ、長きにわたる伝統文化は、ひととひとの間をどうやって調和させ共存させるかという道理を含めて、ひとのひとである道理を追いもとめ、かつみずから実践することを中心とする。すこしでも常識をそなえたひとなら、このことがわかるだろう。ところが、こうした文化の伝統が、乾隆・嘉慶学派の手にかかれば、すべて否定されてしまうのだ。これでも中国文化と言えるだろうか。それなのに、現在でも学界の高いところにいるひとびとは、乾隆・嘉慶学派の衣鉢《いはつ》を継ぐことを誇りとしている。これでも学術と言えるだろうか。
〔「中国史における運命の挫折」、SX 1959（1975）：261〕

徐復観とて乾隆・嘉慶の考証学にも実証的なものがあることを否定はしないが、その弊害のほうがずっと大きく、思想の内的なダイナミズムをうまくつかむことができないと考えたのである。かれは『中国人性史論・先秦篇』という本で、傅斯年（孟真、一八九六〜一九五〇）の研究方法を批判したが（次節でくわしく述べる）、それは乾隆・嘉慶の考証学にたいする批判に由来するものである。

徐復観をふくめた香港台湾の新儒家は、学問の方法論の点で、乾隆・嘉慶の考証学に批判的な態度をとったことでほとんど一致する。徐復観にきわめて大きな影響をあたえた熊十力は『読経示要《どっけいしよう》』において、「清代の儒学者の弊害でもっとも大きいのは、深遠な学術を排撃したことだ。学問とは形而上をきわめることを最終の目標とし、形而上をきわめるにはみずからの意識に立ち返ることを真のみなもととするのだ。その心を完全にもちいて天地の心を見る。その性を完全にもちいて万物の性を得る。こうしてこそ形而上に遊んでもみずからの立ち位置を見失わないですむのである」(24)。熊十力は乾隆・嘉慶のひとびとが生命のなかの核心にあたるレベルに言及しなかったことを暴いた。銭穆はといえば、歴史学の見かたによって、乾隆・嘉慶のひとびとの学問は歴史学の表面をなでるだけのものだと考え、こう述べた。「乾隆・嘉慶の時代はその経書《けいしょ》の学問を漢代の学問と自称しているが、漢代儒者の経書にかんする学問は、じっさいは国や天下といった現実にそくしたもので、乾隆・嘉慶の経書にかんする学問が字句の読みかたや考証を重んじたのとはまったく異なる。したがって、儒学を語るうえでは、清代の乾隆・嘉慶以後をもっとも衰退した時代と言うことができるのである。心や性を論ぜず、また国や天下を語らず、古書にうずもれて考証ばかりやっていたからだ。そのうえ狭いセクト意識に固まり、学問に貢献するどころか害悪のほうが大きかった。このときの歴史学は、せいぜいのところが歴史の考証、歴史の応用止まりで、道光《どうこう》・咸豊《かんぽう》以後の儒学者は、章学誠《しょうがくせい》

〔一七三八～一八〇一、六経は歴史文献であるという浙東学派の考えを発展させ、考証学とは異なる歴史哲学を展開した〕の影響をうけ、歴史学を現実の政治に役立てようとしたが、あいかわらず道をあやまり、『春秋公羊《くよう》伝』〔清代の半ばから注目され、その解釈学は清末にかけて政治変革を正当化する役割を果たした〕を語って、古書にうずもれてセクトをつくっただけだった」[25]。こうした学術にかんする考えは、現代の香港台湾の儒家のコンセンサスであって、徐復観が方法論の点で乾隆・嘉慶に反旗をひるがえしたのも、そうしたコンセンサスの表明にほかならなかった[26]。

第三に、学者としての徐復観は中国思想史の研究を現代中国の諸問題を解決する手段としたとともに、これからの中国文化の発展に希望を見いだした。かれはその信念をこう表している。

> ある水準の中国哲学思想史がなければ、現代文化における多くの緊急の問題に答えられない。中国と西洋の文化の相違は何か。中国文化は現代中国や現代世界にいかなる意味をもっているのか。世界の文化のなかでいかなる位置を占めるのか。こういった問題に答えようとすれば、まずもって中国文化は「なんであるか」という問題に答えねばならない。〔「序」、RX 1963（1969）：1〕

現代の中国人のもっとも大事な使命とは、「中国文化を歴史上の専制政治の汚辱から洗い清め、ひとの自然の純白な姿に帰して、大陸に呼びかけ、人類に呼びかける」〔XC 1980: 197〕ことである。これこそ、この世代の偉大な使命であると徐復観は考えた。かれによれば、中国思想史の研究は中国文化に新しい生命を注ぎこむもっとも中心的な方法にほかならない。そこで、かれは一九六八年六月五日に「中央研究院院長王世杰《おうせいけつ》先生への公開書簡」のなかで、こう呼びかけたのである。

中央研究院に中国思想史研究所を設け、中国文化の霊魂をよみがえらせ、孔子、孟子、程子《ていし》〔北宋の思想家、程顥（明道）、程頤（伊川）兄弟のこと〕、朱熹、陸象山、王陽明を、「北京原人」〔一九二九年に北京郊外周口店で発見された化石人類、原人に属する〕や「上洞《じょうどう》人《じん》」〔一九三〇年に周口店近くの竜骨山頂上洞窟で発見された新人の一種、現生人類に属する〕とともに、国家の最高学術機構のなかのしかるべき位置に置くべきである。この方面で業績のある研究者はすべて招聘すべきである。〔WC 1991 : 260〕

こうした提案をしたとき、かれの態度はいたって誠実であり、その精神はいたって厳粛であった。乾隆・嘉慶以後の中国学術にたいする反省にもとづいて、そうした呼びかけはおこなわれた。

徐復観は、みずから言うように「感情にまかせて行動する」ひとであった〔XC 1980: 314〕。その躍動する生命は現代中国の時代の悲劇のなかで流転し、二〇世紀の中国人として、「発憤の心」やみがたく、中国農村にルーツをもつこの「大地の子」[27]は、中国大地の不振を見過ごすことなく、奮起して中国文化の再生に身をささげたと言える。ひとりの学者として、かれは乾隆・嘉慶の考証学者が字句の読みかたを論ずるばかりで、価値の信仰についてほとんど語らぬというその学問方法に同意できなかった。乾隆・嘉慶の学問に反対したかれの姿勢は、現代香港台湾の新儒家と呼応し、その意図するものは同じである。思想史に従事する者として、かれは思想史研究をつうじて現代中国の苦境を照らし、中国文化の進むべき道を見いだすことを願った。

三　全体論の研究方法とその意味――傅斯年との比較

ここで、徐復観の中国思想史という学術の世界に分け入り、かれの思想史の方法論とその到達点について考えてみよう。

徐復観の思想史の方法論には二つの中心的なアスペクトがある。ひとつは全体論の立場であり、二つは比較の観点である。まずその全体論の研究方法を見てみよう。ここで述べる「全体論」とは、全体のコンテキストから個体あるいは「部分」の意味をとらえることだ。徐復観の思想史研究は、いつも具体的で特殊な歴史の全体を背景にして思想史におけるイデーの意味を考えるものであった。かれは思想やイデーを「コンテキスト化」することをずっと目指しており、その全体論の考えをあらゆるところで表明してきた。かれの学問における全体論の傾向について最初に指摘したのは陳昭瑛である。かの女によれば、

全体と部分の相互関係は、徐復観が古代のさまざまな学問を理解する方法論の原則である。かれは古代の政治経済の構造から文学や思想をとらえ、あるいは文学や思想から政治経済の構造を考えた。自分の方法が比較の見かたであり、また発展の見かたでもあると言っている。比較の見かたとは、構造の全体性を指すものだ。(28)

これは徐復観をよくとらえた分析と言えるだろう。以下では、この筋道にしたがい、徐の全体論の方法をさらに二つの側面に分類したい。

（一）発展の全体論

徐復観の全体論の方法における第一の側面は「発展の全体論」である。徐の思想史は「動的な見かた」「発展的な見かた」を強調する。かれは言っている。

> これまですすめてきたこうした思想史の仕事が、混乱から抜けでて、かなりはっきりと筋道を立てられるようになったのは、おもに「動的な見かた」と「発展的な見かた」を適用できたことが大きく関係している。動的な見かたを静的な見かたに替えることが、これからの思想史研究がやらねばならない方法である。［「自序」、YS 1966（1967）：7］

けれども、「動的な見かたを静的な見かたに替える」とは具体的にはどんなことだろうか。この問題に答えるには、徐復観と傅斯年の思想史の方法論の違いから話を始めねばならない。

徐復観も傅斯年も思想史を研究するにあたって方法をとても重視した(29)。かれらはいずれも二〇世紀の中国歴史学界において方法論を意識することがブームとなった時代の学者であり、傅斯年はその学術界をリードする立場にあった。だから、われわれも視野を広げて、二〇世紀の中国歴史学界における方法論の背景について見てみることにする。

民国一六（一九二七）年一月一六日、何炳松《かへいしょう》（一八九〇～一九四六〔プリンストン大学修士、北京大学歴史系教授として、アメリカの新史学を展開〕）が『歴史研究法』に序を書いたさい、中国の歴史ドキュメントの膨大さに比して方法が未熟であることを嘆いたことがある(30)。何炳松はそのとき中国の歴史学界が歴史学研究の理論や方法論に無頓著であることを痛感していた。そこで、かれの『歴史研究法』は西洋の歴史学の方法を紹介することを目指すことになった(31)。ところが、何炳松の本が出版された翌年（民国一七〔一九二八〕年）中央研究院が誕生し、人文学の研究が新しい里程標となり、歴史学研究も新しいステップに入った。中央研究院歴史語言研究所の創始者である傅斯年《ふしねん》は同院の設立趣旨をこう説明した。

> 中央研究院が設けられる意味は、近代科学を発展させるためであって、中国のこれまでの学術を提唱するものではない。だから、もし歴史言語の学問がこれまでの古い教えを受け継ぐだけで、その道具を新しくし、そのイデーを前進させ、自然科学の各部門と同じ事業となることを望まなければ、中央研究院に歴史語言研究所を設けて、天文学、地質学、物理学、化学などと一緒になるべきではない。ここにその設置を決めたのは、歴史言語の学問を自然科学と同じように扱うためである。(32)

「近代科学を発展させる」ことを目指して設けられた中央研究院は、二〇世紀初頭の中国思想界を席巻した「科学主義」の考えと深いつながりがある(33)。歴史学の研究フィールドで、「その道具を新しくし、そのイデーを前進させ」ることに努めたおかげで、これ以後、中国歴史学界では歴史の研究方法やその理解を深めることへの関心が巻き起こり、歴史学の方法論にかんする本や論文が雨後の筍《たけのこ》のように刊行されることになった。

一九二八年に中央研究院歴史語言研究所が生まれ、傅斯年たちはドイツの歴史文献学派を輸入して、史料学をもって史学研究のおもな内容とした。ドイツ近代歴史学のベルンハイム（E. Bernheim, 1854-1937）、ニーバー（Barthold Georg Niebuhr, 1776-1831）、ランケ（Leopold von Ranke, 1795-1886）や、フランスの歴史家セニョボス（Charles Seignobos, 1854-1942）らの学説は、二〇世紀の中国歴史学界において歴史学方法論が生まれるうえで中心となるはたらきをし、なかでももっとも大きな影響をあたえたのは「歴史言語の学問を自然科学と同じように扱う」ことを主張した傅斯年だった。傅斯年は「歴史語言研究所工作の趣旨」において、はっきりとこう述べた。「近代の歴史は史料学にほかならず、自然科学によって提供されたあらゆる道具によって、逢着するすべての史料を整理するのである。だから、近代歴史学のフィールドは地質学から毎日の新聞に及ぶもので、歴史学の外にあるダーウィン理論がまさに歴史の方法の集大成なのだ」(34)。このような見かたによって、傅斯年は歴史学の特徴について二つの中心的な考えを打ち出した。(1)「史学は史料学である」、(2)「史学の方法は科学との比較を手段とし、さまざまな記録を処理する」(35)。

傅斯年が「歴史言語の学問を自然科学と同じように扱う」ことを主張し、「史学は史料学である」

という考えを打ち出したことは、一九四九年以前の大陸の歴史学界や四九年以後の台湾歴史学界に深甚な影響をもたらした[36]。もっとも、こうした考えは突然出されたものではない。許冠三《きょかんざん》の研究によれば、傅斯年が歴史学界にそうした考えを打ち出したのは、およそ一九一九年の「新潮社」〔傅斯年が編集長を務めた五四運動期の代表的雑誌〕の時代に始まり、一九二四年から二六年のドイツ留学時代で温められ、一九二七年から三〇年の間に形づくられたと思われる[37]。傅斯年の歴史学にたいする考えは、土着の学術起源と外国の歴史学思想の二つを背景としている。前者は清代考証学者による三〇〇年の学術伝統であり、後者は一九世紀ドイツの言語考証学派であって、前者は後者がスムーズに二〇世紀の中国歴史学界に導入されるための土着資源なのだった。傅斯年の歴史学にたいする考えは、おおむね「実証主義(positivism)」をその哲学的な基礎としている。傅斯年は形而上学を拒絶して、歴史の解釈を歴史学研究の世界から追放した。歴史学のほんらいの任務は経験的な事実を描くことであって、歴史的事実の意味を解釈することではないとした。これらの主張はみな「実証主義」をその哲学的な基礎としていたのである。かれは『史学方法論』のなかで、中国と西洋の歴史学の発展プロセスを以下の三つに要約した。

(1)歴史のイデーの進歩は、主観的な哲学や倫理価値が客観的な史料学に変わったことにある。

(2)歴史を書くことの進歩は、人文学の一手段から生物学や地質学などの普遍的な仕事へと変わったことにある。

⑶歴史学の対象とは史料であって、文章でもなければ、倫理でもなく、神学でもないし、また社会学でもない。歴史学の仕事は史料を整理することで、芸術をつくることではないし、流通の仕事でもなければ、この運動や、あの主義を助けたり倒したりすることではない。(38)

こうした三つの考えのもとに、傅斯年は「主観的な哲学や倫理価値」と「客観的な史料学」をはっきりと区別して、「歴史学の仕事は史料を整理することで、(中略)流通の仕事でもな」いとした。こうした考えに導かれて、傅斯年は中央研究院歴史語言研究所の研究の方向につき、「本研究所の所員による歴史学の研究とは、空論を学問とせず、また『歴史観』を急務ともせず、もっぱら史料にもとづいて史実を探すことである。史料にあることは、探し考えて知識を得られるが、史料になければ、憶測をしてはならず、また牽強付会な公式化をすべきでもない」と述べた(39)。

そうした「実証主義的な(positivistic)」方法論のうえに立って、傅斯年は思想史の研究について、「言語学の見かたによって思想史の問題を解釈すること」を目指した。というのも「哲学とは言語の副産物にほかならない」からである(40)。かれの『性命《せいめい》古《こ》訓《くん》弁《べん》証《しょう》』は、清代の儒学者である阮元《げんげん》(一七六四〜一八四九)を受け継ぎ、言語学の方法によって思想史の問題を研究した代表的な作品である。

ところが、傅斯年の研究方法は徐復観のはげしい批判を引き起こしたのである。徐復観の書いた『中国人性論史・先秦篇』第一章は、傅斯年による『性命古訓弁証』の研究方法に的をしぼって批判したもので、言語面での字句の解釈だけでは思想が発展するダイナミックなプロセスを捉えることができないと述べた。徐復観は書いている。

何十年にもわたって、中国で思想史を研究するひとびとは、「言語学の見かたによって思想史の問題を解釈する方法」を採るべきだと述べた。西洋のごく少数のひとびとが「哲学とは言語の副産物にほかならない」としたような偏った議論を、わが国の乾隆・嘉慶学派の末流と結びつけたことから、そう考えたのである。（中略）こうした方法を採るひとびとは、思想史のなかの重要な語彙について、字句解釈のやりかたに沿って、その元の形声（文字と音声）を探しだし、その原初の意味を得た後で、この原初の意味から歴史におけるある思想の内容を解釈するのが常である。傅斯年の『性命古訓弁証』はかれが当時の学術界で占めた権力ある立場からして、この学派の典型的な作品と称すべきものである。けれども、その中身を見れば、原初の意味からある思想の成立を考えるさい、その思想の内容には時間の発展による変化が含まれていることを考えていないし、同じ名詞が、同じ時代のなかで、異なる思想によってたえず異なる意味を与えられることにすら思い及んでいない。とりわけ大事なのは、この方法が、言語学そのものが内包する重要な事態、すなわち語源そのものがその時代に内包すべきあらゆる意味、もしくは重要な意味をすべて表象するわけではないことを考えに入れない点だ。［RX 1963(1969): 1-2］

また、こう述べてもいる。

傅斯年の考証の粗雑さは、「言語学の見かたによって思想史の問題を解釈する」方法の誤りから生まれたものだ。（中略）思想史を研究するのに、言語面での字句の解釈から始めるべきなのはもちろんである。だが同時に、言語面での字句の解釈は、前後に関連した字句をめぐって、その形声（文字と音声）に照らし合わせてはじめて意味を決めることができるのであって、形声だけにもとづいていては、憶測や誤りをもたらすだけだ。まして「そのことばの意味から理論を演繹」して、漢代を範とする考証学者の哲学的な立場を宣揚するのなら、本題からもっと離れてしまうだろう。さらに語源を探ることは、あるイデーの変化の跡を見つけることではあっても、それは目標に到達する方法のひとつであるにすぎず、むしろ清代の学者にも傅斯年にも欠けていたのは、まさにこの変化の考えかたなのである。［RX 1963（1969）：11］

徐復観がここで強調する「変化の考えかた」とは「発展的な全体論」という方法の立場を表すものである。思想史におけるイデーやことばの意味は、歴史が発展する全体のコンテキストにおいてはじめて捉えることができるのであって、ことばの意味やイデーを思想家の思想システムや時代思想の雰囲気から引き離して、それだけを統計的に分析し、そのことばの元の意味を復原することはできないと徐は考えた。かれは考証学の限界を痛感してこう言っている。「思想史を研究する仕事は、関連するドキュメントにもとづかねばならない。ドキュメントに関連して字句の考証が必要なものには、字句の考証をおこなわねばならない。けれども、思想史のドキュメントならどれでも字句の考証が必要なのではない。のみならず、この仕事は、思想史にかんして言うなら、ほんの最初の一歩にすぎない。なぜならこの一歩だけでは思想史を書くことはできないからだ。さらなる仕事とは、清代の学者が言うような『考証』という一言で片付くものではない」[SX 1959 (1975) : 90]。つまり、徐復観と傅斯年における方法論の差異とは思想史と考証学の差異のみならず、コンテキスト主義(contextualism)と原子主義(atomism)の差異でもあった。

徐復観が「発展的な全体性」という方法的な立場を守って思想史を研究したため、かれの『中国人性論史・先秦篇』は、儒家を道家のまえに置いて、『大学』〔新儒教で四書のひとつとして経典の中心に位置づけられる〕まで一貫した叙述をおこなうことになった。なぜなら、徐の見るところでは、儒家の思想は歴史文化を肯定的に考える態度から発展したものであるのにたいして、道家は否定的な態度によって発展してきたからである。徐はまず肯定的な態度から発展してきた思想を、その発展のプロセスにしたがって叙述すれば、歴史文化の発展の道すじを見つけるのが容易ではないかと考えた[RX 1963 (1969) : 3-4]。同じように、「発展的な全体性」の立場から出発して、こう述べた。「前漢・後漢の思想は、先秦思想との関係からして、まことに大きな変化である。この変化の由来は、政治と社会に求めるべきで、とりわけ一統をたっとぶ個人専制政治が打ち立てられたことと、平民の氏姓制度が完成したことが、わが国のその後の歴史変化にとっては大きなキーポイントであり、またわが国の二〇〇〇年の歴史問題の大きなキーポイントでもある」[「自序」、ZQH 1972 (1975) : 1]。かれが『両漢思想史』を書いて、まず周王朝・秦帝国・漢代の社会政治システムの変化を追い、ついで封建制度の解体と漢代の専制政治の樹立に注目したのは、その方法論にもとづいたものであった。かれみずからのことばで述べれば、「発展の見かた以外に、思想が生まれてくる道すじを捉えられるものはない」〔「自序」、LH 2 1974 (1976)：2〕のであった。『両漢思想史』三巻をくわしく検討すれば、この三つの書物がかれの「発展の全体論」という研究方法を具体的に実践したものであることを知るだろう。

(二) システムの全体論

思想史の方法論における徐復観の「全体論」のもうひとつの構成要素は「システムの全体論」である。この「システムの全体論」は、徐の方法論において、以下の二つの命題を含むものである。

(1)思想システムの「部分」と「全体」はともに「システムの全体」を形づくる。
(2)思想システムは時代の現実とともに「システムの全体」を形づくる。

この二つの命題とその結論を順に検討しよう。

(1)「部分」と「全体」

徐復観が方法論のうえで乾隆・嘉慶の学術に反対したことは、本章第二節で明らかにしたとおりである。けれども、乾隆・嘉慶の考証学の方法論に反対する理由はどこにあるのだろうか？ この問題は思想システムにおける「部分」と「全体」の関係をめぐる徐復観の見かたに関わるものである。徐は考証と字句解釈だけでは古代のひとびとの思想すべてをつかむことはできず、「部分」と「全体」の間の解釈の循環をつうじて古代のひとびとの思想の世界に入ってゆけるのだと考えていたと言ってよい。かれはこの問題についてたいへん透徹した考えを述べたことがある。かれはこう書いている。

われわれが読む古代のひとびとの本は、字をかさねて句をつくり、それぞれの字からひとつの句の意味を明らかにする。句をかさねて章をなし、それぞれの句からひとつの章の意味を明らかにする。章をかさねて書をつくり、それぞれの章からひとつの書の意味を明らかにする。これが部分をかさねて全体にいたる仕事である。この仕事をすすめるうえで、清代のひとびとによる考証学を用いることができる。けれども知っておいてほしい。部分をへなければ全体を理解することができないのは確かだが、こうした理解は最小限のものにすぎず、さらなる理解をおこなうには、それとは逆に、全体から部分の意味を確かめなければならないということを。ひとつの句からひとつの字の意味を明らかにし、ひとつの章からひとつの句の意味を明らかにし、ひとつの書からひとつの章の意味を明らかにするのだ。これが全体から部分を決める仕事、趙《ちょう》岐《き》が「その意味をふかく求めてその文を理解する」（『孟子題辞』）と述べた仕事である。それこそ仕事の第二段階にあたり、清代のひとびとの考証学ではつかむことができない仕事なのである。

［SX 1959（1975）：113-114,116］

徐復観のこうした考えはたいへん深いもので、「鋭い洞察」のことばと言うべきだ。かれが明らかにした思想史を研究する方法は、以下の二つのポイントに要約できる。

（a）いかなる思想システムも「部分」と「全体」がおりなす構造的かつ全体的な意味のネットワークである。思想的な概念を言述する古代の本にある句、章と本全部との関係は永遠に途切れることのない意味の循環関係をなしている。

（b）思想システムが意味のネットワークであるから、思想史の研究者やその研究対象の間には対話的で、相互浸透的な、あるいは相互主体的な関係が成り立つ。

（a）の考えをよりはっきりさせるために、徐復観が『中国人性論史・先秦篇』第四章でおこなった『論語』の二つの「性」の字にかんする解釈を例に挙げよう。かれは、のっけから「この二つのフレーズの意味は、『論語』全体に関連する内容から決めるべきであり、これだけを見て決めるべきではない」［RX 1963（1969）：77］と書く。こうした「全体」から「部分」を見る立場にもとづき、かれは『孟子』告子篇や朱子（晦庵、一一三〇〜一二〇〇）の『論語集註《しっちゅう》』解釈から、『論語』陽貨篇の「性は相い近し」の「相い近し」が「人心の本来のありかた」を指し、気質の性が相似することを指すのだと推理した。かれのこうした論証は、「全体」から「部分」の意味を明らかにする方法論が何であるかを具体的に示すものだ。

（b）にかんして、徐復観はその本のなかで、思想史を研究するには「追体験」をおこない、古代のひとびとの心霊の世界と交感するのがよいと何度も繰り返している。「思想史を研究するには、文字や遺物といった具体的なものから思想の抽象性に向かい、もういちど思想の抽象性から人生や時代の具体相に向かわねばならない。こうしたレベルを異にした研究をすすめれば、ひとびとや書物が、われわれの心を躍動させ、われわれの時代によみがえるであろう。われわれは、古代のひとびとの本を読むだけではなく、古代のひとびとと対話するのである。孟子が述べる『意思をもって志向を迎える』、荘子が言う『魚を得て魚を捕る網を忘れ、ウサギを得てウサギを捕る皮袋を忘れ、意味を得てことばを忘れる』とは永遠の真理であり、思想史を研究する者の最終目標でもある」［SX 1959 (1975) : 116］。古代の思想家の思想システムとは、研究者からすれば、自分の外にある対象物ではなく、これら二つの間にはある相互主観的な関係がある。研究者が自分の主体性を深めれば深めるほど、その研究対象である古代のひとびとの思想世界に分け入ることができる。古代のひとびとに研究者が深く分け入ることができるほど、かれは自分の主体的な世界を切り開くことができる。徐が書いた『中国芸術精神』のもっとも精彩に富む第二章「中国芸術の主体の表れ——荘子の再発見」を読めば、徐が「追体験」の方法によって、荘子（前三六九？〜前二八六）の芸術精神の世界に直接分け入ることができたことを感じ取れるだろう。

⑵思想と現実

続いて「構造的な全体性」のもうひとつの側面について論じよう。徐復観はひとびとの思想と現実の間にも、絶え間ない相互作用によって構造的な全体が形づくられると考えていた。徐は思想と現実を切り分けることができないと何度も強調したが、以下の発言はその代表的なものである。

> ある個人の思想の形成は、四つの要因で決まるのがふつうである。ひとつはそのひとの気質。二つはその学問の伝承とその鍛錬の強弱。三つはその時代の背景。四つはその生涯で出会ったもの。これら四つの要因がそれぞれの思想家に影響する度合いはまちまちだが、四つの要因は相互に影響し合うのであって、そのいずれかひとつだけを任意に取り出すわけにはいかない。〔LH 2 1974（1976）：563〕

徐復観から見れば、思想やイデーは象牙の塔での概念の遊びでは断じてなく、思想家が現実の問題に直面して苦悩し思索した結果なのである。そのため、思想史の研究にはその思想家が生きた具体的な社会政治経済の環境を考えに入れる必要がある。

徐復観の著作では、その研究方法論が具体的に実践されていることがわかる。例を挙げると、賈《か》誼《ぎ》（前二〇〇～前一六八）を研究するさい、かれはまずその時代背景を論じ、賈誼の政治思想が現実の政治問題ととくに強いつながりをもっていることを明らかにした。董仲舒《とうちゅうじょ》（前一七九～前一〇四）を研究するにあたっては、一統をたっとぶ専制政治が充分に完成した背景にかれの思想を置いて考察をすすめた。このほか、揚雄（前五三〜一八）、王充（二七〜九七？）、劉向《りゅうきょう》（前七七？〜六）、および『塩鉄論』の民間知識人の研究はすべて、現実と思想の相互関係からスタートするものであった（『両漢思想史』巻二、巻三の各章）。こうした「構造的な全体論」を目指したために、徐復観の多くの著作は思想の社会性と現実の側面をとくに重んじることになった。思想の時代を超越した面を無視するわけではなかったが、軽く触れられる程度にとどめおかれた。

思想と現実を切り分けることができないというまさにこの考えにおいて、徐復観は唐君毅や牟宗三と重大な相違を生むことになった。徐から見れば、人類の歴史は思想やイデーが現実と闘争を繰り広げる血の記録である。しかし、唐や牟の本では、歴史とは永遠なる天道が人間において展開したものである。徐が歴史の奔流に悪戦苦闘する戦闘的な主体というふうに人間を考えたとすれば、唐や牟は人間を超越的な存在と見た。ともに現代の新儒家に属しているとはいえ、徐復観と唐や牟とのこの点における相違は大きくて深い。陳昭瑛は徐を「ラディカル儒家」と表現し、かれと唐、牟との違いをこんなふうに説明した。

かれ〔徐復観〕の思想におけるリアリズム、ナロードニズムはかれ個人の現実の生活から生まれた。それは、先秦の儒家に由来はしても、新儒教に由来するものではない。ひとや人民から事実をつかもうとするラディカル儒家（radical Confucianist）とは違って、熊十力、牟宗三、唐君毅らは、超越的で先験的なところからことがらを捉えるという意味で、超越的儒家(transcendental Confucianist) と称してよい。(41)

こうした対比は、機械的な二分法のきらいはあるが、徐と唐、牟の間の本質的な違いをよく捉えている。唐や牟は道徳形而上学のシステムを打ち立てようとしたが、徐復観にはある種の反形而上学の性向があった。唐君毅は自分の研究方法（あるいは信仰）が「哲学史にそくして哲学を論じること」であると述べる。「哲学にそくして哲学を論じるとは、哲学の真理が哲学者のことばに表れていることを歴史の秩序と呼んで、永遠なる哲学の真理のさまざまな形態を見ることであり、同時にこの哲学の真理の流行を論ずることを言うのである。流行であるからには、流れの前後には必ず異なるものがありながら、その間が途切れることなく流れており、その流れは同じところに向かうのである」(42)。唐君毅と比べて、徐復観の方法は「社会政治にそくして思想を論ずる」もので、この二つは方法が異なり、得るものもまた異なる。

徐復観は思想と現実を「構造的な全体」と考えたために、つよい現実性をもった思想に出会うと、深い洞察にみちた創見を示すことになった。周〔中国古代の王朝。前一一世紀末に文王の子、武王が殷を滅ぼし建国、第一三代の平王の前七七一年、西方の異民族の攻撃を受け、洛邑（洛陽）に東遷。東遷以前を西周、以後を東周と言い、東周の五〇〇年は春秋戦国時代とも称する〕の初めに「敬」のイデーが形づくられたことを研究したさい、かれは「憂患《ゆうかん》意識」ということばを打ち出して、こう述べている。

> 周のひとびとは殷のひとびとの命運（政権）を断ち切り、新しい勝利者となったが、周の初めのドキュメントに表れているのは、けっして民族が勝利したあと訪れるのがふつうな高揚した気分ではなく、『易伝《えきでん》』〔『程氏易伝』のこと、新儒教の開祖である程頤による易経注釈〕が述べたような「憂患意識」であった。（中略）憂患の心理は、政権の担当者が吉凶成敗にかんして深く思索したさいの長期的な視野から生まれた。こうした長期的な視野には、吉凶成敗が政権の担当者の行為と深い関係をもつこと、政権の担当者がその行為において負うべき責任が表現されているのがふつうであった。［RX 1963(1969): 20-21］

中国の古代思想史にかんする研究において、徐復観のこのような考えは貴重な創見と言うべく、現在もなお中国と外国を問わず多くの研究者に参照されている[43]。

四　比較の見かたによる中国思想史研究

これまでの節で考えたような全体論の方法論のほかに、徐復観は「比較の見かた」が大事だと説いて、「比較の見かたによってはじめて思想を思想たらしめている特徴を捉えることができる。発展と比較という二つの見かたを支えるのは、分析と総合という作業である」［「自序」、LH 2 1974(1976):

2〕と書いた。この「比較の見かた」によって、中国思想史の特殊性は高く評価されることになり、徐は中国文化や中国思想史を研究するには、こうした特殊性から始めることが望ましいと考えるにいたった。

ここで問われるべきなのは、徐復観が認めたような中国文化や中国思想史の特殊性とは何であるのかということである。

まず、徐は中国文化における「主観と客観の融合」という性格に注意を向けて、こう述べた。「中国文化と西洋文化のもっとも大きなトーンの違いのひとつは、中国文化の根源には主客の対立もなければ、個性と集団の対立もないことである。『自我の形成』と『対象の形成』は中国文化ではひとつであって別々のものではない」〔YS 1966 (1967) : 132〕。かれは『中国人性論史・先秦篇』と『中国芸術精神』という二つの本で、中国儒家の道徳的な主体や道家の芸術的な主体の意味するものと、それらが客観世界とどのように関係したかを論じた。それらは卓見に富み、創見ゆたかな考えであった。

つぎに、中国思想が客観的な論理の推理ではなく、具体的な生活経験に多くが由来することに徐は注目して、こう述べる。

中国の思想家は、自分の内と外の生活体験から始めるため、抽象ではなく具体に富む。しかし、生活体験に反省と鍛錬をくわえて、それを語るときになって、相互のぶつかり合い矛盾した要素を取り除いて、論理にふさわしい構造を取り出すのである。これを「事実の真理」と「理論の真理」の同一性、結合点と称することができるだろう。［SX 1959（1975）: 2］

中国思想の特殊性を大事にしたことによって、徐は一九四九年以前の馮友蘭（一八九五～一九九〇）や胡適（一八九一～一九六二）とはその研究方法において大きく異なる道を歩んだ。馮友蘭は日中戦争前に『中国哲学史』の旧版を書いたが、新実在論（neo-realism）の影響を深く受けていた(44)。かれは研究の姿勢において「西洋によって中国を吸収する」道を選び、本のはじめにその研究の立場をこう述べた。

中国哲学とは、中国の学問、あるいはその学問のなかで、西洋で哲学の名前で呼ばれるもののことだ。中国哲学者とは、中国の学者のなかで、西洋で哲学者と呼ばれるひとびとのことだ。(45)

こうした立場から、馮友蘭の『中国哲学史』旧版は西洋で「哲学」と呼ばれるものが中国で発展してきた歴史そのものとなった。

胡適の中国哲学史の研究は初期のデューイ（John Dewey, 1859-1952）が哲学を論理学と同一視した影響を受けており(46)、中国哲学史を研究するさいの中心的な問題が「名学の方法」（つまり論理学的な方法）の研究であると考えた(47)。

徐復観の見かたからすれば、馮友蘭と胡適はいずれも中国哲学史や中国思想史における中国的な特徴（Chineseness）に触れることがないため、その研究は隔靴掻痒《かっかそうよう》の感を免れがたいのである。一九七七年六月、徐は初期の学生の杜維明《といめい》〔一九四〇〜、一九六一年に東海大学を卒業、ハーバード大学で博士学位を取得、現在、北京大学講席教授〕に招かれ、カリフォルニア大学（バークレー校）に赴き「中国一八世紀学術シンポジウム」に出席したが、会の終了後つぎのような詩を詠んだ。

チェスのゲームに完敗しても、けっしてあきらめず　かすかな希望を胸にいくつかの海を渡る
目の当たりに広がるのは新しい世界　礼が失われた今、故郷を遠く離れ聖人のテキストを探す
嘆きのなかでも忘れがたいのはかつての聖人の情熱　徘徊のなか現代の賢者がまことに盲目で
あることを悲しむ
それでも固く信じるのは過去と現在が同じであることであり　笑い声のなかにも覚醒の空間が
あることだ［XY 1977.7.20］

詩に言う「チェスのゲームに完敗しても、けっしてあきらめず」は、本章の第一節で描いた徐の

「発憤の心」を雄弁に語る。「徘徊のなか現代の賢者がまことに盲目であることを悲しむ」には、徐自身の手で「梁啓超、胡適の二先生を指す」という注がある。一九六七年一月一八日にわたしに宛てた手紙のなかで、かれは胡、馮の中国哲学史の研究をともに批判して、こう述べた。

馮の中国哲学史の方向ははじめから間違っている。かれは中国文化のなかに西洋の哲学と一致するものを見つけて中国哲学史を書こうとしたが、西洋哲学もけっして一枚岩ではなく、思弁を中心とする正統哲学は科学によって傍に追いやられていることをまるでわかっていない。中国哲学は思弁によるのではなく、鍛錬から得た体験による。西洋哲学からみれば、中国哲学はとても未熟で、中国哲学のおもなテーマとはほとんど関わることはない。

徐復観はこの手紙の右上すみに「馮は胡に比べればまだ態度が温和で、まともである。かれが胡に取って代わったのもそのためである」と書いた。徐は「中国哲学は思弁によるのではなく、鍛錬から得た体験による」と述べ、これが中国哲学の「独自な（sui generis）」特殊性であって、胡、馮二氏のように西洋の哲学スクールのどれかの方法で解釈できるものではないとした。

現代の香港台湾の新儒家は中国文化と中国思想の特殊性を強調するのがほとんどである。かれらの精神面での指導者である熊十力は『原儒』（一九五六年、上海の竜門書局より出版。『新唯識論』（文言テキスト、一九三二年。語体テキスト、一九四四年）を発展させた『大易広伝』の執筆を断念し、その要点のみ記したもの）において中国の学問の特徴を明記した。ひとつは本体論における天人一体の意義であり、二つは宇宙論における心物一体の意義であり[48]、いずれも『易経《えききょう》』（熊十力は「易海」と呼んだ）から引き出された哲学システムの特徴であると考えた。一九五八年に牟宗三、徐復観、張君勱《ちょうくんばい》（一八八七〜一九六九〔儒教とドイツ観念論の結合を目指した。一九四六年の中華民国憲法の起草者〕）、唐君毅の四氏が発表した「中国文化のために世界の人士に告げる宣言——われわれの中国学術研究および中国文化と世界文化にたいする共通の認識」[49]もまた中国文化が西洋文化と異なる基本的な特徴を、「ひとの究極のすがたを打ち立てる学問」や、「道徳的な主体」がひとの生命のみなもとを形づくる大切な意義をもつ点に求めていた。新儒家とは学術面で多くの意見を異にする銭穆（賓四）[50]ですら、中国思想の特殊性をたいへんに重んじている。かれが言うには、

> 中国思想が西洋の態度と大きく異なる点は、外に向かって真理を求めるのではなく、真理はひとの世界そのものに内在していると考えるところにある。ひとの世界に現れる普遍者にかんして言うならば、内に向かって真理を求めることにほかならない。（中略）われわれは中国思想そのものの立場から中国思想の内容を知り、中国思想そのものがもっている論理や組織のシステム、その発展の変遷や学派の誕生を追い求めるべきである。こうしてはじめて中国思想史が成立するのである。[51]

銭穆の膨大な作品は、中国思想の特殊性を縷々《るる》説いてやまない。総じて、かれは歴史学を、中国の

伝統的なフレイムワークが二〇世紀の中国まで継承されて発展したものと考えている。傅斯年などの「史料学派」とも異なり、マルクス（Karl Marx, 1818-1883）学派の「唯物史観学派」とも同じではなく、二〇世紀の中国歴史学において独自の地位を占める。中国史の「特殊な位相」を世界史の「共通の位相」の但し書きと見ることに反対し、中国史の自立性を押し立てて、二〇世紀の苦難のなかにある中国人に未来へと奮闘する方法を指し示そうとした。

しかしながら、徐復観や銭穆はともに中国思想の特殊性を重んじはしたが、ふたりの相違点もまた大きいことには注意すべきである。銭穆は中国文化の中心的な精神を、調和を求め対立を求めない点に見たと言えるであろう。かれは書いている。「中国の学術にはひとつの特徴がある。それは中国文化の特徴と言ってもよいのだが、ひとと同じであることを重んじ、ひとと異なることを重んじないことだ。孔子について考えてみよう。孔子は学問のありかたについて、これまでのものを述べて、新しくはつくらない、これまでのものを信頼して過去を好むと書いた。ひとが学問をするにあたっては、学ぶ対象を信ずればよく、自分が先人の学問から会得したものを述べるのであって、先人の学問とは違うものを勝手に創作するのではない。だから孔子は、自分もずいぶん衰えたものだなあ、長いあいだ夢に周公を見なくなってしまったと言ったのだ。つまり、孔子の学んだことは、日夜夢にまで追い求めるものが周公であるということだった。孟子もこう言っている。わたしの願いは孔子を学ぶことだと。周公、孔子、孟子が一貫して継承したものが中国の儒学となったのである」(52)。銭穆は、孔子のあと何千年にもわたって中国の思想家が、同じことを重んじ異なることを重んじることなく、また調和を重んじ衝突を重んじることがなかったと考えた。だから、現代の朱子学研究の方向には大いに不満だった。銭穆は書いている。「現代のひとびとの朱子学の研究は、いままでのひとびととは異なることをあらゆる点で追うものだ。（中略）朱子学の精神はといえば、会通（類比）と和合（適合）を重んじ、古代のひとびとと同じものを求めて、自分ひとりだけの考えを述べたり、個人的な特異なことを表明したりはしなかった。現在の方向で研究が続くのなら、朱子の学問の精神の大事なものが失われてしまうことになろう」(53)。中国思想の伝統が調和し融合した全体であり、中国の歴史も、知識人がそれぞれの時代の支配者と協調してきたことを示していると銭穆は考えたのである(54)。

銭穆と比べて、徐復観は中国文化のプロセスにおいて知識人が専制権力に抵抗しそれと衝突してきたことを重く見た。徐の学術の世界では、歴史は理想と現実のぶつかり合いから生まれた「二律背反」にそって展開され、儒家の思想史とはこのぶつかり合いの最前線にある防御戦なのだ。したがって、儒学者が感受する理想と現実の緊張もはげしく、徐はこうした儒家思想の歴史的な性格をつぎのように述べている。

儒家思想とは人類の現実の生活を正面に見すえて人類の負債に対処しようとする思想である。かれは自然に逃避することもならず、虚無空虚に逃避することも観念の遊戯に逃避することも、いわんや租界や外国に逃避することもならない。それどころか決然と人類の現実の生活に立って人類の現実の生存が繰り広げる運命を担おうとする。かかる長きにわたる専制政治にあって、その力はある種の妥協を強いられ、現実の政治の趨勢に圧迫され歪められることもあった。この歪みが続けば、「天下を公となす」とか「民は貴く君は軽い」といった本来の精神は忘れられてしまうが、それは歴史のなかでは如何ともしがたいことであった。そうした事態は専制政治が儒家思想の健全な展開を歪曲し、また妨害したことを説明するものだ。そして、儒家思想がどれだけ専制に束縛されていたかを逆の面から説明するものである。［RJZZ 1979 : 39-40］

徐復観の筆にかかれば、屈原（前三三九?〜前二七八?）の『離騒《りそう》』は中国政治史における「棄婦吟」（夫に捨てられた婦人の嘆きのうた）の嚆矢《こうし》にほかならない。東方朔（前一五四〜前九三）の「客の非難に答える」は漢代知識人が独裁専制システムに圧迫されるなかで吐露した呻吟語（苦悩のことば）であり、賈誼、揚雄、司馬遷などの著述も「発憤の心」に促されて成ったものだった。

「比較の見かた」を標榜することによって徐が中国思想の特殊な性格にとくに注目したいきさつは、以上から明らかであろう。この点は現代の新儒家の一致した見解でもある。ただし、徐復観と銭穆はともに中国思想の特殊性を重んじるが、ふたりには大きな違いがあって、銭穆は調和を、徐復観は衝突に注目した。そのことはふたりの性格や経歴の差異に深く関係している。

五　結論

徐復観は二〇世紀中国知識人を代表する人物である。現代中国人のひとりとして、徐は現代中国の激変を前にいかんともしがたい「発憤の心」をいだいた。「大地の子」であった幼年期から、学問に潜心した壮年期をへて「ラディカル儒家」となるまでを貫くのは時代の悲哀であった。ひとりの学者として、方法論のうえで乾隆・嘉慶に反対する立場を採ったことは、まことにその旗幟が鮮明で、唐君毅、牟宗三などの新儒家とも気脈をつうずるものであった。ひとりの中国思想史の専門家としては、思想史の研究において中国文化の脱出の道すじを探した。中国思想史の研究は、世界を解釈する根拠であるばかりでなく、この憂患に満ち満ちた世界を改造する手立てとして、かれのなかで意味をもった。徐復観による思想史の研究方法は、「全体論の方法」と「比較の見かた」からなるものだった。「全体論の方法」はさらに、⑴「進化」のコンテキストから思想史の意味を了解しようとする「発展的な全体論」と、⑵「部分」と「全体」の間、あるいは思想と現実の間に構造的な全体をつくりあげようとする「構造的な全体論」に細分できる。「比較の見かた」があったから、徐は中国思想史を研究するにあたって中国の特徴に注意を向けることができた。かれは他の新儒家とともに中国思想の伝統のなかの中国的な特徴を重んじた。もっとも、かれらの間には違いもあって、徐は中国の思想家（とくに儒家）と歴代の専制政治がつねに戦闘状態の関係にあったことに注目したが、銭穆はそれらの調和関係を重んじた。現代の新儒家のなかで、徐復観の歴史学の意義はとりわけ顕彰に値する。かれの学術世界の「ひと」とは、庶民の日常から隔絶した花鳥風月を高吟するたぐいの貴族や隠遁者ではない。それどころか、かれの筆になる「ひと」とは、いきいきと生産活動に従事する具体的なひとである。かれの描く中国知識人は専制の伝統という害毒のもとで呻吟し、悲痛のなかから奮起して、著述に潜心し、苦難をなめる人民へと正義の手を差し伸べる。その歴史学の志向は、中国史に表れた人民の血と涙に気づかせ、その思想史の研究を、象牙の塔における「観念の遊戯」や、熊十力が口癖にした「戯れの議論」に堕すことのない、悲しみ苦しむ無告の人民にたいする正義の檄文《げきぶん》たらしめたのである。

【注】

（1）自述によれば、徐復観の出生年月日は一九〇三年一月三日である〔JSJ 2001: 400〕。

（2）Hao Chang（張灝）, "New Confucianism and the Intellectual Crisis of Contemporary China," in Charlotte Furth ed., *The Limits of Change: Essays on Conservative Alternatives in Republican China* (Cambridge, Mass.: Harvard University Press, 1976), pp. 276-304. 張灝『幽暗意識と民主伝統』（台北：聯経出版事業公司、一九八九年）七九〜一一六頁をそれぞれ参照。

（3）杜維明（一九四〇〜）は、熊十力の哲学的達成はその「存在論的な叡智」にあるという。Wei-ming Tu（杜維明）, "Hsiung Shih-li's Quest for Authentic Existence," *The Limits of Change: Essays on Conservative Alternatives in Republican China*, ed. Charlotte Furth (Cambridge: Harvard University Press, 1976), pp. 242-275.

（4）唐、牟、徐の三氏と張君勱（一八八七〜一九六九）は、一九五八年に「中国文化のために世界の人士に告げる宣言」を発表した（『民主評論』第九巻第一期（一九五八年一月一日））。このテキストはかれらの生命と学術にかんする証言と見ることができる。

(5) Hao Chang, "New Confucianism and the Intellectual Crisis of Contemporary China," p. 288.

(6) 徐復観は自分は打倒されるのを恐れない。「地上に倒れて、泥土の臭いに塗《まみ》れるや、また復活するのだ」と言う。王暁波「徐復観先生の回想――かれが歩んだ厄災と困難のなかの中国」『大地生活』一巻八期(一九八二年六月)四〇～四三頁を参照。引用文は四二頁。

(7) Umberto Bresciani, *Reinventing Confucianism, The New Confucian Movement* (Taipei: Ricci Institute for Chinese Studies, 2001), chapter 12, "Xu Fuguan Scholar and Coumnist," pp. 331-358.

(8) Ni Beimin, "Practical Humanism of Xu Fuguan," in Chun-Ying Cheng and Nicholas Bunnin eds., *Contemporary Chinese Philosophy* (USA: Blackwell Publishers Inc., 2002).

(9) Honghe Liu, *Confucianism in the Eyes of a Confucian Liberal: Hsu Fu-Kuan's Critical Examiation of the Confucian Political Tradition* (New York: Peter Lang, 2001).

(10) 謝暁東『現代新儒学と自由主義――徐復観と殷海光の政治哲学の比較研究』(北京:東方出版社、二〇〇八年)。

(11) Su-San Lee, *Xu Fuguan and New Confucainism in Taiwan (1949-1969): A Cultural History of the Exile Generation* (Ph.D. Dissertation, Brown University, Providence, Rhode Island, 1998).

(12) 陳昭瑛編『徐復観の思想史研究』『徐復観の政治思想研究』(台北:台大出版中心、二〇一八年)。

(13) 黃俊傑「戦後台湾の儒家思想にかんする研究」『戦後台湾の教育と思想』(台北:東大図書公司、一九九二年)二七七～三四三頁。Chun-chieh Huang (黃俊傑), "Confucianism in Postwar Taiwan," Proceedings of the National Science Council, R. O.C. (Part C), 1992, vol.2, no.2, pp. 218-233. in Chun-chieh Huang and Erik Zürcher eds., *Norms and the State in China* (Leiden: E. J. Brill, 1993), pp. 141-167.

(14) 現代新儒家の思想の特徴全般についての議論は、鄭家棟『現代新儒家概論』(南寧:広西人民出版社、一九九〇年)上篇、三～一二二頁、Ming-huei Lee (李明輝), *Der Konfuzianismus im modernen China* (Leipzig: Leipziger Universitäts Verlag, 2001).

(15) 張灝『幽暗意識と民主伝統』(台北:聯経出版事業公司、一九八九年)八〇～八一頁。

(16) 現代儒家とカント哲学との関係については、李明輝「牟宗三思想における儒家とカント」『現代儒家の自我の転換』(台北:中央研究院中国文哲研究所、一九九四年）五三～八八頁、蒋年豊「牟宗三とハイデッガーのカント研究」（「現代新儒学国際シンポジウム」発表論文、鵝湖雑誌社主催、一九九〇年一二月）、李明輝『儒家とカント』（台北：聯経出版事業公司、一九九〇年）。

（17） 現代における儒家とヘーゲル哲学の関係にかんする研究状況は、蒋年豊「戦後台湾の経験と唐君毅、牟宗三思想におけるヘーゲル」（頼沢涵、黄俊傑編『光復後の台湾地域における発展の経験』（台北：中央研究院中山人文社会科学研究所、一九九一年）三七～一〇〇頁。

（18） 牟宗三の造語で、牟宗三「熊十力先生の思索の方法」『師大学術講演専集』第二輯（台北：台湾師範大学、一九八六年）七頁に見える。

（19） 島田虔次『新儒家哲学について——熊十力の哲学』（東京：同朋舎、一九八七年）一三七頁。

（20） 揚雄撰、郭璞注、戴震疏証『輶軒使者絶代語釈別国方言』（清武英殿聚珍版叢書影印版）『叢書集成簡編』（台北：台湾商務印書館、一九九六年）二五八頁。

（21） 許慎撰、段玉裁注『説文解字注』（北京図書館蔵清嘉慶二十年経韻楼刻本影印版）『続修四庫全書』経部小学類第二〇七冊（上海：上海古籍出版社、一九九五年）二〇八頁。

（22） 程樹徳『論語集解』（台北：芸文印書館、一九六五年）上冊、四一六頁。

（23） ZQH 1972 (1975): 292. ヘルムート・ヴィルヘルム〔一九〇五～一九九〇、青島在住のドイツ人、中国学者、労乃宣と共同で『易』をドイツ語に翻訳、ユングと『黄金の華の秘密』を執筆〕は、賦には漢代知識人が政治から受けた挫折感が反映されていると考える。Hellmut Wilhelm, "The Scholar's Frustration: Notes on a Type of 'Fu'," in John K. Fairbank ed., *Chinese Thought and Institutions* (Chicago: University of Chicago Press, 1957).

（24） 熊十力『読経示要』（台北：広文書局、一九七〇年）巻二、一一五頁。

（25） 銭穆『中国史学名著』『銭賓四先生全集』（台北：聯経出版事業公司、一九九八年）第三三冊、四一三頁。

（26） その乾隆・嘉慶の学術への強力な反対の立場から、徐復観は一九五六～五七年に毛子水（一八九三～一九八八）との間で考証と義理の問題をめぐって意見を闘わせたことがある。毛子水は一九五七年に「考証と義理を論ずる」という文章を発表し、徐が「学問を語るときに、義理を評価し考証を非難し、考証は取るに足らぬが、義理は重要であると考えた」（中央日報『学人』第一〇期、一九五六年一二月四日、『毛子水全集・学術論文』台湾大学中文系彙編、一九九二年、二七四頁）ことを論難した。徐はそれを受けて「李実」

のペンネームで「解しがたい二本の文章」を書いて応答した〔XS 1976 (1985)〕。毛はさらに「考証と義理再論」によって応酬し、徐の学問の方法を批判するにいたった(中央日報『学人』第二四期、一九五七年三月一二日、『毛子水全集・学術論文』一一七五頁)。徐もまた「毛子水先生の『考証と義理再論』に答える」を書いて反論した〔XS 1976 (1980)〕。ここに徐の見かたを支持する陳拱(問梅、一九二五~一九九四)が加わり、「義理の学について」を書いて毛子水に挑んだ(陳拱「義理の学について(上)——毛子水先生の『考証と義理再論』を読んで」『民主評論』第八巻第八期、一九五七年四月)。ところが、毛子水の学生の張春樹が「義理と考証の争いを論ず」を書き、西洋言語学と論理にもとづき師を側面援助したので、徐は「考証と義理の争いのエピソード」で、それに逐一反論することになった〔XS 1976 (1980)〕。この意見交換に銭穆が加わり、『民主評論』に「老子の書が後に出たことの補足証明」を書いた。清朝の儒者による「考証に義理を加えた」方法を使って、銭穆は「宋代の儒者が義理を尊び、清朝の儒者が考証を重んずる」といった「それぞれの偏向」を打破して、「義理と考証を融合させ」ようとした。両者の争いを調停し、それぞれが門戸をなすのに反対して、考証と義理は「同じところに帰す」として、漢学と宋学の争いの外に立とうとしたのである。したがって、清朝の儒者が義理の探求を軽視していることを率直に認めたわけだが、にもかかわらず、銭の態度は「古い書物の義理を明らかにするのに、訓詁や考証を捨てて顧みないわけにはいかない」と言い、「聖人の書物を読むのに、その書物の解釈や考証に依らないかぎり、その心を得ることはできない」(銭穆『荘老通弁』『銭賓四先生全集』台北:聯経出版事業公司、一九九八年、第七冊「自序」、六、一二頁)というものだったから、かれが「老子の書が後に出たことの補足証明」を書いたのは、考証の方法にもとづいて立論したと言ってよく、老子の書の著作年代が荘子よりも遅いことがわかると、老子の書にある「義理」がもっとよく理解できるという考えに立っていた。徐復観がそうした考えに反対したのは言うまでもない。なぜなら、「義理の学」の根本は書物ではなく、ひとの心や生活にあるからで、銭穆が『宋明理学概述』などの旧作では義理の学を存分に駆使する思想史の仕事をしたのに、それがいまでは曖昧になっていることに疑義を提出したのである。徐復観「思想史にかんするいくつかの問題」『人生』一六九、一七〇期〔SX 1959 (1975): 93〕。

(27) これは徐による自画像である。徐復観「豳風七月篇を詠んだのは誰か——農村の記憶」〔XS 1976 (1985): 71-81〕。陳昭瑛「ひとつの時代の始まり——ラディカル

儒家、徐復観先生」〔WC 1991：362（付録二）〕。

（28） 陳昭瑛「ひとつの時代の始まり」〔WC 1991：368, 370〕。

（29） 徐は、中国思想史の研究では優秀な総合的な著作がまだ生まれていないと考えていた。「もっとも大事なのはやはり方法と態度の問題である」〔SX 1959(1975)：1〕。傅斯年『性命古訓弁証』（台北：国立台湾大学、一九五一年）、とくに「言語学の観点から思想史における問題を解決する」というスローガン（「引語」、一頁）。

（30） 何炳松『歴史研究法』（台北：台北影印本、出版地・出版年不明）三頁。

（31） 同右、六頁。

（32） 傅斯年「国立中央研究院歴史語言研究所十七年度報告」欧陽哲生編『傅斯年全集』第六巻（長沙：湖南教育出版社、二〇〇三年）九頁。

（33） Danial Kwok, *Scientism in Chinese Thought, 1900-1950* (New Haven: Yale University Press,1960).

（34） 傅斯年「歴史語言研究所工作の趣旨」『傅孟真先生全集（四）』（台北：台湾大学、一九五二年）一六九〜一七〇頁。

（35） 傅斯年『史学方法導論』『傅孟真先生全集（二）』中編上、三頁。

（36） 一九四九年以後、史料学派の研究方法論は台湾の歴史研究に深刻な影響を及ぼした。七〇年代以後、台湾の歴史学界はこうした既存の学術伝統を発展させたほかに、史学研究を数量化する方法、心理歴史学(psycho-history)、社会科学の歴史学との結合に強い関心を示し、これら三つの方面での論著が数多く出版された。けれども、西洋の近代的歴史学の方法やその方法論の紹介と発展にならんで、四九年以後の台湾の歴史学界では、伝統的な歴史学の立場を鮮明にして研究方法を論じるひとびとにも事欠かなかった。銭穆による歴史研究における「意味」の強調はその顕著な一例である。戦後台湾歴史学の全般的な問題については、王晴佳『台湾史学の五〇年（一九五〇〜二〇〇〇年）——伝承、方法、趨勢』（台北：麦田出版社、二〇〇二年）。四九年以後の中国大陸の歴史学界における史学方法論の作品とそれに関連する問題については、定期刊行物である『中国歴史学年鑑』（北京：人民出版社、毎年出版乙冊）。逯耀東『歴史学の危機の呼び声』（台北：聯経出版事業公司、一九七八年）。陳木杉「中国大陸の史学理論と史学方法論の研究について語る」『共党問題研究』（台北：共党問題研究雑誌社編輯委員会、一九八五年一一月）第一一巻第一一期、五三〜六一頁。梁友堯、謝宝耿『中国史問題の討論とその観点』（山西：山西人民出版社、一九八四年）第一章「史学理論のいくつかの問題」一〜五五頁。（日本）唐代史研究会編『中国歴史学界の新動向（新石器から現代まで)』(東京:刀水書房、一九八二年)。『中国歴史学年鑑』は中国大陸の歴史学界における時代史ごとの研究状況を分析し、歴史学の方法論やその理論問題にも多く言及しており、四九年以後の大陸の歴史学界における史学方法論の全般的な動向を知ることができる。この数十年来の大陸の歴史学界は、欧米の歴史学理論と方法論の翻訳著述に努めてきた。R. G. Collingwood〔ジョージ・コリングウッド、一八八九〜一九四三、イギリスの哲学者、歴史家、主著に『自然の観念』『歴史の観念』〕、Karl Popper〔カール・ポパー、一九〇二〜一九九四、イギリスの哲学者、主著に『開かれた社会とその敵』『客観的知識』〕、W. H. Walsh〔ウイリアム・ヘンリー・ウォルシュ、一九一三〜一九八六、イギリスの哲学者、主著に『歴史哲学入門』〕、R. F. Atkinson〔ロナルド・フィールド・アトキンソン、一九二八〜、アメリカの哲学者、主著に『歴史における知識と説明』『行為』〕、Raymond Aron〔レイモン・アロン、一九〇五〜一九八三、フランスの社会学者、主著に『歴史哲学入門』『社会学的思考の流れ』〕、Theda Skocpol〔シーダ・スコチポル、一九四七〜、アメリカの社会学者、主著に『現代社会革命論』『失われた民主主義』〕、Hayden White〔ヘイドン・ホワイト、一九二八〜、アメリカの歴史学者、主著に『メタヒストリー』『歴史の喩法』〕、Jörn Rüsen〔イエーレン・リューゼン、一九三八〜、ドイツの歴史学者、主著に『普遍史から見た人権』『想像された歴史』〕、Frank Ankersmit〔フランク・アンカーズミット、一九四五〜、オランダの歴史学者、主著に『政治的表象』『トポスの歴史』〕などの著作はいずれも中国語に翻訳されている。のみならず、台湾香港地域の歴史学の方法論にかんする著作にも十分な注意を払っている。

(37) 許冠三『新史学九〇年——一九〇〇〜』上冊(香港:中文大学出版社、一九八七年)二一六頁。

(38) 傅斯年「『史料と史学』発刊のことば」『傅孟真先生全集(四)』二七六頁。

(39) 同右。傅斯年と中央研究院歴史語言研究所の歴史学研究の仕事については、Fan-sen Wang(王汎森), *Fu Ssu-nien: A Life in Chinese History and Politics* (Cambridge: Cambridge University Press, 2000), Chapter 2, pp. 55-97.

(40) 傅斯年『性命古訓弁証』「引語」、二頁。

(41) 陳昭瑛、前掲論文、三六六頁。

(42) 唐君毅『中国哲学原論・原教篇』(香港:新亜研究所、一九七五年)七頁。

(43) たとえば牟宗三は『中国哲学の特質』(台北:台湾学生書局、一九六三年〔一九七六年〕)一二〜一三頁において、徐復観の「憂患意識」ということばを引用して、「中国哲学が道徳性を重んじるのは憂患意識にもとづく」（一二頁）と述べる。本書第六章第二節も参照。

(44) 労思光『新編中国哲学史』（台北：三民書局、一九八一年〔一九八八年〕）三九九～四〇三頁。

(45) 馮友蘭『西洋哲学史』（台北影印本、出版地・出版年不明）第一章、八頁。

(46) Joseph Ratner ed., *Intelligence in the Modern World: John Dewey's Philosophy* (New York: Random House, Inc., 1939), p. 270.

(47) 胡適『中国古代哲学史』（台北：台湾商務印書館、一九六六年）（一）、三頁。

(48) 熊十力『原儒』（台北：明儒出版社影印、一九七一年）下巻「原内聖第四」、一九一頁。

(49)『民主評論』第九巻第一期（一九五八年）二一～二二頁。

(50) 余英時『風が吹き、水が煌めくさまも記憶に新たなり——銭穆と現代中国の学術』（台北：三民書局、一九九一年）。

(51) 銭穆『中国思想史』『銭賓四先生全集』（台北：聯経出版事業公司、一九八八年）第二四冊「自序」、六、九頁。

(52) 銭穆「朱子学の主要精神略論」（『史学評論』第五期、一九八三年一月、『中国学術思想史論叢（三）』『銭賓四先生全集』台北：聯経出版事業公司、一九九八年、第二〇冊、三二一～三二九頁）。引用は三二一頁。

(53) 同右、三一六～三一七頁。

(54) 銭賓四の『国史大綱』がこの点をもっとも多く語るものである。

【第二章】

伝統的な中国文化の回顧と展望（Ⅰ）

——二〇世紀の中国思想史のコンテキストにおける徐復観

新儒家の開祖、熊十力（前列中央）

わたしは中国の大動乱時代に育ったが、この動乱の時代にあって、中国の文化的伝統はその根底から覆えされんとし、外来のイデーや思想が狂瀾怒濤のごとく押し寄せた。この時代の知識人は、社会主義、自由主義、民主政治などさまざまな思想や学術の影響を受けたが、伝統思想からの反逆もあった。大きな思想の流れのどれにもさまざまな渦が生まれ、そこに身を置く知識人は目がくらみ、なす術を知らなかった。——殷海光（一九一九～一九六九）(1)

一　はじめに

二〇世紀の中国は歴史の大変動を経験した。一九世紀のなかばのアヘン戦争以後、西洋列強がその優勢な軍事力と政治制度をつうじて、侵略者と教師の二つの身分をつうじて、西洋と対話し世界に向かうよう中国に迫った(2)。伝統中国の農村社会における牧歌的な農耕生活のディテールは、西洋の挑戦を前に、疾風怒濤の修羅場と化した。書物に身を沈め聖人を思慕してきた伝統中国の知識人もまた中国文化と西洋文化が激突する狂瀾のなかで、進退極まり、はらはらと散る落花と化した。先に引用した殷海光のフレーズは、この時代の知識人の試練に満ちた精神世界をいきいきと表している。二〇世紀の中国知識人は殷海光《いんかいこう》が言うような「目がくらみ、なす術を知らな」い状態をくぐり抜け、思想の出口を探し求めるさい、中国の文化伝統に新たな解釈を加えることを、価値システムを再建し自我を確立するうえでの大事な戦略としてきた。われわれは徐復観の思想史の方法論についてこれまで考えてきたが、本章では徐による中国文化の解釈と自我確立について検討し、現代のほかの新儒家や日本の渋沢栄一と徐とを比較して、その異同につき論じてみたい。

　こうした研究テーマを選んだわけは、おもにつぎの二つの理由による。第一に、二〇世紀の儒学者は中国儒教の歴史において初めて西洋思潮とほぼ全面的に接触したひとびとであった。かれらは「伝統と現代」「中国と西洋」といった奔流と激動のなかにあって、中国の伝統文化を再定義し解釈する方法によってみずからのアイデンティティ・クライシスを乗り越えようとした[3]。かれらによる中国文化の再解釈は、「事実判断」であるとともに「価値判断」であり、しかもこの二つは相互に関連して、一体化されたものだった[4]。そのため、「中国文化の特徴は何か」と「中国文化はどこへ行くのか」という二つの問題は、かれらの心のなかでは不可分のものだった。つまり、現代の新儒家による中国文化の解釈を検討することは、二〇世紀の中国思想史や知識人世界の発展の歴史を観察するうえでの好個の立脚点となるのである。

　第二に、これまでの現代新儒家にかんする研究文献は、かれらの間の同質性に着目するものがほとんどだった。台湾、中国大陸、海外の研究者は熊十力《ゆうじゅうりき》、馬一浮《ばいっぷ》（一八八三～一九六七）、唐君毅《とうくんき》、牟《ぼう》宗三《そうさん》、徐復観、さらには銭穆《せんぼく》[5]でさえ「現代新儒家」[6]、「現代儒家」[7]あるいは“New Confucianism”[8]と名づけている。こうした呼びかたにはそれ相応の十分な理由がある。たとえば、一九五八年に唐君毅、牟宗三、徐復観、張君勱らが発表した「中国文化のために世界の人士に告げる宣言」[9]という文章では、中国文化の「中国的な特徴（Chineseness）」や「文化の同一性（cultural undifferenciatedness）」こそが、「意味の危機（crisis of meaning）」を解決するために依るべき共通の形式であることが強調されている(10)。しかしながら、これらは学術研究の便宜のためにつくられた名称にすぎず、現代の儒家はみな似たり寄ったりであるという印象を与えかねない。じっさいには、「現代新儒家」という名称で大きく括られた歴史家である銭穆、徐復観と、哲学者である唐君毅、牟宗三との間の違いはかなり大きい。さらに第一章で述べたように、おなじ歴史家のなかでも徐復観と銭穆では違いのほうが大きい。唐、牟、徐の三人による『孟子』などの儒教テキストの解釈の差異にいたっては、さらにはなはだしい。「現代新儒家」である徐復観は、思想史の面から孟子の心性論に新しい解釈をほどこしたほか、孟子の外王《がいおう》学(世俗の権力学)にかんする実践的な問題に注目したが、唐、牟のふたりは新儒教以来の「心学」〔陸象山や王陽明の内発的心情を重視する学派の考えで、近代の革命家に重視された〕の伝統を受け継いで新しい考えを述べたにすぎない。思想の色合いから見れば、徐が先秦儒学に回帰した論証をおこなったとすれば、唐、牟の二氏は宋代以来の新儒教という六〇〇年の新しい伝統を受け継いでいる。これら三氏を「儒学の近代化」を目指した者と言うことはできても、かれらの研究の方向や注目点、思想の色合いには違いのほうが際立つのである(11)。「現代新儒家」という通称は現代の学術研究の便宜のためつくられたことばであると言うべきだろう。じっさい、こうした名称で括られた儒学者の間の多様性は同一性を、異質性は同質性を大きく上回るのである。「現代新儒家」という同質性の表象のうしろに潜む大きな異質性を論ずるために、ここではかれらによる中国文化の解釈を中心に相互の比較をおこなってみたい。これが本章のテーマを選んだもうひとつの着眼点である。

本性のテーマの検討をわかりやすくするために、以下の三つの問題にかんして議論をすすめよう。

⑴徐復観は中国文化のイメージをどのように描いたか。

⑵徐復観はどのような具体的で特殊な歴史のコンテキストにおいて、こうした中国文化の特殊性を前景化したのか。

⑶徐復観はこうした前景化のプロセスで、どのように自我を確立したか。


本章の第二節、第三節は徐復観による中国文化の特徴をめぐる発言内容を分析して、それを二〇世紀中国の現代新儒家である唐君毅や牟宗三、また歴史家である銭穆や哲学者の胡適と比べてみたい。第四節は、未来の中国文化の理想イメージを徐がどう描いたか、そしてかれがどのように自我を確立したかを論じ、二〇世紀日本の渋沢栄一とその点にかんする比較をおこなってみたい。

二　徐復観の中国文化にたいする解釈――銭穆、唐君毅、牟宗三との比較

（一）現代知識人の眼に映じた中国文化の特殊性

二〇世紀の中国知識人はヨーロッパとアメリカの侵略下で中国文化の問題を考えたために、往々にして中国文化を西洋文化に対抗する価値システムとみなすことになった。こうした問題提起をおこなうことで、中国の知識人は中国文化の特殊性をたいへん重視することになった。それを代表す

るのが一九三五年一月一〇日に王新命など一〇名の教授が「中国本位の文化建設宣言」のなかで打ち出した見かたである。かれらはつぎのことを発見した。

中国は文化のフィールドで消滅した。中国政治の形態、社会の組織、思想の内容と形式は、その特徴を失った。こうした特徴なき政治、社会、思想に育てられた人民もまた、しだいに中国人とはみなされなくなっている。したがって、われわれは以下のように述べることに躊躇しない。文化のフィールドから展望すると、現代世界にはもはや中国というものがなくなってしまい、中国の領土にもほとんど中国人がいなくなってしまったと。

もし中国が文化のフィールドで再起したいのであれば、中国の政治、社会、思想のいずれにおいても中国の特徴をもちたいのなら、中国本位の文化建設から始めるほかはない。(12)

このような危機意識のもとで、かれらは「中国本位の文化建設宣言」の主張を展開し、「中国は中国であって、いかなる地域でもないため、みずからの特殊性を有する。同時に中国は現在の中国であって、過去の中国ではなく、一定の時代性を有している。したがって、われわれはとくにこの時代、この地域の必要に注意せねばならない。中国本位とはここに基づくものである」と述べた(13)。彼らが一再ならず強調したのが、中国文化には特殊な「中国性」があって、西洋文化との相対的な関係から説明されるものだという点であった。

（二）徐復観の構築した中国文化イメージ

現代中国の新儒家たちは、二〇世紀中国の知識人の世界が中国文化の「中国性」を強調するという時代の雰囲気に深く規定されており、絶えず中国文化が西洋文化とは異なることを説いて、当時のひとびとの民族文化への信念を高めようとした。けれども、現代儒家たちが中国文化の「中国性」を強調するという大きな前提のもとで、その構築が目指された中国文化のイメージはたがいに矛盾しており、それらの相違は儒家たちの考えかたの相違をきわめてはっきりと示すものだったことには注意せねばならない。であるから、われわれはつぎに、徐復観を中心として、かれが描いた中国文化のイメージの内容やかれとおなじ時代の儒者による中国文化との相違点について観察したいと思う。

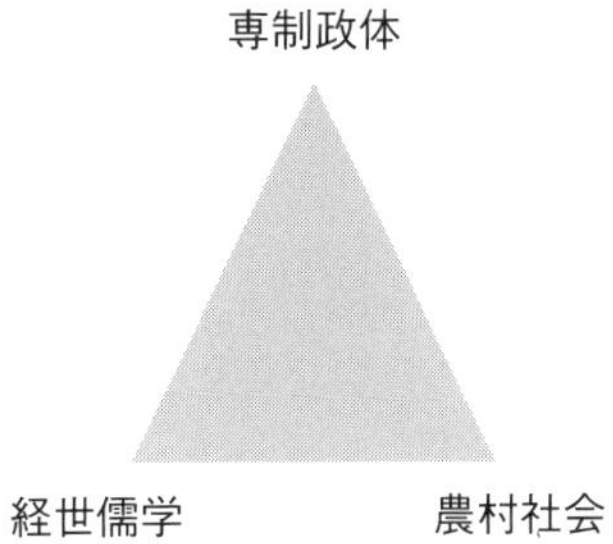

徐復観の著述を要約すれば、そこには中国文化のイメージとして三つの側面が描かれていたことがわかる。

(1)中国文化における政治伝統は専制政体をその主要な特徴とし、「国君の主体性」を本質にもち、農村社会を搾取し、先秦政治思想をゆがめた。(2)中国文化における社会は農村をその特質とし、農民の生活のなかに中国文化の精神が表現されている。(3)中国文化における思想の中心は実践的な政治哲学を志向する儒家思想であり、歴史のプロセスにあって絶えず専制政体と闘争をおこなった。われわれはつぎにこれら三つの中国文化の要因について詳しく見てみよう。

(1)徐復観の描いたように、中国文化は長江と黄河の泥土が清濁あい下るように、雄壮に展開し優れた成果を出したが、瑕瑾《かきん》にもこと欠かず、弊害と無縁でもなかった。なかでももっとも重大なのが専制政体にほかならず、徐復観はその本のなかで、中国歴史における専制政体にたいして最大級の非難のことばを連ねており、専制こそが中国文化の病弊のおおもとであるとした。「前漢・後漢の思想は、先秦思想との関係からして、まことに大きな変化である。この変化の由来は、政治と社会に求めるべきで、とりわけ一統をたっとぶ個人専制政治が打ち立てられたことと、平民の氏姓制度が完成したことが、わが国のその後の歴史変化にとっては大きなキーポイントであり、またわが国の二〇〇〇年の歴史問題の大きなキーポイントでもあった」[「自序」、ZQH 1972 (1975) : 1]。

徐復観がまず述べるのは、紀元前二二一年に秦の始皇帝が中国を統一し専制政体を打ち立てたことが、中国史のもっとも重要な分水嶺であったことだ。秦王朝の専制には二つの側面があった。ひとつは、封建政治における諸侯分権の政治にたいして中央専制と言われるものであり、封建を廃止し郡県を設けたことに表現されるものである。もうひとつは、朝廷の政権運用にかんして、最終決定権が皇帝というひとりの個人の手に握られ、皇帝権力は立法的な根拠や具体的な制度によっていかなる制限をも加えられることがなかったということである。臣下は個人であるいは集団で皇帝に意見を出すことができるが、それを受けるか受けないかは皇帝の意志に委ねられており、皇帝の意志を強制するようないかなる力も存在しないことに変わりはない［「封建政治社会の崩壊と典型的な専制政治の成立」、ZQH 1972（1975）: 63-162］。徐はこうした「個人専制」こそが中国の歴代の専制を形づくる実質であり、郡県制を打ち立てたことで皇帝ひとりが専制をおこなう強度はさらに増大したと考えた。徐はさらにこうした中国的な特色をもった個人専制に含まれる五つの特徴を列挙した。（一）専制皇帝の地位は至高のもので、ひとの形をした最高神と言ってもよい。（二）秦代の専制政治の制度がつくられたのは、一方で歴史上の条件が熟していたからであり、他方で政治の理想像によって調整が加えられたからである。（三）社会システムにおいて、儒家の道徳思想という要素はあったが、専制の統治者がその目的を達成するための手段は、法家の思想のおもな内容である刑罰に寄りかかっていた。（四）専制政治のもとでは、人民はすべて従属的な地位に置かれ、皇帝の支配の外で独立したあるいは対抗的な社会勢力を有することは許されなかった。（五）専制政治がすべての決定を皇帝の意志に委ねたために、皇帝以外のひとびとの自由意志は許されず、自律した学術思想が発展する余地もなかった［「封建政治社会の崩壊と典型的な専制政治の成立」、ZQH 1972（1975）: 63-162］。徐によれば、こうした個人専制の体制にあって、二〇〇〇年に及ぶ時代の政治家や思想家は、専制というサブ・マシーンのもとで改革や修正をおこなうしかなかった。人民もまたこのサブ・マシーンをめぐって闘争をすすめたが、その闘争が専制マシーンと真正面からぶつかれば、またたく間に押しつぶされた。そうしたサブ・マシーンは法家の思想にもとづいており、絶対的な身分と権力をその核心とし、広大な領土と人民に支えられ、軍事と刑法を道具としていた。「あらゆる文化、経済が、このマシーンのなかだけで動くことができ、マシーンの外に出ることはできなかった。さもなければ消滅させられるだけだった。中国が停滞して前進できなかったおおもとの理由がこれであり、中国の歴史を研究するさい、このキーポイントをつかむことができなければ、中国史を正確に理解することはむずかしい」[ZQH 1972（1975）: 154]。

徐復観の畢生《ひっせい》の著述は、個人専制体制というこの大きなキーポイントをしっかりつかみ、中国の政治史と思想史の発展を明らかにして、切れば血が出るような見かたを打ち出すことで一貫している。かれは「漢代の個人専制政治のもとでの官僚制の変遷」という論文を書き、専制政治の発展によって宰相制度が破壊されたことを分析して、この破壊のプロセスが三つの段階をへたと考えた。第一段階は、そのころ才能と弁舌を縦横に振るうことができた士を皇帝のブレイン組織である「光禄《こうろく》勲《くん》」〔戦国時代の郎中令で、秦の時代から九卿のひとつとなる。漢の武帝は光禄勲の組織を大々的に拡大し、宰相権力の牽制に用いた〕に結集し、「天子の賓客」の余勢を駆って、天子の命を奉じて、かれらに大臣を詰問し、大臣を説得させたことである。大臣はこうした詰問や説得をつうじて、皇帝こそが文武ともに優れ、常人には測りがたく、かれに徹底的に服従して、その政策の言いなりになるほかはないことを納得するにいたった。こうして皇帝が直接に政策を掌握することが可能となったのである。第二段階は、尚書《しょうしょ》〔宮廷の文書管理者にすぎなかったが、武帝は文書を直接皇帝に起草できる権限を与えた〕の台頭、そして中尚書〔「中」は「内」を意味し、皇帝の私事に奉仕する中（内）尚書はほとんど宦官と同義である。司馬遷の役職もこの中尚書で、太史公という権威ある歴史編纂官ではなかったと徐は指摘する〕の出現である。それを時間的にいえば、尚書の台頭は第一段階の宰相権力の抑制と同時に始まっていた。第三段階は、漢の武帝（在位前一四〇〜前八七）が死に臨んで霍光《かくこう》（前?〜前六八）にたいして皇帝政治を補佐するよう遺言し、「中朝」〔内朝と外朝という中国政治の対立構図の外にある組織で、中朝官は皇帝が随意に任免できる非制度的な官職であった。霍光は武帝の遺言で指名された大司馬の役職を行使するさい、この中朝官を利用して事実上の宰相権力を行使した〕という専制政治の特殊形態をもたらしたことである。宰相権がこのように剝奪され廃棄された果てに、外戚・宦官・藩鎮〔節度使を頂点とした地方支配の制度〕の三つが中国二〇〇〇年の個人専制に何度も登場するという災いのパターンが招来されたのである［ZQH 1972（1975）: 203-280］。徐によれば、ますます強大化する皇帝権力は、前漢・後漢の知識人に計り知れない閉塞感をあたえた。この時代の知識人の人格のありかたや文化思想の発展の方向およびその基本的な性格はすべて、そうした閉塞感によって生み出されたものである。そうした閉塞感は漢代知識人の作品のなかに一再ならず現れている。たとえば、『離騒』が漢代文学に巨大な影響を与えたわけは、ひとつには豊沛〔漢の高祖の故郷である豊県と沛県〕出身の政治集団がとくに「楚の音声」〔揚子江中流域の悲憤慷慨する音楽、漢の高祖が好んだ。『漢書』礼楽志〕を好んで、それを持続的に広めたからである。だが、もっと大きな理由は、当時の知識人が「信頼すべきなのに疑われ、忠実であるのに非難されたのに、どうして怨むことがなかったのか」と言われる屈原の「怨み」によって自分たちの「怨み」を象徴しようとしたからだ。「石を抱えて汨羅《べきら》に投身自殺を遂げた」屈原の悲劇的運命によってかれら自身の運命を象徴しようとしたのである。そうした流行を開いたのは賈誼であった。「交情を正して利益を求めず、道理を明らかにして功績を計らず」と称せられた董仲舒も、こうした深刻な閉塞感にさらされながら、「天人三策」〔前一四〇年、董仲舒が漢の武帝に提出した天人感応、独尊儒術、大一統の三つの対策〕を献上し、刑罰の代わりに徳治をおこない、執刀の官僚に代えて教化の官僚をもちいることを求め、当時の一統をたっとぶ個人専制という政治の内実を変えようとした。

司馬遷の「任少卿《じんしょうけい》に報ずる書」はこうした閉塞感にたいするかれの発憤を語って余りある。徐復観は思想文化上の達成物はみな時代の閉塞感から生まれたと考えた。東方朔の「客の非難に答える」、揚雄の「嘲りを晴らす」、班固の「客の戯れに答える」、張衡（七八～一三九）の「余暇に応ずる」、崔《さい》寔《しょく》（一〇三?～一七〇）の「客の非難」、蔡邕《さいゆう》（一三二～一九二）の「後悔を弁護する」などが、漢代の知識人が閉塞感にたいして心情を吐露した文学作品なのだ［「前漢・後漢知識人が専制政治から受けた閉塞感」、ZQH 1972（1975）: 281-294］。

こうした解釈にもとづいて、徐は中国文化における政治思想と現実の政治の矛盾を指摘した［「中国の治道」、RJZZ 1979（1988）: 218-219］。

> 中国の政治思想は法家をのぞけば、すべてが民を政治の主体と考える民本主義と言うことができる。しかしながら、中国の何千年にわたるじっさいの政治はむしろ専制政治であった。政治権力のおおもとは君に由来し人民に由来するものではなかった。こうして事実において、君主が本当の意味での政治主体となったのである。（中略）政治の理念は、民こそが主体たりうるというものだが、政治の現実においては、君のほうも主体であった。この二重の主体性は調和しがたい対立物であり、この対立の程度の強弱によって歴史における治乱や興廃が形づくられた。かくて中国の政治思想は、人君の政治における主体性を解消して、天下の主体性を明らかにし、それによってここに書いた対立を解体させようとするものとなった。人君がその主体性をひけ

らかす道具はかれの個人的な好悪や才知である。好悪はひとみなが有するもので、才知もまた人生において尊ぶべきものだが、政治の最高権力が人君にあるため、かれの好悪や才知は政治の最高権力とともに表現されて、その政治の主体性を形づくるのがふつうであったため、天下の好悪や才知、つまり天下の政治主体性を抑圧することが起こりえたのである。(14)

中国文化には「二重の主体性の矛盾」があって、現実の政治では国の君主にして政治の主体たりうるが、政治思想においては人民こそが政治の主体であることを徐復観は明らかにした。徐のこうした論点は卓見と言うべく、伝統的な中国文化の根本問題をわずか一言で言い当てたものである。

(2)徐復観が描いた中国文化イメージの第二の目立った側面は農村社会である。徐はその本のなかで、中国農村社会への愛着の情を披瀝《ひれき》することが常であった。かれは一再ならず、農村こそ中華民族のふるさとであり、また中国文化の価値をはぐくむ源であると述べた。「豳風《ひんぷう》七月篇〔『詩経』国風の一篇、周王朝の草創期における農業の伝統をうたう〕」を詠んだのは誰か――農村の回想」という肺腑《はいふ》をえぐる文章［XS 1976（1980）：71-81］のなかで、徐はこう書いている。

農村は、中国人が生まれ育った場所である。ある個人、ある集団、ひとつの民族が、生まれ育った場所を忘れるなら、生まれ育った場所にわずかでも感情をもてないなら、生まれ育った場所から生命の泉を一滴でも汲み取ることができないなら、あらゆるものは忘却のかなたとなり、いかなる感動を得ることもなくなり、ほんとうの生命を感じるような場所はなくなるであろう。［XS 1976（1980）：72］

徐復観の理解によれば、中国文化の忠孝節烈、耕作読書に励み家系を継ぐこと、勤勉かつ自助努力するといった価値の美徳は、農村に生まれ育ったことによってはぐくまれた。中国農村の暗黒の側面は、かれによれば、「長きにわたる専制統治のもとで、在地の下級官僚が地主や有力な地方エリートと結びついて、遅れた農村社会をコントロールしたために、長期にわたる記憶優先の科挙制度とも相まって、知識を欠き、品格も欠いた知識人を生み出すことになり、農村が文化の光に触れる機会を奪った」［「魯迅を悲しむ」、ZW 4 1980: 182］ことから生まれた。だから、近代中国の農村における罪悪は「商業資本主義と悪徳官僚によって直接、間接にもたらされたものである」［XS 1976（1980）: 74］。徐復観の描く中国農民は純粋で、誠実、率直であり、まさに中国文化の精神的な象徴であった。

徐がとりわけ中国文化における農業・農村・農民の重要性を指摘したのは、これこそが歴史の真実であるという理性的な認識のほかに、ふるさとへの愛着という個人的な感情が大事な動機としてあった。一九四九年、中国大陸で政権が交替したさい、徐は台湾と香港を流浪したが、その転変のなかで、一九五二年には「亡命者の魂における安息地は、天上にあるのではなく、亡命する前のふるさとの大地にある」〔XS 1976（1980）: 81〕と言い、一九六三年には、さらにこう述べている。「わたしの生命は、どういうわけか知らないが、永久にあの落ちぶれた僻地とともにある。この落ちぶれた僻地に戻って初めてみずからの生命の傷を癒すことができ、かつての夢を再現させることができる」〔「昨日の夢と明日」、XC 1980: 291〕。一九八〇年一〇月二八日になってもなお日記に、「われわれの精神におけるもっとも大きな挫折は帰るべきふるさとがなく、したがってほんとうの家がないことである」〔ZHRJ 1987: 46〕と書いた。こうした家なきところに家を求めて転々とする喪失感は、徐復観をはじめ一九四九年後に台湾に逃れた儒家たち、なかでも中国文化の精神が共通に依拠する心の支えとして農村を重視するひとびとのものであった。

(3)徐復観が明らかにした中国文化の第三の側面は経世《けいせい》〔現実社会の諸問題の解決を重視する考えかた〕の儒教であった。儒教思想の伝統は、そのみなもとが悠久で、内容が豊かであり、複雑な諸側面を有する。先秦は前漢・後漢と時代を異にし、新儒教〔中国語では「宋明理学」と呼ぶ。唐末五代に始まり、一二世紀の朱熹（朱子）によって完成された新しい儒教を指す。一五世紀の王陽明はさらに人間の能動性を重んじた〕の精神のありかたとも大きく異なる。世の中での身の処し方から見て、二〇〇〇年にわたって理想を守り道義を維持して聖人の境地にすすむことができた「君子の儒」は代々綿々と受け継がれたが、曲学阿世の「小人の儒」にも事欠かなかった。儒教思想の内容には「広大なところに及んで精緻をきわめる」形而上学の側面があり、また「高きをきわめて中庸を道とする」現実志向の側面もあった。それでは、徐がとくに大事にし宣揚に努めたのは、儒教のどの側面であったろうか。

徐がとくに大事にしたのは、中国文化の特殊な成果であるところの先秦儒教における経世思想の伝統だったと言ってよい。その議論をおおまかに概観すれば、徐が儒教思想のおおもとの性格と考えたのは経世的、実践的なものであって、形而上学的、空想的なものではなかった。かれは書いている。

儒家思想とは人類の現実の生活を正面に見すえて人類の負債に対処しようとする思想である。かれは自然に逃避することもならず、虚無空虚に逃避することも観念の遊戯に逃避することも、いわんや租界や外国に逃避することもならない。それどころか決然と人類の現実の生活に立って人類の現実の生存が繰り広げる運命を担おうとする。かかる長きにわたる専制政治にあって、その力はある種の妥協を強いられ、現実の政治の趨勢に迫られ歪められることもある。この歪みが続けば、「天下を公となす」とか「民は貴く君は軽い」といった本来の精神を忘れられてしまうが、それは歴史のなかでは如何ともしがたいことであった。そうした事態は専制政治が儒家思想の健全な展開を歪曲し、また妨害したことを説明するものだ。そして、儒家思想がどれだけ専制に束縛されていたかを逆の面から説明するものである。けれども、儒家思想は長きにわたる妥協と歪曲のなかでも、なお専制の害毒を正し弱めようとし、社会のひとびとに正しい方向と信念を示して、中華民族が幾多の暗黒時代を耐えることを可能にしたのである。これこそ先秦儒教によって道徳理性に拠りどころをもつ人性のうえに打ち立てられた、道徳精神の偉大な力なのである。[RJZZ 1979 : 39]

中国儒教の伝統的な精神は先秦時代に形づくられ、漢代の一統をたっとぶ帝国が現れるにおよんで、専制政権の圧力と歪曲をこうむったが、専制政権と絶え間なく闘争するなかで、これらの政権に一貫して批判的な態度を採った。徐復観がこのように考えたことは明らかである。こうした経世的・実践的・批判的な儒教精神は孔子のうえに表れ、それが中国文化を代表するものとなった。徐はこう言っている。「儒家ぬきで中国文化は語れない。孔子ぬきで儒家文化は語れない。孔子が代表するのはひとつの学派のことばではなく、堯舜《ぎょうしゅん》から満洲族の清朝にいたる『歴史文化』である。かれの思想がなければ、われわれが長い歴史の変化のなかで興亡し衰退したその理由を基礎づけることはできない。中国文化がどういう運命をもっているかというと、結局のところ、それは孔子の運命と同じなのだ」［「孔子の中国における運命」、ZW 1 1980: 279］。徐によれば、そう判断できるのは、「孔子の生きた世界は具体的で情感のある世界であり、また民衆が病に呻吟《しんぎん》する世界でもある。孔子に課せられた高邁《こうまい》な任務は、形而上学のなんらかの『理想』『理念』を打ち立てることではなく、情感の世界においてみずからの責任をきちんと果たすことであり、病に呻吟する世界においてひとびとを救済する力を十分に発揮することであった」［「孔子とプラトン」、ZW 1 1980: 277］。徐が述べるには、中国文化の思想のおおもとにある儒教思想には、（a）具体性、（b）社会志向の二つの特徴があった。これらの特徴を明らかにすれば、つぎのようになる。

（a）儒教思想のもっとも大事な特徴が、抽象からではなく具体から考える点にあることを徐復観はくりかえし述べている。「具体的な生命と生活から孔子に接近するほうが、形而上学や思弁哲学からそうするよりは、はるかに正確で懇切である」[「日本のある知識人の論語にたいする省察」、ZW I 1980: 303]。孔子思想における総合とは、具体的な生命理性から展開と昇華をへてできあがった総合であって、論理の推論から得られた総合ではないと考えられる[「孔子の思想性格への回帰——民国六八年孔子生誕を記念して記す」、XJ 1981: 65-76]。孔子思想における世界とは具体的で民衆が病に呻吟する世界であり[「礼楽《れいがく》を論ず」、SX 1959 (1975): 239-241]、儒家は世界の現実のうえに立って、人民とともに歩み、世界の現実のなかで問題を解決しようと努めるべきだと言われる。儒家と道家はこの点で考えかたを同じくするのである[「儒家と道家の二つの思想の文学に表現された人格修養の問題」、WXX 1981: 1-21]。徐復観が、儒教思想の多くの側面にたいして一貫した解釈を施していることがここからわかる。例を挙げれば、儒教の提唱になる礼楽とは、具体的な生命の情欲を鎮めるもので、情欲を理性と調和し統一することによって、日々のおこないのなかで「中道」を打ち立て、政治において「礼治」を打ち立て、社会において秩序ある合理的な世界を打ち立て、個人のなかでも修養の原則を打ち立てるものだと言ってよい[SX 1959 (1975): 239-241]。徐は、儒教の礼楽を純粋な理念の記号システムとみなすのではなく、日常生活のなかでじっさいに実現される行為規範と見た。

(b) 徐が考える儒教思想の第二の特徴は、その社会志向である。かれが何度も強調するように、儒教思想はみずからの修養をもって足れりとするのではなかった。儒家の考える自我とは社会が平穏に統治されることをもって完成するのである。この点はすでに述べた具体的な思想の特徴と無縁ではない。というのも、儒教思想におけるひととは活力にみち、生産活動に従事する具体的なひとであるから、ひとの生命を完成させるには社会実践のなかでそれをおこなうほかないからだ。一九五八年五月一日に徐復観は『孟子』の「言《ことば》を知り気を養うの章」〔『孟子』公孫丑上篇にある。孟子はそこで「四〇歳にして心を動かさない」と述べた〕を解釈するにあたって、たいへん鋭利な省察をおこなった。

> 儒家の言う良心や理性とは、正義をあつめて生命へと向かい、生命を完成させるものであり、また正義をあつめて社会へと向かい、社会を完成させるものである。観念に捉えられたままでは、生命と関わることがなく、社会とも関わることがない。観念から始めて正義をあつめた「ことがら」とは、こころざしと気を結びつけるものであるし、同時に個人と社会を結びつけるものでもある。孤立した個人に「ことがら」と言うべきものはない。ことがらは、ひととひと、ひとともの結びつけてはじめて生まれる。社会へと向かうには、社会の事象、とりわけ社会生活を推進するはたらきをする思想言論について、その是非を判断しなければならない。こうした判断があれば、社会事象にむやみに心を動かされることもなく、むしろ社会に貢献することができよう。［SX 1959（1975）：158］

徐復観が描く儒教には強い社会志向がある。儒家の主体的な世界はその外にある世界の現実と一体である。

儒教は中国思想における社会への志向であるという徐の考えを雄弁に語るのは、その『両漢思想史』三部作である。徐は、ひとが抽象的ではなく具体的な存在であることがよくわかっていた。そこで、かれは前漢・後漢の思想史を書く前に、まず先秦社会の政治構造を検討し、『両漢思想史』の第一巻とした。かれによれば、中国の経書の学問は「古代の長きにわたる政治、社会、人生経験の積み重ねであり、整理、選択、解釈をつうじて、政治、社会、人生の教育に用いられた基本教材である」［「漢以前の経学の形成」、JX 1982：1］。前漢・後漢の思想家である賈誼、董仲舒、揚雄、劉向などを論ずるにあたって、徐はこれら思想家が置かれた社会政治背景やその思想における社会政治志向に注目し、先秦や前漢・後漢の思想家が「行為や実践に着目することを重んじ、抽象的な思弁の方向には向かわなかった」［「韓《かん》詩《し》外《がい》伝《でん》〔前漢の韓嬰の著、秦の焚書を免れた『詩経』のテキストのひとつに解釈を施した〕の研究」、LH 3 1979：5］がゆえに、実践からはずれずに、社会や政治と切っても切れない関係を取り結んだと考えた。

徐復観は、儒教思想が具体性と社会志向の二つを重んじるという特徴を前景化した。これらの特徴は、現代の中国と外国の研究者も注目しており[15]、徐ひとりの創見と見ることはできない。けれども、儒家における具体性と社会志向の重視をつうじて、徐が古典儒教にかんしてきわめて独創的な解釈をおこなったと言うことはできるだろう。こうした解釈はその「憂患意識」をめぐってなされており、周代の初めから儒家が抱いた深い「憂患意識」によってみずからの行為に責任をもつという自覚が形成されたと、かれは指摘するのである。徐はその「憂患意識」をつぎのように定義する。

周のひとびとは殷のひとびとの命運（政権）を断ち切り、新しい勝利者となったが、周の初めのドキュメントに現れているのは、けっして民族が勝利したあと訪れるのがふつうな高揚した気分ではなく、『易伝』が述べたような「憂患」意識であった。（中略）憂患意識とは、人類の精神が事物とじかに接して生まれた責任感の表現であり、また精神のうえでひととしての自覚が表現された始まりであった。［RX 1963（1969）：20-21］

こうした「憂患意識」が中国文化のアーキタイプを築いたという見かたは、徐による中国文化の解釈の大きな創見であり、牟宗三をはじめとする現代の研究者に多大な影響を与えたものである(16)。これまでの議論をまとめてわかることは、徐のなかの中国文化イメージは、専制政体・農村社会・経世儒教からなるもので、専制政体は中国文化の影をあらわすが、農村社会、経世儒教はその光をあらわし、永遠の価値をもつことだ。農村社会、経世儒教は中国史において、何度も専制帝王やその官僚たちによる搾取、歪曲、圧迫をこうむった。こうした中国文化の伝統を前にして、徐復観はこう述べる。

現代において中国文化を論ずるなら、まずその本来のすがたは何であるか、どうして専制政治に圧迫されて汚辱をこうむったのかを明らかにせねばならない。中国文化の何たるかを論ずるには、まず専制政治にたいして復讐をなさねばならぬ。そうしてようやく中国文化はこれからも引き続き人類の偉大な使命を担うことができるであろう。〔「中国史における人君の尊厳問題の検討」、RJZZ 1979: 162〕

徐の生涯にわたる努力は「中国文化の本来のすがた」を明らかにする仕事だった。かれはこうした仕事のなかで、時代の変遷のなかにあって自我確立をおこなうことができた。本章の第四節ではかれのこの自我確立につき論ずることにしたい。

徐の中国文化イメージをほかの現代新儒家と比べる前に、ここで検討したいことは、徐復観はどのようにしてこの中国文化イメージを築き上げたのかという問題である。

徐が中国文化をそのように解釈し、またとくに専制政治がそれに与えた傷を取り上げたわけは、ひとつではなく、二つの視点からこの問題を考えることができる。まず、時代背景をみれば、徐の生涯にわたる著述はすべて現代中国の変化に迫られて書かれたものである。「発憤の心」と表現された気持ちを抱いて、中国文化の再解釈によって時代の宿痾《しゅくあ》を癒す処方箋を探し出そうとして生まれたものだった。徐は自我分析という方法を使って中国文化を再解釈する自分の動機を説明するのが常だった。一九六七年の『中国思想史論集』の「再版序」ではこう述べられている。

わたしのこれらの文章は、みな時代の激動のなかで、発憤の心をもって書かれたものだ。歴史上の人物を理解するときも、時代精神に導かれながら、一歩一歩それらを発掘していった。

［SX 1959（1975）：3］

一九八〇年、かれは『徐復観文録選粋』に「自序」を書いたさい、みずからの著述の心境をこう述べた。

わたしは発憤の心で政論を書き、発憤の心で評論を書き、やはり、発憤の心によって門を閉ざして書を読み、本を書くという作業を迫られた。自分ではコントロール不可能であったのが、この発憤の心であった。［XC 1980：2］

「発憤の心」をもち、中国文化の再解釈をつうじて時代の課題に応えようとしたことが、徐復観の著述に情熱的な檄文の性格を与えた。それを典型的に示すのが一九五二年四月一〇日に書かれた「儒教精神の基本的性格、その限界と再生」という論文である。徐は一九七五年五月八日にこう述べている。「この文章は大海が波打っていたころ発憤して書いたもので、その目的は医者の原理を語るのではなくて、病人を目の前にしてその処方箋を出すことであった」［RJZZ 1979：43］。かれはまさにこうした心境のもと、専制政治の中国文化に与える害毒にメスを入れ、それによって中国の未来は自由と民主を追い求めることにあるのだと指摘した。一九八〇年八月に七七歳の誕生日を迎えるにあたって記したように、「わたしの仕事は時代の経験に迫られた衝動と考察である。（中略）わたしの文章に時代の影が反映しているのは当然である。たとえば、『周秦漢の政治社会構造の研究』を書いたのは、大陸の郭沫若《かくまつじゃく》〔一八九二〜一九七八、文学者、歴史家、九州大学医学部卒。毛沢東の文芸批判を受け、自分の過去の全作品を焼き捨てよと述べた〕などが周王朝を奴隷社会と考えたことにたいする抗議であった。『塩鉄論』の研究をおこなったのも、また最近『周官の成立した時代とその思想の性格』を出版したのも、みな同じ理由による」〔林鎮国等インタビュー「この松明を掲げよ――現代思想の鳥瞰」、XJ 1981: 410〕。徐による中国文化の解釈は、二〇世紀の激動する中国が投影されたものであると同時に、中国の憂患に直面して出された処方箋とも言える。かれは「歴史的な中国」にかんする解釈をつうじて、「未来の中国」が発展してゆく方向を指し示そうとした。

しかしながら、これまで述べてきた解釈ですべてが明らかになるわけではない。なぜなら、二〇世紀の中国の憂患に直面し、「文化思想的なアプローチ（cultural-intellectual approach）」[17]によって中国の問題を解決することは、五四運動以来の中国知識人が共通して採った方法のひとつであって、儒家もそうであったにすぎないからである。したがって「時代の衝撃」という要素だけでは、徐復観が中国文化における専制政治や、それが農村や経世儒教に圧迫を加えた点をとくに強調した理由を説明できるものではない。さらにすすめて、徐復観の思想に立ち返って、この内在的な原因を考える必要がある。

徐の著述を仔細に読めば、かれがこのように中国文化イメージを描いたことには、もうひとつ深い理由のあることがわかる。それはかれのひとにかんする見かたである。

ひとりの思想家として、徐復観が現代の他の儒学者と異なるもっとも大きな点は、かれが具体的で複雑なひとについて深い理解をもっていることである。かれの学術世界の「ひと」とは、庶民の日常から隔絶した花鳥風月を高吟するたぐいの貴族や隠遁者ではない。それどころか、かれの筆になる「ひと」とは、いきいきと生産活動に従事する具体的なひとである。かれの描く中国知識人は専制の伝統という害毒のもとで呻吟し、悲痛のなかから奮起して、著述に潜心し、苦難をなめる人民に正義の手を差し伸べる。その歴史学の志向によって、かれは中国史における人民の血と涙に気づくことができ、その思想史の研究を象牙の塔における「観念の遊戯」[18]とは違ったものにした。かれは思想史の研究がたんなる概念の分析と構築だけのものとは考えなかった。みずからも述べるように、「歴史のなかでもっとも偉大な思想は、時代を変革し、人民にさらなる解放をもたらし、人生がより充実した意味をもつことを可能にする」［「遠鉄論における政治社会文化問題」、LH 3 1979: 206］[19]。かれの描く思想家は、歴史のドラマに生きるひとびとであり、具体的で生々しい専制政治の圧迫や農民の苦しみに直面して、ためらうことなく人民の立場に立ち、正義ならざる統治者にたいして正義を問うのである。かれの思想世界におけるひととは、世を捨てて霞のなかに孤立し、園林の間にこころざしを立てる貴族や隠士ではなかった。かれの文章スタイルは司馬遷（太史公）から深い啓示を受けている。「史記を論ず」（一九七九年七六歳の作品）という有名な論文では、司馬遷の筆になる人物についてこう語られている。

司馬遷の伝記の人物は、歴史のなかの具体的な人物であって、思想のなかの抽象的な人物ではない。思想のなかの抽象的な人物とは、人物をみずからの思想のなかで知らず識らずのうちに抽象化、単純化したもので、善人はどこまでも善人、悪人はどこまでも悪人であって、みずからの思想の都合や仮説の身の丈に合わせてある。これでは、歴史上の人物もいつのまにか架空の人物となるほかはなく、歴史もまた架空の歴史となるほかはない。歴史のなかの具体的な人物とは、その性格や行動が現実の生活の制約を受け、ひとの長所も備えていれば、ひとの短所も備えており、善悪の比率はそれぞれ異なろうが、善のなかに悪がある一方で、悪のなかにも善があるのである。［LH 3 1979: 422］

「歴史のなかの具体的な人物であって、思想のなかの抽象的な人物ではない」ということばほど、徐復観の考えるひとの本質を突いたものはないだろう。

ひとの存在を具体的に認識することで、徐は鋭い眼光によって中国文化の病原をえぐり、何千年にわたって中国人が専制体制のもとで苦しんできた事実を重く見て、無限の哀惜の情を注ぐにいたった。儒家思想を検討したさいには、専制帝王が儒家思想を汚染し歪曲したことに注目し、儒家を本来のすがたに戻そうと努めた。また儒家に新たな民主主義と自由主義の思想内容の衣を着せて、中国文化を新たな輝ける道に復帰させその再生を図ったのも、同じ認識にもとづくものだった。

（三）中国文化イメージの比較――徐復観と現代儒者

これまで徐復観が構築した中国文化イメージについて論じてきたが、では、このイメージは二〇世紀の中国思想史や東アジア儒学史のいかなる側面において典型的な意味をもつのだろうか。かれ以外の中国儒者や日本の知識人による中国文化の解釈や展望と比べて、何が違うのか。また、その違いはどうして生まれたのか。こうした三つの問題を考えてゆくと、現代儒教の複雑さや異質さといったものをもっとよく理解できるであろう。

まず指摘せねばならないのは、徐が描いた中国文化イメージは岐路にさまよえる現代中国人のアイデンティティのひとつの対象であったことだ。この意味において、徐のそうした文化イメージはかなりの程度典型的なのである。第二章で述べたように、一九四九年以後に大陸を逃れ台湾や香港に漂白した現代中国の儒学者たちは中国文化への強い一体感をもっており、「中国文化はどこへ行くのか」という問題への関心を広く共有しながら、中国文化を「事実の描写」だけではなく、同時に「価値の描写」としても研究した。言い換えれば、戦後台湾のほぼすべての儒学研究者にとって、儒教思想と中国文化はみずからの外にある客体ではなく、研究者が拠って立つべき、また自分と他者を鍛錬すべき価値システムであった。徐による中国文化イメージの構築は、中国文化を二〇世紀の中国人が文化アイデンティティを獲得するうえでの共通の対象とした点で、典型的な意味をもつのである。

けれども、これまで述べてきた「中国文化をアイデンティティの対象とする」という原則を共有していたからといって、現代の儒学者たちの間に認識の相違があったことまで否定する必要はない。徐が構築した中国文化イメージは、⑴専制システム、⑵経世儒教という二つの面で、現代儒者の中国文化イメージと大きく異なる。前者は銭穆と抵触し、後者は唐君毅や牟宗三ともっと齟齬《そご》があるのである。そうした違いがどこにあるかをつぎに考察しよう。

⑴徐が中国文化を解釈するにあたって、専制システムが中国文化のさまざまな方面に及ぼした傷痕や害毒を重く見ていたことについては、本章第二節で語った。この見かたは現代儒学者の銭穆の観点とは水と油の関係にある。銭穆の著述は膨大で、いずれも中国文化の宣揚に余念がないが、その多くの著作のなかで、歴代王朝が専制政治であったという中華民国以後に出てきた考えかたについて、かれはことあるごとに反駁した。その論拠は徐とはあざやかな対照にある。抗日軍が起こった一九三九年一月に書かれた『国史大綱』「はじめに」で、銭はこう述べている。

中国の政治制度には民権もなければ憲法もなかったと言う者がいる。だが、民権にはそれを表現する方法や機構がそれぞれあり、それぞれの方法によってその機構を守ることができる。これこそが国を立てる憲法であって、そのことをなにも杓子定規に考える必要はない。中国は秦朝より領土と民衆が広大な大国であり、西洋近代に施行された民選の代議士制度では、われわれ民衆を統治することは叶わない。であるから、中国では国家が何年にもわたって試験をおこない、各地域の優秀な平民を広く選抜し、政治に参加する機会を与えたのである。あるいは、客観的なサービスと評価の規定を設け、官僚のポストにかんする進退の決まりをつくったのである。こうして下々の実情が上にも伝わり、あらゆるルートが開発された。清末の革命派が民権や憲法を満洲族の清朝政府を打倒するための宣伝としたことはたしかに有効であった。けれども、これが中国史の真相であると考えて、秦朝以来、中国には専制の暗黒しかなく、民衆に権利は与えられず、国に法律なき状態が二〇〇〇年にわたったと述べるなら、実情を知らない議論というほかはない。[20]

銭穆は中国史上の「民権にはそれを表現する方法や機構がそれぞれあ」ったのだから、中国史がすべて専制だとは言えないと考えた。こうした見かたは一九四六年に出された「中国政治と中国文化」でさらに展開されている。

現在多くのひとびとが、中国における秦朝以後の政治は専制暗黒の政治にすぎないと考えている。こうした説明を使って辛亥革命期の宣伝をすることは誤りとは言えないだろう。しかし、これが歴史の真相だというなら、実情を離れること甚だしい。中国の領土が広く民衆が多いことは、歴史上に比類がない。帝王たる者、どうやって専制をほしいままにしたであろうか。貴族に頼ったのか？　しかし、中国は秦朝以来、郡県制度にはやばやと移行しており、封建は破壊され、世襲は取り消されたのに、どうやって貴族を復活させることができただろうか。軍人に頼ったのか？　しかし、中国は秦朝以来、軍人によって組織された政府はなかったのに、どうやって軍人政府をつくることができたのだろうか。商人や金持ちに頼って共同統治したのだろうか？　しかし、中国は秦朝以来、漢代では官僚が商業を兼ねることはかなわず、唐代では工商業者が出仕することはかなわなかったのだから、商人勢力が中国の伝統的な政治において台頭した例はない。どうやって金持ちの政治がありえただろうか。以上のようであるから、中国は帝王、貴族の封建にも頼らず、軍人の武力にも頼らず、工商業者や金持ちにも頼らなかったのである。どうやってたったひとりの専制をほしいままにできただろうか？　まさか、天の神さまが中国のために不世出の大皇帝ばかりをお授けになり、それが綿々と絶えることなく、二〇〇〇年に垂《なんな》んとする専制という怪現象を生み出したとでも言うのだろうか？

はっきり言おう。中国の伝統的な政治とは、じつのところ士人（エリート）の政治である。賢人政治と言い換えてもよい。(21)

これを見ればわかるように、中国の伝統的な政治は士人政治にほかならず、政府は賢人たる士人によって成り立ち、帝王が専制する余地はなく、それらは「民主政治」と称しても差し支えないと銭穆は考えていたようである。銭のこうした理解は、『国史大綱』以後も一貫しており、歴史認識において「国民の国家にたいする深い愛情」(22)を喚起するための苦心の試みではあった。しかし中国政治史にかんする客観的な判断としては、同時代の学者の疑義を招くことを免れなかった。張君勱（一八八七〜一九六九）は一書を著しその論断に反駁した[23]。わたしの師である蕭公権《しょうこうけん》（一八九七〜一九八二）〔ワシントン大学教授、中国政治思想史を社会科学の一分野として確立した〕はより深く条理ある批判をおこなった。蕭公権はまず、専制が二つの意味を含んでいると言う。⑴多数制の民主政体と比較されるばあいの、権力がひとりに属している意味での専制。⑵法治政府と比較されるばあいの、大権が法律の制限を受けない意味での専制。

この二つの意味から考えて、中国史は、秦漢より明清にいたる二〇〇〇年間にあって、事態の強弱を含むとはいえ、専制政治がその本質において歴史を貫通してきた。大きな流れからすれば、浅きが深きに達するがごとく、しだいにその程度を増し、それにつれて弱点を暴露していった。君権にたいする制限という視点から論ずれば、前漢・後漢からあとでは、君権を制限する方法には三つのものがあった。ひとつは宗教による制限、二つは法律による制限、三つは制度による制限である。しかしながら、宗教・法律・制度は君主を束縛することができても、そうした束縛をいつどこでもおこなえるわけではなく、二〇〇〇年にわたる大勢からして、これらの効力は事実として永続的でも強大でもなく、専制政体のおおもとを揺るがすことはできなかった。歴史の大きな流れからすれば、蕭公権が述べたように、秦漢から明清にいたる二〇〇〇年の政権は、君主の聡明暗愚、国家の盛衰強弱におうじてその効用面でのわずかな変動はあっても、おおもとの精神と原則は微動だにしなかった。一九一一年に辛亥革命が起こって民主政権が構築されるに及んでようやく消滅したのである[24]。蕭公権の言述は、その論の立てかたが公平であり、事実にそくしており、ここではその論点の大枠を紹介するにとどめ、多言を費やさないことにする。

しかしながら、思想史の見かたからすれば、さらに問うべきなのは、徐復観と銭穆の中国史の専制政治にたいする考えになぜこれほどの懸隔があるのかということだろう。これについては、二つの回答を提出することができる。

第一に、徐復観は世事にわたることが深く、その壮年期に現代中国の最高峰の権力に近づき、帷幄にくわわるチャンスを得た。「もっとも後悔するのは高き楼に近づいたこと」と言うごとく、時代の激変にたいする感受性は鋭く、みずから述べるとおり、「民国三〇（一九四一）年より、時代の激動にかんする予感は、絶えずわたしの精神を圧迫し、かんたんには吐き出せそうになかった。危機を救おうと、何年にもわたって心血をそそいだ。民国三三（一九四四）年から三五（一九四七）年にかけて、はなばなしく活躍する国民党・政府・軍隊のひとびとを、ほとんど見てきた。率直に言って、時代の苦難を担えるほどの人材を見いだすことはできなかった。国家と社会にたいしてほんとうに誠意をもち、それを担おうとする人物を見つけられなかったと言ってもよい」［「わたしの教師生活」、XC 1980: 304-305］。かれの壮年期以後の著作のここかしこには時代の色濃い投影があり、かれは「悲劇の時代に生まれた発憤の心」［「自序」、XC 1980：2］によって中国文化を再解釈し中国の未来を探ろうとし、中国思想史を研究するなかから文化の場面で中国が直面する多くの緊急の課題に答えようとした［「序」、RX 1963（1969）：1］。

徐の学術世界では、「中国文化とは何か」「中国文化はどこへ行くのか」という二つの問いはひとつのものだった。中国文化における専制政体のかれによる分析は、すべて「為めにする議論」であった。たとえば、漢代の個人専制システムにおける官僚制の変遷を論じるさい、とくに皇帝による宰相制度の破壊を重く見たのは、おそらく日中戦争期の蔣介石委員長侍従室での仕事の経験から得た霊感にもとづくものだろうし、前漢・後漢の知識人がこうむった専制政治の閉塞感や、中国史上の君主の尊厳の問題を語ることも、じっさいの生活体験と関係したものであったろう。

これにたいして、銭穆は完全な書斎人であって、じっさいの政治経験は皆無であり、青年期より無錫《むしゃく》の江蘇省立第三師範学校、蘇州省立中学、北平（北京）の燕京大学、北京大学、西南聯合大学で教鞭をとり、香港新亜書院をへて、晩年の台北中国文化学院（現在の中国文化大学）にいたるまで、一日たりとも教育と研究のポジションを離れたことはなかった。銭穆は現代中国の現実の政治に直接参与できなかったために、かれの中国政治史にかんする判断は時代の投影を受けることが少ない。この点を理解してこそ、一九七八年一二月一六日に徐復観がつぎのように述べたわけを理解できるのである。

わたしと銭穆とは似たところがあって、どちらも歴史の良いところを発掘しようとしてきた。ただ銭が発掘したのは二〇〇〇年の専制は専制というものではないから、われわれは歴史の伝統的な政治制度のなかに民主といったものを無理に探す必要はないということだった。ところが、わたしが発掘したものはといえば、さまざまなやり方で専制に反抗し、専制を緩和させ、専制にすこしばかりの開明的な要素を注ぎ込み、専制において民族の生命線を守ろうとした聖賢の心、隠士の礼節であり、偉大な歴史家や文学者が人民に捧げた嗚咽と呻吟、志士や仁者、忠臣や義士が専制のなかで流した血と涙であった。それだから、専制において流した血の河や涙の海は、民主と自由を激発させせないかぎり、永遠にやむことはないと考えたのだった。〔「良知の迷妄――銭穆先生の史学」、RJZZ 1979: 182〕

中国史における専制を批判するなかで中国を民主自由へと導こうとしたため、徐の歴史解釈には時代の投影が濃く、ときに時代を投影しすぎるきらいがあって、その歴史判断を制約している(25)。にもかかわらず、総じて言えば、一九六九年に東海大学を去るにあたって書いた対聯に、「世にかかわりながら思索をつづけ気づけば一〇〇〇〇日分の酒を飲んできた、これからは門を閉ざして著述に専念しまだ一〇年は本を書こうと思う」〔「別れへの想い」、ZW 4 1980: 192〕とあるように、徐の「著述」はかれの「世にかかわ」るありかたに深く規定されていたのだった。

第二に、徐復観は中国の歴史文化におけるかなり激しい批判精神を取り上げたが、銭穆はつとめて「温情と敬意」(26)を見つけようとした。ふたりはいずれも中国の歴史文化の価値を宣揚しようとしたが、銭穆は温和で、徐復観は鋭利であって、ふたりの風格は同じではない。中国史における専制政体にかんして、銭穆は儒家による君権の制限に着目し、「専制」ということばで中国史の複雑な諸経験を概括することはできないと述べた。余英時《よえいじ》（一九三〇～）〔銭穆の新亜書院第一回卒業生、プリンストン大学教授、中国思想史研究に巨大な足跡を残す〕が

書くとおり、

何度も検討した結果、わたしは銭氏が強調するのはじつのところ、儒教の究極の政治理論が君権を助長するものというよりは、君権を制限するものであることに気づいた。儒教の理論にもとづいてできた科挙・諫議《かんぎ》〔天子をいさめること〕・封駁《ふうかん》〔詔勅や奏議にたいして審議機関の門下省が行使できた拒否権〕などの制度はみな「士」権によって「民」権を勝ち取ろうとする意義を有する。（中略）こうした意味において、銭氏は「封建」とか「専制」という粗略にすぎる論断を受け入れることができなかった。[27]

にもかかわらず、儒教による君権の制限は、徐復観から見て不十分で、つけ足しにすぎず、中国の伝統的な政治における専制というおおもとを変革することはできようもなかった。かれは書いている。

儒教は人倫に責任を有するのだから、政治にも責任を有するはずである。ところが歴史的な諸条件の制約から儒教の政治思想は、もっとも精緻な理論であっても、統治者の立場に立たないかぎり実現されないもので、被統治者の立場からその実現を勝ち取るものではなかった。そのため、政治の主体性を打ち立てることがいつまで経ってもできず、民本に向かうことも民主に向かうこともできずに、統治者の害毒を減らす役割に甘んじ、おおもとから統治者の害毒を解体する役割を果たせず、かえって権力の簒奪《さんだつ》をねらう者に利用されるばかりだった。［「儒家精神の基本性格、その限界と再生」、RJZZ 1979 : 66］

徐は鋭い批判的な態度によって、中国文化の病理のおおもとを探り出した。未来の歴史に向けてこうした視点を確立するなら、徐の批判精神は未来の知識人にきわめて豊かな遺産をもたらすであろう(28)。

(2)徐復観の中国文化のイメージにあって、儒教は実践を重んじるもので形而上的ではなく、経世を重んじるもので超越的ではないような思想システムだった。徐復観が前景化したのは、こうした儒教の側面であって、唐、牟の描く儒教の中身とはずいぶん違ったものである。これら二つの相違はどこにあるかというと、徐が儒教思想を具体的な歴史コンテキストに置いて考えるのにたいして、唐、牟は儒教思想が形而上学を中心にした哲学システムと考える点にあった。徐は、形而上学から儒教思想を論ずる師友にたいして、つぎのような不満を表明した。

中国哲学を講ずるひとびとよ、（中略）中国文化をたいへん愛し、中国文化を熱心に学習し、大きな成果を得た哲学者、たとえばわが師熊十力であったとしても、唐君毅であったとしても、あなたがたは、その本来の道に反してことをおこない、具体的な生命、行為から順に上へと推論し、形而上の天命や天道までできてこれで十分だと思い、これ以外に安定を得ることはできぬと考えている。あなたがたには思いもかけないことだろうが、形而上のものは、そのひとつひとつが走馬灯のように過ぎ去るのみで、思想史において安定したものなどは何ひとつないのだ。〔「孔子の思想性格からの回帰」、XJ 1981: 66〕

孔子や儒教思想は『論語』から理解すべきで、『中庸』〔漢代に成立したとされるが、新儒教の立場から重視され、独立したテキストとして経典化された〕から理解すべきではない。儒教の本来の性格は実践的であって形而上的ではない。これが徐復観の考えである。徐と唐君毅の違いは、かれらが孟子の「形を践《ふ》む」という概念をどう解釈するかに表れている。孟子の「形を践む」にかんする徐の解釈にも、儒教を実践的なものとするかれの理解が貫かれている。徐はつぎのように「形を践む」を理解する。

形を践むは、二つの側面から説明できよう。道徳の主体性を充実させることから説明すれば、これは孟子による正義をあつめて気を養う鍛錬であって、自然にある気を理性的な気である浩然の気に転化させることにほかならない。道徳的な実践から説明すれば、形を践むとは、道徳の心が官能の天性、官能の能力をへて、客観的な世界に向かって表れることにほかならない。これは尽きせぬ意味を含んだことばである。孟子はここに説き及んではじめて、心とあらゆる官能とを価値を同じくする立場に置いて、ひとびとが自覚的にみずからの官能の処理に責任をもつことができるようにした。こうして、官能の活動をへて、心の道徳的主体は客観と結びつき、心の徳は客観世界のなかに実現して、「観想」や「イデー」の世界にとどまることがなくなったのである。孟子の人性論は、ここにいたって完成する。あらためて確認すれば、孟子の言う心を尽くすとは、形を践むことに帰着せねばならない。よく形を踏んでこそ、心を尽くすと言い得る。形を践むとは、官能に潜在しているさまざまな能力（天性）をどこまでも発揮させねばならず、客観的な事物を行為に赴かせ、構築に向かわせねばならず、そうでなければ、形を践むことにはならないということである。したがって心を尽くし形を践むことで実現される世界とは、大同（絶対的な同一性）を判断の基準とする現実の世界でなければならないのである。［RX 1963（1969）: 185-186］

徐による「形を践む」の解釈は、道徳主体の確立を重んじるばかりでなく、とりわけ主体性を客観化したり客体化（objectification）することを強調するものであり、儒教の本来の精神が主体世界と客体世界の一体化を求めるものであると考えることである。こうした語りかたは、徐が『孟子』公《こう》孫丑《そんちゅう》上篇二の「言《ことば》を知り気を養う」章を解釈した論理と一致しており(29)、いずれもかれの「実践的儒教」を重視する特徴を明らかにしている。

けれども、徐復観が重んずる儒教のこうした側面は、唐君毅の儒教解釈にはほとんど、あるいはまったくと言ってよいほど表れることはない。唐君毅は「形を践む」についてつぎのように説く。

君子がその心性を実現して、仁義礼智信の徳が生まれる。これらの徳は具体的な形と色をもった身体に表れ、その自然の生命を徳性の生命が顕現する場所に変える。こうした形と色をもった身体を有する点で、ひとは禽獣と同じである。この身体にもとづいて、耳目の欲望が生まれる点も、ひとは禽獣と同じである。けれども、ひとには徳性の生命があり、この身体の自然の生命に充満しているから、この自然の生命を備えた身体のもつ意味と価値を変化させて、徳性の生命をひとの生活行為に表し、外部の場所へと顕在化させることができる。こうして、この身体には、光り輝く徳性の生命が貫徹され、透明なものと化す。だから、身体の在り処は、そのまま徳性の在り処となるのだ。ゆえに「形と色は、天性である。聖人にしてはじめて形を践むことができる」と言うのだ。聖人がこの形を践むのは地面を践むようなもので、かくして形と色が天性の表れとなり、天性がこの形と色に表れるのだ。形と色がそのまま天性であると一般的に表現したものではは当然ない。(30)

唐君毅の解釈にあっては、「形を践む」とは、内在的な道徳心が外部の身体に表れ、心身の絶対的統一のプロセスが完成することである。（徐が強調したような）主体の客観化や客体化のプロセスではない。二つの考えの重点の置きかたの違いは明らかであろう。

徐復観は、二〇世紀中国の知識人と同じく、中国文化の「中国性」をとりわけ重んじ、また中国文化を同世代の中国人のアイデンティティの対象としたことが本節の検討で明らかになった。けれども、徐が描いた「専制政体——農村社会——経世儒教」という中国文化のイメージは、かれ以外の現代儒家の間に「無視しえない差異」を現出した。徐は中国文化における専制という伝統を前景化したが、この点で銭穆の見かたとは違っていた。徐が「実践的な儒教」を重んじたことも、唐君毅や牟宗三が儒教の形而上学の伝統を重んじたのとは大きく食い違っていた。こうした差異は、現代中国の新儒学における同一性のなかの異質性を示すものだが、その異質性にはまことに大きなものがある。

二　徐復観の中国文化観とその歴史的コンテキスト——胡適との比較

ここで、本章の第一節「はじめに」で示した第二の問題を検討しよう。徐復観のような現代の新儒家は歴史のコンテキストのなかで、どのように中国文化の特殊な側面を前景化したのだろうか？このように問題を設定するわけは、現代の新儒家を二〇世紀における中国思想史のひとつの歴史現象と考えねばならないし、現代の新儒者を思想史のなかの人物として見なければならないからだが、それだけではなくて、より重要なのは、徐復観をふくめ現代の新儒者がみな民族文化への悲願を抱き、二〇世紀中国の激動に直面してその解決の処方箋を打ち出そうとしていたからである。かれらは「チェスのゲームに完敗しても、けっしてあきらめず」（徐の一九七七年の詩）、かれらの多くの著作は香港をさまよい台湾に流寓した時空間における稀有なコンテキストにおいて、ある特定の対象に向けて発せられたものであった。かれらはけっして普遍にして抽象的な立場、真空状態のなかで、中国文化イメージを描いたわけではなかった。

（一）徐復観と胡適の中国文化にかんする見かたの分岐

徐復観における生命の情調と学術の風格は、二〇世紀中国の知識人のなかでも際立っており、かれは現実を離れて真理を説いたことはなく、その言論の多くは特定の対象に向けて発せられたものである。その論敵にして知友である殷海光が一九六九年八月逝去の前に述べたように、「かれは怒り猛ること獅子のごとく、従順なること羊のごとし、熱狂すれば馬上に演技する主人公のごとく、孤独のさまは雲をわたる野鶴《やかく》のごとく、真理を説き来れば道学の士人のごとく、闘争に向かえば生粋の歩兵団長のごとく、思いやり慈しむこと春風のごとく、冷徹なること秋霜のごとし。しかれどもかれに満ちているのは、生命の昂揚であり、闘争心であり、一分たりとも停まることなく、一秒たりとも凝固することはない」(31)と述べるとおりである。その強靭な生命力は、かれの著作に十二分に表れており、著作のどの一字、どの一行からも躍り出て、同時代の研究者と学術の当否を争い、現代の専制統治者と正義を争い、ヨーロッパやアメリカの侵略にたいして中国文化を鎮魂するかのようだ。徐が中国文化を解釈するさい、その発言がとくに念頭に置く学術と世事における重要な対象には、少なくとも以下のような二つを数えることができる。

第一に、二〇世紀の中国研究者は価値の中立を主張し（徐復観が理解するような）中国文化には反対してきた。徐が念頭に置くそうしたひとびとは、胡適《こてき》（一八九一〜一九六二）と傅斯年《ふしねん》（一八九六〜一九五〇）をおもな代表とする。徐はかつて胡適の中国文化価値についての見かたへの疑義をこう表明したことがある。

『自由中国』は胡適を筆頭として、毛子水《もうしすい》〔一八九三〜一九八八、北京大学にて五四運動に参加、中国文学者、歴史家〕をその代弁者としており、中国の伝統文化に反対するものだった。殷海光は元来わたしとの個人的関係は悪くなく、はじめは『民主評論』に文章を投稿していたが、その後、文化にかんする見かたが完全に『自由中国』寄りとなった。『民主評論』は当時、銭穆、唐君毅、牟宗三の三氏が中心になって、中国の伝統文化を宣揚していた。わたしはというとおもに民主を強調して、伝統中国の文化も擁護するというやりかたであった。こうして唐、牟二氏との間で、中国文化の「道徳的な人文精神」を民主政治の内容とし、西洋文化との衝突を少しずつ相互依存の関係に変えようとしたのである。わたしが政治面での文章を書き、唐、牟二氏が文化面での文章を書いた。文化の志向の違いから、二つの雑誌の対立や危機が醸成されることが常だった。〔「死して後已むの民主闘士——雷震先生を追悼する」、ZW 4 1980: 214〕

これは一九七九年三月に徐復観が雷震《らいしん》（一八九七〜一九七九）〔『自由中国』を拠点に憲政の実現を目指した台湾の政治家〕を追悼した文章

のなかで雷震の晩年を回想したくだりである。ここには二つの検討すべき問題がある。⑴胡適が「中国の伝統文化に反対する」という徐の見かたは事実に符合するものだろうか？　もしそうなら、徐はいかなる意味で胡適に代表される研究者が「中国の伝統文化に反対する」と考えたのか？　⑵徐は、唐も牟も中国文化の「道徳的な人文主義」を再建しようとしたと書くが、その具体的な意味はいかなるものだろうか？　これら二つの問題は、徐がなぜこれほど激しく胡適らを批判したかを説明するうえで重要なキーポイントとなる。

⑴まず、第一の問題を説明しよう。胡適が「中国の伝統文化に反対する」という言い方にはおそらく二つの意味がある。ひとつは胡適の思想の傾向や思考スタイルについて言われたものであり、二つは胡適の文化観について言われたものである。第一について広く考えれば、徐の説明は胡適にたいして公平とは言えないし、徐はおそらく胡適の思考スタイルについて述べたのでもないと思う。現代の研究が指摘するように、胡適の生涯にわたる中国伝統文化と西洋文化にかんする言論は少なからぬ変遷を遂げ、しかもかなり混乱してはいた。けれども、かれは基本的には反伝統主義者ではなかったし、もっと重要なのは、かれの反伝統の議論そのものが伝統中国における儒教の全体論という思考スタイルに由来していたことだ(32)。最新の研究はさらに、胡適がデューイ（John Dewey, 1859-1952）のプラグマティズムによって近代中国の政治社会や文化の危機を解決しようとしたさい、中国儒教の伝統である「自我を鍛錬する（修身）」イデーやその思考スタイルの影響をこうむってい

たことを明らかにしている[33]。こうした二つの研究成果から見て、胡適の思考スタイルが「中国の伝統文化に反対する」ものではないばかりか、どっぷりと伝統的な中国文化のなかに浸っていたのは明らかである。

　胡適の「中国の伝統文化への反対」を徐が批判したことには明らかに別の含意がある。関連するドキュメントによれば、胡適の中国文化イメージをめぐって、徐が公に問題にしてみせたのは、とくに胡適の（徐の理解するところによれば）新儒教への嫌悪、また中国文化のなかでもひとの倫理に悖る纏足《てんそく》〔一〇世紀から一九一一年まで存在した、女性の足を幼児から縛って大きくさせない風習〕などの風習という具体的な事象への攻撃であった。新儒教にたいするふたりの異なる態度を理解するために、ここでは徐が一九八〇年、七七歳の高齢で、唐君毅、牟宗三、張君勱などと共同で「中国文化のために世界の人士に告げる宣言」を発表したあとの出来事を回想したくだりを引用したい。徐はこう述べている。

　胡適の「宣言」にたいする反応は激しいものだった。かれはそのとき台中省立農学院〔東海大学の前身のひとつ〕で講演していたが、それが終わると東海大学にやってきた。東海大学はかれのために歓迎茶話会をおこなった。胡適はやってくるなり、ほかのひとにはかまわず、いきなりわたしをつかまえて言った。

　今日はほんとうに申し訳ないが、君たちを叱りにきたよ！

　なにを叱るのです？——わたしは問うた。

唐、牟、徐、張四氏が発表した「宣言」はでたらめで、信じてはいけないと今日、学生たちに言った！

なぜ、でたらめなのですか？

「宣言」では新儒教に言及している。けれども、じつは新儒教とはおもては儒教だが、うらは仏教だ。

あなたに反論する前に聞きたいのですが、わたしたちの新儒教についての論述をお読みになりましたか？

胡氏は「読んでいない」と答えた。わたしは遠慮なく聞いた。「読んでもいないのに、どうやって批評なさるのですか？」そして、続けて言った。

わたしたちが中国文化を研究するのは、世界文化すべてを視野に入れながらやっているのです。西洋文化の関連する思想も十分念頭に置いています。

君は中国と西洋ともに精通しているよ！——胡氏は言った。

それはいささか過褒というものです。しかし、わたしたちは十分、西洋の文化思想に注意しています。

話は気まずいままに終わった。


［林鎮国等インタビュー「この松明を掲げよ——現代思想の鳥瞰」、XJ 1981: 410］

これは歴史の当事者が残した第一級のドキュメントであって、胡適をリーダーとする「西欧派」と徐復観をふくむ現代新儒家が、新儒教に異なる理解をし、異なる態度を採っているさまをいきいきと描いている。学術の伝承という点からいえば、胡適は安徽省績渓《せきけい》県の漢学（清代考証学）の伝統を受け継ぎ、幼いころ（四歳から一三歳）の家庭教育（一八九五〜一九〇四）では中国儒教の勉学を継続しておこなったし(34)、アメリカ留学中（一九一〇〜一九一七）も中国儒教の自学自習を怠ることはなかった(35)。ところが、新儒教は中世の性格を色濃くもっていると胡適はずっと考えていたようである。かれは書いている。

宋代以後の儒教は孔子の教えという看板は懸けているが、中身は中世宗教の人情離れしたさまざまな教条を引き継いでいる。中世宗教のポイントはひとになってはならず、菩薩仙人になれというものだ。これはとてもひどい話であるが、（中略）新儒教の学者になると、中世宗教の菩薩仙人になれという道理をもってきて、ひとたる道理としてしまった。これはさらにひどい話であった。(36)

新儒教への嫌悪とは打って変わって、胡適は一八・一九世紀の清代考証学を口をきわめて推奨し、清代の学問は、「事実に即した実証」の鍛錬によって証拠にもとづき古代文化を考証したと考えた。かれは、清代の学術は歴史学の運動であるとみなして、古代文化の新しい研究を中国の「文芸復興

(Renaissance)」時代と呼んだ(37)。胡適のこうした見かたは、梁啓超（字は卓如、号は任公、一八七三～一九二九）が『中国近三百年学術史』で表明した見かたと相通じるものであった。

胡適と比べれば、徐復観の清代考証学への評価はたいへん低く、嫌悪の情を隠すことさえしていない。その晩年における「清代学術衡論」の批判は代表的なものである。かれは言う。

清代の考証学者は龔自珍《きょうじちん》〔一七九二～一八四一、アヘン戦争前夜の国家衰亡の危機を鋭く感受し、憂患意識に満ちた詩文を残した、公羊学と今文学の唱導者でもある〕が指摘したように、瑣末な話、字句の読みと考証にかかずり、こうすれば意味と心理が明らかになったと考え、帰納と抽象によって筋道だった系統的な知識を構成できることには思い及ばなかった。けれども、「思想」と呼ぶに足るものこそが、人文学科を研究する到達点であるのだ。かれらは、およそ思想的なものにはすべて「形而上学」といった名前をつけてそれを抹消する。つまり、かれらは思想性に欠けた研究者で、近代的な「知識」の要求から大きく乖離している。正確に言えば、かれらがやったことは、真の意味での「学問」に値しない。［LH 3 1979: 619］

徐の清代の学問への異論は、清代の研究者が価値や思想を論ぜず、事実のみを論ずる点にある。こうした立場が熊十力の示唆によることは当然である(38)。徐は、熊十力をつうじて新儒教に終始ふかい敬意を抱いていた。胡適は、新儒教は中世の学問で、清代の儒教になって人類の欲望の問題を正面から考えるようになり、「近代性」を得ることができたと考えた。けれども、徐に言わせれば、価値や思想の問題を語らないかぎり「近代性」を得ることはできないのだった。

新儒教にたいする評価を異にするほかに、徐と胡は中国文化の纏足という現象をどう解釈するかでもまったく相容れなかった。胡適は生涯、中国文化のなかの纏足という現象を激しく攻撃し続け、一九二六年六月六日、三四歳の時点で早くも、「われわれの西洋文明にたいする態度」という文章で、こう述べている。「中国八〇〇年間の理学の鍛錬は二億人の婦人に纏足を施すという無慈悲なありかたに盲目であった。心を明らかにし性を発見したが、そんなことでひとびとの日常での苦痛や困窮を救うことはできなかった！　座禅し敬たらんとしたが、それは多くの『肉体を動かすことをせず、穀物の種類さえわからない』〔『論語』微子篇〕役立たずを生み出したにすぎなかった！」(39)。一九二九年にも「文化の衝突」という英語論文で、中国文化における宗教・哲学・倫理道徳が共謀して中国人の纏足にたいする感覚と良心を麻痺させていることを弾劾した(40)。一九六一年一一月六日、六九歳のときに亜東区科学教育会議で発表した講演でも、中国文明には千有余年にわたる婦人の纏足の歴史があって、精神文化の名に値しないと批判した(41)。中国文化における纏足という現象への胡適の批判は生涯変わることはなかった。

けれども、こうした中国文化への批判は徐復観のはげしい反発を引き起こした。徐は一九六一年に胡適の講演にたいして、「中国人の恥辱、東方人の恥辱」と題する文章で反論した。

胡博士はずっと纏足によって中国文化を代表させてきたが、これは正常な精神状態にあるひとならけっしてやらないことである。ここでは三つの点についてのみ胡博士に質問したい。⑴纏足は中国文化におけるどの一派の思想から出てきたものだろうか？　胡博士が世界文化史における婦女問題に最低限の常識をもっておられると仮定すれば、古代に文化を有したことが確認できるあらゆる民族のうち、中国文化こそが婦人の地位をもっとも尊重したことをご存知だと思う。⑵纏足にはおよそ一〇〇〇年の歴史がある。中国文化を纏足で代表させるなら、纏足以前には中国には文化があったのか否か？　⑶纏足はいまはもはや存在しないから、纏足が中国文化を代表するなら、中国文化もこれとともに消滅したことになる。であれば、胡博士がいま、中国文化を罵倒するのは、ないものに矢を放つきらいなしとしない。［XJ 1981: 380］

この舌鋒鋭い反駁を、胡適による中国文化への激しい批判に付き合わせてみよう。胡適は、民間文化である纏足という現象によって中国文化の全体を代表させ、新儒教が見て見ぬ振りをし批判を控えた道徳的な責任を取り上げた。これにたいして、徐の方は、中国文化の内容は豊富だから纏足だけにそれを代表させることはできないと考えたのである。徐復観の中国文化にかんする多くの論述は、常に胡適らを標的としてなされた。

⑵ここで第二の問題に移ろう。徐の言う「道徳的な人文主義」とは何を指すのか？　この問題は、徐と胡適らの中国文化論争に深く関係する。ここでは一九八〇年八月に徐みずからがおこなった説

明を聞こう。

わたしの説く人文主義には二つの含意がある。まず、「ひと」において立論し、「神」において立論しないこと。この点は西洋と同じである。だが、もうひとつは違う。西洋の人文主義は才智を重んじ、全能人を崇拝するが、中国の人文主義は才智に反対はしないが、一貫して道徳において立論するのである。［林鎮国等インタビュー「この松明を掲げよ――現代思想の鳥瞰」、XJ 1981: 412］

徐復観による「道徳的な人文主義」が意味するのは「道徳的な主体性」にもとづいた人文主義であり、中国文化でとくに発達を遂げたものである。徐によれば、中国の学問は、西周《せいしゅう》の初めから清代の初めまでは、知識を偏重して自然科学というジャンルを広げた時代があったとはいえ、長きにわたる伝統文化は、そのおおもとが、ひととひとの間をどうやって調和させ共存させるかの道理を含めて、ひとのひとである道理を追いもとめ、かつみずから実践するものであった。ところが、乾隆・嘉慶の学派はこの文化伝統を完全に否定したのである［「中国史における運命の挫折」、SX 1959（1975）: 261］。徐は、乾隆・嘉慶のひとびとは中国文化の「道徳的な人文主義」をはっきりとつかむことができなかったと考えた。徐が乾隆・嘉慶の学術に反対する理由はおもにここにあった。胡適を代表とする西欧派の研究者は、歴史と社会を考えるなかで、思想を語り、価値を語ることに反対し、事実のみを語るを良しとした。そのため、無分別にも中国文化の中心である儒教思想にことごとく反対したのである［「中央研究院王（世杰）院長への公開書簡」、WC 1991: 256］。以上が、かれが胡適に反対する学術的な理由であった。

徐復観はこうした「道徳的な人文主義」にもとづき、人類の生活と行為には、概念・価値・事実の三つが一体不可分のものとしてあり、そのなかのどのひとつを研究者が取り上げても、ほかの二つにぶつかるのは必定であると考えた［「中央研究院王（世杰）院長への公開書簡」、WC 1991: 258］。かれは、胡適らが中国文化の価値の問題に注意しないか、注意してもほんの少しであることが不満だった。こうした立場からして、かれが「史学は史料学である」とする傅斯年が提唱した研究方法に反対するのは当然だった。本書の第一章でこの問題を詳述したから、ここでは繰り返さない(42)。胡適と傅斯年は徐復観が仮想敵とする第一の対象だったのである。

徐復観の発言が仮想敵とする第二の対象は現代中国の専制政治における左派・右派の人物であった。とりわけ中国大陸の文化大革命期（一九六六～一九七六）の「四人組」ファシズム統治にたいして、徐復観は批判してやまなかった。一九七〇年に香港に居を移してから発表した中国共産党を批判する政論は、そのすべての文字が血と涙で書かれ、すべての文字が鋭い匕首であると言ってもよく、それらは当時の中国の統治者の心臓をえぐり出すものだった。

本章の第二節（二）で徐復観が構築した中国文化のイメージを明らかにした。そのさい述べたことだが、中国文化が専制システムの害毒をこうむったという事実を徐がことさらに強調したおもな理由は時代の衝撃によるものだった。それを受けてさらに論ずれば、徐復観が文章を起草しようと思い立つときは、いつも現代中国の専制統治者を批判の対象に想定していたのであった。徐が学術著作をものし、制度史と思想史の二つの視点から、秦漢時代の一統をたっとぶ専制政治が中国文化に与えた傷を赤裸々に暴いたのは、中国の専制という伝統への批判をつうじて、中国文化の霊魂を蘇生させ、現代中国の専制統治者に警告を発することを目的としていた。一九七〇年代以後に書かれた当時の中国共産党の統治を批判する政論は、よりはっきりと党の指導階級を標的とし、旗幟鮮明に中国人民の立場に立って、専制統治者と公理を争奪し、自由を争奪しようとするものだった。

一例を挙げれば、『両漢思想史』第一巻である『周秦漢の政治社会構造の研究』に収録された多くの論文は、現代中国の専制を執筆モチーフとし、当時の専制政権の寵臣である郭沫若（鼎堂、一八九二〜一九七八）らを仮想敵としていた。このなかの「西周の政治社会がいかなる構造かについての問題」という論文は、郭沫若らを念頭に、かれおよび大陸の何人かの学者が主張した西周《せいしゅう》奴隷制社会論に反駁するものである。徐によれば、周代には奴隷が存在したが、総体的に見て、奴隷は周代の政権基盤ではなく、当時の社会生産の主要な要因でもなかった。周代を奴隷制社会と称することは歴史事実に反するというのが徐復観の考えであった［「西周の政治社会がいかなる構造かについての問題」、ZQH 1972 (1975) : 1-62,13］[43]。同書のそれ以外の論文は、さらに専制政治が中央の官僚制や学術の発展に及ぼした影響、知識人に与えた閉塞感といった問題の分析をおこなっている。そこにも時代の反映が見られた。

現代中国の専制者を仮想敵とし、中国文化における専制問題を前景化する徐復観の姿勢をもっとも雄弁に代弁するのが『周官の成立した時代とその思想の性格』という本である。徐はこの本で、『周礼《しゅらい》』〔中国古代の礼書、周公の作とされるが、成立は戦国時代以後〕は王莽《おうもう》（前四五～二三）が草稿を書き、劉歆《りゅうきん》（前五〇～二〇）が整理し完成させたものだと述べた。こうした考えは余英時らが証明したように成立しがたい(44)。けれども、徐がこの本で披瀝《ひれき》したかれ個人の見かたからは、現代思想史の裏情報をリークできる。ひとつだけ例を挙げよう。徐は『周礼』にかんする教化のドキュメントを取り上げ、みずからの考えを述べる。「『周官』に表れた教化の思想、政治デザインから生まれた人民にたいする教化のはたらきは、（中略）統治者の生活行為が人民に直接関係する教化の範囲をはるかに超えて及んでいる。（中略）清廉な人格を後ろ盾としない政治デザインは、とりわけ礼楽と呼ばれるデザインはきまって、うわべを飾ることに流れ、形式主義の虚飾に流れる。つまり、周の初めから前漢にいたるまで、おもな政治思想には統治者の人格問題が含まれているのである。けれども、『周官』によって、かえって現代ならさしずめ重大な意味をもつであろう統治者の人格問題は表面化することがなく、うわべを飾り形式化された政治デザインが、人民の教化に及ぼす効力も、ほとんど発揮されなくて済んだ」[ZQ 1980: 157-158]。徐が取り上げたドキュメントが人民を教化する制度に限定されている点に鑑みれば、「**統治者の人格問題**」こそ、徐がドキュメントの行間から読み取ろうとした新たな意味にほかならない。この新たな意味にははっきりした特定の仮想敵が存在する(45)。この本の自序は一九八〇年一月一〇日に書かれており、このときかれは香港にいた。中国共産党による文化大革命が終結して新しい段階に入り、世界の大勢も大転換を遂げたことを受け、かれは『華僑日報』に大量の政論を寄稿し、中国の未来に期待をかけていた。この「自序」を完成させる八日前（一月二日）、徐は「八〇年代の中国」という文章を書き（『中報月刊』創刊号（1980.2.1））、その最初に、「八〇年代の中国とは、統治に向かうか、動乱に向かうかでせめぎ合う十字路にある現代の中国にほかならない。中国共産党の負の遺産はあまりに重く、統治に向かうとしても、安定した統治ではないだろう。毛沢東の残した禍根はあまりに深く、動乱に向かうのなら、大動乱となるのは必定である。なぜなら、中国はこの地上における最初の大国であるため、中国の統治と動乱はそのまま世界の大局が安定するか危機に陥るかを決定するからだ」［XJ 1981: 85］。同じ三月一日、かれは大陸の新指導者である鄧小平（一九〇四〜一九九七）が「天下を公となす」精神を欠き、「事実に即して実践する」精神を欠き、言論の自由にかんする理解を欠き、歴史的な文化意識を欠いていることを憂慮した［『華僑日報』（1980.3.4）、XJ 1981: 208-216］。三月四日には劉少奇（一八九八〜一九六九）の名誉回復を喜び、この方向で当該の問題がさらに突破されることを期待した［「劉少奇の名誉回復と人類の良知良識」、XJ 1981: 217-221］。五月二〇日と二一日には、陳雲《ちんうん》（一九〇五〜一九九五）が中国共産党の諸問題を批判した二つの講話が中国に再生と希望をもたらすのではないかと考えた［「陳雲の二つの講話を良く研究しよう」、XJ 1981: 222-226］。二月一二日には、世界の大勢の変化から中国の前途を考察した［「ソ連の世界大戦へ向けた戦略の展開」『華僑日報』（1980.2.12）、XJ 1981: 304-308.「ソ連のアフガン侵攻後の世界の大勢」『華僑日報』（1980.2.23）、XJ 1981: 299-303］。かれが『周礼』の研究をすすめた時期、その内面で注視していた現実の政治問題から見て、『周礼』のなかで「統治者の人格問題」を読み取ったことには、しかるべき対象があって、かれはそれを表面化したのである。これをまとめるなら、中国史における専制政治の害毒にたいする徐の批判は、現代中国の専制者に向けて発せられ、中国共産党の指導者につぎのように呼びかけるものだった。人民を政治の主体とせよ。人民に日常の生活を享受させよ。世論の力をもっと発掘せよと［「封建専制と新たな封建専制」、XJ 1981: 244-254］。

これまでの議論を要約しよう。徐復観は中国文化イメージを再建するさい、学術上では胡適などの（徐の考えによれば）「西欧派」を仮想敵とした。政治上では現代中国の専制統治者に向けてことばを発した。前者において、徐が反対したのは「価値中立」的な学問の方法であり、その著作のなかで、文化現象に潜む価値の問題をめぐって深い考察を展開した。後者において、徐が強調したのは、人民を主体とする民主政治こそ中国の未来の前途に必要だということにほかならない。

（二）徐復観の発言の歴史的コンテキスト

徐復観の発言が念頭に置いた二つの対象のほかに、もっと視野を広げれば、かれがいかなる歴史的コンテキストにおいてみずから思い描く中国文化イメージを構築したかが問われるだろう。ポイントを述べれば、かれの置かれた歴史的コンテキストがその中国文化の解釈と関わる場面は二つある。⑴二〇世紀の三〇〜四〇年代の中国知識人の世界における中西文化論争。⑵中華民国以後の中国政治の変遷。徐は中西文化論争という客観的コンテキストにおいて、研究者と中国文化の特質について学術論争をおこなった。かれは二〇世紀における中国政治の大変動のなかで、「発憤の心」によって中国文化の未来を把握した。そこで、わたしは、前者にかんする議論では、中西文化論争の客観的な情勢と内容に重きをおいて、また後者にかんする分析では、徐復観そのひとの時代の変化にたいする感慨に焦点をあて、徐復観の主観的な世界に分け入ろうと思う。

(1)胡適たちへの徐の批評は、三〇～四〇年代の中西文化論争の思想コンテキストの延長上にある。したがって、徐がみずから「西欧派」と想定したひとびとになぜあれほど激しい非難のことばを投げかけたかを理解しようとすれば、当時の中西文化論争(46)における思想の傾向を軽くスケッチしておく必要がある。

(a) 当時は「中国本位文化論」「西欧化論」を問わず、またその細かい見かたの違いにもかかわらず、かれらすべてが複雑な中国の社会、政治、経済、思想などの問題を文化の問題と同じに見る傾向があり、文化の問題が解決できれば、中国のあらゆる問題が一挙に解決できると考えていた。ここでは梁漱溟《りょうそうめい》(一八九三～一九八八)〔一九三〇年代に郷村自治運動を展開〕と西欧派の論客、陳序経《ちんじょけい》(一九〇三～一九六七)〔社会学者、歴史家、一九四九年以後、辺境史研究に従事〕を例に考えてみたい。

梁漱溟の生涯は文化問題の見かたに若干の異動はあったものの、中国の問題は文化の問題に帰着すると考える点では首尾一貫していた。すでに一九二〇年九月、二六歳にして北京大学で講義を始め二一年に出版した『東西文化およびその哲学』のなかで、かれはこう述べた。「ある民族が現在の情勢にいたったのは、すべてそれ自身の文化によってである。西洋のひとびとが現在あるのもすべてかれらの文化ゆえであり、インドのひとびとが現在あるのもすべてかれらの文化ゆえであり、中国のひとびとが現在あるのもすべてその文化のゆえであって、それをいかんともしがたいのである」(47)。一九三五年、四二歳のときに山東省鄒平《すうへい》県の郷村建設研究会の朝会で講演をしたさいには、この見かたをさらに発展させた。

中国の問題は元来が複合的なものであり、それらは政治・経済・文化の三つの問題にほかならず、それぞれ三つの側面から見ることができる。だが、けっしてきちんと三つに始めから分かれているのではない。したがって、この大きな問題において、ひとつの側面に通じれば、ほかの二つの側面にも通じることができる。ひとつに通じなければすべてに通じない。政治と経済の二つの側面は、それぞれ別々にしてそれだけで解決することができないことは、多くのひとびとにも納得してもらえるだろう。じっさいのところ、中国の政治を解決する道を求め、経済を解決する道を求めるにあたって、中国に固有の文化を解決する道から離れるわけにはいかないのも、自明の道理であろう。(48)

こうした考えにもとづき、梁漱溟は一九三三年、四〇歳で書いた『中国民族の自救運動の最後の覚悟』において、つぎのように結論づけた。「中国の失敗が文化の失敗であるのは当然である。西洋の勝利が文化の勝利であるのも当然である」(49)。

注目すべきなのは、西欧派の論客もまた当時の中国問題を文化の問題に共約化していることである。一九三三年一二月二九日、三〇歳の陳序経は広州市の中山大学で「中国文化の出路」と題する講演をおこない、こう述べた。

中国の問題は、結局のところ文化全体の問題である。中国の政治、経済、教育などを改革しようと思えば、結局、文化から着手せねばならない。(50)

陳序経と梁漱溟は中西文化についての見かたが正反対であるのに、中国の問題を文化の問題に還元する傾向では符節を合しており、当時の思想界の趨勢はこの一事からも理解できよう。

三〇～四〇年代の中西文化論争におけるこうした「中国の問題を文化の問題に還元する」思想モデルを、徐復観は受け継ぎ、その中国文化のイメージを構築した。徐は一九四九年に台湾に移ってから、文化の問題をつうじて中国の当面の問題を解決しようとし、『中国人性論史・先秦篇』の「自序」で現代中国の問題に対処する態度を明らかにしている。かれは一九六〇年一〇月一〇日に出版した「中国史における運命の挫折」という論文で、文化によって国の運命を救済する心がまえをはっきりと語っている。

現在の文化の問題は、清代儒教と新儒教の争いであってはならないし、じっさいのところは中国と西洋の争いでもない。篤学明察の士が的確につかむべきなのは、文化そのものにどんな問題があるか、現在の人類がどんな問題に直面しているかということであり、天下をみずからの任務とする中国の伝統を堅持して、みずからの至誠を貫くことである。［SX 1959（1975）：261］

徐復観は「中国の問題を文化の問題に還元化する」思考方法を受け入れたのだが、これは五四運動の思想の遺産にほかならず、こうした思想の趨勢は「文化還元論（cultural reductionism）」と称すべきものであろう。そうした「文化還元論」は三〇年代以後に中国知識人の共通の認識となった。中国文化についての意見が徐復観と大きく異なる銭穆も同じ考えかたに立っていた。かれは一九五二年に「あらゆる問題は文化の問題から生まれる。あらゆる問題は文化の問題によって解決できる」(51)と書いた。一九五二年に『文化学大義』を出版してから、かれは『中国文化史導論』『文化と教育』『民族と文化』『中華文化十二講』『中国文化精神』『中国文化叢談』『世界情勢と中国文化』などを書いたが、それらはすべてこうした共通認識からものされたものである。

（b）三〇～四〇年代の中西文化論争の第二の思想コンテキストは、論戦の双方が価値の志向においてラディカリズムの方向に向かったことである。余英時が述べたように、中国の近代思想史は、戊戌《ぼじゅつ》の年〔戊戌変法が起こった一八九八年〕の維新主義者であれ、「五四」期の自由主義者であれ、それに続く社会主義者であれ、中国文化の伝統を「近代化」の最大の障害と考え、思想のうえで一歩、また一歩とラディカルになってゆく、ラディカル化（radicalization）のプロセスと見るべきものである。かれらは相互の違いは大きかったが、共通の仮定に立っており、それはつまり、「伝統」を少しでも破棄すれば、それだけ「近代化」が達成できるというものだった(52)。三〇年代以後の中西文化論争では双方ともに、極端へと向かい、その論述においても「事実判断」と「価値判断」を区別することがなかったために、論敵すべてに激しい攻撃をおこなった。文化を、みずからを安定化し使命を実現するアリーナと考えたために、異なる意見をもつ者への寛容を失うことにもなった。徐復観による中国文化イメージの再建にも、三〇年代以後のこうした「ラディカル化」の思想の雰囲気は濃厚であった。したがって、その中国文化の分析には「ほんのわずかの陽気でも寒々とした渓谷を動かし、ほんのわずか木材を移動しただけでも巨大な建物ができあがる」（一九六六年に徐が友人と唱和した詩）〔「蕭一山《しょういつざん》、彭醇士《ほうじゅんし》先生を追悼する」、ZW 4 1980: 202〕といった気迫がいつも漂っていたのである。

（c）三〇〜四〇年代の中西文化論争の双方とも、抽象的、かつ具体的ではないやりかたで文化の異同の問題を論じた。西欧派の論客である陳序経はその論述において、「中国」と「西洋」をつねに対立する敵対物と考え、中国が「全面的西欧化」に向かうよう呼びかけた。かれらのスローガンは、信仰であって、具体的な状況において命題を分析したうえで出されたものではなかった。同じ態度が「中国文化本位論者」の言論のなかにも表れている。一九三五年の「中国本位の文化建設宣言」では、「文化」ということばが抽象的で普遍的な信念として出されており、そうした考えの盲点は、問題を具体的で特殊な歴史状況において思考しない点に表れていよう。こうした思想のコンテキストにおいて、徐復観の中国文化についての論述が際立った違いを見せていることがはっきりする。かれが三〇〜四〇年代の多くの知識人と異なるのは、「文化」の概念を具体的で特殊な中国史の状況において分析している点だ。だからこそ、長きにわたった専制政体が中国文化に残した傷痕に注目することができたのである。

以上をまとめてみよう。徐復観の中国文化イメージを、三〇〜四〇年代以後の中西文化論戦という歴史的コンテキストにおいて考えると、つぎのことがわかるだろう。かれが中国文化を議論するさいに採った「文化還元論」や「ラディカル化」といった立場や態度には、三〇年代の知識人との継承関係を見て取ることができる。けれども、かれが選んだ歴史研究のアプローチは、歴史状況のなかに文化をおいて討論する点で三〇年代の知識人とはかなり様相を異にするのである。

⑵それでは、徐復観の発言の政治的コンテキスト——二〇世紀中国の激変について考えてみよう。もっとも、いまはこの一〇〇年にわたる中国政治史の細かい事実に拘泥するのではなく、徐復観そのひとが時代の変化をどう感受し、それをどう体験したかにポイントをしぼる。こうすることが、徐の主観的世界に分け入る捷径だからである。

徐復観の中国文化の解釈は、幼年期の教育にもとづいている。かれがみずから語るところでは、「民国元（一九一二）年に小学校に入学してより、民国一五（一九二六）年に国民革命軍が武漢に到着するまでは線装本によっていた」［「西洋文化は負の遺産にあらず」、ZW 3 1980: 65］(53)。北伐〔一九二六～二八年の蒋介石指揮下の国民革命軍による北洋軍閥打倒作戦〕以後は、社会主義を信奉するようになり、「民国二九（一九四五）年までは、マルクス・エンゲルスの影響をこうむり、二九年を過ぎて、それらを放棄はしたが、民主政治には理解もなく、信奉もなかった。三八（一九四九）年になってようやく『中道政治路線』をへて民主政治を探し当て、これがわが後半生の政治思想の出発点となった」［「殷海光先生の追憶」、ZW 4 1980 : 174］。徐の思想が時代とともに変転し、かれの中国文化の解釈も時代の変遷のなかで形づくられたことがわかる。それでは、徐のなかで、二〇世紀中国の変遷のうちいかなる側面が際立って意識されたのだろうか？

（a）民主政治の挫折。中華民国ができてから起こった、中国史におけるもっとも大きな現象は、民主政治の挫折であった。一九六一年一〇月一〇日に、徐復観はこう書いている。

中華民国五〇年の歴史を客観的に振り返れば、われわれの歴史の運命はまさにもっとも大きな挫折をこうむったと述べてよいだろう。（中略）ここで言う挫折とは、孫文が唱導した民主政治が絶え間ない障害に出会って、ついには大陸ぜんぶが全体主義の政治の鉄のカーテンに閉ざされてしまったことを指す。（中略）だから、民主政治を打ち立てることは、中国の歴史の運命を飛躍的に展開させることを意味する。他方で民主政治の没落は、中国の歴史の運命のすべての挫折を意味する。(54)

ここで述べられる「民主政治の挫折」の歴史的プロセスは、北伐、日中戦争、国共内戦をへて一九四九年に頂点に達した。そのため、一九四九年における大陸の政権交代は徐の心に深い烙印を押し、かれが著作をすすめる内的な原動力となった。かれは書いている。

わたしがペンを取って文章を書くようになったのは、世の中の大変革に遭遇し、尊い、偉大な、誇るべき、輝けるものが一瞬にして虫けらのごとく雲散霧消してしまうのを自分の目で見たことによっている。さらに、無数の純朴無知な農村の婦人が、無数の天真爛漫な少年少女が、この世の何であるかを知らず、ある者はこの世界をまだ見ることもなく、一夜にして贖罪《しょくざい》の羊のごとく最後の審判に供せられるのをこの目で見たことによる。（中略）わたしが正式にペンを取って文章を記したのは、民国三八（一九四九）年のことであった。（中略）わたしはこれまで文字をつらねることに心血を注ぎ、時代のさまざまな問題を直接に引き受けようとした。わたしはいまだかつて悪魔と闘う勇士と自分のことを思ったことはない。ただ、自分の前後左右に、これまで悪魔を据え置く場所がなかったにすぎない。だから、わたしのどの文字も、正面から語るのを避けたものはあっても、そこに流れるのは真実の叫びであり、時代の息吹と相通じるものである。［「自序」、XS 1976（1980）：XI-XII］

徐復観は「民主政治の挫折」という時代の鼓動の跳躍をつかみ、「時代の息吹と相通じ」て、中国文化イメージを再建するさい、専制政治の伝統とそれが中国文化に与えた傷痕をとくに前景化させ、儒教と専制政治の複雑な関係を描き、現代の人物を論評した。それは中国の未来の民主政治を基礎づけようとする立場からなされたことだった(55)。

（b）知識人の堕落。徐の個人的な経験では、二〇世紀中国の民主政治の挫折にともなって生じたのが、知識人の堕落であり、かれは多くの論文でそうした感想を記している。とくに一九六七年一一月二七日に脱稿した「非常時局における中国知識人の悲劇的な運命」という文章に、そのことが書かれている。それによれば、一九三七年の日中戦争の始まりこそは、歴史の非常局面であり、この局面が知識人に悲劇的な運命をもたらしたのである。知識人の現実における堕落は、じつのところ隋唐帝国が科挙を実施してから、個人の名声と利益を求めるばかりで、学問と人格を求めなくなった時点までさかのぼる。孫文（一八六六〜一九二五）はアヘン戦争以後の知識人による自我救済運動の大成者であり、中国の伝統的な知識人の理想を受け継いで発展させ、世界を視野にもつ中庸の道を開発した。けれども科挙の残した害毒は深く、三民主義をスローガンとする国民党の党員のほとんどは、主義と害毒の間を揺れ動き、闘争と分裂がやむことはなかった。そのたびごとに、害毒の勢いと気焔《きえん》は助長され、孫文の建国の理想が骨抜きにされた。のみならず、立身出世と金儲けによって自我の安定を図ろうとして、「革命」のスローガンのもとで、科挙時代には思いもよらなかったような派閥化や技巧、蛮勇が一歩また一歩と表面化していった。この流れは社会の中層階級と下層階級をも骨抜きにし、政治のピラミッドはほんとうの意味での均衡と安定を喪失するにいたった。まさに国民党の大多数の党員が理想とする「中庸」の性格を失ったがゆえに、一歩また一歩と歴史の別の極限――「人欲」へと変化を遂げ、さらにもうひとつの極限である勢力――共産党の台頭を促すことになったのである。日中戦争が始まった時点での知識人の団結は、共産党による党を挙げての陰謀と国民党の少なからぬ愚昧によって、中庸の路線へと結集することができず、団結は完全なる幻滅と化した。ところが国民党は知識人の異議申し立てに直面しても、それを許容し討論するだけの精神力をまったく失っていた。徐が沈痛な面持ちで述べたように、国民党は台湾に到着してから、改革を実行した。そのなかで瞠目に値するのは土地改革と言えた。ところが、国民党の多くの党員は、みずからの精神をこの土地改革と一体化することがなかった。徐が見るとおり、日中戦争以来、中国の知識人が受け継ぐべき政治的、社会的、文化的な中庸の道という理想は、戦争を契機にうたかたの一場の夢と化し、以後も二極分解され、ひとびとに弄ばれる道具に堕した。そして最後には、中庸の道は徹底的に滅びたのである。徐は二〇世紀中国知識人の堕落を明らかにしたあと、つぎのように未来への祈りのことばを記した。

建設的な中庸の道の再生が、国家の命運の再生であり、また中国知識人の運命の再生である。(中略) 中華民族が滅び去るはずはないからであり、また中庸の道は、ひとが共通に有する心より発するからである。[「非常時局における中国知識人の悲劇的な運命」、SX 1959 (1975) : 277]

かれは未来の中国が「ラディカル化」(56)から中庸の道を歩むことで、知識人の相貌が一新されることに、希望を託したのであった。

徐復観のこうした自伝風の文章から、つぎのごとき、時代の激変からかれの深く感受したものを導くことができるだろう。それは、民主政治の挫折と知識階層の堕落であった。徐復観の主観的な世界の内実を明らかにしたいま、かれがとりわけ中国文化における専制政治の伝統に注目し、新時代の知識人の再興に希望を託し、時代の重責を担おうとしたわけを、かなりの程度理解することができるであろう。

四　結論

この章で取り上げた中国伝統文化にたいする徐復観の解釈を見れば、第一に、かれが二〇世紀に中国文化の特徴を再解釈しようと考えた根本にある動機が、自我の了解と未来への展望にあったという結論が得られるだろう。徐復観は「過去とはいかなるものだったか」を解釈する仕事をしながら、「未来はいかにあるべきか」にかんする霊感を引き出した。中国文化が「何であるか（to be）」を解釈するなかで、中国人が未来に「どうあるべきか（ought to be）」という新たな方向を指し示した。かれの解釈からは、中国文化がひからびたミイラではなくて、歴史的な教訓に満ちた図書館であることが見えてくる。現代の中国人はこの図書館に歩み入り、古代の聖賢や歴史的な人物と親しく対話を交わして、二一世紀の中国の新しい動向を探り当てることができるのである。

こうした徐による中国の伝統文化を解釈する道のりには、中国文化を特色づける人文精神が横溢しており、孔子（前五五一～前四七九）以後の伝統中国の歴史家たちがもっていた人文精神と通じるものがある。かれが述べたところでは、古代の史官の仕事は、宗教から人文へと向かう転換をあらわしており、これこそ中国文化において人文精神が躍動する大切な指標なのだ。史官の仕事の転換は、中国文化において「歴史の審判」が「神の審判」に取って代わったことを示している〔「原史――宗教から人文へと向かう歴史学の成立」、LH 3 1979: 224-231〕。かれはこうも述べる。孔子が『春秋』を編纂した動機にも、古代の良質の歴史家が「歴史の審判」によって「神の審判」に取って代わったのと同じ厳粛な使命があらわれていると〔LH 3 1979: 224-231〕。ここからさらに考えれば、徐による中国の歴史や文化にかんする解釈は、中国の伝統的な歴史学において、宗教の最後の審判に取って代わった歴史の審判による人文精神をさらに光り輝かせるものなのだ。

徐復観を含めた現代の新儒家が「過去を回顧することによって未来を導く」という思想経路を採っ

たことは、近代西洋の歴史家が西洋文明の特徴を解釈するときの思想経路とは同じに見えて違いも大きい。ゲルハルト・マスールが述べたように、一八世紀以後に西洋の歴史家が西洋文明を解釈する目じるしは、構造の面でも同じだし、内容の面でも類似している。単線的な（lineal）歴史解釈、同一の目標の設定、西洋史の発展において「科学」「自由」「理性」の価値をとくに強調することなどが、西洋文明と世界のほかの文明の立場を分かつ歴史解釈の指標にほかならない(57)。徐復観も、二〇世紀中国の新儒家も、中国文化の特徴を解釈するさい、そこにおける「中国的な特徴（Chineseness）」をきわめて大事にすることは同じなのだが、徐のばあいは、専制政治などの中国文化の暗黒面も重点的に批判して、中国人民の心や魂が受けた傷を慰めて、二一世紀に中国人が向かうべき新しい方向――儒家道徳を基礎にした民主政治を指し示したのであった。

より具体的に言えば、徐復観による中国文化の言述には二つの大きな貢献がある。

第一に、新儒家の集団において、かれは形而上学に反対する道を歩み、政治経済学の立場を突出させた。かれは宋代の儒学が「理が事より上にある」とする思考の回路に別れを告げて、「理は事のなかにある」という思考の回路を選んだ。かれによる専制政治の批判、その農村への深い関心、実践的な儒教への着目などは、統治されるひとびとの立場に立って（統治者の立場ではなく）中国文化の「過去」を検討し、その「未来」を展望することへとかれを向かわせたのである。

第二に、二〇世紀中国の知識人がこの時代の危機の挑戦にたいして、ますます「ラディカル化（radicalization）」の道を歩んだこととは対照的に、徐復観は伝統中国の病理を分析して、中国の未来の道を指し示すさい、つねに「中庸の道」をつうじて、ひとびとの日常生活における理性に訴えかけたのである。

総じて言えば、徐復観は伝統中国の文化を振り返るさい、そのまなざしを帝王の統治下にいた人民（とくに農民）の苦悩に集中させ、形而上学の世界にはいっさい関心を示さず、儒家精神を復興することによって、人民の生命を安寧なものにすることを望んだのである。

【注】

（1）殷海光『殷海光選集』（社会政治言論）（香港：友聯出版社有限公司、一九七一年）「自叙」、一頁。殷海光と徐復観の比較については、謝暁東の前掲書『現代新儒学と自由主義——徐復観と殷海光の政治哲学の比較研究』を参照。

（2）島田虔次は、西洋国家は侵略者でありかつ啓蒙教師であったと述べる。『新儒家哲学について——熊十力の哲学』一三四頁。

（3）Joseph R. Levenson〔ジョセフ・レヴェンソン、一九二〇～一九六九、カリフォルニア大学バークレー校教授〕, *Confucian China and Its Modern Fate* (Berkeley: University of California Press, 1958), pp. xvii-xix. しかし、実際には中国の知識人は時代の変遷に応じて自己の文化伝統を再解釈してきたし、西洋の知識人もそうであった。一八世紀のヴォルテール、ヘーゲル、コント、ヴェーバー、マルクス、ヤスパースなどの思想家は、みずからの置かれた時代の変化に応じて、西洋文化の特質にかんして異なる解釈を施した。Gerhard Masur, "Distinctive Traits of Western Civilization: Through the Eyes of Western Historians," *American Historical Review*, LXVII:3 (April, 1962), pp. 591-60. 袁頌西訳「西洋歴史学者の眼に映じた西洋文明の特徴」『西洋史訳叢』第四輯（台北：国立台湾大学歴史系、一九七一年）一〇八～一二〇頁。

（4）黄俊傑「戦後台湾の儒家思想にかんする研究」『戦後台湾の教育と思想』（台北：東大図書公司、一九九三年）二二七～三四四頁。Chun-chieh Huang,

"Confucianism in Postwar Taiwan," in Chun-chien Huang and Erik Zürcher eds., *Norms and the State in China* (Leiden: E.J.Brill, 1993), pp. 141-167.

（5）　銭穆を「新儒家」の陣営に加えるか否かについては少なからぬ議論があるし、銭穆本人がそのことに同意していない。余英時は「新儒家」ということばには三つの用法があるとした。第一は中国大陸で流布するもので、その内容はもっとも広く、二〇世紀中国のほとんどの学者を網羅するほどである。儒学に偏見をもたず、熱心に研究するだけで「新儒家」とみなされた。第二はもう少し具体的で、哲学を判断の標準にして、哲学面で儒学にたいして新しい解釈をし発展をもたらした人々が「新儒家」と呼ばれる資格をもつとされる。こうした基準からすれば、熊十力、張君勱、馮友蘭、賀麟などはみな「新儒家」と見てよい。第三は海外で流布する意味内容で、熊十力の学派であってはじめて真正の「新儒家」と見なしうるとするものである。余英時は、第一の用法は広すぎて意味がなく、第二と第三の用法はいずれも銭穆自身には当てはまらないとする。余英時「銭穆と新儒家」『風が吹き、水が煌めくさまも記憶に新たなり』（台北：三民書局、一九九一年）三一〜九八頁、とくに五八〜六一頁。また、楊祖漢「余英時の新儒家にたいする批評を論じる」第二回現代新儒家国際学術会議論文、一九九二年一二月一九日〜二一日、台北市、をも参照。劉述先は「現代新儒家」には、広義と狭義の違いがあると言う。広義には、伝統儒家の英知を認め、新たな解釈によって現代的な意義と価値を身につけた思想家なら、いかなる者であれ現代新儒家と呼んでよい。狭義の現代新儒家とは、熊十力によって切り開かれ、唐君毅、牟宗三によってさらに宣揚された思潮を指す。劉述先「現代西洋の宗教思想がどのように現代化の問題に直面したかという視点から儒家伝統の宗教的含意を論ずる」劉述先編『現代儒家論集――伝統と革新』（台北：中央研究院中国文哲研究所、一九九五年）二〇頁。劉のこの文章での議論は、狭義の意味にもとづくものである。

（6）　一九八六年一一月、中国共産党は北京にて「全国哲学社会科学『第七次五カ年計画』規格会議」を開催し、「現代新儒家思潮の研究」課題を「第七次五カ年計画」期間における国家重点研究課題の一つに策定し、天津の南開大学哲学系・方克立教授および広州中山大学哲学系・李錦全教授を課題責任者として、全部で一六の単位、四七人の学者を網羅することを決めた。この一六の単位とは南開大学、中国人民大学、中山大学（広州）、武漢大学、復旦大学、南京大学、中国人民大学、吉林大学、山東大学、深圳大学、天津師範大学、華南師範大学、上海社会科学院、浙江社会科学院、安徽社会科学院、広西社会科学院、天津市共産党委員会学校であった。一九八七年九月、同課題は安徽省宣州市にて第一回の小型学術討論会・工作協調会を開催し、第一段階として梁漱溟、張君勱、熊十力、馮友蘭、賀麟、唐君毅、牟宗三、徐復観、銭穆、方東美の一〇名を重点的な研究対象とすることを決定した。以後、馬一浮、劉述先、杜維明、余英時の四名が続いてノミネートされた。

(7) 中央研究院中国文哲研究所は一九九三年より「現代儒学主題研究計画」を立ち上げた。

(8) Hao Chang, "New Confucianism and the Intellectual Crisis of Contemporary China," in Charlotte Furth ed., *The Limits of Change: Essays on Conservatives Alternatives in Republican China*, pp. 276-304.

(9) 唐君毅、牟宗三、徐復観、張君勱「中国文化のために世界の人士に告げる宣言」『民主評論』第九巻第一期(一九五八年)。

(10) 注8に同じ。

(11) 黄俊傑「現代儒家の孟子学にたいする解釈——唐君毅、徐復観、牟宗三を中心に」『孟学思想史論』巻二(台北:中央研究院中国文哲研究所、一九九七年)四二一〜四六四頁。

(12) 王新命等「中国本位の文化建設宣言」『文化建設』第一巻第四期、羅栄渠主編『「ヨーロッパ化」から現代化へ——五四運動以来の中国の文化方向と発展の道に関する論争文選』(北京:北京大学出版社、一九九〇年)三九九〜四〇三頁。引用文は三九九頁。

(13) 同右、四〇一頁。

(14) 徐復観「中国の治道」〔RJ 1979:218-219〕。徐復観の論敵である殷海光はこの文章をたいへん称賛し、「非凡なる人格の非凡なる作品であり、(中略)もっとも価値ある文章のひとつである」と述べた(殷海光「治乱のポイント——「中国の治道」を読んで」〔XS 1976(1980):127-147〕。引用文は一二七頁。

(15) たとえば日本の中国学者である小島《おじま》祐馬《すけま》(一八八一〜一九六六)は儒家思想には強烈な社会思想の特質が備わっており、中国思想史とは中国の社会にかんする学問の発達史にほかならないと考えた。小島祐馬『中国思想史』(東京:創文社、一九七八年)五頁。二〇世紀フランスの中国学者であるバラーシュ (Étienne Balázs, 1905-1963)も、中国哲学とは基本的には社会哲学であると述べる。Étienne Balázs, *Chinese Civilization and Bureaucracy: Variations on a Theme* (New Haven: Yale University Press, 1964 (1972)).〔エチエヌ・バラーシュ著、村松祐次訳『中国文明と官僚制』みすず書房、一九七一年〕余英時も多くの著作において思想史と社会史が相互に影響し合う場面で考察をおこなっている。

(16) 後の注43も見よ。

(17) Yü-sheng Lin, *The Crisis of Chinese Consciousness:*

Radical Antitraditionalism in the May Fourth Era (Madison: University of Wisconsin Press, 1979). 中国語訳書は、林毓生著、穆善培訳『中国意識の危機——五四時期の激烈な反伝統主義』(貴陽:貴州人民出版社、一九八八年)。〔林毓生著、丸山松幸、陳正醍訳『中国の思想的危機——陳独秀、胡適、魯迅』研文出版、一九八九年〕

(18) 本書第一章の五八〜五九頁を参照。

(19) 徐復観「塩鉄論における政治社会文化問題」〔LH 3 1979: 206〕。徐復観はまたこう述べる。「ひとの価値は、時代のなかで形成され、また時代のなかで判断される。さもなければ、ひとは具体的ではなく抽象的な『非歴史的存在』となってしまうだろう」(「漢以前の経学史の形成」〔JX 1982: 31〕)。

(20) 銭穆『国史大綱』(上)『銭賓四先生全集』(台北:聯経出版事業公司、一九九八年)第二七冊「引論」、三七〜三八頁。

(21) 銭穆「中国政治と中国文化」『世界の情勢と中国文化』『銭賓四先生全集』第四三冊、二三三〜二五三頁。引用文は二四〇〜二四一頁。

(22) 銭穆『国史大綱』(上)『銭賓四先生全集』第二七冊「引論」、二三頁。

(23) 張君勱『中国専制君主の政治体制の評価』(台北:弘文館、一九八六年)。

(24) 蕭公権「中国君主政権の実態」『憲政と民主』(台北:聯経出版事業公司、一九八二年)一七一〜一八二頁。

(25) たとえば徐復観はその晩年に『周官成立の時代とその思想』〔ZG 1980〕を編集し、『周礼』が王莽(前四五〜二三)によって作られ、その内容は全体主義の祖型に当たると論じた。こうした考えが現在から古代を判断するきらいなしとしないことは余英時がすでに指摘している。余英時「『周礼』の考証と『周礼』の現代的啓示」『新史学』一巻三期(一九八〇年九月)一〜二七頁。

(26) 銭穆『国史大綱』「引論」における、中国史を研究するにはまず「温情と敬意」が必要だとのくだりは、再三にわたって強調されるものである。

(27) 余英時「銭穆と新儒家」『風が吹き、水が煌めくさまも記憶に新たなり』五〇〜五一頁。

(28) 林毓生はこのように徐復観を評価した。林毓生『思想と人物』(台北:聯経出版事業公司、一九八三年)四一八頁。

(29) 徐復観「孟子の『言を知り気を養う』章の試論」〔SX 1959 (1975): 142-154〕.

(30) 唐君毅『中国哲学原論・原道篇』(巻一)(台北:台湾学生書局、一九七六年)二三九〜二四〇頁。

(31) 陳鼓応編『春の蚕は糸を吐く——殷海光最後の言説』二三頁。

(32) 林毓生「五四運動時代の激烈な反伝統思想と中国

自由主義の前途」『思想と人物』（台北：聯経出版事業公司、一九八三年）一三九～一九四頁。

（33） Chen-te Yang（楊貞德）, *Hu Shih, Pragmatism, and the Chinese Tradition*, unpublished Ph.D. Dissertation (University of Wisconsin Madison, 1993).

（34） 胡適『四十自述』（台北：遠東図書公司、一九六七年）二〇～二三頁。

（35） 余英時「中国近代思想史上の胡適」『中国思想伝統の現代的解釈』（台北：聯経出版事業公司、一九八七年）。とくにその五〇三～五三一頁。

（36） 胡適「反理学の思想家——戴東原」余英時等『中国哲学思想論集・清代』（台北：牧童出版社、一九七六年）二二九～二四〇頁。引用文は二三八頁。

（37） 同右。とくに二二九頁。

（38） 熊十力『読経示要』（台北：広文書局、一九七〇年）（巻二）、一一五頁。

（39） 胡適「われわれの西洋近代文明にたいする態度」『胡適文存』（台北：遠東図書公司、一九六一年）第三集、巻一。引用文は九～一〇頁。

（40） 胡適「文化の衝突」（張景明訳）羅栄渠編、前掲書、三六一～三六九頁。これは胡適の英文論文ではじめて中国語に翻訳刊行されたものである。

（41） 胡頌平編著『胡適之先生年譜長編初稿』（台北：聯経出版事業公司、一九八四年）第一〇冊、三八〇三頁。

（42） 本書第一章の三八～四四頁を参照。

（43） 徐復観「西周の政治社会がいかなる構造かについての問題」〔ZQH 1972（1975）：1-62〕。とくにその一三頁。徐復観の細かい論証やその引用資料はきわめて豊かなものだが、ここでは列挙する暇がない。本書の主眼が徐復観思想の研究にあって古代史の探求にはないからである。

（44） 注25に同じ。

（45） 徐復観はこの書の「自序」で述べる。「中国の三〇年の広範囲に及ぶ深刻な実践の教訓をへなかったならば、この書物をその隅々まで理解することはできなかっただろう。古代を現代に適用することではなく、『時代経験』こそが、古典の研究において大きく啓発的な働きをする問題なのだ」〔ZG 1980：IX-X〕。徐はこうも書いている。「雑文のいくつかは、詩人が詩を書くのと同じ心情から記したものである。世の中の変化には激しいものがあるが、読者がそれぞれの文章の発表された時間に注意されるなら、あるいは作者について少しは理解を増していただけるかもしれない」〔WC 1991：III〕。だから、徐の政論の発表時間をしっかり把握することで、かれの当時の内面世界を探り当てることができるのだ。

（46） 北京大学教授の故羅栄渠氏は、これを五四運動以降の中国思想界における四大論戦のひとつと考えた。

かれの言う四回の大論戦とは、東西文化問題に関する論戦（一九一五～一九二七年）、中国現代化の問題をめぐる討論（一九三三年）、中国文化はどこへ行くのかについての新しい論戦（三〇年代から四〇年代にかけて）、中国は農業立国たるべきか工業立国たるべきかの論戦（二〇年代から四〇年代にかけて）である。羅栄渠「中国の近百年における現代化思潮の変遷にかんする省察」羅榮渠編、前掲書、一～三八頁。この問題についての研究として、黄志輝『わが国の近現代の交替期における中西文化論戦』（広州：広東高等教育出版社、一九九二年）。

（47）梁漱溟『東西文化およびその哲学』（上海：商務印書館、一九二二年）二〇三頁。

（48）梁漱溟『朝話・年譜初稿』（台北：竜田出版社、一九七九年）一四四頁。

（49）梁漱溟『中国民族自救運動の最後の覚悟』（台北影印本、一九七一年、出版社不明）八六頁。

（50）陳序経「中国文化の出路」羅栄渠編、前掲書。引用文は三七〇頁。

（51）銭穆『文化学大義』『銭賓四先生全集』第三七冊、三頁。

（52）余英時「中国近代思想史上の激進と保守」『風が吹き、水が煌めくさまも記憶に新たなり』一九九～二四二頁。

（53）徐復観「西洋文化は負の遺産にあらず」〔ZW 3 1980: 65〕。「私の読書生活」〔XC 1980: 311-319〕にも同様の回想がある。

（54）徐復観「中国史における運命の挫折」〔WXX 1959 (1975): 257〕。徐は一九七五年六月五日に発表した「五〇年来の中国」〔XJ 1981: 3-15〕でも同じ見かたをしている。

（55）熊自健「徐復観の民主政治論」『鵝湖学誌』第一〇期（一九九三年六月）二九～五六頁。

（56）Ying-shih Yu, "The Radicalization of China in the Twentieth Century," *Daedalus, Journal of the American Academy of Arts and Sciences*, 122: 2 (Spring 1993), pp. 125-150.

（57）Gerhard Masur, "Distinctive Traits of Western Civilization: Through the Eyes of Western Historians," *American Historical Review*, Vol. 67, No. 3 (April, 1962), pp. 591-608.

【第三章】

伝統的な中国文化の回顧と展望（Ⅱ）

——二〇世紀日本と戦後台湾のコンテキストにおける徐復観

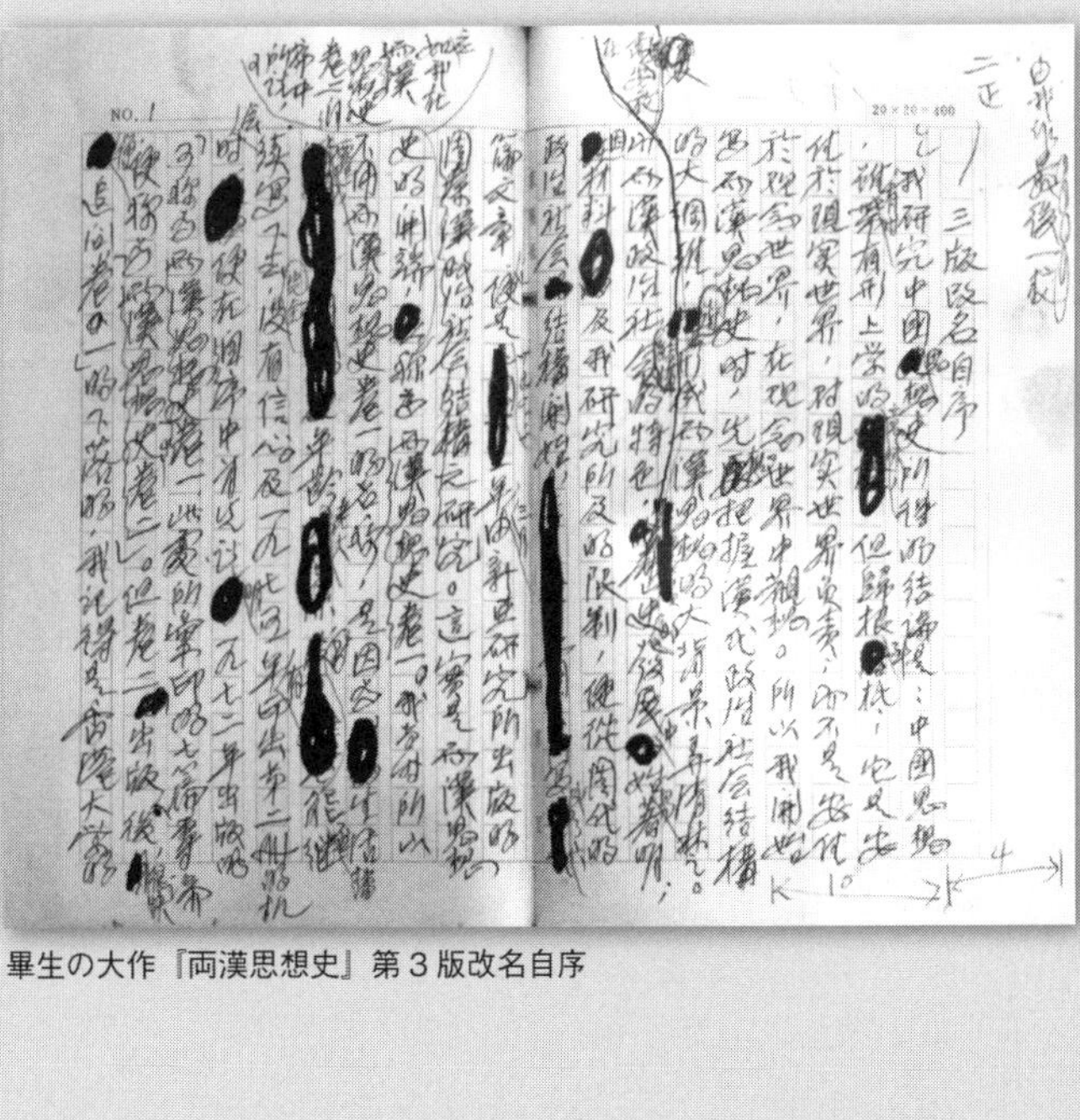

畢生の大作『両漢思想史』第３版改名自序

一　はじめに

第二章では、徐復観が中国の文化や思想を暗黒と光明に分けて考えたのは、未来の中国に新しい方向を指し示し、自我を確立しようとしたためであることを明らかにした。こうした検討にもとづいて、ここではさらに徐復観がどんなふうに自我を確立し、どうやって中国の未来の動向を思い描いたかを考えてみたいと思う。

考察に入る前に、まず言っておきたいことは、徐の中国文化の解釈と自我確立は、「儒家集団のひとり」として進められたものであり、その中国文化の解釈の後ろには、長い時間感覚のなかで育まれた儒家の「集団的記憶（collective memory）」(1)があるということだ。かれは、こうした儒家の「集団的記憶」を新しく解釈しなおして、そうした新しい解釈によって二一世紀中国の方向を思い定め、自我の確立を図ったのであった。

二　徐復観の未来の中国理想イメージの描写と自我の確立――渋沢栄一との比較

（一）未来の中国イメージと徐復観の自我の確立

第二章の「はじめに」で述べたように、二〇世紀中国知識人は時代の激変をくぐり抜けたとき、

「さまざまな障害に遭って、その志を遂げることができなかった」(『史記』太史公自序)ことから、中国文化の伝統を再解釈することによって、中国と西洋がぶつかり新旧が衝突する奔流のなかで自我を確立しようとした。王国維(静安、一八七七~一九二七)〔歴史学、金石学、言語学に大きな足跡を残す。清朝に殉じ投身自殺〕が自殺というやりかたでかつての文化への忠誠を表現し、梁漱溟が一連の著作で「儒家再興説」(2)を堅持するよう唱えたのが、中国文化を解釈して自我を確立するためであったことは言うまでもない。徐復観についてここで見ようとするのも、それと同じものである。それでは、かれはどのように自我を確立したのか?

徐復観が中国文化の解釈をつうじて中国の最前列に躍り出た立場とは、(1)人民的、(2)実践的、(3)農本的なものであった。「人民的」とは、徐が人民を政治の主体と主張し、民主政治を中国の未来に位置づけたことを指す。「実践的」とは、かれの儒教思想が批判的、実践的なもので、超越的、形而上的なものではないことを指す。「農本的」とは、かれが考える未来の中国の政党や政治は自作農にもとづいて打ち立てられるものだったことを言う。これら三つによる徐の自我の確立は、それぞれ対立することのない統一的なものだった。人民の主体性を確立することがもっとも大事なおもとである。民主政治を前提としてはじめて、儒教の実践性を発揮でき、儒教の精神によって西洋近代民主政治を補うことができる。かれによれば、「人民の主体性」を語る以上は、都市のブルジョアジーに限定することなく、中国の広大な農村の人民、とくに農業労働者勤労大衆にまで広げるべきである。その重要度でも普及の順序でも、民主政治の構築が実践的儒教の革新や自作農の創造よりも先行すべきであることは言うまでもない。こうした自我の確立の見取り図は、戦後の香港台湾の新儒家たちのなかでも独特で、かつ創見に富む。だが、この見取り図を実行するには一定の困難が伴う。徐の自我の確立とその実現をめぐる問題を考えてみよう。

⑴人民的と実践的。現代儒者のなかで、徐復観の面目躍如たる点は、権威を恐れず、人民の立場に立って古くより今にいたる歴代の専制統治者を弾劾したことである。その専制批判の眼目は、「実践的な儒教」のもっとも重要で、おおもとの精神であるから、かれの「人民主体的」かつ「実践儒教的」という二つの自我の確立の志向もまた、同じ意味をもち、まとめて議論することが可能である。

徐の生涯の著作は民主政治が中国においていかに重要かを直接にも間接にも明らかにするものだが、一九八〇年、七七歳の高齢での話がそれを語って余りある。

> 今もっとも大事なのは、中国文化のなかに民主政治と接続可能なものを見つけることである。さまざまな文章で述べてきたことだが、孔子と孟子の精神を追求してゆけば、政治の面で民主を求めざるを得ない。（中略）中国は民主政治の軌道を歩まなかったから、文化の発達も阻害されたのである。（中略）中国文化にもともとそなわっていた民主の精神をもう一度引き出さねばならない。これが「かつての聖人のために絶学を継ぐ」と張載《ちょうさい》〔北宋の思想家、その思想は朱子学の源流のひとつ〕が述べた意味である。このような精神で民主政治を支持することが、またかれの言う「万世のために太平を開く」ことである。政治が民主的でなければ、太平を議論することはかなわない。わたしは自由

主義者ではないが、民主を語るには自由でなければならない。中国文化が自由を否定しているようでは、それはけっして中国文化ではない。わたしの言う自由とは血あり肉ある自由である。
［林鎮国等インタビュー「この松明を掲げよ——現代思想の鳥瞰」、XJ 1981: 412-413］

けれども問題は、どうやって「中国文化にもともとそなわっていた民主の精神をもう一度引き出す」かであろう。

徐が渾身の力をこめて追求したのは儒教精神と民主政治を融合し、新しい局面を開くことだった。かれは言う。「現在、真正なる儒家は政治的民主にかんして努力せねばならない」［「儒家精神の基本性格、その限界と再生」、RJZZ 1979: 66］。そしてはっきりと宣言する。「わたしの政治思想は儒教精神と民主政体を融合してひとつにすることだ」［「こうした自己犠牲の心を保つこと——もうひとりの友への回答」、RJZZ 1979: 345］。儒教思想は新しい精神を切り開いて民主政治を支持することができる。徐のこうした「ある革新主義者の伝統観」(3)は、「なぜそうなのか」と「どのようにして」という二つの問題を含まざるを得ないだろう。

（a）なぜ儒教思想は中国文化における民主の精神を引き出すことができるのか？
（b）儒教思想はどのようにして民主の精神を引き出すことができるのか？

順を追って徐のこの二つの問題への回答を検討しよう。

（a）儒教の政治思想には七つのコンセンサスがあり、民主政治の基本原理と相通ずるものがあると徐は考える。

（一）儒教は「民本」の思想を受け継ぎ、「天下」をもって政治に対処する主体性をもった存在であると考える。天子や人君は、この主体にたいして言えば、従属的な客体であるから、天下とは、天子や君子といった私人が「取っ」たり、「与え」たりするものではなく、民心と民意によって決定されるものと儒教は考える。こうして、人君の地位や人民の人君への服従は、おのずから人民の同意が必要な契約関係となる。

（二）天子や人君は天下の主体ではなく、天子や人君の存在は人民の同意によって決定され、契約行為と等しくなる。したがって、契約に違反した者はその地位を取り消される以上、儒教は西洋に先立つこと二〇〇〇年の段階において正式に「抵抗権」を認め、また人民の革命権を承認したことになる。

（三）天子や人君は人民の必要に応じて存在し、人民の最低限の要求は生存である。したがって人君の最大の任務は、人民の生存を保障することである。こうして民を愛し民を養うことが、儒教が人君に賦与した最大の任務である。

（四）人民の生存を保障せねばならないから、儒教は「正義と利益の区別」にはとくに厳しかった。儒教における「利益」が意味するのは統治者の利益であり、「正義」とは政治におけるもので、人民の権利を意味する。

（五）人君は人民に必要であるから存在する。したがって、政治活動のすべては人民のためであって人君のためではない。こうして、人臣が君に仕えるありかたも人君個人に奉仕すべきものではなく、共同の任務のためのものとなる。

（六）儒教は道徳による統治を主張するが、道徳による統治のもっとも基本となる含意は人君がみずから身をもって模範を示すという意味での「身教」である。

（七）儒教は天下が人君の個人財産であることを認めず、天子の任務は民を愛し民を養うことだとする。つまり、民を愛し民を養うことが目的であって、「天下を得る」ことは手段にすぎない。

〔「儒家政治思想の構造とその転換」、XS 1976（1980）：67〕

以上の七点は、孔子、孟子、荀子が堅持した普遍的な意義であり、これら七つの政治主張は性善説にもとづいた道徳内在説のうえに打ち立てられたものである。儒教は個々人の「自発的な」精神を重んじるから、外在的な政治権威を受けつけない。こうした道徳内在説は民主政治に通ずる〔「儒家精神の基本性格とその限界・再生」、XS 1976（1980）：67〕。蕭如欣《しょうじょきん》がのべたように、合理的な自由主義と個人主義によって「自我の意識」を覚醒させ、「主体的な」努力によって、伝統や習俗における範型やモデルを反省し、伝統をさらに洗練して新しい局面を切り開くことを、徐は提案したのである(4)。こうして伝統儒教から民主主義の新しい局面を切り開くなかで、「人民主体的」なものと「実践儒教的」なものは完全にひとつに融合される。こうした融合を自我の確立と考えたのが、徐という現代儒者であり、かれはこの使命の完遂を自己に課したのである。

けれども、儒教から民主を切り開くというこの試みには、つぎのような疑義が突きつけられるだろう。西洋近代で何百年もかけて発展した民主主義的な政治理論や制度構築は、古代中国における儒教の民本的な政治思想や人文主義よりもはるかに詳細で実践向きである。なぜ儒教の精神によってそれを切り開く必要があるのだろうか。この疑義は決定的なものである。徐はつぎのように回答する。

西洋近代の民主政治は、自我の自覚から始まった。自我の自覚とは、政治面でみれば、個人が他者、とくに統治者にたいして、みずからの独立自主の生存権を主張し、それを争い取ることを意味する。民主政治の第一段階をすすめる根拠は、「ひとは生まれながらにして平等である」という自然法であり、第二段階は、相互に同意された契約論である。(中略)民主主義的な政治思想の背景を中国儒教の政治思想と比べれば、前者の方が精緻で詳細なのははっきりしている。だから、民主政治が今後さらに儒教の思想を取り入れれば、より強固になり、その最高の価値を発揮できるようになるだろう。なぜなら、民主が貴重であるのは、争いを争わない状態に変え、個人の私的なものを共同体の公的なものに変える点にあるからだ。しかし、ここで可能となった争わない状態や、公的なものとは、どのような現実かと言えば、相互に制限されたことによって生まれたものであって、道徳的な自覚によるものではない。そのために、ときに安定しない恐れがある。儒教の道徳と礼儀の思想は、まさにこの迫られて生まれた公的なものや争わない状態を道徳的な自覚にまで高めるものである。民主主義はこうしてはじめてほんとうの裏づけを得るのである。［「儒家政治思想の構造とその転換」、XS 1976（1980）：53-54］

西洋近代の民主政治は個人の権利を争奪するところから生まれたが、内在的な道徳の自覚を欠いている。それにたいして、儒教思想はまさに民主政治を道徳的な基礎のうえに安定させることができる。徐復観はこのように考えた。そうした論述は多くの異論を引き起こすだろう。かりに、こうした論述が成り立ったとしても、徐はもうひとつの問題にぶつからざるを得ないだろう。儒教がほんとうに民主の精神を切り開くことができるのなら、中国の何千年に及ぶ歴史が専制政治一色であったのはなぜか？

この問題は、儒教の政治思想の限界についてさらに考察をすすめることをわれわれに迫るものである。じつは、こうした問題を徐は早くから真剣に考えていた。かれによれば、伝統的な儒学者は統治者の立場から政治の問題を考えたため、どれだけ委細を尽くしても、それらは君主の道、臣下の道、士大夫の出所進退の道を外れるものではなかった。道徳の統治が一身の鍛錬から国を治め天下に平和をもたらすことに及び、みずからの本性をきわめて他者の本性をきわめることにいたるのは、みずからの道徳の力を拡大して、みずからの道徳を社会へと客観化し、それに政治的なデザインを施すことであり、そこには少なからぬ手続きがある。けれども中国の道徳による統治の思想はかえってこの手続きを簡略化してしまった。もっと重大なのは、政治的な主体がじっさいには確立されていなかったため、統治者自身の道徳的な自覚を促す一方で、天道の不可知性を痛感することになり、手をこまねいたまま歴史に現れた暴君や腐敗官僚を放置するにまかせたことである。政治的な主体が確立されなかったため、政治力が発動されるのはただ朝廷からになってしまい、社会からではまったくなくなった。知識人は学問をもちいて実践しようと考えても、朝廷に仕官する以外にその力を発揮する術がなかった［「儒家政治思想の構造とその転換」、XS 1976（1980）: 53-54］。理論的には人民を政治の主体としながら、歴史における現実の政治では国君を主体とせざるを得なかった儒教のこうした矛盾が、徐が「二重の主体性の矛盾」［「中国の治道」、RJZZ 1979: 218-219］と呼んだものにほかならない。

（b）こうした「二重の主体性の矛盾」という難局を中国史に見た徐復観は、儒教によって民主の精神を引き出すいちばん大事な方法は「主体性の転換」にあるとした。その信念をかれはこう表現している。

いまやわれわれは躊躇することなく民主政治の道をあゆまねばならない。そして儒教の政治思想をもう一度転倒して、被治者の立場に立って再認識せねばならない。まず、政治の主体を統治者の錯覚から解き放って人民へと移動させ、人民が統治者の非道徳性を防ぎ、人民が統治者の唱える「民本」というスローガンをみずから立ちあげる民主主義へと転換させる力量をもたねばならない。（中略）したがって、これからの政治は、まずは合法的な争いを合法的な争わざる状態とすることなのだ。まず個人の独立を確立し、さらに個人を超えた共同性を生み出さねばならない。まず権利にもとづいたイデーを確定して、さらに権利を超えた礼儀の陶治を生み出さねばならない。まとめて言えば、統治者からはじめていた儒教の政治思想を、下へと切り替えて被統治者から始めるようにし、わが国の歴史ではないがしろにされてきた個人の自覚という段階を補えば、民主政治は、儒教の精神が復活するにともなって、さらに高い根拠づけを得るだろう。そして、儒教の思想も、民主政治の樹立によって真正の客観的な構造を完成させることができるだろう。(5)

秦漢帝国以後の儒教が専制に抑圧されて政治の主体性を捉え損なったのをふたたび逆転して、「国君の主体性」を「人民の主体性」へと転換し、かつ「個人の自覚」によって伝統の不足を補うよう、徐復観は現代中国のひとびとを鼓舞したのであった。

徐により提示された「儒家民主（Confucian Democracy）」への願いは、この数十年来、国内外の学術界でひろく注目を集めたものである。李晨陽（Li Chenyang）は儒家の核心的な精神と民主政治を徐が述べるように融合できるという観点には懐疑的である[6]。タン・ソホン（Sor-Hoon Tan）は「儒家民主」の可能性について論じ、徐の観点を出発点にして、「個人」と「集団」、「自由」と「平等」の概念や、倫理学と政治的秩序の分析をつうじて、儒家とジョン・デューイ（John Dewy, 1859-1952）によるプラグマティズムの利点をひとつにまとめて「儒家民主」を打ち立てようとした[7]。ブルック・アケリー（Brooke Ackerly）も、儒学と民主政治の関係を考えるうえで徐の主張を受け継いで、ひとが生まれながら「仁」を備えていることや、「君子」の理想や政治を議論する公共空間などの諸点にわたって、儒学と民主政治の統合を論じた[8]。デビー・エルシュタイン（Davie Elstein）は現代の新儒家の哲学を語るさい、徐の主張は完全ではないまでも依然として啓発的な「儒家民主」の議論であると述べている[9]。陳弘毅（Albert H.Y.Chen）は儒家と西洋における「リベラル憲政民主（liberal constitutional democracy）」を考えるさいに、徐の観点に同意しながらも、かれや他の現代新儒家の議論にないものを指摘したが、儒家哲学が西洋の「リベラル民主政治」の欠点を補うものであることは疑い得ないという[10]。

徐復観が提示した「儒家民主」という創見にもとづきながら、精緻で説得力をもった議論を展開したのは、近年では陳祖為（Joseph Chen）が二〇一四年に提出した「儒家完成主義（Confucian Perfectism）」という理論であろう。古代以来の儒家の政治思想はその現実の社会政治とは大きな隔たりがあるから、現代の新儒家はひとつのガバナンスの方法によって、理想と現実の間の距離を埋めてゆかねばならないと陳は述べた。儒家の「善（the good）」の概念を、リベラリズムの「権利（right）」の概念の代わりに用いて、現代リベラリズムと民主政治体制のなかへと導入せねばならない。儒家完全主義が欧米のリベラル民主理論ともっとも大きく異なる点は、欧米の民主理論が「権利本位のアプローチ（right-based approach）」にもとづいているのにたいして、「儒家完全主義」は君主の人民への服務と相互の信頼のうえに築かれる点にある。「儒家完全主義」は、道徳（morality）を誠信と徳行にもとづかせるが、それは健全な民主政治にあってもなくてはならないものである。人権（human right）と「市民的自由（civil liberty）」には基本的な個人の利益を保護する目的がある。また、社会的正義（social justice）とは善に貢献するよう、その生活を高めてゆかねばならないことなのだ。陳が述べるように、「儒家完全主義」は「勝者がすべてを享受する（winner-take-all）」政治生活のやりかたを受け入れることはできない。政治規則を上から下へと流すことによって解決するのではなくて、「天下を公となす」あるいは「天下は一人の天下にはあらず」というように、下から上へと向かう政治生活が採用されるべきである(11)。

肖浜《しょうひん》が最近、徐復観による「儒家民主政治」の言説は、儒家思想と民主政治をひとつに融合する試みだと評している。こうした融合は双方向のもので、儒家の精神に民主政治を導入するとともに、民主政治を儒家の伝統に根付かせるものだ。理論的には、かかる双方向の構築は、新儒家が唱える「民主創生論」とははっきりと区別されよう。肖浜は、徐の試みを「移植論」と要約して、この「移植論」が唱えられた理由やその前提となる仮説に疑義を表明し、この理論の向かうところを分析して、それが文化決定論の困難にぶつかることを明らかにした。肖浜はさらに「道徳援助論」を打ち出し、儒家の伝統と民主政治の関係という歴史的な難題をあらためて解きほぐす理論的な方策としたのである(12)。

「儒家民主」という徐復観の創見になる話題にかんする、現代の研究者の論述はいずれもきわめて示唆的である。とくに陳祖為の分析は詳細で、徐が出した論点を大きく凌駕《りょうが》している。ただ、現代の研究者による「儒家民主」にたいする賛否両論は、多かれ少なかれ理論的な考察にとどまっていることは言い添えておかねばならない。徐復観が未来の中国に「儒家民主」を夢見た議論は、「儒家民主」の社会的な基盤（あるいは階級的な基盤）をとても重視しており、とりわけ自作農（owner-cultivator）階級の創出によって、「儒家民主」を推進しようとしたものであった。これこそ徐の「儒家民主」の核心にほかならない。のみならず、かれはこの理論を戦後台湾という時代背景のなかで打ち出したのである。だからわれわれも第三節では、戦後台湾の経験というコンテキストからその「儒家民主」の議論を取り上げてみたいと思う。

(2)農本的。徐復観による自我の確立の第三の側面は「農本的」である。かれは湖北浠水の農村出身で、中国農民の苦難を身をもって体験した。かれは典型的な「大地の子」であった。その中国の前途への見通しは農本主義の精神に満ちている。日中戦争時代にかれがいだいた考えはつぎのように回想されている。

民国三二（一九四三）年の冬、重慶から湖北東部に戻り、隠居して耕作し、大きな変動を予感していた世の中から逃避しようと決意した。ところが偶然にも、自分が身につけた一知半解の社会思想を中国の現状と結びつけ、規模だけは大きくなったものの空虚で尊大と化した国民党を、自作農を基礎にした民主政党に改造したいという希望をもつにいたった。［「自序」、WC 1991: 1］

国民党を「自作農を基礎にした民主政党」に改造したいと願ったのは、つぎのような感慨にもとづいていた。「国民党ははやくから伝統的な知識人が結集した社会に根をおろさない党へと変貌していた。善良な党員は少なからずいたが、三民主義の実現のために全身全霊努力するひとを見つけることは難しかった」。そこで「国民党を自作農と労働者の利益を代表する党へと改造し、土地改革を実行して、地主の手に集中した土地を、小作農や貧農の手に取り戻し、勤労大衆を主体にした民主政党を打ち立てたいと願うようになった」［「ゴミ箱の外」、ZW 4 1980: 36］。

徐はこうした構想をじつは共産党を観察するなかから得ていた。日中戦争も末期の一九四三（民国三二）年、かれは「軍令部の命令により延安に赴き聯絡参謀となり、そこに五カ月ほど滞在して」［「非常時局における中国知識人の悲劇的な運命」、SX 1959（1975）: 273］、共産党やその指導者と直接に接触した。かれは重慶に戻ってから、一九四四（民国三三）年三月に「中国共産党最新動態」という報告を書いた。この報告は蔣介石や当時の国民党幹部の陳布雷《ちんふらい》（一八九〇～一九四八）、唐縦《とうしょう》（一九〇五

〜一九八一）たちの注意を引き、蔣介石はそれをガリ版刷りで当時の国民党の高級幹部の参考に供するよう指示したが、正式の出版はなかった。この重要文書で、かれは共産党と比較した場合の国民党の最大の弱点をこう指摘する［BB 5 2001: 1-40］。

本党の党員の成分は知識人を対象とするから、党団を組織するさい、いきおい上層のみを対象とすることになった。これまでの歴史では、読書人が農民と結びつき（譚綸《たんりん》〔一五二〇〜一五七七、明代の政治家、倭寇への攻撃を指揮〕、戚継光《せきけいこう》〔一五二八〜一五八七、明代の武将、倭寇、アルタイとの戦争で功績を挙げた〕、曾国藩〔一八一一〜一八七二、清末の政治家、湘軍を組織し太平天国軍を鎮圧〕、左宗棠《さそうとう》〔一八一二〜一八八五、清末の政治家、福建の太平天国軍、ヤクーブ・ベクの反乱を鎮圧、清仏戦争従軍先で死去〕の軍事訓練のように）、都市が農村と結びついてはじめてほんとうの力を発揮し、強固な基礎を形づくることができた。社会が進歩した現在、読書人は農民（そのほかの労働者をふくめ）と、官と民、官と兵といった関係で結びつくべきではなく、同志の関係で結びつくべきである。同志の関係で結びついてから、つぎに官と民、官と兵の関係で結びつくならば、両者の関係は和気藹々《あいあい》としたものになり、衝突することはなくなる。のみならず、農民と同志の関係で結びついた読書人こそが、ほんとうに有用な読書人と言うべきだ。そうでなければ一文の役にも立たぬ読書人にすぎず、さらにはひとの生き血を吸う読書人となるのは必定である。したがって、本党の今後における組織の方向とは、読書人と農民の結びつきであるべきだ。読書人の党員によって農民の党員を指導する。そうしてこそ党の組織は深く農村へと入り込み、党部（党細胞）がなすことにも意味が出てくる。農村が都市と一体化してこそ、知識の力も肉体の力とひとつに融合できる。民衆運動を云々しなくとも、民衆みずからが政府と相呼応して、国防・経済・文化の実体をひとつにまとめることができる。こうした実体ができてこそ、戦闘をおこなうことができ、民主をおこなうことができるのだ。以上の理解が、いたって卑近で簡略ではあっても、党団を復興する道にほかならないのである。(13)

国民党の統治下には農村と都市の対立があり、知識の力と肉体の力の分裂があると徐は見て取った。だから、農村を復興し農民階級に依存することによって、国民党の復興を推しすすめようと願ったのである。

未来の中国政治を改造するうえで農民階級を政治の基礎に置くことを徐は重視した。ここにもかれの農本主義の姿勢は明らかである。

(二) 徐復観と渋沢栄一との比較

徐復観が二〇世紀東アジア儒教史に占める特殊な立場をはっきり知るために、ここで渋沢栄一(一八四〇～一九三一)との比較を試みたい。ふたりはともに孔子を崇拝し、『論語』をとても大切にした。にもかかわらず、孔子の思想から取り出した未来世界の展望には大きな懸隔があった。

徐復観がえがいた伝統的な中国文化のイメージは農村社会・経世儒教・専制政体によって成り立っていた。そのなかでも、農村社会はもっとも大事な下部構造の基礎であった。かれによる中国の未来図は人民を主体とすべきものだったから、儒教は根本的な「パラダイム・シフト」によって「国君の主体性」を「人民の主体性」へと転換すべきであった。自作農民を育て強大にしてゆくことによって、二一世紀における民主中国の基礎を築きたいとかれは願った。思想に占める農本主義の色彩がこれほどにも鮮明なのは、かれが農村に出自し、幼いころの農村の記憶がかれの心に消しがたい痕跡を残していることと深く関わっている。

それと比べて、二〇世紀の日本でおなじく孔子を崇拝した渋沢栄一は、儒教の未来にたいして正反対の展望をもっていた。渋沢栄一の『論語と算盤《そろばん》』初版は一九二八（民国一七、昭和三）年に出版された。かれは、当時の中国の現実をいたく軽蔑し、中国では、「個人主義利己主義が発達して、国家的の観念に乏しく、真個国家を憂うるの心に欠けたる」（実業と士道「相愛忠恕の道をもって交わるべし」）(14)と述べている。けれども、古代の中国文化については深い憧憬の念を抱き、「三代」こそが中国文化の最高峰であると考え、「余が史籍を通じて尊敬しおる支那は、主として唐虞三代より後《おそ》きも、殷《いん》周時代であって、当時は支那の文化、最も発達し、光彩陸離たる時代である」（同上）(15)と記した。『論語』は資本主義と結びつけることができると渋沢は考えている。かれはこう書く。

私は不断《ふだん》にこの算盤は論語によってできている。論語はまた算盤によって本当の富が活動されるものである。ゆえに論語と算盤は、甚だ遠くして甚だ近いものであると始終論じておるのである。（処世と信条「論語と算盤は甚だ遠くして甚だ近いもの」）

> 人間の世の中に立つには、武士的精神の必要であることは無論であるが、しかし、武士的精神のみに偏して商才というものがなければ、経済の上から自滅を招くようになる。ゆえに士魂にして商才がなければならぬ。その士魂を養うには、書物という上からはたくさんあるけれども、やはり論語は最も士魂養成の根底となるものと思う。それならば商才はどうかというに、商才も論語において充分養えるというのである。（同「士魂商才」）(16)

渋沢は、孔子と資本主義を融合する理論的な基礎は「義利合一の信念」（渋沢が説いたのは「義理合一」であるが、著者は渋沢の思想と新儒教の違いを強調する）にあると論じ、儒教の「義（正義）」と商人の「利（利益）」はけっして衝突しないと言った。かつて論じたことだが、一八世紀以後、大阪の懐徳堂の学者たちは「義利合一」の視点から『論語』を読解しており、渋沢の「義利合一」の見かたは懐徳堂の儒者たちと同一のものである。ただし、渋沢はそこにさらなる新しい意味を付与して、『論語』を二〇世紀における日本資本主義の道徳的な経典としたのである(17)。渋沢は「士魂商才」を提唱したが、かれが考えた「士」とは「武士」であり、「士魂」を養うには『論語』にもとづくことがどうしても必要だった。これにたいして、徐復観の思想のなかで、「士」は儒教の知識人であって、これら儒教の知識人が自我の転換を遂げて、伝統的な「国君の主体性」を「人民の主体性」へと顛倒させ、かつ自作農階級を社会の基礎として、中国の民主政治を切り開いてゆくことが期待されたのである。

渋沢栄一は幕末維新と「脱亜入欧」の時代の日本に生を享け、農村中国に出自する徐復観とはその背景を大きく異にしていた。渋沢栄一は「日本近代化の父」(18)とも「日本資本主義の指導者」(19)とも呼ばれる。かれが関心をもっていたのは、伝統的な儒教をどうやって現代の資本主義に結びつけるかということだった。これにたいして、徐復観の問題意識とは、農村中国の大地からどうやって儒教思想にもとづきながら民主中国の新局面を切り開いてゆくかということだった。ふたりが思考した問題は同じでも、その結果には径庭《けいてい》があった。

三　戦後台湾経験のコンテキストにおける徐復観の「儒家民主」論

徐復観は、中国文化の解釈から「人民的・実践的・農本的」という自我の確立のスタイルを提出した。それが、時代の変遷における奔流のなかでみずからを安定させ使命を確立する理論枠組みとして、かれの身心や「流浪者の魂」と呼ばれたものの危機を救ったのは確かである。けれども、実践的な規則モデルとして見たとき、この自我の確立のスタイルには多くの問題がはらまれており、さらなる検討が必要である(20)。思想家をその時代背景のコンテキストに置いて理解することが、徐の思想史研究のもっとも大きな特色であり、かれの多くの著作は一九四九年に台湾に漂泊してから書かれたものであった。したがって、われわれも、かれの思想史研究の道のりをたどりながら、その自我の確立のスタイルを戦後台湾のコンテキストのなかに置いて、そこに含まれる問題を議論しよう。なかでも比較的重要なものは、つぎの二つである。⑴「実践的な儒教」はどのように民主政治と接続できるか？　⑵どのようにして自作農階級から民主政治を引き出していくか？　順を追って検討しよう。

⑴「儒教はどのように民主政治を切り開いてゆけるか」という問題の核心はつぎのものだ。それは「主体の客体化（objectification of the subjectivity）はどのようにして可能か」という問題にほかならない。徐復観をはじめとする現代儒家たちは儒教における「道徳的な主体性」[21]をたいへん重んじてきた。しかし、こうした「道徳的な主体性」は現象の世界においてみずからを客観化して具体的なものにしなければならず、本体の世界で、牟宗三が「存在するのみで活動しない」とした「理」[22]のままでとどまることはできない。ところが、徐復観による「実践的な儒教」の「道徳的な主体」（第二節（一）の議論を見よ）がみずからを「客観化」して、民主政治を切り開いてゆけば、「制度構築」の問題を惹起することもまた必然なのである。こうした「制度構築」の問題は、少なくとも二つのレベルから明らかにすることができよう。

（a）現代社会には儒教を支える制度あるいは組織（伝統中国に見られた科挙制度、書院、私塾、明倫堂などの組織）を欠いているため、儒者たちは、余英時が現代社会の「さまよえる魂」[23]と表現したものになってしまっている。こうした悲観論が成り立つ以上、どうやったら、これら「さまよえる魂」

である儒教の「魂を抜け殻に還《かえ》」したうえで、民主政治を切り開くことができるのだろうか？　徐はこうした問題にけっして十分かつ説得力ある仕方で応えてはいないのである。

けれども、このような疑義にたいして、伝統中国にあった書院、明倫堂などの儒教「講学」の場、あるいは地方や朝廷に設けられた経書講座などの「制度構築」が、いずれも「諸刃の剣」の役割を果たしてきたことを指摘しておく必要があろう。制度化によって儒教を現実のものとした反面、儒教の精神に足かせをはめる重要な道具の役割もそれらは果たしたのである。漢の武帝（在位前一四〇〜前八七）による儒教国教化。宋代以後の地方書院の「官学化」と中央官学にたいする政府の拘束(24)。一六世紀日本の皇室侍講であった清原宣賢《きよはらののぶかた》（一四七五〜一五五〇）が『孟子』御進講《ごしんこう》にさいして「天皇の前で読むことを禁止した」四カ条の朱注(25)。これらの歴史的事実がはっきりと語っているように、制度や組織によって儒教は歪曲されてきたのである。伝統中国における科挙試験制度などの多くは、古典儒教の生気を吸い取る「フランケンシュタイン（Frankenstein）」であった。ここにいたって、われわれは第二の「制度構築」の問題にすすむことができる。

（b）伝統中国の「制度構築」が儒教の民本精神の発揚に不利なのであれば、戦後台湾という「中国文化を復興した」と称賛される華人社会では、それはどうなっていたのか？　儒教は戦後台湾の社会でどのようなルートによって普及していったのか？　こうした普及のプロセスは、徐復観が企図したような「中国文化の源にあった民主精神」を引き出すことができたのか？

戦後台湾で儒教の価値を伝播した政府主導の三つのルートをここでは取り上げたい。①中等学校・小学校国定教科書。儒教思想の忠・勇・愛国・孝順などの徳目は、政府の統一教科書によって普及が図られてきた。教育学の研究者は一九五二、一九六二、一九六八、一九七五年に教育部が公布した四回にわたる「国民小学課程標準」、および一九五二、一九六二、一九七二、一九七五年の「初級中学課程標準」を調べた結果、小学校・中学校のこれまで三〇年間の八冊の課程標準テキストには、「愛国思想を醸成し、民族精神（中華民族文化）を宣揚する」という重要目標がそろって現れることを明らかにした。つぎに、小学校の「生活と倫理」科目、中学校の「公民と道徳」科目を例にすれば、これら八冊の「課程標準」テキストのうち、「忠・勇・愛国」「愛国反共の精神を醸成する」「国家観念（意識）を増強する」といった目標は六回現れ、「民族の固有の美徳を発揚する」「四維八徳〔八徳は、一九二四年に孫文が『三民主義』のなかの「民族主義」（第六講）で定めた「忠孝仁愛信義和平」を指し、四維は、一九三四年に蔣介石が新生活運動で唱えた「礼義廉恥」を指す〕を実践する」「中華文化の復興の基礎を築く」は七回現れ、課程標準テキストの分析をまとめれば、国家への忠誠と伝統文化の発揚が国民教育レベルの中心的な目標であることが明らかとなる(26)。②中国文化復興運動委員会の推進したさまざまな社会運動によるもの。同委員会は一九六七年七月に成立し、当時の大陸で展開された文化大革命を念頭に、台湾において儒学者の価値を中心とした伝統文化を推進する半官的な組織であった。二四年間（一九六七年七月～一九九一年四月、以後、中華文化復興運動総会と改称された）をつうじ、さまざまな社会運動のスタイルによって伝統的な儒学者の価値を宣揚した。③出版物の流通によるもの。中華文化復興委員会がやはり、この面でいくつかの仕事を推進した。たとえば、学術研究出版促進委員会の創設、研究者叢書の出版、『中華文化叢書』の出版、『中国思想家列伝』の編集出版などである(27)。

これらの儒教伝播のルートからわかるのは、①戦後台湾の公式教育システムでは、儒教思想が果たした役割は、「国家政治目標の支持者」としてのそれであった。したがって、かなりの程度まで道具化され、その主体性を喪失した。言い換えれば、戦後台湾の歴史コンテキストにおいて、儒教思想が重視され宣揚されたわけは、けっして儒教思想システムそれ自体の「内在的価値(intrinsic value)」(28)にあったのではなく、ほかの動機(政治目標、経済発展、社会平和など)ゆえであった。したがって、儒家は次第に自分自身から疎外され、自分以外の目的の手段と化した。こうした道具化のプロセスのなかで、しだいにみずからをはぐくむ内在的な動因を失い、流れをなくした水となったのである。②政府は儒家思想を徹底的に道具化し国家の政治目標に従属させるため、儒家思想の多様な内容に高度な取捨選択をほどこした。その結果、儒家思想のなかにある、上級レベルに奉仕したり、国家に忠誠を尽くすといった思想が、政治リーダーを支持する政治的な教訓に便利なように、学校教科書のなかでゆきすぎた強調と解釈をこうむったのである(29)。

儒教の戦後台湾における経験からわかるのは、儒教から民主政治を引き出そうとした徐復観の試みは、儒教の普及を推しすすめる「制度構築」をめぐる問題を克服できなかったということであろう。溝口雄三(一九三二〜二〇一〇)は、一九世紀以後の中国の近代化の歩みは西洋列強の圧力に由来するものだったと述べたことがある。溝口が語った「外在的な近代」が中国に輸入されるなかで、儒教思想(とくにその礼治システムや共同倫理など)はおもに近代化を妨げる役割を果たした。中国のみならず、朝鮮王朝時代（一三九二～一九一一）末期の朝鮮やヴェトナムでも、儒家思想は近代化の抵抗者の役割を果たした[30]。こうした考えの当否は別にして、儒教と民主をひとつのものとして考え、近代化の障害とみないのであれば、「制度構築」の問題を避けて通ることはできないであろう。

中国の儒教史から考えれば、道徳の内在論や個人の自由意志にかんする儒教の言説が、民主政治の基本的な理論と合致していることは言うまでもない。しかしながら、忘れてはならないことがある。アイザイア・バーリン（Isaia Berlin, 1909-1997）は、外側にある制度的で「消極的な自由（negative liberty）」について語ったが、伝統的な儒家はそれにはほとんど関心をもたず、もっぱら内側にある自律的で「積極的な自由（positive liberty）」にかんして理論的な構築の努力を続けたことである[31]。言い換えれば、儒家は道徳的な主体の自主独立（self-mastery）を積極的に肯定した反面、外側にある制度がどこまで自由を構成するかにかんする客観的な保障をなおざりにしたのである。しかも、「積極的な自由」をより好む儒家の志向は、権力ネットワークに絡め取られれば、そのほんらいの意味を喪失して、それとは正反対の異物にたやすく転化するばかりか、権力を握るひとびとがその純粋な意図を利用して正義ならざる政治権力の飾り[32]として、専制権力が牛耳る霊柩車の化粧人へと儒者を転落させることになったのだった。

(2)自作農にもとづいて民主政治を引き出す徐復観の提案については、どうだろうか。このプランを戦後台湾のコンテキストに置いて考察すれば、どうなるか？

わたしは、戦後台湾が経験した大きな歴史変動には、つぎの三つの重要な事件があったと述べたことがある(33)。①自作農階層の形成。戦後初期における台湾農村の発展のなかでもっとも重要なのは、自作農階層の形成と小作人の激減だった。これは土地改革がもたらしたもっとも重大な成果であった。統計によれば、一九四六年には全省の農家のうち、自作農は三二・七パーセント、一九五二年にはこれが三八パーセントに上昇し、一九五五年は五九パーセント、一九六〇年にはさらに六四パーセントとなって、それ以後も増加を続け、一九七四年に八〇パーセント、一九八四年に八二パーセント、一九八九年に八六パーセントを占めるまでになった。自作農階層の戦後台湾における発展は、中国史における「富者はその田に阡陌《あぜみち》を連ね、貧者には錐を立てるほどの土地もない」〔『漢書』食貨志第四上〕伝統を徹底的に変えた点で、とりわけ歴史的な意義をもち、かれらの農業への貢献は工業の発展にもすぐに反映した。②中産階級の勃興。このことは戦後台湾の工業の発展とおおきな関係がある。統計によれば、台湾の農業人口は、一九五二年の五二・四パーセント、一九六〇年の四九・八パーセントから一九八七年の二〇・五パーセントまで年々下降した。戦後台湾人口に占める農業人口が漸次減少するにつれ、台湾の国内総生産（Net Domestic Product, NDP）における農業部門の比率は急減し、工業部門の生産力が着実に増加した。一九五二年の農業部門と工業部門を比べると三〇・八パーセント対一八・〇パーセントであったものが、一九六四年にはほぼ同じ比率の二八・三パーセント対二八・九パーセントとなり、一九六三年以後は工業部門が農業部門を上回り、一九八〇年には両者の比率はついに九・二パーセント対四四・七パーセントとなり、一九八七年は六・二パーセント対四七・一パーセント、一九八九年は五・九パーセント対四三・五パーセントとなった。戦後台湾が経済構造の転換を終えたことは明らかであった。華人社会において史上はじめて農業社会から工業社会へと徹底的な転換を遂げ、社会・政治システムの変化を促したのである。この経済構造の変化が中産階級の勃興をもたらした。③中等知識階級の叢生。経済の転換と発展にともない、台湾における教育も、一九六八～一九六九年次の「九カ年国民教育」の施行によって漸次各地に普及した。六歳以上の文盲率は、一九五二年の四二パーセントから一九八九年の七・一パーセントまで急激に下がり、中等教育経験者の人口比率は一九五二年の八・八パーセントから一九八九年には四四・九パーセントまで上昇した。教育普及率の上昇は、台湾の人口構成における知識水準をかなりの程度改善し、中産階級を形成するとともに、台湾社会の中等知識階級を漸次成熟させたのである。

こうした三つの歴史現象において、自作農の成長とそれによってもたらされた農業の発展は、歴史的にみてもっとも早かったし、またその後に工業化が始まり中産階級が勃興するにあずかって力あった。では、自作農が民主政治を切り開くことをわれわれは期待することができるのだろうか？

戦後台湾史の経験に鑑みれば、この問題への回答は否定的たらざるを得ない。わたしと廖正宏《りょうせいこう》（一九四〇～一九九四）の研究はそうした見かたを支持するものである。研究の結果分かったのは、一九五〇年代初期に、土地改革の政策が実施に移されたさい、農民たちの農業意識の基本的な姿が形づくられた。なかでも目立ったのは、彼らの土地にたいする強い一体感と、農業に励むことを生活スタイルと考えるメンタリティであった。かれらにとって土地は生死を支え自己の安定を実現する場であり、農業はかれらの生活の目的であった。ところが、こうした「神聖感」は一九七〇年代以後、「世俗化」に取って替わられた。農業は生計の一手段となり、土地はしだいに商品化した。一九八〇年代の農民がいだく農業価値についての量的調査でわかったのは、農民の農業に励む態度はかなり積極的で、イノベーション選択という価値判断において、最新のイノベーションを選択する農民は四七・五パーセントに達し、農業経営スタイルでも、農産物の利潤が思わしくないときは五三・六パーセントが経済価値の高い作物への植え替えをおこなっていた。こうした積極的な態度は、農民が農業に励むことを生計の手段とすることに密接に関係していた。一九八〇年代になると、農民の土地への執着はかなり減退した。かれらはもはや、生活を保障するものとか、その地位を象徴するものが土地であるとは考えなくなった。一九八六年の研究調査データによれば、七五パーセントの農民は先祖の土地を売却することがメンツをなくすことと思っていなかった。五七・六パーセントの農民は土地によって個人の身分や地位を判断してはいなかった。土地を売ってでもその子女に大学教育を受けさせたいと願う農民は七五パーセントの高さに及んだ。一九五〇年代に見られた「農本主義」が日々衰え、新しい農民の人格タイプが現れたことがここからわかる。別の視点から見れば、台湾農民の社会意識における自作農と小作農の関係は、初期の緊張に満ちたものから、共同経営という意識の誕生へと向かったのである。農民が農業組合をどう見ていたかについても、台湾移住の初期にあった強い信頼感は、一九七〇年代以後は離散傾向にあった。これらの傾向は、ここに挙げたような農業意識の変化の流れに対応しているのである。一九八六年に実施した農民の社会意識のアンケート調査は、かれらの社会価値観が「伝統」と「近代」の十字路にあることをよく示している。

　こうした「伝統」と「近代」の複合した状態は、台湾農民の政治意識にも見られる。一九八六年の調査でわかったのは、そうした政治価値のなかでも、チェック・アンド・バランス、自主権、平等権などが大幅に上昇したことは近代的と言うにふさわしいが、法治（rule of law）の観念に乏しく、一九八〇年代の彼らの政治意識が依然として新旧交替の状態にあったことである。こうした新旧交替期の政治思想は、一九八八年に起こった農民運動〔一九八八年五月二〇日、中南部農民が台北でデモ、流血事件へと発展した〕にも顕著である。度重なる抗議運動のなかで、かれらは「農民の主体性」と「農業の自主性」を打ち立てることを求めたが、他方で「国家」が農業事業においてもっと積極的な役割を果たすよう求めた。「自主性」と「依存性」がこのように同時に現れたことには、かれらの政治思想の「近代」と「伝統」の混淆が示されている[34]。

　まず注意すべきなのは、台湾の民主政治はけっして一九五〇年代に叢生した自作農が直接に切り開いたものではなく、自作農の拡大と農業の復興によって、六〇年代以後に中産階級が、七〇年代以後には中等知識階級が発展して、この両者によって推進されたものであることだ。台湾の民主政治の発展はきわめて錯綜した歴史プロセスを辿ったのである。

　徐復観の論点は、自作農を、民主政治を推進する始原にして間接的な原動力と見るなら成立可能である。しかし、民主政治を推進する直接の動力にかんして言えば、中産階級の歴史的役割をなおざりにしている点で、核心を突いたものとは言いがたい。

　さらに指摘せねばならないのは、自作農が現代の政治経済学のコンテキストにおいて弱体であることを徐復観が見落としていることである。かれは中国文化の問題を明らかにした後に、土地改革によって自作農を育成し、自作農から民主政治の新しい局面を切り開いてゆくことを願った。

　そうした悲願はひとを感動させるものであるし、理論的にも筋がとおっている。しかし、自作農が一九五〇年代の土地改革の前後に成長してきた経験からかれの主張を検証すれば、その見解が長期的な視野にもとづいていないことに気づくだろう。五〇年代初めに土地を得た自作農たちは「土地をもつことは財産をもつこと」という伝統的なメンタリティによって、未来への希望に満ちていた。けれども、かれらが五〇年代の農村でぶつかった試練は厳しいものだった。台湾へ移住したころ新興の自作農が出会った問題は、農村高利貸し、「低金利貸付」という搾取、ブローカーによる農村耕地購入割り込み、地主の小作農追放や小作農からの売却耕地回収などの問題であったが、これらはすべて商業資本主義の成長と直接的、間接的なつながりがあった。ほかには政府の「国有地売却」政策がうまく機能しなかったことが、国家資本主義の成長や国営企業の強大化などと密接に関係していた。これに対抗して政府の関連部門は自作農保護の戦略を採ったが、それもまた資本の自由化によって新興の自作農が資本家や地主の侵害をこうむらないよう配慮するものだった。五〇年代初期に新興の自作農が直面した問題は、そもそもここ一〇〇年にわたる資本主義の発達の流れを受けたもので、台湾の農村に深い傷痕を残した。五〇年代の初め、農村における新興の自作農は、商業資本主義の搾取にぶつかる一方で、国営企業に代表される国家資本主義の圧力を受けており、あらゆる面で困難に直面していた(35)。土地改革が政治経済（political economy）において意味するものを徐復観は見落とし、自作農が現代資本主義社会において弱体であることに無自覚であり、国家資本が土地改革にたいして頑強に抵抗する事態を十分に理解しなかった。これは、その時代の生活経験が限られていたことによるもので、一概に徐だけを責めるわけにはいかない(36)。

本節では、徐復観の自我の確立とその問題性を議論した。かれが「人民的・実践的・農本的」という枠組みのなかで自我を確立したことは、かれに力強い生命力をもたらした。二〇世紀の疾風怒濤の中国で自我を確立し、豊かに花開く成果を得たことで、かれは二〇世紀においてユニークな風格をもった儒教知識人となった。しかしながら、その自我の確立のスタイルは多くの解決困難な問題を引き起こすものだった。その核心にあるのは「道徳的な主体性」を「客観化」するプロセスにおいて「制度構築」の問題を避けて通ることができないということだった。儒教の理想はどのような新しい制度によって展開されるべきだろうか？　自作農にもとづいた農本社会は中産階級を抜きにして民主政治を切り開くことができるだろうか？　徐復観がわれわれに再考を迫るのはこうした問題である。徐自身はこうした問題に詳細な回答を与えることはしなかったが、かれが残した問題は、中華文化の前途を憂慮する現代の知識人が思考すべきものであることを失わない。

四　結論

本章のテーマは、徐復観による中国文化の解釈を考えることだった。また、こうした新しい解釈のプロセスで徐が自我を確立したありかたを議論することだった。人類学者のギアーツ（Clifford Geerts, 1926-2006）は、文化研究は「法則を探求する実験科学のひとつにはならないのであって、意味を探求する解釈学的な学問に入る」(37)と述べたことがある。本章の議論は、ギアーツのこうした考えを再確認するものである。徐復観や現代の新儒家が中国文化にかんする著述や研究をおこなうのは、「意味を探求する解釈学」の活動をすすめているのである。こうした解釈の活動において、理性と感性は統一され、解釈の主体と解釈される（中国文化の）客体は融合してひとつになる。したがって、解釈する側の思想の癖とか、生活経験、時代背景などは、すべて直接、間接に解釈する内容に浸透し、中国文化の本質やその発展プロセスについて語られた解釈システムは、ひとつの知識システムであるのみならず、ひとつの行動綱領となって、中国文化の現在および未来に指導的な働きをするのである。解釈者による中国文化の解釈には、「これは何か」と「どうあるべきか」という問いが車の両輪のように、また飛ぶ鳥の両翼のように、不可分に結びついている。

こうした「事実」と「価値」が統一されたありかたは、徐による中国文化の解釈に、きわめて深く、はっきりした方式で表れている。かれはほかの儒学者と同じように、中国文化の「中国性」を重んじた。かれらが中国文化を西洋文化の侵略に抵抗する武器とみなしたことで、こうしたありかたは可能となった。その意味において、かれらを「文化ナショナリスト」と呼ぶことは正しい。しかし、徐復観はほかの「文化ナショナリスト」とは違っていた。「文化ナショナリスト」は、中国の伝統文化を使って、中国が二〇世紀以来、激変に直面したさい求められた要求に抵抗した。中国文化をつかって民主にさえ抵抗した。その挙句に専制政権の死刑執行人になりさがった。けれども、徐の方は、その鋭い批判の剣をもって、伝統文化の殿堂に乗りこんだ。歴代政権の害毒やそれが儒家思想や農村社会にあたえた切り傷を暴き、孔子、孟子、荀子が創設した古典儒教の源泉によって、専制帝王が中国文化に刻印した傷痕を洗い清めた。古典儒教から民主政治の新しい精神を切り開き、中国人民の打ち砕かれた心霊を慰め、中国人民の涙をぬぐい去った。かれらを「民族のノスタルジー」（徐復観のことば）［「非常時局における中国知識人の悲劇的運命」、SX 1959（1975）：267］のなかで奮起させ、民主政治の新たな局面を創生しようとした。その努力を見るかぎり、かれを「伝統の革新主義者」と呼ぶことは不当ではない(38)。

「伝統の革新主義者」である徐復観が解釈した中国文化は「専制政体・経世儒教・農村社会」によって成り立っていた。その専制政体への仮借なき批判は生涯をつうじて変わらず、現代儒者の面目躍如たるものだった。儒教や農民が専制よりこうむった屈辱についても、そのことを惜しみなく悲憤し、限りない哀悼の意を捧げるのにやぶさかではなかった。その中国文化のイメージは、専制政治にたいする考えかたでは銭穆と大きく異なり、儒教の基本性格の考えかたでは同伴者である唐君毅や牟宗三と懸隔があった。この一事からも、現代儒家の間には「同も異を覆う能わず」という状況があったことがわかるだろう。

『史記』「屈原賈生〔賈誼のこと〕列伝」には「そもそも天とは、ひとの始めである。父母とは、ひとの本である。ひとが窮すればその本にかえるものだ。したがって、苦しみがきわまって、天の助けを求めないわけにはいかない。苦痛にさいなまれれば、父母の助けを求めないわけにはいかない」とある。太史公の言わんとすることを敷衍《ふえん》すれば、文化とは、ひとの本であり、ひとが窮すれば本に回帰する。徐復観は時代の激変に遭遇して、苦痛にさいなまれながら、怨みを片時も忘れることができず、あらゆる機会に憂いを感じ、壮年以後、余生を中国文化の再解釈に捧げることを誓って、みずからを時代の奔流のなかに確立した。二〇世紀中国の政権交替のなか、中国人民は邸宅の梁《はり》にいた雀のように、飼い主にしたがい居場所を変えた。こうして、大陸出身の知識人は一九四九年に香港に漂泊し台湾に流浪し、中国文化を「漂泊者の魂の安らぎの場所」(徐復観のことば)〔「孔子とプラトン」、ZW 1 1980: 277〕とした。徐は中国文化の解釈をつうじてみずからを「人民的・実践的・農本的」という場に確立し、中国専制の伝統によって形づくられた「国君の主体性」を徹底的に解体して、「人民の主体性」という新しい政治枠組みへと転換した。こうした政治工程の大転換にあって、儒教はまずみずからを改造して、先秦儒教の思想という源泉へと回帰し、人民とともに呼吸し、儒教に特徴的な道徳内在論によって、現代の民主政治における道徳的な基礎を充実したものにせねばならない。現代西洋の民主政治が契約論をもとにつくられたことからくる不健康な「個人主義」の病弊を最小限のものにせねばならない(39)。ついで、自作農を育成して、民主政党の基礎とせねばならない。こうした自我の確立や中国文化の未来への展望には、問題とすべき点が多々ある。その最大のものは、徐による「主体性の客観化」であろう。この問題は制度構築や組織配置といった多くの問題とつながっており、熟考に値する。徐復観がわれわれに残した思想遺産と言えよう。

【注】

(1) Maurice Halbwachs, Lewis A. Coser ed. and tr., *On Collective Memory* (Chicago and London: University of Chicago Press, 1992).

(2) 楊儒賓「梁漱溟的『儒家將興説』之検討」『清華学報』新二三巻一期(一九九三年三月)六一～一〇〇頁。この文章には日本語訳がある。「梁漱溟の『儒家将興説』を検討する」『季刊日本思想史』四一(一九九三年)三五～七六頁。

(3) 蕭欣義「ある革新主義者の伝統観——『徐復観文録選粋』編序」〔XC 1980: 5-10〕。

(4) 蕭欣義「ある権力を恐れることのなかった現代儒家による民主自由の探求」〔RJZZ 1979: 3-26〕。

(5) XS 1976 (1980): 59-60. 何信全は、徐復観が倫理と政治を架橋しようとした考え方とその困難について分析している。何信全「伝統の中に自由民主の根源を探る——徐復観の儒家政治哲学にかんする新しい解釈」李明輝主編『現代新儒家人物論』(台北:文津出版社、一九九四年)。

(6) Li Chenyang, *The Tao Encounters the West* (Albany: State of University of New York Press, 1999), pp.172-180.

(7) Sor-Hoon Tan, *Confucian Democracy: A Deweyan Reconstruction* (Albany: State of University of New York Press, 2003), p. 8, 123, 138.

(8) Brooke Ackerly, "Is Liberalism the only Way toward Democracy? Confucianism and Democracy," *Political Theory* Vol. 33, no. 4 (Aug., 2005), pp. 547-76.

(9) David Elstein, *Democracy in Contemporary Confucian Philosophy* (London: Routledge, 2015), pp. 67-85.

(10) Albert H. Y. Chan, "Is confucianism compatible with liberal constitutional democracy?" *Journal of*

Chinese Philosophy, 2007, pp. 196-216, esp. p. 211.

(11) Joseph Chan, *Confucian Perfectionism: A Political Philosophy for Modern Times* (Princeton: Princeton University Press, 2014), pp. 22-23, 224-232.

(12) 「『移植論』から『援助論』へ――徐復観の儒家・民主融合理論の構築にたいする現代からの省察」陳昭瑛編『徐復観の政治思想研究』(台北:台大出版中心、二〇一八年)所収。

(13) この手稿ドキュメントは一九八二(民国七一)年五月に再出版され、現在は〔BB 5 2001:1-40〕に収録。

(14) 渋沢栄一『論語と算盤』(東京:国書刊行会、一九八五年(二〇〇一年))本書には中国語訳がある。洪墩謨訳『論語与算盤』(台北:正中書局、一九八八年)。引用文は洪墩謨訳『論語与算盤』一九一頁。渋沢栄一『論語と算盤』一九六頁〔ここでは『論語と算盤』の底本に、角川ソフィア文庫本、二〇〇八年を用いた〕。渋沢栄一を含め二〇世紀の知識人は、いずれも理想とする「文化中国」には強い畏敬の念を抱いたが、現実の「政治中国」は軽蔑した。黄俊傑「二〇世紀初期日本の中国学者の眼に映じた文化中国と現実中国」『東アジア儒学史の新しい視座』(台北:台大出版中心、二〇一五年修正初版)、二一五~二六四頁。

(15) 『論語与算盤』一九〇頁。『論語と算盤』一九五頁。

(16) 『論語与算盤』一、三頁。『論語と算盤』一、三~四頁。

(17) 黄俊傑『徳川日本論語詮釈史論』(台北:国立台湾大学出版中心、二〇〇七年修訂二版)三六六頁。本書の日本語訳は二〇一四年に東京:ぺりかん社より出版された(工藤卓司訳『徳川日本の論語解釈』)。

(18) 山本七平『近代の創造――渋沢栄一の思想と行動』(東京:PHP研究所、一九八七年)。

(19) 土屋喬雄《たかお》『日本資本主義史上の指導者たち』(東京:岩波書店、一九三九年)。

(20) 本書第二章の一二四~一二九頁を参照。

(21) たとえば牟宗三『中国哲学の特質』(台北:台湾学生書局、一九七六年)は全書でこの点をもっとも多く語る。とくにその四頁。

(22) 牟宗三『心体と性体』(台北:正中書局、一九六八~一九七三年)第一冊第一部「総論」、四九~五一頁。

(23) 余英時は、これが現代儒家の苦境だと言う。余英時「現代儒学の苦境」『中国文化と現代の変遷』(台北:三民書局、一九九二年)九五~一〇二頁。李明輝は最近、現代新儒家の置かれた状況を分析して、「制度化された儒学」「社会化された儒学」「深層化された儒学」の上に、もうひとつ「儒家思想の超越性」に属する位相があると述べる。――これは余英時が言う「魂」のことでもある。李明輝によれば、「現代儒学は『さまよえる魂』になってしまったが、それは悪いことばかりとは言えない。なぜなら、儒学はその本質において人類の常道と理想を代表するものだが、それが時代や現実社会との間で批判的な機能を維持しようとするなら、儒学がみずからを明らかにし、みずからを変化させた後に新たなる展開を遂げようとする上での絶好のチャンスと言ってはいけないだろうか？」李明輝「現代儒学の自我転換」『現代儒学の自我転換』（台北：中央研究院中国文哲研究所、一九九四年）一～二二頁。引用文は二一頁。

（24） 李弘祺『宋代教育散論』（台北：東昇出版事業公司、一九八〇年）五頁。Thomas Hong-chi Lee, *Government Education and Examination in Sung China* (New York and Hong Kong: St. Martin's Press and The Chinese University Press, 1985), pp. 273-278. Thomas H.C. Lee, *Education in Traditional China: A History* (Leiden: E. J. Brill, 2000).

（25） 日本京都大学清家文庫所蔵『永正鈔本宣賢自筆孟子』七巻は「国宝」に列せられ、ネット上に公開されている（http://edb.kulib.kyoto-u.ac.jp/exhibit/s130/s130.html）。井上順理『本邦中世までにおける孟子受容史の研究』（東京：風間書房、一九七二年）五一三頁。黄俊傑「東アジア儒家経典の解釈と政治権力との関係——『論語』『孟子』を例に」『台大歴史学報』第四〇期（二〇〇七年一二月）一～一八頁。 Chun-chieh Huang, "On the Relationship between Interpretations of the Confucian Classics and Political Power in East Asia: An Inquiry Focusing upon the Analects and Mencius," *The Medieval History Journal*, Vol.11, No. 1 (June, 2008), pp. 101-121.

（26） 羊憶蓉「現代化と中国人の価値の変遷——教育の視点からの検討」『中国人の価値観国際シンポジウム論文集』（台北：漢学研究中心、一九九二年）四七一～四九四頁。

（27） Chun-chieh Huang, "Confucianism in Postwar Taiwan," in Chun-chieh Huang and Erik Zürcher eds., *Norms and the State in China*, pp.141-167, esp. pp.162-165.

（28） 「内在的価値」の意味については以下を参照。G. E. Moore, ed. by William H. Shaw, *Ethics: And the Nature of Moral Philosophy* (Oxford: Clarendon Press, 2005), Chap. 7, pp. 116-131.

（29） 黄俊傑「儒家伝統と二一世紀台湾の展望」『戦後台湾の転換とその展望』（台北：国立台湾大学出版中心、二〇〇七年初版二刷）一六五～一八八頁。

（30） 溝口雄三「『儒教ルネサンス』に際して」『方法としての中国』（東京：東京大学出版会、一九八九年）一八四～一八七頁。

（31） Isaiah Berlin, "Two Concepts of Liberty," in his *Four Essays on Liberty* (Oxford: Oxford University Press, 1969), pp. 118-182.

（32） I. Berlin, *Four Essays on Liberty*, p. xlvii.

(33) 黄俊傑『農復会と台湾の経験——一九四九〜一九七九年』(台北:三民書局、一九九一年)「結論」。とくにその二八三〜二八四頁。Chun-chieh Huang, *Taiwan in Transformation: Retrospect and Prospect* (New Brunswick: Transaction Publishers, 2017, 2nd edition), Chap. 2, pp. 21-40, esp. pp. 23-25.

(34) 以上の発見は廖正宏、黄俊傑『戦後における台湾農民の価値志向の転換』(台北:聯経出版事業公司、一九九二年)。とくに第九章「結論」。Chun-chieh Huang, "Transformation of Farmers' Social Consciousness in Postwar Taiwan," in Stevan Harrell and Huang Chun-chieh eds., *Cultural Change in Postwar Taiwan* (Boulder: The Westview Press, 1994), pp. 111-134.

(35) 黄俊傑「光復初期の土地改革前後における自営農とその直面する問題」『戦後台湾の転換とその展望』七一〜九四頁。

(36) 黄俊傑「光復初期台湾の土地改革過程におけるいくつかの問題——雷正琪の書簡の解読」『人文・社会科学集刊』三五(一)(台北:中央研究院中山人文社会科学研究所、一九九二年)三一〜五六頁。黄俊傑『戦後台湾の転換とその展望』九五〜一二五頁。

(37) Clifford Geertz, *The Interpretation of Cultures* (New York: Basic Books, Inc., 1973), p. 5.〔C・ギアーツ著、吉田禎吾ほか訳『文化の解釈学』(1)(2)、岩波書店、一九八七年〕

(38) 肖浜も、徐復観が「自由主義の立場に立脚して伝統文化を擁護し」、「自由」と「伝統」を結びつけることを目指していると論じている。肖浜『伝統中国と自由理念——徐復観思想の研究』(広州:広東人民出版社、一九九九年)三〇五頁。

(39) 徐復観は、儒家の道徳内在論によって近代西洋の民主政治における行き過ぎた「個人主義」の欠陥を補おうとした。そのアイデアは卓抜であったが、十分に展開されなかったことが惜しまれる。わたしはその思考を受け継いで、この問題を引き続き検討したいと考える。わたしの見るところ、先秦の儒家が発展させた一連の価値システムは「連続性」をその特徴としており、孟子を例に取れば、かれの価値システムは個人の「ひとに忍びざるの心」から出発して、しだいに社会政治のレベルへと「拡充」し、宇宙のレベルまでいたるのである。「上下と天地は同じ流れである」とはこのことを指す。孟子のこうした連続性を特徴とする価値システムは実践にさいしては困難を伴う。伝統中国の具体的な社会状況にあって、ひとの道徳義務はいつも相互に衝突する状態に置かれている。たとえば、家庭における愛情は国家にたいする忠誠と矛盾することを免れない。中国社会の世俗的な性格と現実的な志向は、ひとの「宇宙レベル」に向けた憧憬を減退させる。これらすべてが、孟子の価値システムを「拡充」し展開する上での実践面の困難に逢着させるのである。けれども、実践面で遭遇するこのようなさまざまな苦境は、偉大な思想や宗教（キリスト教）にもしばしば見られるもので、儒家の思想を否定する理由にはならない（Chun-chieh Huang and Kuang-ming Wu, "Homo-Cosmic Continuum: Normativity and its Difficulties in Ancient China," in Huang and Zürcher eds., *Norms and the State in China* (Leiden: E. J. Brill,1993), pp. 3-28. を参照されたい。わたしはこの書の「プロレゴメナ」でもここに述べたことを論じた）。この二〇年余り、台湾の民主化の発展は、欧米における過去何百年の民主政治の軌道の上を歩んだと言ってよく、政治領域をさまざまな階級、コミュニティ、エスニシティの利益が衝突し競合する場としてきた。政治はもはや古代中国の儒家が想像したような「道徳的なコミュニティ」ではなくなり、政治的人間は人民の道徳福祉の創造者ならぬ（政治的人間がいつも道徳の旗を掲げ、道徳的なことばを叫んでいるにもかかわらず）、利益の追求者かつ協調者となった。こうした理論の上に樹立された台湾の民主政治は「個人」と「集団」を協調不可能な敵対的存在と考えるのが一般であった。この二〇年余り、台湾社会における個人の主体意識は高度な覚醒を遂げ、これまでの中国史で個人の主体性がこうむってきた社会的な抑圧や制限に比べたとき、何ものにも代えがたい意義をもつにいたった。けれども速やかな民主化は、急成長を遂げた個人の主体意識を、あまり健全とは言えない「個人主義」の病的な状態へと意外にも導くものであった。宋代や明代の儒者のことばを借りれば、「気」が乱れて「理」の制御を離れた情況が生まれたのである。先秦儒家の「連続性」の観点は、二一世紀台湾の民主政治に潤いを与える働きをするだろう。「個人の主体性」が急激に成長する新しい時代にあって、「個人」と「社会」の対立を静めることは、二一世紀台湾で経済が発展する過程において、ひととひと、ひとと自然の間で生まれる疎外感を低減させることにもつながることは注目してよい。「儒家伝統と二一世紀台湾の展望」（黄俊傑『戦後台湾の転換とその展望』一六五〜一八八頁）という前文も参照されたい。

【第四章】

中国文化を創造するさいの参照システム（Ⅰ）

——徐復観の西洋近代文化評論

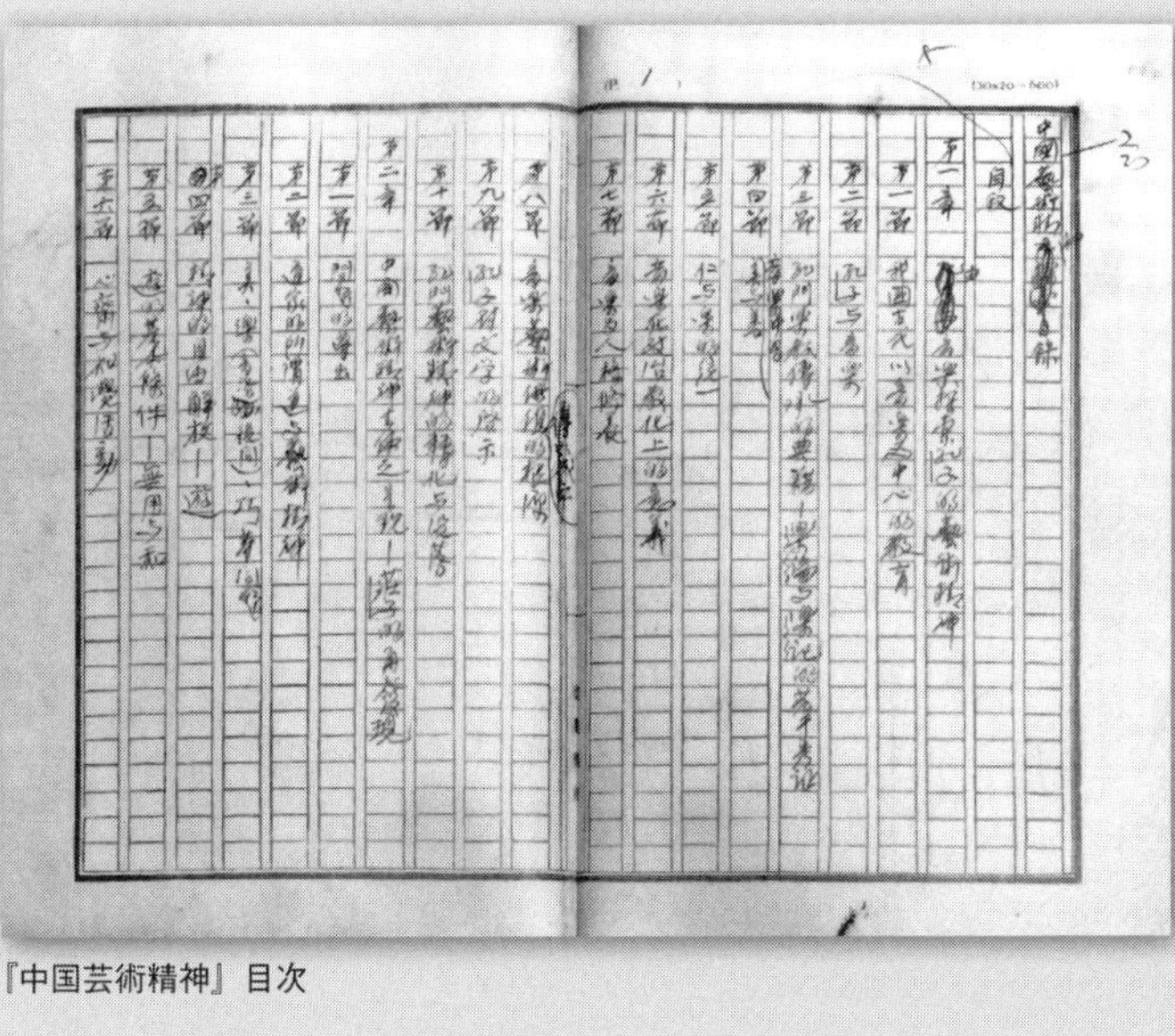

『中国芸術精神』目次

一　はじめに

世界史が一九世紀に入ってから、西洋列強が軍事技術の優位によって東アジアの各国に侵略し、西洋の文化と思想が東アジアの海岸線にはげしく押し寄せ、東アジアの各国は近代史の疾風怒濤のなかに巻きこまれた。唐君毅《とうくんき》は言っている。「中国のここ百年来の文化問題は、西洋文化の中国にたいする衝撃として説明できる」(1)。梁漱溟《りょうそうめい》も一九三三年の時点ですでにこう断定していた。「中国の失敗が文化の失敗であるのは当然である。西洋の勝利が文化の勝利であるのも当然である」(2)。いずれも、眼光鋭く、ことの本質を突いている。二〇世紀の儒者である唐君毅、徐復観、牟宗三《ぼうそうさん》などは、中国儒教史において西洋の文化と思想に真正面からぶつかった代表的な人物である。徐復観は西洋言語につうじておらず、日本語の翻訳によって西洋の文化と思想に触れた。その自伝によれば、一九三〇～三一年、二七～二八歳のとき、日本に留学し、マルクスや西洋の哲学、政治学、経済学の書物を読んだ［「わたしの読書生活」、XC 1980: 311-319］。一九四九年に台湾に移った後は、毎年、日本語訳の西洋人文関係書を購入し［「人文方面での二つの障害――李霖燦《りりんさん》先生の文章を例に」『中華雑誌』、WC 1991: 196-205］、その二〇年間、断続的に西洋の社会思想の書物を読み、日本語訳の西洋著述から政治学の秘密を知ろうとし［「西洋文化は負の遺産にあらず」、ZW 3 1980: 59-66, 61, 65］、また「世界文化という背景のもとで中国文化を議論したいと思った」［「現代芸術の帰趨――劉国松先生に答える」、LZ 1982: 74］。二〇世紀中国の儒者が中国の文化問題を分析するさいの重要な参照システムが西洋の文化と思想であったことは疑いない。

けれども注意すべきは、二〇世紀中国の新儒家たちが、西洋の文化や思想を評論することを手段にして、中国文化の特徴を理解する一助としたことだ。徐による西洋の文化と思想評論もそうであった。かれを含む二〇世紀の新儒家は、リクール（Paul Ricoeur, 1913-2005）〔一九一三〜二〇〇五、フランスの哲学者、解釈学とテキスト理論を発展させた〕が語ったように[3]、「他者の理解」によって「自己の理解」を成し遂げたのである。

本章の第二節は、近代西洋の文化と思想にかんする徐の評論を取り上げる。それらはおもに、西洋近代の文化が人類愛を欠き、反理性主義的な傾向を強くもっていることを問題にしている。第三節は、徐の西洋文化評論を、日中の知識人による西洋文化にたいする意見と比べて、それらの異同を明らかにする。第四節は、徐の意見を、かれと同じ時代の銭穆、唐君毅と比べて、「現代新儒家」と呼ばれる学術グループの同一性と異質性を考えてみる。第五節はこれら各節をまとめて、結論を提出する。

二　徐復観の西洋近代文化と思想への批判

徐復観は生涯にわたり著作に励み、論敵は多く、悲劇の時代に形づくられた発憤の心のまま、「当事者」[4]の身分で時代の激流にあって、発憤の心情をもって著作し、多くの学術的な作品のほかに、瞠目すべき文化評論的なエッセイを残した。こうしたエッセイは渾身の力作で、活力がみなぎり、しかもその関心の広さ、視野の大きさ、見識の深さにおいて際立っている。徐復観は日本の文化・社会・政治にかんする評論のほかに(5)、西洋近代の文化や思想の長短と優劣を幅広く論じている。これらはつぎの二つに類別できる。

(1)西洋近代文化は人類愛を欠いた文化である。徐復観は、西洋の現代文化が技術化された、官能化された文化であったために、人類愛を欠いた文化精神が形づくられたと考えた。かれは書いている。

現代文化の精神的な特徴は、積極的な面で言えば、極端に技術化された文化と呼んでいいだろう。技術の成果のほかは学問とは認められない。他の方面では、極端に官能化された文化と呼んでいいだろう。官能を享受するほかに、人生はないのだ。この二つの点は、じつはことがらの両面である。技術によって官能を満足させ、官能によって技術を推進する。けれども、消極的な面から言えば、この現代文化の精神的な特徴は、人類愛のない文化精神の時代と呼んでいいだろう。［「西洋文化の再評価」、WC 1991: 27］

徐はさらにこう述べる。「この三〇〇年の世界文化はじつは西洋文化であって、西洋文化の拡張は、人類愛を欠いたままで進められたもので、また侵略のなかで進められたものである」［WC 1991: 29］。近代西洋文化は、どうして人類愛を欠いた道を切り開くことになったのか？　徐はつぎのように続ける。

一九世紀は西洋文化の黄金時代である。しかしながら同時に外に向かって狂気のごとく植民地を獲得した時代でもある。植民地の残酷な統治方法は二〇世紀の独裁統治と比べて、勝るとも劣らないものであった。西洋近代の文化の主体はブルジョアジーだが、かれらは労働大衆と連合して王権、貴族、僧侶階級に勝利してから、すぐにみずからの痛苦の体験を忘れ、労働大衆を劣ったひとびとと見て、かれらはブルジョアジーの利益のために存在するのであって、政治面でも平等を語る権利などないと考えた。（中略）この闘争は、二〇世紀初頭になって、ようやく解決のメドをつかむことができた。［「反全体主義と反植民地主義」、ZW 3 1980: 214-224］

西洋近代文化の主体はブルジョアジーであるが、かれらの私利私欲はプロレタリアートや第三世界の国家を搾取し、近代史における反ブルジョアジー、反植民地主義の運動を引き起こした。徐復観はそう考えた。西洋近代史の視点から見れば、西洋文化そのものに負の遺産はない。西洋文化が現在のような負の遺産をもってしまったのは、徐によれば、西洋文化が国家の政治意識によって形づくられたからである。「西洋の国家の政治意識」とは、「西洋のひとびとがみずからの国家利益のためにおこなった植民地主義、すなわち植民地主義の影響下に形づくられた人種優越感の意識」〔「西洋文化は負の遺産にあらず」、ZW 3 1980: 60〕であり、したがって、西洋近代の文化とは、非西洋世界を圧迫する覇道文化である[6]。

(2)西洋近代の文化は反理性主義の文化である。西洋近代の文化は道徳的な自覚を欠いているがゆえに、原始的な生命力の発散を放置したため、反理性主義へと変化してしまった。徐復観はこう述べている〔「破壊された象徴――現代美術へのコメント」、WC 1991: 265〕。

> 現在、科学と資本主義が結びついて、機械と実利を中心とする巨大な世界が現出した。原始的な生命の衝動は、こうした外の世界の衝撃と契機によって、その範囲を拡大し、その気力を充実させたため、知性の光は、原始的な生命の衝動を前にしては、まったく顔色なく、また無力であった。このときに、理性のなかの徳性の力によって、生命を転換させ、昇華させ、その衝動を力強い道徳的な実践へと変化させることができれば、人生、社会のすべては、科学が発展するにともなってさらに発展飛躍するであろう。しかしながら、西洋文化にはこの自覚が欠けていた。それで、人間の原始的な生命力は、その混沌とした姿のままに、『水滸伝』で洪大尉〔宋の仁宗皇帝のとき治安警護を担当した洪進。物語では、竜虎山の伏魔殿の封印を解き、三六の天罡星と七二の地煞星が空に飛び去った〕が伏魔殿にあった悪魔を閉じ込めた石碑を開いたとたん、黒雲が空いっぱいに飛び去ったように、知性を蹴散らして勝手な行動をとるようになっ

たのだ。西洋現代のあらゆる反合理主義の思想や、似非《エセ》科学の名によってひとの理想を否定する論理実証主義、心理行動主義、精神分析などが、こうした根源から生まれてきたのである。(7)

西洋近代の文化が人間の地位の動揺をもたらし、ひとびとを原始的な生命の盲動に従属させたのは、不健康な個人主義であって、文化の破滅を招来することは必定であると徐復観は考えたのである。

こうした思考によって、徐はアブストラクト絵画などの現代芸術に大きな反感をいだいた。モダニズム芸術家は人間の本性にある道徳理性や人文主義的な生活に徹底的に反対したと徐は考える。モダニズム芸術がさらけ出したのは、暗く、混沌たる無意識であり、それを直截に表現しようとしたのである。モダニズム芸術は人間の本性にある理性による修正や選択を拒絶した。モダニズム芸術家は人間の本性には理性があることを認めないし、伝統と現実における価値システムも認めない。そしてそれらを十把一絡げに覆そうとするのである。これが、かれらの述べる「超リアリズム」〔「現代芸術の帰趨」、LZ 1982: 97〕なのだ。

徐復観の激烈なモダニズム芸術批判と、それらには「退路が断たれており、共産党の世界に行き着くだけだ」〔LZ 1982: 78〕という断定は、一九六一年にモダニズム画家の劉国松《りゅうこくしょう》（一九三二〜）の激しい反論を引き起こし、「モダニズム絵画論戦」が巻き起こった。李淑珍《りしゅくちん》（一九六一〜）が指摘するように、政治抑圧、経済貧困、文化断層の時代にあって、伝統中国と現代西洋の異なる考えから生まれた二つの世代、二つの美学の自己主張が、この「モダニズム絵画論戦」にほかならなかった(8)。けれども、徐復観はモダニズム芸術になぜかくも激しい嫌悪をいだいたのだろうか？　この問題は熟考するに値する。かれはこう書いている。

モダニズム芸術の精神的な背景とは、研ぎ澄まされた感覚の所有者が、時代の絶望、個人の絶望を感じ取って、自我を社会から絶縁させ、自然から絶縁させ、個人の「無意識」に閉じこもり、その「リビドー」(性欲衝動)を表出させ、その孤独、暗黒を表出させたものである。これこそがモダニズム芸術を成り立たせるもっとも基本的な特徴にほかならない。〔「現代芸術の永遠性の問題」、WL 3 1971: 102〕

モダニズム芸術は個人と社会、個人と文化の有機的な連関を断ち切り、ひとを孤独な個人に変え、社会のネットワークや自然の情景から逸脱させ、「疎外」された存在に変貌させると徐は述べる。こうした考えにもとづき、ゴーゴー〔一九六〇年代の中頃、若者の間で流行した大衆舞踊〕がモダニズム芸術の格好の例として引かれるのである。

ゴーゴーは、もはやバレーではない。そこにはいかなる社交性も、社会性もない。それは偶然性の舞踊であり、反社会的な舞踊である。この反社会的な舞踊が露わにするのは、若い世代による、社会秩序を維持してゆくためのあらゆる規則への反抗であり、年長の世代への反抗である。モダニズムの文学と芸術の全体的傾向がこれであり、現代精神の全体的な傾向がこれであって、アメリカではそれがとくに顕著であるにすぎない。［「ゴーゴーからアメリカの文化問題を考える」、WL Ⅰ 1971: 213］

徐復観はゴーゴーを例に、モダニズムの文化と芸術が、反社会と反文化の産物であって、社会性を欠如していることを明らかにするのである。モダニズム芸術の表現形態であるダダイズムもやはり、個人が歴史から逸脱する表現にほかならなかった。徐はこう述べている。

この運動（ダダイズム）の由来は、個人の気質や反抗精神ともとより関係がある。なかでも重要なのは、ルネサンス以来の西洋に隠蔽されていた社会と文明の矛盾、機械文明と人文主義の対立であって、第一次世界大戦をきっかけにして、それらは顕在化した。そして一九一四〜一九一八年の世界戦争において、「文明そのものが自殺へと向かっている」という感覚をひとびとにいだかせた。現実の恐怖、動揺、苦悶のなかで方向を見失い、出口を探しあぐねた結果、意志薄弱なひとびとは、現実を破壊し、現実を生み出す歴史を破壊しない限り、出口はないと考えるにいたった。こうしてフロイトの精神分析や自然科学にまつわる冷酷な性格がさらにそ

の傾向を強めたのである。[「ダダイズムの時代記号」、WL 3 1971: 55]

モダニズム芸術にかんする徐復観の多くの言論を見ると、かれが反対したのが、モダニズム芸術の背後に隠蔽され、モダニズム芸術の基礎となった不健康な個人主義のメンタリティであったことがわかる。社会・歴史・文化から徹底的に「脱コンテキスト化」された「個人」が、現代西洋の文化や芸術における「個人」にほかならないのであって、かれらは社会のネットワークや文化の伝統と共生共存する「個人」ではなかった。じつは、西洋近代の文化や芸術にたいする徐の批判には、儒教の思想が関係している。そのことは第三節でさらに検討するだろう。

三　東アジア近代の知識世界から徐復観の西洋近代文化観を見る──福沢諭吉および胡適との比較

これまで述べてきた西洋近代文化にたいする徐復観の批評は、舌鋒鋭く、旗幟が鮮明で、二〇世紀東アジアの知識世界において一定の思想史的な意義を有する。こうした西洋近代文化への徐の批判的な意見はどのような歴史的位置を占めるだろうか。そのことを明らかにするために、近代中国や日本の知識人と徐復観を比較してみよう。

（一）近代日中知識人の西洋近代文化にたいする見かた

東アジア近代において、西洋ともっとも早く接したのは日本である。一八五三年七月（嘉永六年六月）アメリカ海軍司令官ペリー（Matthew Calbraith Perry, 1794-1858）が東インド艦隊を率いて日本の浦賀に到着し、徳川幕府に国書を提出した。この事件は日本の鎖国政策を終焉させ、日本が西洋国家と正式に国交を結ぶ始まりとなった。日本の知識人は西洋文明をきわめて高く評価し、幕末の志士、吉田松陰（一八三〇～一八五九）は一八五四（安政元）年四月二五日に、ペリーの艦隊に登り、自分の見聞を広めるために自分を海外に「密航」させてほしいとペリーに懇願した(9)。

西洋文明にたいする評論を発表した近代日本の知識人のなかで、福沢諭吉（一八五三～一九〇一）は日本近代史上もっとも大きな影響力をもった代表的な人物である。福沢は近代日本の啓蒙思想家であり、緒方洪庵に蘭学を学び、三度欧米に遊学し(10)、帰国後に「文明開化」を提唱して、自由民権と個人の独立精神を鼓吹し、加藤弘之（一八三六～一九一六）、津田真道《まみち》（一八二九～一九〇三）、中村正直（一八三二～一八九二）、西周《にしあまね》（一八二九～一八九七）などの開明的知識人と「明六社」を組織した。福沢諭吉の著作は膨大で、およそ六〇余りの書物があるが、一九世紀末に伝統から近代へと向かう日本社会に最大の影響を与えたのは、一八七二（明治五）年二月から七六（明治九）年一一月まで連載された『学問のすすめ』である(11)。このほかには、七五（明治八）年に出版された『文明論之概略』(12)も、人口に膾炙《かいしゃ》した。かれはこの本で大いに「脱亜」を提唱し、『学問のすすめ』とならんで、近代日本を啓蒙するうえで同書は重大なはたらきをしたのである。

福沢諭吉は『文明論之概略』第二章で、はっきりと東洋国家は「西洋の文明を目的とする事」が必要だと述べた。かれはこう書いている。

今《いま》、世界の文明を論ずるに、欧羅巴《ヨーロッパ》諸国並に亜米利加《アメリカ》の合衆国を以て最上の文明国と為《な》し、土耳古《トルコ》、支那、日本等、亜細亜《アジア》の諸国を以て半開《はんかい》の国と称し、阿非利加《アフリカ》及び墺太利亜《オーストラリア》を目して野《や》蛮《ばん》の国といい、（中略）あるいは彼に学《まなび》てこれに倣《なら》わんとし、あるいは自《みず》から勉《つとめ》てこれに対立せんとし、亜細亜諸国に於て、識者終身の憂はただこの一事にあるが如し。(13)

文明の進歩には段階があり、野蛮から半開をへて文明へと順序階梯を踏むべきで、飛び越えることはできない。半開の文明段階にある中国と日本は、文明段階の欧米を目標として努力すべきなのである。

福沢は欧米文明を評価すること高く、アジアの国家は西洋文明を範とせねばならぬと呼びかけたが、全面的に西欧化してはならないことも強く説いて、西洋文化を土着の社会や文化の状況と調和させるべきだと言った。

文明には外に見《あら》わるる事物と内に存する精神と二様の区別あり。外の文明はこれを取るに易《やす》く、内の文明はこれを求《もとむ》るに難し。国の文明を謀《はか》るには、その難《なん》を先にして易《い》を後にし、難《かた》きものを得るの度《ど》に従《したが》てよくその深浅を測り、乃《すなわ》ちこれに易《やす》きものを施して、正《ただ》しくその深浅の度に適せしめざるべからず。（中略）そもそも外に見《あら》わるる文明の事物とは、衣服、飲食、器械、住居より、政令、法律等に至るまで、都《すべ》て耳目以《も》て聞見すべきものをいうなり。今この外形の事物のみを以て文明とせば、固《もと》より国の人心風俗に従《したが》て取捨《しゅしゃ》なかるべからず。西洋各《おのおの》国境を接するの地といえども、その趣《おもむき》必ずしも比隣《ひりん》一様ならず、いわんや東西隔遠なる亜細亜《アジア》諸邦に於て、悉皆《しっかい》西洋の風に倣《なら》うべけんや。(14)

西洋文化を学習するさい、西洋の物質制度などの外在的な事物を学習する前に、その精神価値などの内在的な側面を学ぶべきだし、西洋文化を自国の条件に適応させるべきだと福沢は主張した。福沢は「調和的な西洋化論者」と名づけることができる。

東アジアにおける近代的知識人の先駆である福沢諭吉と比べれば、中国の知識世界が東西文明の問題に触れた始まりはやや遅く、およそ一八六五年に洋務運動という自強運動が始まってから、一九二〇年代になってやっと、中国知識人は真剣にこの問題を考えるようになった。かれらの意見の系譜は中国本位文化論から全面的西欧化論にいたるまで、大きな違いがあり、多種多様であった(15)。一九二〇年三月に梁啓超《りょうけいちょう》（字は卓如、号は任公、一八七三〜一九二九）が西洋を訪問し、第一次世界大戦前後の西洋思想の矛盾を目の当たりにし、西洋のひとびとの悲観的な思想の雰囲気に触れて、新しい文明を再建する方途を思索した。梁啓超は呼びかける。「西洋文明によってわが文明を補い、またわが文明によって西洋文明を補い、それらを融合して新しい文明を作り出そう」(16)。ついで、梁漱溟(一八九三～一九八八)が一九二一年に『東西文明およびその哲学』を出版し、世界文化を三つのタイプに分類した。

(1)西洋の生活は直覚によって理智を運用するものである。
(2)中国の生活は理智によって直覚を運用するものである。
(3)インドの生活は理智によって現量を運用するものである。(17)

梁漱溟は中国人が、中国・西洋・インドの三つの文化から採るべきものを選択して、インド文化を排除し、西洋文化は改造のうえ受け入れ、中国文化は批判的に受け継ぐべきだとした。梁啓超と梁漱溟の中西文化観は、一九二〇年代の中西文化論争を切り開くものであった。

二〇年代のさまざまな中西文化の議論にあって、胡適《こてき》(適之、一八九一～一九六二)が一九二六年六月六日に発表した「われわれの西洋文明にたいする態度」は、二〇世紀中国の西欧派の代表作であり、徐復観の言論が標的とした対象でもあって、とくに重視すべきものと言える。胡適はまず西洋の近代文明の物質面での達成について述べる。

西洋の近代文明の特徴は、こうした物質的なものを享受することが重要であることを十分に認める点である。西洋の近代文明は、卑見によれば、三つの基本的なイデーのうえに立てられるものである。

第一、人生の目的は幸福を求めることである。

第二、したがって貧窮は一種の罪悪である。

第三、したがって衰退疾病は一種の罪悪である。(18)


胡適はさらに西洋の近代文明の物質的な成果には精神的な裏づけがあったことを強調する。かれは述べている。

近世文明は宗教から着手しないことで、結果として新しい宗教となった。道徳から着手しないことで、結果として新しい道徳となった。（中略）工業革命が続いて起こり、生産スタイルが根底から変わり、生産能力がさらに発達した。二〇〇～三〇〇年の間、物質的なものの享受がしだいに増加し、人類の共感の心もしだいに拡大した。こうして拡大した共感の心こそが新しい宗教、新しい道徳を基礎づけるものとなった。自我は自由を争いとると同時に、他者の自由にも配慮しなければならない。だから、自由とは他者の自由を侵害しないことによって定義されるばかりか、さらに進んで絶対多数の自由を要求される。自我は幸福を享受せねばならないと同時に、ひとの幸福にも配慮しなければならない、そこで功利主義（Utilitarianism）の哲学者が

「最大多数の最大幸福」という基準を提出して人類社会の目標としたのである。これらはすべて「社会化」の流れであった。

一八世紀の新しい宗教の信条とは自由、平等、博愛である。一九世紀半ば以後の新しい宗教の信条とは社会主義である。西洋近代の精神文明はこれであり、東方の民族はこのような精神文明をいまだかつて持ったことがなかった。(19)

胡適の西洋近代文明にかんする議論は、それが「人生の幸福」という基礎の上に打ち立てられ、物質的であるとともに精神的な成果をもち、理智的であるとともに新しい宗教、新しい道徳でもあって、最大多数の最大幸福を追求した、というものである。胡適の結論はこうだ。「東方文明の最大の特徴は足るを知ることだ。西洋の近代文明の特色は足らざるを知ることだ」(20)。胡適によれば、中国文化は理想を根拠なく語り、中国社会の罪悪に対処できなかった。胡適は生涯にわたり中国社会が経験した纏足という現象を痛烈に批判した。纏足という風俗の原因を中国文化(とくに新儒教)に求めたことは、徐復観の強烈な非難を引き起こした[「中国人の恥、東洋人の恥」、XJ 1981: 380]。(21)

以上をまとめれば、近代東アジアの知識世界の西洋文明への対応、態度はさまざまであったが、日本の啓蒙思想家、福沢諭吉と一九二〇年代の梁啓超、梁漱溟、胡適は、それぞれの立場は異なるが、すべて「中国/西洋」という両極の系譜のなかで東西文化問題を思考した。西欧派の胡適は、中国と西洋の対照というコンテキストにおいて、とくに西洋の近代文明が精神と物質を兼備して優位に立つことに注目し、東方のひとびとにもそれを学ぶことを求めたのである。

（二）徐復観が西洋近代文明を批判する言論のなかの中国文化の要因

以上のような東アジア近代の知識世界を考慮すれば、一九六〇年代の台湾で徐復観が西洋近代の文化や芸術を激しく批判したのには、その裏づけがあったことが分かる。彼が受け継いだのは五四運動以後の東アジアの知識世界における「中国／西洋」の二元的思考という問題の立て方であった。

多くの中西文化にかんする論述のなかで、徐は中国文化と西洋文化を対立した両極と考えるのを常としていた。かれは書いている［「復性と復古」、WL 2 1971: 9-10］。

中国の仁の文化は、現実に実現すれば、融合して通じ合い安定化の働きをする。その弊害は沈滞、腐乱して、堕落へと退行し、その本性を失うことである。これが現在の際限なく堕落したひとびとにたいして中国文化が負うべき責任である。西洋文化は、それを現実に実現すれば、追求し、征服して、前へと推進する働きをする。その弊害は、先鋭化し、飛翔して、爆発にいたることである。そして人類のさまざまな努力は人類の自滅を誘発するに足る。これが現在の世界文化の危機である。だから、中国人の立場からすれば、一方で西洋文化を受け入れ、仁という文化を支持するような物質的な条件をつくりだすべきである。他方では、自己の文化に敬虔な態度を採って、自己の本性を啓発し、回復して、自己をあるべき自己たらしめることである。(22)

徐復観がこのような意見を発表したのは一九五〇年九月一日刊行の『民主評論』第二巻第五期においてだった。一九七〇年一一月二四日に、それを校訂し後記を書いたさい、「この文章は筆者が文化にかんして模索を始めたころのひとつの方向を示している」［WL 2 1971: 10］と記したが、中国と西洋の対比のやりかたはその後も大きな変更はなかった。

ひとりの「文化ナショナリスト」「伝統の革新主義者」として、かれは近代の西洋文化を批判するために中国文化の思想的な要素をもちいた。それは、かれの理解するところの中国の人文主義精神だった。中国の学問は西周王朝の初めから清代の初めまで、知識を重視する一面がありはしたが、長きにわたる伝統文化の中心はやはりひとのひとたる道理を追求することであり、ひととひとの間に、どうやって調和と共存をつくりあげ、みずからそれを実践してゆくかであった［「中国史における運命の挫折」、SX 1959（1975）: 261］。中国文化の人文主義の伝統では、ひととひと、ひとと自然、ひとと超自然の間は疎遠で敵対的なものではなかった。中国文化と西洋文化のもっとも大きな違いの基本は、前者の文化の根底には主客の対立や、個性と集団の対立がなく、「自我を実現すること」と「ものを実現すること」が融合してひとつになっている［YS 1966（1967）: 132］と徐が述べたのは、そのためである。

中国の人文主義にもとづきながら、西洋の現代文化には二つの弊害があると徐復観は言う。第一は、機械の力によって、個人がさまざまな集団に結合されるが、いかなる個人もその所属する集団や社会の全体から完全に離れることができないことである。第二は、科学技術の発展によってひとびとの生活スタイルが急速に変貌し、伝統に反対するメンタリティを形づくったことである［WL 1971: 213］。ひとが社会や文化の伝統から逸脱する以上、西洋の近代文化は人類愛のない文化であると徐は断定した［WC 1991: 27］。そして、モダニズム美術は「破壊された象徴」［WC 1971: 265］であって、西洋の「アブストラクト芸術は伝統に反対するのみならず、社会と一切のものに反対する」［LZ 1982: 79］と批判したのであった。

四　徐復観と二〇世紀中国の新儒家による西洋近代文化論——唐君毅と牟宗三との比較

徐復観の西洋近代文化にかんする評論は、同時代の儒家の見かたと、同じ点もあれば違う点もある。同じ点は現代儒家の同一性を示すものだし、違う点は徐復観のユニークな思想のすがたを明らかにする。

（一）同一性

現代儒家である徐復観、唐君毅、牟宗三たちは、問題を論じ文化を論評するさい、「反実証主義的な思考モデル」(23)によって考えをすすめるのを常とする。ひとつの文化思潮として、現代の新儒家は中国文化の未来に深い危機意識をもっていた。ひとつの方法論として、かれらは乾隆・嘉慶の考証学や「科学主義」のメンタリティに厳しい批判を加えた(24)。

現代儒家の西洋近代文化にたいする共通した意見は、唐、牟、徐らと張君勱《ちょうくんばい》が一九五八年に発表した「中国文化と世界――中国文化のために世界の人士に告げる宣言」という長文にほかならない。この文章は一方では近代西洋のメンタリティが神を崇拝し普遍的な理性の精神を受け入れていることを肯定する。しかし他方では、近代西洋文化が惹起する衝突を指摘している。

近代西洋人のメンタリティとは、一方で唯一の神がもつ無限の神聖を受け入れるが、他方で普遍的な理性にもとづいて、自然世界を認識する。ここから一転してルネサンスにいたって、ひとがみずからを自覚すると、これら二つは一緒になって個々人の人格の尊重となり、精神上の自由を求める要求となった。ここから宗教改革が要請され、民族国家が樹立されるようになり、さらに自由に理性を働かせることが求められて、啓蒙運動を生み出すのである。多くの場面で、自然や人類社会の歴史を了解することが望まれ、さらに自然の知識にもとづき自然を改造することや、人類社会の政治文化の理想にもとづいて人間を改造することが望まれた。こうして、政治上の自由と民主や、経済上の自由と公正、社会上の博愛などの理想が生まれたのである。(中略)

けれども、近代西洋文化はその飛躍的な発展プロセスのなかで、さまざまな衝突、さまざまな問題を惹起していた。宗教改革から生まれた宗教戦争、民族国家の分断から生まれた民族国家同士の戦争、産業革命による資本主義社会での労使対立、外に向かって資源を争奪し、植民地を開発し、弱小民族を圧迫する帝国主義的な行動、植民地の争奪から生まれた帝国主義同士の戦争、経済的な平等を実現するための共産主義の理想がソヴェト・ロシアの全体主義をもたらし、現在における全体主義対西洋民主主義の対立を生んだことなどがそれである。(25)

二〇世紀の儒学者による文化問題の分析は、中国文化と西洋文化をそれぞれの系譜の両極と考えるものだが、これは一九二〇年代の中西文化論争（一九一五～一七年）において中国の知識層が文化問題を考えるさいの思考スタイルだった。中国と西洋の二元的対立というこうした文化観のもと、徐や同時代の儒学者たちは西洋文化が闘争や衝突を基調とすることに注目した。日中戦争期に銭穆《せんぼく》は『国史大綱』を書き、その「はじめに」で、中国と西洋の歴史を対比し、中国の民族文化は「平和」に展開したが、西洋史の精神は「闘争」に表れていることを強調した。中国史は一編の詩のごとく、西洋史は一編のドラマのごとく、西洋史がすばらしい硬式テニスの何試合であるとすれば、中国史は悠揚迫らぬ琴の音であった(26)。銭穆はさらに中国文化を「内向型」に、西洋文化を「外向型」に分類し、中国文化を「ひとの本性を追求する」文化、西洋文化を「物質を極める」文化とした(27)。かれは西洋文化の特徴をつぎのように概観している。

近代西洋文化は、個人の自由を重んじるとともに、自然科学を提唱する。しかし、他方でキリスト教の博愛の教義を放棄することもできない。そしてこの三つのなかで、どれかひとつによって統合することを提唱するわけでもない。この点に近代西洋文化の欠陥がある。こうして、宗教と科学が二分されたまま並存並走する流れが生まれた。その相互のさまざまな衝突、さまざまな矛盾を調和することはむずかしく、融和もむずかしい。これが近代西洋文化の内部にある大きな苦しみなのである。(28)

銭穆によって強調されたのは、西洋近代文化の衝突、矛盾、欠陥であった。

銭穆のほかに、唐君毅も多くの著作のなかで中国と西洋の二元論の思想枠組みのなかで西洋文化を批評した。かれは西洋文化の起源が多元的であるから、文化の衝突が多く、中国文化は一元的であるから、文化の衝突が少ないとした。西洋文化は上に向かい外に向かう超越精神だが、中国文化に上へ向かう精神は顕著ではなく、抽象的な分析をこととする理性の活動を欠き、個人の自由なイデーが薄弱である(29)。唐はさらに、近現代の西洋文化や思想は、いつも現実の力と結びついてきたと述べる。かれは書いている。

西洋近代で思想が萌芽した初めは、ルネサンス時代の思想である。当時、ひとびとのおおくは各民族の言語を話し、民族の思想をもっていた。ルネサンス時代の民族思想は、異なる民族の国家建設の要求を調節して、近代の民族国家ができた。こうした近代の国家は、中世のローマ帝国ではない。ローマ帝国時代の国家イデーは、近代の民族国家のそれではなく、あの時代にそんな国家は存在しなかった。ついで西洋は一八〜一九世紀以後、人権運動を生み、自由を語り、政治面では議会制政治、民主政治を語った。こうした思想がついには近代の議会、近代の政党組織などになった。さらに西洋工業革命以後は、財産の分配問題から社会主義思想が生まれ、近代の社会主義運動、労働者運動が生じた。これら三つの西洋近代の思想は、すぐさま現実の政治的・経済的・社会的な力へと変化した。(30)

西洋近代文化における理性主義、理想主義、人文主義はしだいに色あせ、リアリズムや自然主義の弊害がますます顕著となり、近代西洋文化の三つの罪悪である帝国主義、極端な私人資本主義、全体主義が形づくられたと唐君毅は強調した(31)。

以上からわかるとおり、西洋近代文化は現実の力と結びついたがゆえに、帝国主義などの罪悪を生み出したと唐君毅は考えた。これは、西洋近代文化が西洋人の国家意識によって表現されるがゆえに、人類愛を欠いた文化であるという徐復観の見かたと同じであり、同一の意見を異なるスタイルで述べたものにほかならない。

（二）異質性

西洋近代文化にかんする徐復観の議論が、同時代の儒学者と異質なのは、ひとという存在の社会・

経済・政治上のネットワークに注目して、西洋近代文化の「非人間性」、人類愛の欠如を批判するのが徐復観なら、唐君毅の方は、近代西洋文化に概念分析を加える傾向をもつ点である。ふたりの対照とは、ある意味では原始儒教と新儒教の対照であり、「ラディカル儒家」と「超越的儒家」の対照でもある(32)。

徐復観の文章の鋭さや明晰さは、その文章のニュアンスが唐君毅の温和懇切さとあざやかな構成上の対比をなしている(33)。徐は、近代世界史の社会・政治・経済のコンテキストから、近代西洋文化の弊害を明らかにし、西洋文化はひとびとの国家意識によってゆがめられ、他者や他国を弾圧する道具となったことを明らかにした。近代世界史におけるアジア・ラテンアメリカ・アフリカの人民の苦悩や血涙を目の当たりにして、西洋近代文化には人類愛が欠けていることを指摘できた。かれの思想におけるひとは複雑な政治経済ネットワークに絡めとられていて、一九六〇年代の実存主義作家が描いた孤独な「個人」のように、社会関係や歴史文化の伝統からはじき出されてはいなかった。こうした人性論によって、かれはモダニズム芸術を痛罵し、近代西洋のアブストラクト絵画が「反合理主義」(すなわち「反理性主義」)であることを指弾できた。

「ひと」を「コンテキストにおけるひと」と考え、「脱コンテキスト化」された「ひと」と考えなかった点に、ひとの本性の多様性にたいする徐復観の深い認識を見て取れる(34)。この点がかれを同時代の儒学者から区別する。両者の対照を説明するもっとも啓発的な例は、徐復観が創出した「憂患意識」という概念である。紀元前一一世紀の周王朝による殷王朝の革命以後、周公や周王朝の統治者が直面した政治的現実や、そこから生じた警戒心を手がかりに、周代の初めの「憂患意識」の形成やその具体的な歴史背景を徐は解き明かした［RX 1963（1969）: 20-21］。けれども、その「憂患意識」は牟宗三の言説になると、現実の政治とは没交渉の哲学概念となり、インドの「苦業意識」やキリスト教の「恐怖意識」と対照された(35)。西洋文化の弊害の語りかたは、唐君毅のそれともあざやかな対照をなしている。原始儒教、とりわけ孔子（前五五一～前四七九）、孟子（前三七一～前二八九）から思想の霊感をくみとりながら、徐は人類の自由と解放を注視し、二〇世紀中国の左派および右派の専制政権を批判し(36)、近代西洋文化のアジア人民にたいする抑圧をさらに批判した。

五　結論

二〇世紀の中国儒学者が関心をよせた核心的問題のひとつは、中国と西洋の文化が相互関係するコンテキストにあって、中国文化の内容と価値をもう一度解釈し宣揚するにはどうしたらよいかということだった。徐による西洋近代の文化・思想・芸術にたいする批判は、中国文化（とくに儒教の価値）がその背景にあり、またかれが中国文化の特徴を顕彰するアプローチともなっている。

西洋近代文化は「機械の支配」によって「ひとの支配」に取って替わったもので、文化の虚無主義にほかならないと徐は述べる［「危機の世紀の虚無主義」、WL I 1971: 33-37.「桜の季節に君に再会する」、WL

2 1971: 17-21］。その特徴はひとの地位が動揺して「非人間」的な性格を現出したことだ［「現代芸術の自然への叛逆」、WL 4 1971: 249-252］。西洋のモダニズム芸術やモダニズム詩は、「ひとの本性なき生命」の表現であり、「孤独」と「恐怖」の表現である［「非人間的な芸術と文学」、WL 4 1971: 249-252］。第二節で整理したように、西洋近代文化の最大の弊害は人類愛の欠如にあり、「非人間」的な、反理性主義的な性格を現出させて虚無の深淵を覗かせたことにある。

徐復観を二〇世紀東アジアの知のコンテキストに置けば、五四運動以来の中国知識世界が中国と西洋を二分して考えたやりかたを徐が受け継いでいることがわかる。ただし、福沢諭吉のような「穏健な西欧派」にも、胡適のような「ラディカルな西欧派」にも、徐は批判の矢を放った。中国儒教の人性の世界にどっぷりと浸かって、徐は先秦儒教から思想の糧をくみとり、ひととひと、ひとと社会、ひとと自然の共生共感、共生共存の世界を肯定し憧憬した。個人は歴史と伝統によって形づくられ、新しい文化伝統を創造するというのが、徐の思想世界である。個人と伝統の間は連続しており断絶はない。こうした思想の立場に立って、徐は西洋近代文化、とくにモダニズム芸術を猛然と批判したのである。

徐の西洋近代文化への攻撃は、その鋭敏な現実感に由来する。同時代の儒学者と比べて、具体的な社会・経済・政治のコンテキストから中国と西洋の文化問題を考えるのが徐であり、西洋文化と思想をひとつの概念、ひとつのカテゴリーと見るため、「脱コンテキスト化」に傾くのが唐君毅である。両者の対照は明らかであろう。

【注】

（1）唐君毅『中国文化の精神価値』『唐君毅全集』（台北：台湾学生書局、一九九一年）巻四、四八三頁。
（2）梁漱溟『中国民族自救運動の最後の覚悟』（台北影印本、一九七一年、出版社不明）八六頁。
（3）Paul Ricoeur 著、林宏濤訳『解釈の衝突』（台北：桂冠図書公司、一九九五年）一四～一五頁。〔ポール・リクール著、久米博訳『解釈の革新』白水社、一九七八年〕
（4）牟宗三はかつてこう述べた。「徐復観は『当事者』の身分だが、わたしは『傍観者』にすぎず、事件に参与することはない」。牟宗三「徐復観先生の学術思想」『徐復観学術思想国際シンポジウム論文集』（台中：東海大学、一九九二年一一月）一～一四頁。
（5）本書第五章を参照。
（6）一九二四年一一月二八日、孫文は神戸での演説で「大アジア主義」を提唱した。孫文によれば、「大アジア主義」は「東方文化と西方文化の比較や衝突の問題」に鑑みて提唱された。「東方の文化は王道であり、西方の文化は覇道である。王道を唱えるのは仁義道徳を主張することで、覇道を唱えるのは功利強権を主張することだ。仁義道徳を語ることは、正義公理によってひとを感化することであり、功利強権を語ることは、鉄砲や大砲でひとを圧迫することである」。孫文「神戸商業会議所等の団体にたいする演説」『孫中山全集』（北京：中華書局、一九八六年）第一一巻、四〇一～四〇九頁。引用文は四〇七頁。徐復観の西洋近代文化にかんする見かたは、孫文と相通ずるものがある。わたしは最近、孫文の唱えた「王道文化」について以下で検討した。黄俊傑『思想史の視野のなかの東アジア』（台北：台大出版中心、二〇一六年）一六一～二〇二頁。
（7）徐復観「破壊された象徴――現代美術へのコメント」〔WC 1991〕。引用文は二六五頁。徐復観が使う「合理主義」ということばは“rationalism”の日本語訳で、中国語の「理性主義」に当たる。
（8）李淑珍「徐復観の現代芸術論――台湾文化生態と儒家人性論の二つのコンテキストから考える」李維武編『徐復観と中国文化』（武漢：湖北人民出版社、一九九七年）五四四～五八四頁。
（9）陶徳民「ペリーの旗艦に登った松陰の『時間』に迫る――ポゥハタン号の航海日誌に見た下田密航関連記事について」『東アジア文化交渉研究』第二号（大阪：関西大学文化交渉学教育研究拠点、二〇〇九年）四〇三～四一二頁。
（10）福沢諭吉著、馬斌訳『福沢諭吉自伝』（北京：商務印書館、一九九五年）八九～一一八頁、一四〇～一四八頁。
（11）福沢諭吉著、群力訳『勧学篇（学問のすすめ）』（北京：商務印書館、一九九六年)。

(12) 福沢諭吉『文明論之概略』(東京：岩波書店、一九九七年)。中国語訳は、北京編訳社訳『文明論概略』(北京：商務印書館、一九九五年)。〔ここでは『文明論之概略』の底本に、福沢諭吉著、松沢弘陽校注『文明論之概略』岩波文庫、一九九五年を用いた〕

(13) 福沢諭吉『文明論概略』九頁。

(14) 同右、二頁。

(15) 中国本位文化論にかんするさまざまな意見については、『中国本位文化討論集』(台北：帕米爾書店、一九八〇年影印〔一九三五年〕上海文化建設月刊出版『中国本位文化建設討論集』)。一九二〇年の中西文化論戦の初歩的考察は、黄志輝『わが国の近現代の交替期における中西文化論戦』(広州：広東高等教育出版社、一九九二年)。

(16) 梁啓超『飲冰室合集』(上海：中華書局、一九三六年)第五冊「欧遊心影録」。引用文は三五頁。

(17) 梁漱溟『東西文化およびその哲学』(上海：商務印書館、一九三五年)。

(18) 胡適「われわれの西洋近代文明にたいする態度」『胡適文存』(台北：遠東図書公司、一九六一年)第三集巻一。引用文は四頁。

(19) 同右、引用文は一〇頁。

(20) 同右、一三頁。

(21) 徐復観「中国人の恥辱、東方人の恥辱」[XJ 1981]。とくにその三八〇頁。本書第二章の一一六～一一七頁も参照。

(22) 徐復観「復性と復古」〔WL 2 1971〕。引用文は九～一〇頁。本書第二章の一二四～一二九頁も参照。

(23) Hao Chang, "New Confucianism and the Intellectual Crisis of Contem-porary China," in Charlotte Furth ed., *The Limits of Change : Essays on Conservative Alternatives in Republican China* (Cambridge, Mass.: Harvard University Press, 1976), pp. 276-304. 張灝『幽暗意識と民主伝統』(台北：聯経出版公司、一九八九年)七九～一一六頁。

(24) 鄭家棟『現代新儒家概論』(南寧：広西人民出版社、一九九〇年)上篇、三～一二頁。

(25) 『民主評論』第九巻第一期(一九五八年)、『唐君毅全集』巻二、四八～六三頁。引用文は四九～五〇頁。

(26) 銭穆『国史大綱』『銭賓四先生全集』(台北：聯経出版公司、一九九八年)第二七冊「引論」、三四～三五頁。

(27) 銭穆『中国学術思想史論叢(四)』『銭賓四先生全集』第一九冊、四〇二頁。銭は『中国学術思想史論叢(九)』『銭賓四先生全集』第二三冊、七八～八二頁、『中国史学発微』『銭賓四先生全集』第三二冊、一八八～一九一頁でも同様の見かたを示している。

(28) 銭穆『孔子と論語』『銭賓四先生全集』第四冊、四〇〇頁。

(29) 唐君毅『中国文化の精神価値』『唐君毅全集』巻四。とくにその一三〜一五頁、二八〜二九頁。

(30) 唐君毅『中華人文と現代世界』（下冊）『唐君毅全集』巻八。引用文は一一頁。

(31) 唐君毅『人文精神の再建』『唐君毅全集』巻五、一六三頁。

(32)「ラディカル儒家」と「超越的儒家」は陳昭瑛による造語。陳昭瑛「ひとつの時代の始まり——ラディカル儒家、徐復観先生」〔WC 1991: 368, 361-373〕。

(33) 徐復観の友人、王新衡はこう述べる。「唐君毅が書いた晦渋で無味乾燥なテーマを、火のような情熱に満ちた檄文に書き直した」〔RJZZ 1979 (1980): 43〕。

(34) 李翔海「徐復観の中西文化観述評」李維武編『徐復観と中国文化』一三八〜一五七頁。

(35) 牟宗三『中国哲学の特質』（台北：台湾学生書局、一九六三年〔一九七六年〕）一一〜一三頁。

(36) 徐復観の政治思想については、何信全『儒学と現代民主——現代新儒家の政治哲学研究』（台北：中研院文哲所、一九九六年）第六章。Honghe Liu, *Confucianism in the Eyes of a Confucian Liberal: Hsu Fu-Kuan's Critical Examination of the Confucian Political Tradition* (New York: Peter Lang Publishing, Inc., 2001). 肖浜『伝統中国と自由理念——徐復観思想研究』（広州：広東人民出版社、一九九九年）。

【第五章】

中国文化を創造するさいの参照システム（Ⅱ）

——徐復観の日本政治・社会・文化評論

抗日戦争期、南京市保衛団にて（右から４人目が徐復観）

一　はじめに

徐復観が中国文化の創造を考えるさい、日本文化はかれのもうひとつの参照システムである。かれの生涯は日本と深い関係があり、青年期（一九三〇～三一、二七～二八歳）に日本に留学し、はじめ明治大学経済学部で学び、のち陸軍士官学校にて軍事を学び、民国二〇（一九三一）年日中間に満洲事変が勃発すると、日本の中国侵略に抗議して投獄され退学、帰国した。戦後の一九五〇年、一九五一年（三月から九月）(1)と一九六〇年（四月から七月）、かれは日本を再訪し、日本の各方面についての大量の評論を書き、日本の社会、政治、文化、思想などの問題に幅広く言及した。現代儒家の思想家のなかで、徐のユニークさは際立っていた。

ここでは二つの視点から日本の政治と文化についてのかれの評論を取り上げる。まず、かれの儒教の思想的立場がどのようにその日本にかんする評論に影響したかを論じよう。つぎに、その日本にかんする評論を、当時のメディアでの関連する評論と比べてみて、徐の発言の歴史的な位置を定めよう。本章の第二節では、まず二〇世紀初頭の日中間の思想交流と青年徐復観の日本留学をめぐる歴史的背景を振り返る。第三節は、戦後日本の政治、社会、文化にかんするかれの評論を検討し、その評論の考えに含まれた思想的立場を分析する。第四節はその評論を当時の歴史的背景に置いて考察し、それらを同時代の台湾の雑誌刊行物と比較して、徐の思想のユニークさを浮き彫りにする。第五節では本章の論点をまとめて、ひとつの見かたを結論として提出したい。

二　二〇世紀初頭の中国知識人と日本

この一〇〇年来の日中関係は複雑をきわめる。日本は二〇世紀中国の現代西洋文化にかんする啓蒙者にして、また軍事侵略者であり、この二つの恩讐《おんしゅう》の絡み合いは、筆舌には尽くしがたい。二〇世紀中国知識人の日本への態度には幾度かの転換があり、それは一八九五年の日清戰争に始まると言うべきである。梁啓超《りょうけいちょう》が『戊戌《ぼじゅつ》政変記』の開口一番、「わが国の四〇〇〇年の夢をやぶったのは、日清戦争に破れ台湾を割譲し二億両《テール》の賠償金を支払ってからである」(2)と説いたのは歴史の真実である。じっさい、日清戦争後に下関講和条約が結ばれた後、康有為《こうゆうい》（南海、一八五八〜一九二七）は光緒《こうしょ》二一年閏五月八日（一八九五年六月三〇日）に光緒帝《こうしょてい》への上奏文で、「日本のちっぽけな三つの島は中国の一〇分の一にも満たない。ところが近年、その国王と宰相の三条実美《さんじょうさねとみ》が改正すべきところを改正するや、国家は豊かに日に日に強大となり、わが琉球を滅亡させ、遼東、台湾を割譲せしめた」(3)ことに衝撃を受け、変法の必要性を力説したのだった。李国祁《りこくき》が指摘したように、日清戦争以前には最高潮に達した日本への復讐の気持ちは、戦後は明治維新の成功を羨望する気持ちに取って替わり、一転して日本を教師として、中国近代化のモデルとする時代を現出させたのだった(4)。

日清戦争後の時代の雰囲気が日本を仇敵から教師へと変えたなかで、張之洞《ちょうしどう》（一八三七〜一九〇九）は子息を日本へ留学させ、士官学校で軍事を学ばせた(5)。梁啓超は当時の大地主で抗日運動の指導者、林献堂（一八八一〜一九五六）に招聘されて、一九一一年二月二四日に、娘の梁令嫻《りょうれいかん》とともに神戸を出発して、汽船「笠戸丸」に乗って台湾を訪れた。梁啓超は友人への手紙のなかで、「わたしの今回の動機は、日本で新聞雑誌を読むたびに、日本の台湾統治が賞賛されるのを見て、心動かされるところがあったからだ。同じ時間をかけ、場所もさして変わらないのに、ひとのおこなうことに、これほどの違いが生まれるのはなぜなのか」(6)と述べた。かれは日本の成果に好奇の心を抑えることができなかったのである。日本を教師とするこのような歴史的な背景を踏まえて、国民党員の戴伝《たいでん》賢《けん》（季陶、一八九一～一九四九）は一九二八年に出版した『日本論』でこう力説した。「中国人に勧めたい。これからは、地道な日本研究をおこなわなければならない。（中略）日本の現在の真相を知って、はじめて日本がこれからどこへ向かうかを予測することができるのである」(7)。大量の中国人留学生が日本に殺到したのには、こうした時代の雰囲気があった。実藤恵秀《さねとうけいしゅう》の研究によれば、一九〇四年の中国人留学生はすでに八〇〇〇から一万人に達し、一九〇六年には一万四〇〇〇から二万人の記録をつくった(8)。二〇世紀中国知識人で日本と深い関係にあったひとびとは数多い。歴史学の泰斗、陳寅恪《ちんいんかく》（一八九〇～一九六九）は一九〇二～〇四年（一二～一四歳）と一九〇四年一〇月から一九〇五年（一四～一五歳）のとき、日本の弘文学院〔明治日本の清国留学生のための教育機関。一八九六年開校、一九〇六年閉校〕で勉学した。陳寅恪の長兄、衡恪と、次兄、隆恪も日本に留学した(9)。北京大学学長を務めた蔡元培《さいげんばい》（孑民、一八六八～一九四〇）は青年期に日本留学はしなかったが、光緒二四（一八九八）年、三〇歳のとき、友人と東文〔日本語のこと〕学社を組織し、日本の書物を研究して新しい知識を吸収した。儒学大師、馬一浮《ばいっぷ》（一八八三～一九六七）は光緒三〇（一九〇四）年、日本で馬君武《ばくんぶ》（一八八一～一九四〇）、謝無量《しゃむりょう》（一八八四～一九六四）などを知った。もちろん数ある留学生に学業不振、素行不良の青年が含まれることは避けられない(10)。

知識人の二〇世紀以後の日本留学ブームのなか、徐復観も民国一九（一九三〇）年（時に二七歳）湖南省清郷会弁〔軍事占領地域治安工作事務所〕の陶子欽《とうしきん》(11)と胡今予《こきんよ》の資金援助で日本へ留学し、明治大学で経済学を専攻し、河上肇（一八七九～一九四六）の著作に親しみ、その視野は急速に開けた。その後、学費の支払いがかなわず、東京青年会総幹事の馬伯援《ばはくえん》の援助で、陸軍士官学校歩兵科（二三期）にて学んだ(12)。五六歳の一九五九年一二月、つぎのように日本留学時代を回想している。

民国一六（一九二七）年より、孫文経由でマルクス、エンゲルス、唯物論などを知った。日本に渡ってからも、この方面の書物は熱心に渉猟した。陸軍士官学校のとき「群れて読書はしない会」を組織して、もっぱらこうした書物を読み、デボーリン〔一八八一～一九六二、『マルクス主義の旗の下に』の責任編集、スターリンによってその観念論的傾向を批判された〕の粛清を聞くまで、それを続けた。哲学、経済学、政治学にまで及び、日本語訳の『マルクス主義の旗の下に』〔一九三〇～一九三三年に刊行された戦前日本の共産主義理論雑誌〕といったソヴェト刊行物も全号買い揃えた。帰国後、軍隊に勤務してからは、この手の書物のことは口にもせず、書きもしなかったが、民国二九（一九三八）年前後までは、青年期から壮年期の精神面での空白を埋めてくれた。民国三一（一九四二）年から三七（一九四八）年にかけて、「国民党の救済によって中国を救済する」という妄想が、それまで精神上に占めていたマルクス主義の位置に取って替わった。〔「わたしの読書生

活」、XC 1980: 314]

これを見れば、徐の青年期の日本留学の期間は短かったとはいえ、このときの留学経験がかれの思想に消しがたい痕跡を残したことがわかる。徐が日本に留学した前後の時期は、中国人留学生の高潮期に当たっており、汪一《おういっ》駒《く》が、中国人名録に収録されたひとびとの教育履歴のデータを集計した結果、つぎのことが明らかになっている。一九二三年の人名録収録の人物中、日本留学帰国生は二九・五パーセントで第一位、つぎが国内の伝統教育受講者で二七・三パーセント、三位は国内の近代学校卒業生で一五・四パーセント、四位がアメリカ留学生で一二・九パーセントであった。民国二一(一九三二)年になると、アメリカ留学生が三一・三パーセントで一位に躍り出、日本留学生は第二位の二〇・三パーセントとなり、国内の軍隊学校出身者が三位(一二・六パーセント)となる(13)。一九二〇年代の中国は人口が急増し、綿紡績業が急成長して、メディアも巨大化した時代であり、日中関係も緊密かつ極度に緊張した時代であった(14)。なぜなら、大正時代(一九一二〜一九二六)とは、明治維新の成功を受けて、日本がアジアに君臨し、夜郎自大となり、とくに中国を蔑視した時代だったからだ(15)。日本留学生の急落は、一九三一年に日本の中国にたいする挑発で始まった柳条湖事件の勃発による反日感情の悪化を反映している。

徐復観が留学した一九三〇年の統計によれば、湖北省出身の学生数は当時の全留学生総数の四・四パーセントにすぎず、最下位である。湖北省出身学生は、留学生数第一位の広東省学生(一八・

四パーセント）、第二位の遼寧省学生（一八・〇パーセント）と比べて、劣勢であることは否めない⒃。ただし注意してほしいが、徐が日本に留学してまず経済を学び、のちに軍事に転じたというのは、当時の中国で喫緊に要請された日本留学の専門領域にあたる。一九三〇年の一年間に、日本留学生が学んだ専門は、社会科学が二三・三七パーセントで一位、つぎがエンジニア領域で一〇・七九パーセントの二位、そして軍事学で九・七四パーセントの三位である⒄。当時の日本留学生が学んだ専門領域の選択は、いずれも富国強兵、救国自存を目標としており、青年、徐復観もその例外ではなかった。

　徐が留学を始めてわずか一年後の、民国二〇（一九三一）年に日中関係に激震が走った。七月二日、万宝山《まんぽうざん》事件〔一九三一年七月に中国東北部で起こった朝鮮人農民と中国人農民の衝突事件、満洲侵略の気運の醸成に利用される〕が発生、九月一八日、満洲事変勃発、九月二三日、上海各校学生による抗日救国聯合会の組織、九月二六日、東京にて中国一七省留学生代表による中華青年会の集会が日本の侵略に抗議し全員の帰国を決議、駐日本中国公使に帰国旅費の支給を要求、留学生の帰国者は多数にのぼり、一〇月八日より中国留学生監督は一部学生の帰国船切符の配給を始めた⒅。徐はこの年、日本の中国侵略に抗議したことにより逮捕投獄され、陸軍士官学校を退学処分となって帰国し、その留学生活を終えた。青年、徐復観の留学期間は一年にすぎなかったが、その間に日本語を習得し、日本語著作をつうじて西洋の現代文化や思潮に触れることができるようになり、日本の学者とも交流をもった。一九五一年に「日華文化協会」で講演したさいは、同会会長、鶴見佑輔〔一八八五～一九七三、戦時中、翼賛会顧問、戦後、公職追放。解除後、第一次鳩山内閣の厚生大臣〕と日本に関わる問題を討論した〔ストア〔斯杔噶〕（徐復観のペンネーム）「日本社会の再編成（上）」『華僑日報』1951.6.26〕。一九六九年七月一日（時に六六歳）には、「毎年、日本から日本語訳の人文学関係書籍を購入し」〔「人文方面での二つの障害――李霖燦《りりんさん》先生の文章を例に」『中華雑誌』、WC 1991: 196-205〕、研究を重ね、「日本語訳の西洋古典から何かを得ようとした」〔「西洋文化は負の遺産にあらず」、ZW 3 1980: 317〕と書いている。留学経験が彼に与えた影響はたしかに甚大で、多くの時論で日本を教師に、日本を参照モデルとする一方で、日本への忠告者をもってみずから任じ、現代日本の社会・政治・文化に厳しい批判を加えた。現代儒家のなかで、かれは日本との関係によって独自の立場を打ち立てた。日本文化を参照して中国文化の問題を考え、中国文化をつうじて日本の文化と社会の優劣長短を論じたのである。

三　徐復観の日本評論とその参照枠組み

（一）日本評論

徐復観の生涯の学問の軌跡は日本と密接な関係をもっており、青年期の留学でマルクス主義に触れ、河上肇をつうじて政治経済学に触れ、民国四一（一九五二）年になっても「日本語訳のラスキの著作は全部で四つあり、それらを一通りノートに取」〔「わたしの読書生活」、XC 1980: 317〕っている。中国の文化や時勢を論ずるさいは、いつも日本の状況と引き比べ〔「中華文化復興節ができるにあたって」、WC 1991: 169-173.「日中の外来文化摂取の比較」、XC 1980: 207-211〕、多くの著述で一再ならず日本の研究者や政治家の人物(19)と作品(20)を取り上げて論評し、日本の学者と書簡のやり取り(21)をした。かれは第二次世界大戦が終わったばかりの一九五〇年に日本を訪れたが、目にする姿は満身創痍で、「向かい風がいまや神の山に向かって吹き、かつての覇業は劫火とともに滅びた」〔「訪日雑感」、WXX 1981: 252〕という感慨をいだいた。ところが、一九六〇年四月二〇日の再訪では、「蓬莱の島に老学生が訪れたが、あの廃墟は嘘のようでその跡を追うも儘《まま》ならず」〔「桜の季節に君に再会する」『華僑日報』1960.4.2、XC 1980: 21〕と詠じた。では、「その跡を追う」た結果はいかなるものだったろうか？以下はそれにかんする考察である。

1．日本民族の性格は極端に流れやすく、悲劇的な性格を現出する

「日本民族の性格には愛すべき点が多々あるが、他方で恐るべきものがある。誇り高く向上心に富む民族だが、同時に熱狂的ですぐさま自滅へと向かう民族である」〔「日本民族の性格雑談」、WL 4 1971: 85〕。こうした基本的な判断から、徐復観は日本の社会、政治、知識人にたいしていくつかの見かたを提出した。

(1)日本社会ではひとの感情は適度に解消されにくい

一九五七年、日中の民族性と社会を比べてこう述べている。

> 中国儒教が礼楽を重んずるのは、人類の内側にある原始的な感情を合理的に導き、合理的に解消するもので、「人情にもとづいてそれに節度を与える」と言われるゆえんである。ひとの本性と感情を一致させ、内と外を一致させ、心の奥底に予測不可能な陰湿な気分を押し込めることなく、ひとが本来の心のままに穏やかな生活を送ることができるようにするのである。（中略）日本人の生活にたいする誇りと畏敬の念は、平和で喜ばしい状態に落ち着くことはない。だから、日本人の感情の奥底には多くの解消することを願わないもの、解消しえないもの、あるいはどうやって解消してよいかわからない小さな深淵が蠢《うごめ》いている。深淵と深淵の間では、発散されたかと思えば抑圧され、それぞれが自己を主張し、それらは凝り固まって陰鬱な気分を構成し、いたるところで感情を動かし、感情を抑える。こうした状態が積み重なり、自分で背負いきれなくなれば、爆発して、制御することができず、普段は慎ましく自分の殻を守っていたのに歯止めが利かなくなる。陰湿と暴発はこうした感情のメダルの表と裏である。〔「平劇〔京劇の旧称〕と歌舞伎から日中両国の民族性を見る」、XC 1976（1980）：270-271〕

徐復観が鋭敏に観察したように、中国社会におけるひとは、理によって情を変化させるが、日本の社会では、理によって情を抑えるのである。だから、いったんその感情が爆発すれば制御不能となる。日本民族の極端に流れやすい性格はこういうところに表れている。

⑵日本の政治家や知識人には「鋸《のこぎり》歯型の心理習性」がある

戦後初期の一九五一年七月二一日、徐復観はひとりの日本人の「日本にいては日本を守りきれない」という発言を引用して、こう述べた。日本人の性格は、政治に過度に冷淡なのではなく、過度に動かされるのであり、その政治態度の変化も環境の影響を受ける。したがって、韓国が共産化すれば、日本人は大きな衝撃を受け、共産化が加速されるだろう。なぜなら、経済状況が好転しないなかで、多くの日本人は現状の変革を望んでいるからである。アメリカとソ連の対日イデオロギー戦争において、アメリカが不利な状況下では、日本の反共の気分は盛り上がらず、知識人や公務員は経済状況が良くも悪くもない灰色地帯にいるため、一度刺激を受ければ左へと傾くことが避けられないからでもある。吉田茂内閣のやり方に社会は不満で(22)、朝鮮半島が共産化すれば、日本の各地にある共産党細胞は急速に発展し、そうなると、アメリカに投降するよりは、ソ連や中国共産党に投降しようと考えるにいたるだろう〔「日本にいては日本を守りきれない」『華僑日報』1951.7.21〕。

一九五一年に述べられたこの悲観的な予測は事実とはならなかった。しかし、日本の政治的立場が極端に流れやすいのは、知識人の「鋸歯型の心理習性」にもとづくという徐の判断は慧眼《けいがん》であった。一九六〇年七月六日、東京を旅した徐復観は、そうした判断にさらに磨きをかけた。

日本の知識人は、自己評価が甘くて、自分に有利な想定ばかりをおこなっており、さまざまな国際関係を利用したり、そうした国際関係の責任の外に出ようとして、自分勝手な甘い幸福の天国を打ち立てようとする。けれども、現実はそういうわけにはいかないから、日本の知識人の主観的な考えと客観的な現実の間には大きな距離がいつも生まれることになる。現実を受け入れることもできず、現実に背くこともできず、現実と妥協することもかなわず、絶えず現実との間に摩擦を生み出すのである。（中略）つまり、日本の知識人の心理は、鋸歯型の心理なのだ。かれらの問題の見かたは、鋸歯型によってそうしているのであり、したがって、日本が現在進んでいる道は鋸歯型の道なのである。［「鋸歯型の日本の進路——東京旅行通信八」、XC 1980 : 66］

こうした日本の「鋸歯型の心理習性」にもとづいて、徐は六〇年代以後の日本の政局を展望した。

現在、日本の運命を決するのは、民主か、共産かの二つの道であって、右翼に未来はない。戦前は左翼が葬送《そうそう》されたが、今後は右翼が葬送されよう。これは右翼の側に左翼に抵抗する組織力がないからではない。重要なのは、日本の知識人が両極に分かれるのは、自主的な判断で両極に分かれたのではなく、外側の風向きを見てことをおこなっているにすぎないことである。戦前に右翼が勝利したおもな理由のひとつは、ドイツやイタリアのファシズムが日本の知識人に心理的な暗示と行動のモデルを与えるにいたったからである。現在、日本の知識人に心理的な暗示と行動のモデルを提供するのは、ソ連と中国共産党である。したがって、右翼の力で左翼の力とバランスを取ろうと希望するのは、現実を離れた幻想にすぎない。〔「日本知識人への期待」、XC 1980: 74-75〕

現実の政治の変化のなかに、文化心理という要因が働くのを見つけること。徐の鋭敏さはそこにある。政治の現実のなかに、文化の深層構造を見つけること。ここにかれの透徹さがある。

日本人の極端な性格を深く認識していたので、徐は一九五一年五月二二日にマッカーサー（Douglas MacArthur, 1880~1964）の占領政策を高く評価できた。なぜなら、マッカーサーの政策は「民主主義の偉大な中道の道」にしたがうものだったからだ。ＧＨＱ（連合国軍総司令部）の政策は極右主義の排除から極左主義の排除へと変化したが、それはけっして理解できないことではなかった。戦後初期にアメリカは各国の共同管理を歓迎した。しかしソ連が北海道を占領しようとするとアメリカは拒絶した。初期のアメリカの占領政策はポツダム宣言に述べる「日本国軍隊ハ完全ニ武装ヲ解除」することと「民主主義的傾向ノ復活強化」を原則とした。軍国主義を根絶する点では、占領から一年も経過しない一九四六年に、はやくも武装解除を済ませ、兵役法などのあらゆる軍事制度を廃止した。続いて新憲法を中心にして、さまざまな民主改革を実施した。一九四五年一〇月、マッカーサーは「政治的、社会的及宗教的自由ニ対スル制限除去ノ件」という覚書を発し、一一月には人権を確保するための五大改革指令を命じて、これによって婦人参政権が獲得され、選挙権・

被選挙権の年齢規定が引き下げられ、政治犯・思想犯が釈放された。一九四六年一一月三日、新憲法が公布され、主権在民にもとづく民主政治が確立した。憲法を施行し新体制をつくりだすために、皇室典範が制定され、社会の身分制度が廃止され、経済の面では農地改革が実施された。こうして一九四七年一二月一七日〔過去の警察国家体制を解体する。警察法の公布、内務省の廃止〕、新しい民主社会の基礎を建設することが完成したのである［「対日占領政策の変遷」『華僑日報』1951.5.22］。徐によれば、こうした戦後初期のＧＨＱの政策は「中庸の道」であった。

一九六〇年一一月、民主社会党が総選挙で大敗した。徐はその原因を極端に流れやすい日本の民族性に帰した。それゆえ、中立路線の民社党は選挙民の支持を得ることができなかったのである。日本は戦後初期に左右の旗幟が鮮明な社会党と自民党を生み出したが、この両党の間に左派から分離し、左右の対立を解消する目的で民社党が結成された。しかしながら、民社党が獲得しようとした選挙票は労働者階級のものであったため、社会党と自民党に挟撃され支持を得ることはできなかった。自民党は強力な経済政策を策定した。日本が依拠する外交の立場は、親ソでなければ親米であって、これらは社会党と自民党に早くから独占されていた。民社党が暗礁に乗り上げ挫折したのは、そのためである［「日本自民党の挫折」『華僑日報』1960.11.29］。

(3)日本の政治には暴力主義の傾向がある

極端に流れやすい日本民族の性格は政治上の暴力主義を生みやすいと、徐復観は考えた(23)。かれはこうした暴力主義を徹底的に非難した。一九七二年三月、かれは新聞にて武装闘争を主張する集団をとくに取り上げて論じた。この集団は「赤軍派」〔正式名称は共産主義者同盟赤軍派、一九七一～二〇〇一年に活動、よど号ハイジャック事件を起こしたことで知られる〕と「京浜安保共闘会議」〔正式名称は日本共産党（革命左派）神奈川県常任委員会、一九六九年結成〕に分裂していたのが一九七一年一二月二〇日に連合赤軍として統一されたものだった。連合赤軍の最高権力機関は七人で構成される中央委員会で、二六歳の永田洋子《ながたひろこ》（一九四五～二〇一一）が副委員長に就任した。連合赤軍の一連の暴力行為は、けっして孤立した事件ではなく、文化と政治の要因が結びついて起こった大きな問題であった。永田洋子という残虐な女性は、もと共立薬科大学の非常に勤勉で純粋な学生であった。しかし、かの女は革命のイズムと思想をもったことにより、ここまで転落した。かの女はみずからのイズムと思想が至上で神聖なものだと信じた。組織の指導者として、かの女はみずからがこの思想とイズムの体現者であると考え、自分が喜怒哀楽の感情をもつ普通の人間であることを忘れた。こうして、みずからの感情にもとづく活動を、みずからが体現するイズムと思想の活動そのものだと見なした［「日本テロリズムの背後にあるもの」、ZW 2 1980: 63-66］。徐復観はとくにつぎのことに読者の注意を促している。「あらゆる暴力の行使者は、最初は理性的な目標をもっている。しかし時間の経過とともに、暴力がその心理を冒し、従来あった目標は見失われて、暴力による暴力の連鎖を生むのである」［「「暴力の世界化」における典型的人物」、ZW 2 1980: 25］。

　以上をまとめれば、日本民族の性格が極端に流れやすいことから、徐は、知識人が「鋸歯型の心理」をもつことを論じた。そして、日本人の感情が過度に抑圧され発散されないことを明らかにし、日本民族になかに潜む政治的な暴力主義の傾向を指摘した。こうした論評はかれの理解になる中国文化を参照枠組みとするものだが、そのことは後で述べるだろう。

2. 日本の社会と知識人には「消化不良病」がある

徐復観は一九六〇年五月に、日本は「消化不良病」を患っていることを鋭敏にも明らかにした。一見すれば、新しい事物の受容の速さ、世界の出版物の翻訳の速さにおいて、日本は他の国家の比ではない。だが、技術的なことがらを除いて、日本人の生命の内面がそれによって変わったわけではない。だから、日本には思想のブローカーや仲買人はいるが、思想や文化の工場は存在しないのである。ここから出発して、徐は、日本の知識人が消化不良を患っていると述べるのである。そうした文化病理は言語の運用面にも表れている。すなわち、外国音をそのままカタカナ表記して、自分が知っている外国のことばを表すのを好むことだ。けれども、このことはじっさいには、食べたものをそのまま出す消化不良病の直接的な表現なのである［「「外来語」から知識人の性格を考える」、WL4 1980: 27-28］。こうした文化の「消化不良病」によって、日本の知識人は文化を消化する力を失ってしまった。だから、外側はきらびやかな建物だが、その内心はおそらくからっぽで、商売人気質が幅を利かすのである。

したがって、日本の知識人は西洋文化を多くかつ速く紹介するけれども、どこまでも紹介のレベルにとどまったままで、それらを消化することがほとんどないのだ。徐は一歩進めてこうも述べる。そうした文化の「消化不良病」が日本の運命に及ぼす影響は深刻である。なぜなら、知識人の性格は日本の民主主義を育てるには必ずしも適切ではないからである。知識人の他者への礼儀はじつに周到である。だが、かれらの心理の内実は礼儀からはほど遠いと思われる。現実の利害関係にぶつかり、自分が望む方向に事態が進まないと、内実にある心理が礼儀の抑制を振り払って力で解決しようとし、右の極端に向かうか、あるいは左の極端に向かうことになり、民主的な中庸の道をはずれてしまう。対外的な関係において、知識人の心理は、バランス良く処理する心理状態を維持することがむずかしい。

日本文化の消化不良病という判断から出発して、徐復観は、東京と京都の文化生活に簡にして要を得た見かたを提出するのである。

⑴東京。東京のひとびとの生活の特徴は、第一に「多忙」である。重要人物は多忙であり、多忙か、そうでないかが個人の能力を測る物差しとなる。そのため、忙しく見えないひとは他人から軽く見られるのを恐れて忙しい振りをする。忙しい振りをするためには、忙しい口実を見つけねばならない。それが積もり積もると、嘘が真になって、みんなが忙しくなるのである。周りのひとが忙しいと、たまたま暇なひとがいても、引きずられて忙しくなる。ほんとうに忙しいひとと、忙しい振りだけのひとが生活するなかでは、大の親友でも、事前に約束せず、不意打ちして驚かせてはな

らない。不意打ちに驚いて、差し迫った用事を話す以外、学問的なことを話す余裕はなくなる［「日本の鎮魂剤――京都」、XC 1980: 50］。東京の生活の繁忙は、徐が述べる日本の「消化不良病」の典型的な表現なのである。

⑵京都。徐の京都への評価は高い。ゆったりして、のびやか、静寂で、古いもの好きなのは、東京の忙しさ、狭苦しさ、喧騒、新しもの好きとは好対照である。徐は京都を「日本の鎮魂剤」と呼んだ［XC 1980: 47］。

一九六〇年四月初めから七月二六日まで、徐は三度日本を訪れ[24]、一連の通信を書いたが、文化問題にはとくに力を入れ、その鋭敏な観察力を十分に示した。四月二日の通信では、日本には統一された国の方針がなく、とくに思想面での分裂は大きく、都市と農村はイデオロギー面で対立し、知識人と人民大衆は二つに分裂し、青少年と老人の世代間格差は大きい。こうした精神分裂はまさにモダニティの特徴であると徐は言う。東京の地下鉄の混雑は薪《まき》を束ねたようで、生命の自然な発露によってお互いが関係づけられているという感覚はない。ここにも現代文化が表れていた［「桜の季節に君に再会する」、XC 1980: 17-21］。

東京に代表される現代文化への嫌悪とは対照的に、京都の自然は何度接しても飽きず、吉川幸次郎（一九〇四～一九八〇）、神田喜一郎（一八九七～一九八四）、重沢俊郎《しげさわとしお》（一九〇六～一九九〇）、平岡武夫（一九〇九～一九九五）、宮崎市定（一九〇一～一九九五）、木村英一（一九〇六～一九八一）〔中国思想史研究者、大阪大学教授、徐復観ともっとも親交厚かった〕など京都の学者を賞賛してやまなかった［「京都の山川人物」、XC 1980: 51-65］。それは、

「京都の学者が、学問や人間にたいして、より真剣に向かい合い、より人情味を抱いているからだ。学問をするなら、静かな環境でおこなうのが良いし、穏やかな気持ちでおこなうのが良い。京都はおそらくそれにもっとも適した環境だろう」［XC 1980 : 50］。京都で友人の晩餐に礼を述べた詩にはこうある。

一億のひとびとの塵はもうもうと舞うが、静寂の場所を探して相談することを願う［XC 1980: 50］

徐復観の現代文化への呪詛を良く表現した詩である。

以上が、日本の「消化不良病」への徐の批評のことばである。さらにかれの思想立場を述べる前に言っておかねばならないのは、徐は日本を酷評ばかりしたのではないことだ。じっさい、日本人の優れた点をかれは特筆して、中国人と比較している。日本の多くの学者は勤勉、刻苦し、政治家を軽蔑して、学問の光によって人間の卑賤を昇華しようとするが、多くの中国人が、学者や教授とは看板ばかりで、自分の本業は顧みず、政治家の足元に跪きその汚辱を舐めるのとは雲泥の差がある。日本人はすべてにおいて厳密だが、中国人はすべてに疎漏であり、前者は周到で、後者は粗雑、前者は勤勉で、後者は怠惰、前者は知識を重んじ、芸術を鑑賞するが、後者は政治に割り込み、酒色に溺れる［「ひと」の日本」、XC 1980 : 82-83］。一九六〇年代の日本人は、世界史の知識を十二分に拡大する一方で、どんな場末の伝統文化も忘れない点で、まことに素晴らしく、中国人も見習うべきだと徐は述べた［「中華文化復興節ができるにあたって」、WC 1991: 169-173］。ここからもわかるように、徐は狭い自民族中心主義者ではなく、日本の政治・社会・文化にかんする批評は、かれ自身の思想立場を議論の基礎に置くものだった。

（二）参照枠組み

日本についてのエッセイや文化評論を書くとき、徐復観ははっきりした思想立場を参照枠組みとしていた。そうした参照枠組みとは、かれみずからが理解する中国文化をつうじて打ち立てられたものだった。それらを要約すれば、かれの日本評論が依拠する参照枠組みには二つある。

1．中国文化における中道精神。徐は多くの著述で何度も強調するが、中国の悠久の文化伝統のなかでもっとも偉大な知恵は中庸の道である［「歴史の教訓から中庸の道を切り開こう」、WL 1 1971: 178-181］。中国の文化は典型的な平原沃野の農業文化であって、博大平和を特徴とする。それが政治思想に反映されると、西洋に比べてより深い中道精神となる。中国政治思想の正統は、「平」「均」の二字にほかならない。この二字は「中」の字から演繹される［「政治の主流を論ず――『中』の政治路線から歴史の発展を考える」『民主評論』第一巻第二期（1949.7.1）、XS 1976（1980）：263-277］。一九四九年の大陸の政権交替を前に、徐復観は沈痛の思いで、歴史変動の由来を顧み、国民党の失敗は多くの党員が理想とする「中庸」の性格を見失い、一歩一歩、歴史のもうひとつの極みである「人欲」に向かったことにあったと書いた。これによってもうひとつの極限の勢力である共産党が興起したのである。日中戦争で醸成された知識人の団結は、共産党の陰謀と国民党の愚昧によって、中庸の路線を結成するにはいたらず、知識人の団結は夢幻に終わり、国民党は異議をもつ知識人にたいして寛容と討論の精神を喪失していた。国民党は台湾に移住後、改革に着手したが、なかでも重要なのは土地改革であった。しかし、国民党員の多くは、みずからの精神を土地改革とひとつにすることはなかった。日中戦争以来、知識人が負うべき政治的、社会的、文化的な中庸の道という理想は、戦争が始まると一場の夢と消え、その後は両極化が進んで情勢に振り回され、かくして中庸の道は徹底的に破壊されたと徐は考えた。中国の今後の運命が再生するとすれば、中庸の道の再生に期待をかける以外にはない［「非常時局における中国知識人の悲劇的な運命」、SX 1959（1975）：263-277］。

「中庸の道」によって近代中国の歴史の悲劇が生まれた理由をとらえ、また「中庸の道」という思想立場から出発して、徐は日本民族と知識人の心理を考察し、そこから日本民族の極端に流れやすい性格や、日本人が過度に感情を抑圧することや、知識人が「鋸歯型の心理」を有するといった現象を指摘した。中国文化の「中庸の道」によって、日本や戦後世界の情勢を議論したからこそ、マッカーサーの占領政策がまず戦時期の遺物である極右主義を排除し、それから戦後の極左主義を排除したことを高く評価し、それが民主主義の中庸の道に合致していると考えた［SX 1959（1975）：32］。日本連合赤軍の暴力主義に厳しい批判をおこなった［SX 1959（1975）：35］のも、こうした暴力主義が「中庸の道」の軌道を大きくはずれるからだった。

徐復観はどうしてこれほど政治路線としての「中庸の道」を堅持し、これによって時勢を判断しようとしたのか？　そのおもな原因は、かれが主張するように「中」の路線が過去の政治の主流を構成したこと［SX 1959（1975）: 50］と合わせて、人民の具体的な生活福祉にかれが強い関心を寄せていたからであった。

中国文化が具体的な生命の上に立脚してきた文化であり、具体的な生命同士が直接に対話する文化だと、徐は何度も述べた。だから、中国文化における「理」「道」「心」「性」などの概念は具体的な生命に根拠づけられて、具体的な生命がみずからを完成させることを目的としなければならず、けっして抽象的な概念によって具体的な生命を完成させることを目的とはしてはならないのである。したがって、熱狂的な狂信者で残酷に他者の生き血を吸うようなひとびとは、自分が打倒され冷静にいままでのことを振り返る段になると、かならずや自分が熱狂し狂信してきたものが一場の悪夢であったと気づくにちがいない［「日本テロリズムの背後にあるもの」、ZW 2 1980: 63-66］。具体的な実践は抽象的なイデーに先立たねばならず、そうでなければ、イデーの災いを招来すると徐は述べた。かれは七八歳の高齢である一九八一年三月一一日に、こう書いている。

ひとの歴史的な実践は、論理の推理に沿ってまっすぐに進むものではなく、そこには多くの制限があり、多くの迂路がある。論理の推理の必然性に沿って進むのではなく、多くの偶然、多くの調整と妥協がある。だから、マルクス・レーニン主義の思想システムは、実践のなかで中国や人類に莫大な災いをもたらした。康有為の大同思想〔康の著『礼運注』『大同書』で主張されたユートピア思想、『礼記』礼運篇に描かれる理想社会をもとに現実政治を批判した〕に沿って、また熊十力《ゆうじゅうりき》の晩年の『乾坤演（注：「演」は「衍」とすべき）』哲学や方東美《ほうとうび》の美しい形而上学に沿って、政治的に実践すれば、かならずや政治の独裁を惹起《じゃっき》し、人類の災いを招来しよう。形而上学を好むひとびとは、濃厚な独裁的な性格を帯びているのがふつうだ。かれらを純粋な学問の範疇にとどめておけば、ある種の異彩を放つだろうが、政治の実践にかれらをもちいてはならない。〔「実践の体系と思弁の体系——某君への回答」、ZH 1984: 28〕

これが徐復観の晩年の定論であり、かれの生涯の持論であり、またこれを孔子思想の根本的な性格だとした。「孔子の思想の合理性は、形式論理のそれではなく、具体的な生命のなかで理性が繰り広げる合理性である。孔子の思想の統一は、具体的な生命から展開され、昇華された統一である。展開と昇華における各レベルが孔子の思想のシステムである。論理の推理の線状のシステムではなく、躍動する生命の立体的なシステムである」〔「孔子の思想性格への回帰」、XJ 1981: 75〕。中国文化の主流である儒教思想には、徐によればつぎの二大特徴があった。⑴具体性、⑵社会志向[25]。この二つの特徴はいずれも人民の実際の生活に現実化される。徐復観が求めるのは「論理的なもの」を「歴史的なもの」に従属させるのではなく、歴史性（あるいは具体性）を現実化することであった。

人民の生活を第一義に考えるため、徐復観の国際政治や日本にかんする批評は、「人民の主体性」

に着目するものであった。たとえば、一九五一年八月四日の「日本の天国への愁訴」という報道は、日本の人民のために正義の主張をおこなったものである。「天国」とはクレムリンを支配するソ連のことで、この文章は戦争捕虜の返還問題を扱ったものだった。一九五一年七月二三日、日本全国留守家族は神田共立講堂で代表大会を開催し、ソ連と中国共産党に抑留された夫や父の行方について問う会議を開いた。これら家族はさらにＧＨＱと日本の首相官邸に分かれて請願をおこない、首相の答弁がお役所風のものであったため、抗議が殺到した。徐はこれら戦争被害者に厚く同情した［「日本の天国への愁訴」『華僑日報』1951.8.4］。一九七四年の第一〇回参議院選挙の結果、自民党は惨敗した。徐はこの選挙を評して、その選挙結果が現実生活の政治システムにたいする人民の勝利を示し、人民の人格の尊厳が財閥や金融勢力に勝利したことを示しているとした。自民党の選挙スローガンは「自由社会を守り、生活をもっと豊かにしよう」というもので、こうしたスローガンを提出したのは、まず自民党が失っていた大都市の制御権を奪い返そうとしたからであり、つぎに多数の市民が社会システムの激変を望んでいないことをわかっていたからであり、第三に自民党による高度経済成長の政策では円高やインフレを解決できないので、スローガンを使ってそれを糊塗しようとしたからである。しかし選挙は、自民党が元の一三四議席を一二六に減らすという結果に終わった。自民党が失敗したのは、おもに通貨や物価という人民の現実生活の問題をなおざりにしたからだと徐は述べている［「日本第一〇回参議院選挙が指し示す意義」『華僑日報』1974.7.17］。

2．中国文化の発展は阻害され、文化の便秘症を患っている。徐復観は日本が文化の消化不良病を患っていると評したが、この考えは中国の病理への診断を参考枠組みにしたものだった。

　徐の解釈した中国文化のイメージには以下の三つの要素が含まれている。⑴中国文化における政治伝統は専制政体をその主要な特徴とし、「国君の主体性」を本質にもち、農村社会を搾取し、先秦政治思想をゆがめた。⑵中国文化における社会は農村をその特質とし、農民の生活のなかに中国文化の精神が表現されている。⑶中国文化における思想の中心は実践的な政治哲学を志向する儒家思想であり、歴史のプロセスにあって絶えず専制政体と闘争をおこなった[26]。儒教思想はこれまで、政治に道徳の最高根拠を提供し、イデーの面では専制政治を越えた。けれども、かえって専制政治に抑圧され、儒教の人格にもとづいた人文主義が現実に構築されることはなく、専制政治を緩和できてもその病原を根絶することができなくなった〔「儒家が中国の歴史的運命に抗《あら》がった一例」、XS 1976 (1980)：394-395〕。そのため、儒教を主流とする中国文化の精神は成長することなく、文化の便秘症を患うことになった。これが徐復観が繰り返し語ったことだった[27]。その研究は「中国文化の主流である儒教思想を、学問の世界において、中国史上の専制政治から切り離し、多くの叔孫通《しゅくそんとう》〔生没年不詳、前漢の儒者、初めての博士として儒教にもとづく諸制度の基礎をつくった〕、公孫弘《こうそんこう》〔前二〇〇～前一二一、前漢の御史大夫、宰相〕の子孫たちの汚辱にまみれた姿を白日の下にさらす」〔「三〇年にわたる中国の思想文化の問題」、XS 1976 (1980)：429〕ことだった。

　中国はこれまで外来文化（仏教など）を吸収し、アヘン戦争以後は大量の西洋文化も吸収して、富国強兵を追い求めた。けれども、乾隆・嘉慶時代から、古書をついて字句の解釈や考証をおこなうほかは、文化の創造的活動が凍結を始めた。西洋文化を吸収する点についても、全面的な西欧化を主張する陣営にさえまともな成果はなかった。この一〇〇年来、中国人は文化の面で創造することも吸収することもかなわない空虚な状態に置かれている［「日中の外来文化摂取の比較」、XC 1980: 209］。清代考証学にたいする嫌悪の情を隠すことなく、徐は乾隆・嘉慶の考証学の伝統はまさに近代中国文化の便秘症をもたらした学術的な根源だと語った。

こうした参照枠組みによって、徐は、日本による外来文化受容のきわめて迅速な姿を、鋭く中国と対比した。だが、日本の知識人はその強烈な商売人気質のために、外来文化を十分に消化できず、「文化の消化不良病」を生み出したと徐は述べたのである。

四　徐復観の日本評論のユニークさ――当時の新聞メディアの意見との比較

さて、徐復観の日本評論を、当時の新聞メディアの報道や意見と比べ、徐の評論のユニークさを検証してみたい。本節で提起したい見かたは、(1)徐は日本の社会や政治を論評するさい、とくに事件がもつ「構造」や「コンテキスト」を重視すること。(2)徐が日本社会党の発展に特別の関心を寄せていること、の二点である。この二点は徐の思想の傾向と深い関係を有する。

(1)徐復観の日本評論は、事件の「コンテキスト性」をとくに重視する。徐が日本のさまざまな事件を論評するさい、当時のメディアともっとも大きく異なる点は、かれの分析が事件の背後にある社会・心理・文化のコンテキストにつねに注意を払い、個々の事件を歴史の構造全体のなかに置いて考えることだった。二つの例を挙げて説明しよう。

第一の例は一九五一年初頭の何応欽《かおうきん》（敬之、一八九〇～一九八七）〔中国、台湾の軍人、政治家。一九三五年、梅津＝何応欽協定締結、四九年から台湾の国家安全会議戦略顧問委員会主任委員を務めた〕の訪日が日本の朝野の熱烈な歓迎を受け、内外の新聞メディアが大々的に報道し、徐もまた『華僑日報』でこの件を報じたことである。注目すべきは、何応欽の訪日にたいして、皇室、首相、有識者、著名人にいたるまで、形式面でも感情面でも何応欽に最大級の敬意を払ったことだ。何がこのような敬意を得ることができたのは、日本の中国にいだく情感から生まれたもので、何個人に由来するものではなく、偉大な民族的背景に起因するものであった。韓国の日本への怨念は深く、日韓関係の未来は明るくないが、中国文化の偉大さは、みずからの感情を、大事な場面で直接的な利害から押し広げ、恩讐を人類の真正の愛へと転換する点にある。中国が五〇〇〇年にわたり不断に融合を繰り返し、衰退しても滅亡にいたらなかった真の原因はここにある。現代日本の中国文化研究は考証学の軌道を歩んでおり、中国文化の基本精神からますます遠ざかっている。現代の日本人は、日中関係を省察するほかに、より重要なこととして中国文化を省察せねばならない。日中関係は、何応欽将軍の来日ではぐくまれた友情から、新しい基底をつくりださねばならない［「日本における何応欽」『華僑日報』1951.5.4］。これをまとめれば、何応欽が日本人に歓迎されたのは、中国文化の恕《ゆるし》の道のためであり、それに触発された日本人の対中感情であった。

徐の批評に比べれば、当時の台湾でもっとも重要な『新聞天地』の評論は浅薄と言わざるを得ず、何応欽訪日の実際の意味を論じるだけでその文化背景に及ばない。『新聞天地』の「何応欽は誰の歓迎を受けたのか」という報道が強調するのは、何応欽の訪日は日中間の国民外交の活動からみれば、自由で民主的な中国と世界のためにきわめて重要な貢献をしたということだった。何が来日後に呼びかけた太平洋反共同盟は、台湾情勢が不確定であるため日本の民主陣営に公式には受け入れられていないが、これに類似する組織はすでに形をなしつつある。同時に、日中関係において、日本人が台湾に「接近」し、自由中国を支持する意志や力が増えつつある(28)。このように『新聞天地』の何応欽訪日報道は、その文化問題にまったく言及することはなかった。

何応欽の訪日が熱烈な歓迎を受けたことをそもそもどう理解すればよいだろうか？　当事者である何応欽自身はつぎにように述べている。


まずもっとも印象的だったのは、日本民族がまだ東方文化の人情味を豊かにもっていることだった。こうした人情味は、完全に功利主義にもとづいた西洋社会と比べれば、ひととひとの間により良好な関係をつくりやすいと思う。中国の人情味は、日常におけるひととひとの平淡厚誼の情を指すが、日本のそれは、好意にたいする熱烈な感激の情を指す。日本人がこれまで天皇に払ってきた無限の敬意、マッカーサーが日本を去るとき示した感動的な情景は、いずれもこの人情味の表れである。中国が空前の変動を迎え、政府が台湾に撤退したにもかかわらず、このたび私人の資格で訪日して、降伏時の蒋介石総統による「徳をもって怨みに報いる」放送〔一九四五年八月一五日正午に「大東亜戦争終結の詔書」がラジオ放送される一時間前、蒋介石が重慶の中央放送局をつうじて行った対日抗戦勝利ラジオ放送を指す〕に日本人がいまもなお感謝の念を忘れていないことを知った。台湾にいる一四〇万人の日本人の帰国にわたしが全力を尽くしていることも、熱烈な歓迎を受ける理由だろう。[29]

何応欽が東方文化の人情味から、その訪日を考察したのは、徐の見かたに通じるものがあり、この事件の核心を深くつかんだものである。

第二の例は一九五一年の日本社会党の観察である。一九五一年、日本は一九万人の公職「追放」をおこない、社会各界の中心人物を排除し、「戦後派」が文化、社会、経済、政治の責任を担うようになった。こうして「追放」されたひとびとは保守派が大多数で、自由党をその大本営としていた。したがって、一九五一年の日本社会の再編は自由党の再編でもあり、自由党の鳩山一郎（一八八三〜一九五九）と吉田茂の権力闘争を帰結した。徐はこの事件を分析して、このことは戦前派と戦後派の盛衰を示す以外に、日本の経済に重大な影響をあたえ、文化界にも大きな衝撃をもたらすだろうと指摘した。出版界、言論界、学術界はすべて新派に指導され、こうした新派は左派とすぐにも連合し、日本人の極端に流れる性格がさらに増幅されるだろう〔「日本社会の再編成」『華僑日報』1951.6.26-27〕。

徐の論評と比べて、当時の新聞メディアの批評は政治権力闘争に完全に特化したものだった。『新聞天地』の報道によれば、日本自由党の鳩山一郎は党の整理をおこなうため、吉田と闇取引をし、自由党総裁の座を吉田に譲るだろう。かれらふたりの自由党争奪戦は日本政治の転換を決定づけるだろう[30]。『新聞天地』のこのような報道は権力闘争に着目するのみで、この事件の文化・経済・学術に与える影響に注目する徐とは大きく違っている。

徐は日本の社会や政治事件を論ずるさい、そうした事件を社会・政治・経済が相互に作用するコンテキストに置いて分析し、これらの時事の「コンテキスト性」を浮き彫りにするのが常だった。その思想史研究の著作もまた、具体的で特殊な歴史全体のなかで、思想史におけるイデーの意味を考えるものだった。徐復観は思想やイデーを「コンテキスト化（contextualization）」[31]しようといつも努めたのである。徐の日本時事にかんする批評を、当時のメディアの言論と深浅において隔てたのは、こうした思想傾向にほかならなかった。何応欽訪日や日本自由党再編のほかに、一九七二年の日中国交回復を分析したさいも、この出来事のポイントが経済の要因にあり、中国共産党との外交が政治原則の経済原則にたいする従属を示すことを明らかにしたと述べた。しかし、メディアの報道はほとんど悪罵に近く、日本がなぜ中国共産党と国交を結ばねばならないかを深層から分析するものではなかった[32]。一九七二年の三島由紀夫（一九二五～一九七〇）事件〔一九七〇年一一月二五日、三島は自衛隊市ヶ谷駐屯地にて、憲法改正のため自衛隊の決起を呼びかけた後「楯の会」のメンバーとともに割腹自殺を遂げた〕をめぐっては、徐もメディアも日本軍国主義復活とは何の関係もないとする点では一致していた。徐は、三島事件における司法の独立と尊厳を賞賛したが[33]、それは吉田内閣の金銭スキャンダル事件で示された司法の独立の賞賛と軌を一にしていた。けれども、事件の背後の意味を問うメディアはなかった〔「汚職事件から日本政治を見る」『華僑日報』1954.3.4〕。一九七四年に田中角栄内閣がロッキード事件で下野した事件についても、徐はこの事件から司法の独立と尊厳に注目し、また政治家のモラルの低下が民主政治の発展に影響を与える現象にも注目した。いずれも当時のメディアが言及しなかった論点であった(34)。

(2)徐復観は日本の政治状況を評論するにあたり、社会党にとくに注意を払った。一九五一年八月には早くも、日本社会党委員長、鈴木茂《も》三郎《さぶろう》（一八九三～一九七〇〔一九五五～一九六〇年、統一社会党委員長〕）がパリの世界社会主義者の国際会議に参加したさい、各国の社会主義者が、ソ連の全体主義に対抗するため、全会一致で軍備増強と民主主義陣営の強化の決議を採択し、日本社会党が主張する平和四原則〔全面講和、中立堅持、軍事基地反対、再軍備反対〕を公開で批判したことを、徐復観は報じた。鈴木は成果なく帰国したが、講和三原則の見直しはおこなわないと述べた。徐は社会党右派のリーダー、西《にし》尾《お》末広《すえひろ》〔一八九一～一九八一、民社党初代委員長〕をインタビューした。西尾は、講和三原則は変えないが、労働組合が不幸にして分裂しても、その勢力のすべてが左派の手中に落ちることはなく、労働者陣営がそれによって分裂し、その勢力は二分され、やがて右派が力を強めるだろう。現在、労働運動は共産党の指導下にあるが、講和に賛成するひとびとの方が多数を占めると述べた。社会党右派は、理論上はレーニン主義とスターリン主義に絶対反対だが、マルクス主義にも批判的な態度を採るとも言った。西尾の方が徐に、東方文化にはどのような精神的な力があるかと問うと、徐は、仏教が現実の外側で人生の無我という価値を実現しようとするのにたいして、儒教の方は生活のなかで無我の価値を実現しようとする点で、より実際的だと応えた〔「日本社会党の一断面」『華僑日報』1951.8.23〕。

徐が社会党に深甚の期待を寄せたのは、日本民族には極端に流れやすく投機に傾く性格があると考えたからである。一九七二年最後の第三三回総選挙で、自民党が目標議席に到達できず、社会党がわずかに票を伸ばし、民社、公明は惨敗、共産党が空前の伸びを示してから、日本政治は再び極端と投機が結びついた激動期に入った。徐は一九七三年二月六〜八日の社会党大会を分析して、社会党は結党以来、「観念的な革命論者」の寄り合い所帯で、その内部では左右の対立と紛糾が絶えなかったと述べた。党内の左翼勢力が反共を唱えれば、右翼や中間派が当然、さらなる反共を唱えたからである。反共という一点で、成田、石橋〔成田知巳委員長、石橋政嗣書記長による成田・石橋体制が一九七〇年から七七年まで続いた〕の提出した議案は問題なく通過したが、社会党自身に弱点が多くて、反共であるから健全というわけにはいかなかった。もっと重要なのは、社会党のやることすべてが、公明党と同じく、党自身の利害関係からものごとを考えるため、そこから得られる結論が本質的に「政治家の投機」の範囲を出ないことだった。社会党の突破口とは、党の利害を第二義的なものと考え、ホワイト・カラーの頭のなかから書物で得たイデーをひとつひとつ追い出して、日本の現実をつうじて日本の未来を見通し、地上における（イデーではない）日本の未来を把握したうえで、党の基礎を築き、党の方向とスタイルを打ち立てることにある。イデーという椅子に座って、あるときは左、あるときは右と慌てふためくよりは、ずっとその方が未来がある［「日本社会党の前途」、ZW 2 1980: 81-84］。徐は、社会党を極端な日本人の性格というコンテキストに置いたが、社会党に期待を寄せてもいた。だから、一九七六年に社会党の理論家が日本社会党はマルクス・レーニン主義政党であると宣言したときの徐の失望は大きく、社会党がマルクス・レーニン主義の政党であるということは、社会党が「イデー」に従属する政党であることを認めるに等しいと述べた。社会党左派の頭脳は教条主義に毒され麻痺しており、書物のイデーにしか反応しない［「日本社会党左派の『脳性麻痺』」、ZW 2 1980: 98-102］。こうした徐の社会党への期待と批判は、かれの青年期における社会主義への傾倒と深い関係がある。

徐が社会党に寄せる特別な関心に比べれば、メディアによる日本の政党政治の分析が、事件そのものに言及するのみで、事件の背後の意味に触れないことがよりはっきり見える。一九六一年の全国市町村選挙において、自由党を中心とする保守勢力は圧勝したが、社会党や革新系は惨敗した。メディアは選挙結果には関心を示したが、この結果をもたらした文化・心理面での要因を分析することはなかった(35)。

これまでの議論をまとめると、徐復観の日本評論にはかれの思想傾向がよく示されていた。かれは常に全体的なコンテキストのなかに現象を置いて考察した。したがって、その日本情勢の論評は単純な時事問題の背後に複雑なコンテキスト性や構造性の要因を見て取ることができた。また、かれは社会党に特別な関心を抱いていたが、それは青年期の社会主義への憧憬とふかい関連がある。当時のメディアの意見との大きな違いは、この二点から生まれたものであった。

五　結論

本章は、日本の政治・社会・文化にかんする徐復観の評論を検討し、現代儒教と日本の相互関係を明らかにした。それをまとめるなら、徐は日本民族の性格が極端に流れやすく、「文化の消化不良病」を患っていると考えたが、この二つの判断は、中国文化の「中道」精神への評価と、清代以後の中国学術への批判を参照枠組みにしてなされたものだった。これらを当時のメディアの日本評論と比べてみれば、徐の批評がきわめてユニークであることがわかる。日本の政治情勢を論評するさい、とくに事件のコンテキストに注意を払ったため、徐は常に事実のなかから複雑な意味を取り出したが、このことは人物や事件をコンテキストのなかに置いて考えるその思想傾向と密接な関連があった。青年、徐復観の社会主義への憧憬はまた、後日、政治情勢を論評するさい、日本社会党の発展にたいする特別な期待と批判を生むことになった。文化や社会の批評のほか、日本の中国侵略、台湾人が日本植民地時代に被った苦痛、台湾移住後、国民政府が経済面で日本に過度に依存する事態、これらに向けても痛烈な批判をおこなった。

徐の日本評論のそれぞれのケースからわかるのは、つぎのことである。現代中国の知識人（たとえば徐復観）は一般にはみずからが理解する中国文化によって世界（たとえば日本）を観察する。こうした世界を観察し解釈するスタイルによって、かれらは独特の視点からこれまで誰も見なかったものを発見した。けれども、中国文化を参照枠組みに世界を分析したことは、長所ではあったが、短所の生じることも免れなかった。かれらは、（自分たちがそれと認識する）中国文化と対照したり参照したりできない世界の現象を、見落とすきらいなしとしない。二〇世紀の中国知識人が世界を認識し解釈するスタイルは、現代中国思想史研究の好個の課題たるを失わない。

【注】

（1） 徐復観は一九五〇年に日本を観光で訪れ、一九五一年には記者の身分で再来日した。「民国四〇年（一九五一年）三月から九月まで、華僑日報の東京駐在特派員の資格で、東京に住み、ストア（「司托噶」とあるが、「司」は「斯」の誤りと思われる）というペンネームで同誌に通信文を書いた」［「平劇と歌舞伎から日中両国の民族性を見る」、XC 1976（1980）：267-270］。引用文は二六七頁。

（2） 梁啓超『戊戌政変記』（台北：台湾中華書局、一九六五年二月第二版）一頁。

（3） 中国史学会編『戊戌変法』（上海：神州国光社、一九五三年）第二冊、一七九頁。

（4） 李国祁「清末のひとびとの日清戦争と日本にたいする見かた」『日清戦争百周年記念学術シンポジウム論文集』（台北：台湾師大歴史研究所、一九九四年）六四一〜六七四頁。近代中国が日本蔑視から日本重視へと転換したことについては、王暁秋著、王雪萍訳「近代における中国人の日本観の変遷」法政大学国際日本学研究センター編『中国人の日本研究——相互理解のための思索と実践』（東京：法政大学国際日本学研究センター、二〇〇九年）一一三〜一三二頁。

（5） 張之洞「子息に与える書」李家慶主編『教育古文選』（上海：上海社会科学院出版社、一九九五年）一七八頁。

（6） 梁啓超「台湾遊学書簡第一信」『飲冰室文集』（台北：台湾中華書局、一九六〇年）巻四、一四頁。

（7） 戴季陶『日本論』（台北：中央文物供応社、一九五四年）三頁。（戴希陶著、市川宏訳『日本論』東京：社会評論社、一九七二年）

（8） 実藤恵秀著、譚汝謙、林啓彦訳『中国人留学日本史』（香港：中文大学出版社、一九八一年）一三頁。（実藤恵秀『中国人日本留学史』東京：くろしお出版、一九六〇年）

（9） 池田温「陳寅恪先生と日本」『陳寅恪教授記念国際学術シンポジウム文集』（広州：中山大学出版社、一九八八九年）一一五～一三八頁。

（10）　斉世英（一八九九～一九八七）は、二〇世紀初めの日本における中国人留学生の状況についてつぎのように回想している。「民国五（一九一六）年九月初め日本に来ると、次兄は奉天出身の留学生の様子をこう語った。日本留学生は大きく二つの類型に分かれる。ひとつは私立大学入学組で、学費さえ払えば入学でき、三年で学位を取れ、留学経験者の身分で帰国すると、中国の庶民には私立と官立の違いなどはわからないから、すぐに仕事が見つかり、給料も高く、社会的地位も保障される。しかし、実情はといえば、この連中は講義に出たことなどほとんどなく、いつも同郷の仲間と一緒になって、食べ歩きをして遊び呆けている。卒業するときにも日本語を解さないのがほとんどである。張学良の秘書、高崇民（一八九一～一九七一、明治大学卒。一九三五年の西安事変で活躍、文革で迫害）などがこの部類だ。もうひとつは官費の学校へ入ろうとする組で、二～三年では試験に通らず、下手をすればさらに三年かけても合格できず、あきらめて帰国すると皆に馬鹿にされる。これは非常に苦労のいるコースである」。沈雲竜等訪問、林忠勝記録『斉世英先生訪問記録』（台北：中央研究院近代史研究所、一九九〇年）一三～一四頁。清末以後の日本の中国人留学生全般の研究は、前掲の実藤恵秀の専門書以外に、黄福慶『清末留日学生』（台北：中央研究院近代史研究所、一九八三年）があり、最新の成果としてつぎの二つがある。厳安生『日本留学精神史』（東京：岩波書店、一九九八年）、岡田英弘『現代中国と日本』（東京：新書館、一九九八年）。日本陸軍士官学校の中国人留学生については岡田の書の二六七～二九五頁に議論がある。

（11）　徐復観は陶子欽と面識を得た経緯をつぎのように回想している。「革命軍が湖北全部を占領して、この地方全体に猛烈な党の宣伝活動を繰り広げると、家にいても飯を食えるわけでもないから、九江を経て徳安に行って郷里から一・五キロメートルしか離れていないところに住んでいた陶子欽先生宅に転がり込んだ。かれが民国一二（一九二三）年一〇月前後に、生活の苦境を逃れて広西の国民党に身を寄せたとき、わたしは浠水県城（湖北省黄岡市）の模範小学校で教員をしており、陶先生をお招きして一晩学校に泊まってもらったことがあった。徳安に身を投じたさい、陶先生は孫伝芳を打ち破った功績で国民党第七軍の旅長に昇格したばかりだったが、わたしをある部隊に派遣して中尉書記に充ててくれたばかりか、『三民主義』を一冊送ってくれた。これが政治問題に関心を向けた始まりであった」［「ゴミ箱の外」、ZW 4 1980: 23-24］。とくにその二三頁。

（12）　曹永洋編「徐復観先生年譜」［ZH 1984:426-432］。民国一九（一九三〇）年の条は四二七頁にある。〔本書の「徐復観略年譜」（四一五頁）も参照〕

(13) Y. C. Wang, *Chinese Intellectuals and the West, 1872-1949* (Chapel Hill: University of North Carolina Press, 1966), p. 177, Table 5. 中国語訳は、汪一駒著、梅寅生訳『中国知識人と西方』(台北:久大文化出版社、一九九一年)。
(14) 狭間直樹「国民革命の舞台としての一九二〇年代中国」狭間直樹編『一九二〇年代の中国』(東京:汲古書院、一九九五年)三〜三二頁。
(15) 山根幸夫『大正時代における日本と中国のあいだ』(東京:研文出版、一九九八年)。
(16) Y. C. Wang, op. cit., pp. 160-161.
(17) Y. C. Wang, op. cit., p. 512, Table 11.
(18) 実藤恵秀著、譚汝謙等訳、前掲書、三二三頁、付録二「中国人日本留学史前表」一九三一年の条。
(19) 本書付録一を参照。付録一「徐復観の著作に現れる日本人名とその評論表」には徐の著作で言及される日本人四三人、大学一、政党二の関連情報を掲載する。それらの情報を五十音順に列挙すれば以下の通りである。
青木正児:「京都の山川人物」『華僑日報』一九六〇年五月二八日〔WL 4 1971: 65〕
飯島忠夫:「『尚書』『甘誓』『洪範』諸篇の考証から、治学の方法と態度の問題を考える」〔SXX 1982: 126-127〕
池田末利:王孝廉「古道は顔色を照らす——徐復観師逝去三周年祭」『中国時報』一九八五年四月一〜二日〔WC 1991: 352〕
石浜太郎:「京都の山川人物」『華僑日報』一九六〇年五月二八日〔WL 4 1971: 66〕
伊藤仁斎:『中国人性論史』〔RX 1963 (1969): 126〕
宇野精一:『周官成立の時代とその思想性格』〔ZG 1980: 187〕
梅原末治:「『尚書』『甘誓』『洪範』諸篇の考証から、治学の方法と態度の問題を考える」〔SXX 1982: 126-127〕
大野信三(一九〇〇〜一九九七、経済学者、創価大学学長、主著に『経済学史』『仏教社会・経済学説の研究』):「日本の人士への忠告」〔XS 1976 (1980): 283〕
大佛次郎:「日本文学の一動態」『華僑日報』一九七三年一〇月九日〔ZW 2 1980: 88〕
貝塚茂樹:「京都の山川人物」『華僑日報』一九六〇年五月二八日〔WL 4 1971: 60〕
狩野直喜:「京都の山川人物」『華僑日報』一九六〇年五月二八日〔WL 4 1971: 60〕
川端康成:「川端康成の死」『華僑日報』一九七二年四月二一日〔ZW 2 1980: 70〕
神田喜一郎:「京都の山川人物」『華僑日報』一九六〇年五月二八日〔WL 4 1971: 56-57〕
木村英一:「京都の山川人物」『華僑日報』一九六〇年五月二八日〔WL 4 1971: 63〕、『貧しく僧の身なりで帰郷するも恥じず』〔ZHRJ 1987: 84〕

桑原武夫：「日本のある現代知識人の論語にたいする省察」『華僑日報』一九七四年八月二七日〔ZW 1 1980：303〕

向坂逸郎：「日本社会党左派の『脳性麻痺』」『華僑日報』一九七六年六月一日〔ZW 2 1980：100〕

重沢俊郎：「京都の山川人物」『華僑日報』一九六〇年五月二八日〔WL 4 1971：57-58〕

柴山全慶：「京都の山川人物」『華僑日報』一九六〇年五月二八日〔WL 4 1971：67〕

白川静：「京都の山川人物」『華僑日報』一九六〇年五月二八日〔WL 4 1971：64〕

白鳥庫吉：「『尚書』「甘誓」「洪範」諸篇の考証から、治学の方法と態度の問題を考える」〔SXX 1982：126-127〕

杉村勇造：「石濤画語録中の『一画』研究」〔ST 1968：13〕

住友寛一：「石濤画語録中の『一画』研究」〔ST 1968：13〕

高橋孝盛：「京都の山川人物」『華僑日報』一九六〇年五月二八日〔WL 4 1971：66〕

武内義雄：「京都の山川人物」『華僑日報』一九六〇年五月二八日〔WL 4 1971：56〕

田中角栄：「毛沢東はやり過ぎだ」『華僑日報』一九七二年一〇月九日〔ZW 1 1980：58〕、「全ては身を修めるをもって本となす——日本の田中角栄政権の短命を略評する」『華僑日報』一九七四年一二月三日〔ZW 2 1980：79-80〕

近重真澄：「『尚書』「甘誓」「洪範」諸篇の考証から、治学の方法と態度の問題を考える」〔SXX 1982：129〕

東京大学制度委員会：「今日の大学教育問題」『華僑日報』一九六二年八月四日〔WL 1 1971：95〕

日本共産党：「日共の大選挙惨敗の教訓」『華僑日報』一九七六年一二月二一日〔ZW 2 1980：104〕

日本社会党：「日本社会党の前途」『華僑日報』一九七三年二月一八日〔ZW 2 1980：84〕

野坂参三：「日共の平和革命路線」『華僑日報』一九七六年二月二五日〔ZW 2 1980：79-80〕

永田洋子：「日本の暴力主義の背後」『華僑日報』一九七二年三月一九日〔ZW 2 1980：64-65〕

永原織治：「李葉霜先生に再度答える」〔ST 1968：162-163〕

橋本関雪：「石濤晩年の棄僧入道についてのいくつかの問題」〔ST 1968：82-83〕

平岡武夫：「京都の山川人物」『華僑日報』一九六〇年五月二八日〔WL 4 1971：62〕

福田赳夫：「ハイジャック事件から日本の民族性を見る」『華僑日報』一九七七年一〇月二五日〔ZW 2 1980：114-116〕

藤沢東涯：「京都の山川人物」『華僑日報』一九六〇年五月二八日〔WL 4 1971：66〕

不破哲三：「日共の平和革命路線」『華僑日報』一九七六

年二月二五日〔ZW 2 1980: 79-80〕

牧田諦亮:「京都の山川人物」『華僑日報』一九六〇年五月二八日〔WL 4 1971: 62〕

三上諦聴:「京都の山川人物」『華僑日報』一九六〇年五月二八日〔WL 4 1971: 66〕

三島由紀夫:「日本の三島由紀夫事件の判決」『華僑日報』一九七二年五月一二日〔ZW 2 1980: 74-75〕

道野鶴松:「『尚書』「甘誓」「洪範」諸篇の考証から、治学の方法と態度の問題を考える」〔SXX 1982: 129〕

宮崎市定:「京都の山川人物」『華僑日報』一九六〇年五月二八日〔WL 4 1971: 62〕

宮本顕治:「日共の平和革命路線」『華僑日報』一九七六年二月二五日〔ZW 2 1980: 79-80〕

森恒夫:「観念、良心——森恒夫の自殺」『華僑日報』一九七三年一月二〇日〔ZW 2 1980: 79-80〕

森戸辰男:「伝統問題に直面した思考」『華僑日報』一九六四年六月二八日〔XJ 1981: 107〕

吉川幸次郎:京都の山川人物」『華僑日報』一九六〇年五月二八日〔WL 4 1971: 59〕

(20) 本書付録二を参照。付録二「徐復観の著作に現れる日本論著とその評論表」には徐の著作で論評された四八篇の日本人著作(翻訳を含む)の書名、論文名、論評掲載誌の情報を記す。それらの書誌情報を論評された年代順に列挙すれば以下の通りである。なお、正確な書名、論文名を確認できなかったものには、書名、論文名の最後に(※)を付した。後考を俟つ。

出隆《いでたかし》『ギリシアの哲学と政治』岩波書店、一九四三年:「ギリシャ人の政治とソクラテス」『民主評論』第一巻第九期、一九四九年一〇月一六日〔LZ 1982: 115〕

田辺元『哲學入門』筑摩書房、一九四九年:「復性と復古」『民主評論』第二巻第五期、一九五〇年九月一日〔WC 1991: 129〕

P. A. Sorokin (ソローキン) 著、北聆吉訳『ヒューマニティーの再建』文藝春秋新社、一九五一年:「ソローキンによる西洋文化の再建論」『民主評論』第三巻第八期、一九五二年四月一日〔LZ 1982: 213〕

西田幾多郎『日本文化の問題』岩波新書、一九四〇年:「学問の方法」『民主評論』第四巻第四期、一九五三年一月四日〔LZ 1982: 233〕

朝永三十郎『近世における「我」の自覚史——新理想主義とその背景』角川文庫、一九五二年:「今日中国文化の危機」『東風』第一巻第七期、一九五九年三月二日〔WC 1991: 135〕

島崎敏樹「芸術と深層心理」(『現代芸術の思想』(岩波講座現代思想10)岩波書店、一九五七年:「現代芸術の反省」『華僑日報』一九六一年一一月五日〔WL 3 1971: 72〕

諸橋轍次『大漢和辞典』初版、大修館書店、一九五五~六

〇年：「文体観念の復活」『民主評論』第一三巻第四期、一九六二年二月一六日〔LZ 1982: 115〕

前田陽一「生活意識におけるヒューマニズム」(岩波講座現代思想2)、岩波書店、一九五六年：「欧州人の人文教養」『華僑日報』一九六二年三月一〇日〔WL 1 1971: 56〕

青木順三「民族意識と伝統」(※)：「伝統を論ず」『東風』第二巻 第六期、一九六二年三月〔WL 2 1971: 103-104〕

務台理作『現代のヒューマニズム』岩波新書、一九六一年：「伝統と文化」『華僑日報』一九六二年四月六日〔WL 1 1971: 59〕

池島信平〔一九〇九～一九七三、『文藝春秋』編集長、同社社長〕「ほしい個性の希望」(懸賞論文に期待する『朝日新聞』(1963. 3.19))：「伝統とはなにか」『華僑日報』一九六三年四月一日〔WL 3 1971: 80〕

石川達三「新しい発見と主張」(懸賞論文に期待する『朝日新聞』(1963. 3.19))：「伝統とはなにか」『華僑日報』一九六三年四月一日〔WL 3 1971: 82〕

川口松太郎「どう楽しませるか」(懸賞論文に期待する『朝日新聞』(1963. 3.20))：「伝統とはなにか」『華僑日報』一九六三年四月一日〔WL 3 1971: 80〕

福田新生『抽象美術の解体』誠文堂新光社、一九六三年：「芸術の胎動、世界の胎動」『華僑日報』一九六四年四月六日〔WL 3 1971: 59〕

森戸辰男「変わったモスクワ」『読売新聞』(1964. 6.13)：「伝統問題に直面した思考」『華僑日報』一九六四年六月二八日〔WC 1991: 55-56〕

Julian Huxley著、日本ユネスコ協会連盟訳『ヒューマニズムの危機——新しい人間主義の構想』：「ある自然科学者の危機」『華僑日報』一九六四年九月八日〔WC 1991: 59-60〕

『国語・古典篇、古文篇』(昭和三七年検定中学校教科書)：「国語試験問題で惹起された文化上の問題」『微信新聞報』一九六四年一〇月五日〔WC 1991: 62-64〕

「期待される人間像試案」(日本中央教育審議会)：「期待される人間像の追求」『華僑日報』一九六五年三月五日〔WL 1 1971: 132〕

邦正美「アメリカ10代文化とGOGO」『朝日ジャーナル』第七巻三二号(一九六五年八月号)：「ゴーゴーからアメリカ文化の問題を見る」『華僑日報』一九六五年一一月一八日〔WC 1991: 124-125〕

山内恭彦『科学と人生』講談社現代新書、一九六六年：「日本の科学技術発展の基本条件」『華僑日報』一九六六年五月一五日〔WL 1 1971: 177〕

朝日新聞社説「世代の断絶をこえて」『朝日新聞』(1967. 8.15)：「歴史の教訓から中庸の道を開け」『華僑日報』一九六七年八月二二日〔WL 1 1971: 181〕

朝日新聞社説「人間はどこへ行くのか」『朝日新聞』(1969. 12.31)：「上下二世代間の問題」『華僑日報』一九七〇年一月二三日〔ZW 4 1980：245〕

尾坂徳司「道忘れぬ交渉を——真の日中正常化のために」(声)『朝日新聞』(1972. 8.23)：「日本人の良心から話を始めよう」『華僑日報』一九七二年九月二日〔ZW 3 1980：352-353〕

桑原武夫『論語』(中国詩文選第四巻)筑摩書房、一九七四年：「日本のある現代知識人の論語にたいする省察」『華僑日報』一九七四年八月二七日〔ZW 1 1980：303〕

木村英一『論語』講談社文庫、一九七五年：「人類の宝庫としての古典」『華僑日報』一九七五年一〇月二三日〔ZW 1 1980：314-315〕

国語調査委員会『常用漢字表』：「漢字が日本で受ける挑戦」『華僑日報』一九七七年二月一〇日〔ZW 2 1980：110-111〕

フランソワ・ミソフ、矢野暢「中越戦争以後の『赤い決闘』」『中央公論』第九四巻六号(一九七九年六月)：「日本雑誌読書メモ」『華僑日報』一九七九年八月一七日〔XJ 1981：275〕

近藤紘一〔一九四〇～一九八六、サンケイ新聞特派員としてサイゴン取材、上田・ボーン賞受賞〕『戦火と混迷の日々——悲劇のインドシナ』サンケイ出版、一九七九年：「世界がハノイに報復を始めた！」『華僑日報』一九七九年九月一八日〔XJ 1981：284〕

これ以後の二〇冊は、論文起草年月日が明らかではないもの。

青木正児『支那文学思想史』岩波書店、一九四三年：「文心雕竜の文体論」〔WX 1966 (1990)：12-13〕

鈴木虎雄『支那詩論史』弘文堂書房、一九二五年、弘文堂復刻、一九六一年：「文心雕竜の文体論」〔WX 1966 (1990)：5〕

河上肇『経済学大綱』上下巻、改造社、一九四八年：「文心雕竜の文体論」〔WX 1966 (1990)：536〕

西嶋定生『秦漢帝国』(中国の歴史第二巻)講談社、一九七四年：「塩鉄論における政治社会文化問題」〔LH 3 1979 (1976)：210〕

金谷治『老荘的世界——淮南子の思想』平楽寺書店、一九五九年：「淮南子と劉安の時代」〔LH 2 1974 (1976)：178-179〕

能田忠亮、薮内清『漢書律暦志研究』(東方文化研究所研究報告19)、全国書房、一九四七年：「揚雄研究」〔LH 2 1974 (1976)：496〕

和田清「支那官制発達史上の三特色」『東亜史論藪』生活社、一九四二年：「漢代の個人専制政治のもとでの官僚制の変遷」〔LH 1 1974：268-269〕

牧野巽「漢代の家族形態」『支那家族研究』生活社、一九

四四年:「中国姓氏の展開と社会形式の形成」〔LH 1974: 324-325〕
狩野直喜『中国哲学史』岩波書店、一九五三年。滝川亀太郎『史記会注考証』東方文化学院東京研究所、一九三二~三四年。重沢俊郎『支那における合理的思惟の展開』ハーバード・燕京・同志社東方文化講座委員会、一九五六年:「陰陽五行と関連文献の研究」〔SXX 1982: 42〕
加藤常賢「王若曰考」『真古文尚書集釈』明治書院、一九六四年:「陰陽五行と関連文献の研究」〔SXX 1982: 60〕
狩野直喜『中国哲学史』岩波書店、一九五三年:「『尚書』「甘誓」「洪範」諸篇の考証から、治学の方法と態度の問題を考える」〔SXX 1982: 133〕
福田殖《しげる》「王陽明(下)」岡田武彦編『陽明学の世界』明徳出版社、一九八六年(※):「王陽明思想補論」〔SXX 1982: 495〕
貝塚茂樹『古代殷帝国』みすず書房、一九六七年:『中国人性論史』〔RX 1963 (1969): 16〕
加藤常賢『中国古代の宗教と思想』ハーバード・燕京・同志社東方文化講座委員会、一九五四年:『中国人性論史』〔RX 1963 (1969): 46〕
武内義雄『老子原始付諸子考略』:『中国人性論史』〔RX 1963 (1969): 368, 467, 563〕
木村英一『老子の新研究』創文社、一九五九年:『中国人性論史』〔RX 1963 (1969): 503〕
鈴木大拙『禅と日本文化』岩波新書、一九六一年:『中国芸術精神』〔YS 1966 (1967): 48, 137〕
米沢嘉圃《よしほ》『中国絵画史研究——山水画論』東京大学東洋文化研究所、一九六一年:『中国芸術精神』〔YS 1966 (1967): 237〕
下店静市『支那絵画史研究』富山房、一九三四年、同書「支那山水画の起源とその本質」:『中国芸術精神』〔YS 1966 (1967): 337〕

(21) 本書付録三を参照。付録三「日本友人の徐復観宛書簡資料集」には二三通の日本人から徐復観に宛てて書かれた書簡が収録されている。その日本人一二名の氏名を書簡執筆年月日順に列挙すれば以下の通りである。

安岡正篤〔一八九八~一九八三、国家主義者、陽明学者、主著に『王陽明研究』『日本精神の本質』『易学入門』〕
一九五三年二月一六日
木下彪《ひょう》 一九五八年六月三日
安岡正篤 一九五九年八月一九日
安岡正篤 一九六二年一〇月二一日
池田末利 一九六三年七月一二日
木村英一 一九六三年七月一三日
木村英一 一九六六年六月一二日
中山優 〔一八九五~一九七三、東亜同文書院卒、満洲

建国大学教授、戦後は亜細亜大学教授、主著に『対支政策の本流』『再認識下の支那』『中国の素描』『支那論と随筆』）一九六六年七月六日
木村英一　一九六八年一二月一八日
中島千秋　一九七二年九月二八日
金関西三　一九七三年一〇月一七日
木村英一　一九七三年一二月二八日
木村英一　一九七五年一〇月一六日
木村英一　一九七六年一一月二一日
大野信三　一九七九年一二月二六日
木村英一　一九八〇年一月五日
小室祐子　一九八〇年一月二〇日
小室金之助　一九八〇年一月三〇日
波多野太郎　一九八〇年二月一〇日
大野信三　一九八〇年四月一二日
木村英一　一九八一年六月二三日
以下の四通は執筆年月日が不詳である。
大野信三二通、波多野太郎一通、中山優一通、八木登女一通。
(22)　吉田茂（一八七八～一九六七）は一九四六年に日本自由党総裁に就任し、一九四八年から一九五四年にかけて首相を務め、親米路線を推進して、戦後日本政治の大きな方向を決定づけた。
(23)　徐復観は言う。「日本の民主主義の底は浅く、日本人の性格が極端に向かうことが、まさに暴力主義の温床となるのである」。「暴力主義の行方」〔ZW 3 1980 : 247-250〕。引用文は二四九頁。
(24)　今回の訪問で執筆した最初の報道「桜の季節に君に再会する」は一九六〇年四月二日に『華僑日報』に掲載された。したがってかれの訪日は四月二日前でなければならない。
(25)　本書第二章の八五～八八頁を参照。
(26)　本書第二章の七五～八五頁、および以下を参照。Chun-chieh Huang, "A Contemporary Confusianist's Postwar Taiwan Experience: The Case of Hsu Fu-Kuan (1902-1982)," in Chun-chieh Huang, *Taiwan in Transformation, 1895-2005* (New Brunswick and London: Transaction Publishers, 2006), pp. 127-150.
(27)　同右、また以下を参照。Chun-chieh Huang, "Xu Fuguan: A Contemporary Confusianist's Postwar Taiwan Experience: The Case of Hsu Fu-Kuan (1902-1982)," in Chun-chieh Huang, *Taiwan in Transformation: Retrospect and Prospect* (New Brunswick and London: Transaction Publishers, 2014, 2nd edition), pp. 93-107.
(28)　余励余「何応欽は誰の歓迎を受けたのか？」『新聞天地』民国四〇（一九五一）年三月二日、第一六一期（第七年一一号）八頁。

(29) 何応欽「旅日感想」『新聞天地』民国四〇(一九五一)年六月一九日、第一七四期(第七年二四号)四頁。
(30) 林之助「鳩山と吉田による自由党の争奪」『新聞天地』民国四〇(一九五一)年四月一七日、第一六五期(第七年一五号)一九頁。
(31) 本書第一章の三五〜四四頁を参照。
(32) 徐復観「中(中共)日関係の正常化のテコとなった経済問題」『華僑日報』一九七二年一〇月一一日。徐復観「日本の中共にたいする複雑な心理」『華僑日報』一九七三年五月八日。孫爰「日本と毛沢東の結託には草案があった」『新聞天地』民国六一(一九七二)年九月三〇日、第一二八五期(第二八年四〇号)一一頁。
(33) 徐復観「日本の三島由紀夫事件の判決」〔ZW 2 1980: 71-75〕。成荷生「三島由紀夫は棺を蓋って論定まる」『新聞天地』民国六〇(一九七一)年三月一三日、第一二〇四期(第二七年一〇号)一九頁。
(34) 徐復観「日本の政局は黒い霧の中にある」『華僑日報』一九七六年四月六日。徐復観「彷徨える日本自民党」『華僑日報』一九七六年九月八日。徐復観「全ては身を修めるをもって本となす――日本の田中角栄政権の短命を略評する」〔ZW 2 1980: 89-93〕。李中興「田中角栄は五〇〇〇万元によって失職した」『新聞天地』民国六四(一九七五)年三月一八日、第一四一三期(第三一年一一号)七頁。
(35) 和田一郎「保守派の圧倒的な勝利」『新聞天地』民国五〇(一九六一)年五月一五日、第一六九期(第七年九号)一〇頁。

【第六章】

古典儒教と中国文化の革新

——徐復観の新解釈

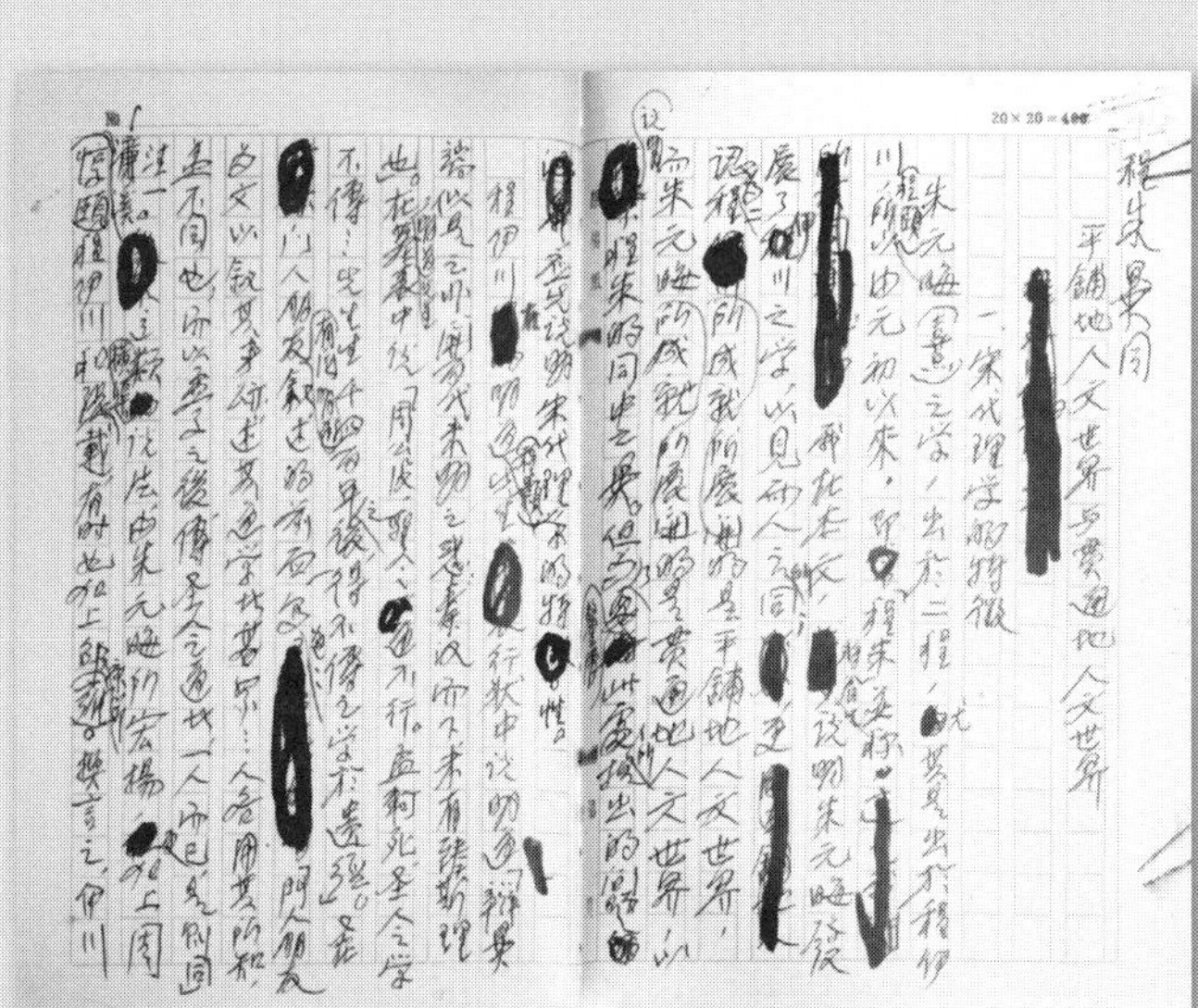

最後の探究——「程朱異同」

儒家思想とは人類の現実の生活を正面にみすえて人類の負債に対処しようとする思想である。かれは自然に逃避することもならず、虚無空虚に逃避することも観念の遊戯に逃避することも、いわんや租界や外国に逃避することもならない。それどころか決然と人類の現実の生活に立って人類の現実の生存が繰り広げる運命を担おうとする。——徐復観［RJZZ 1979：39-40］

一　はじめに

これまで、徐復観による中国文化の回顧と、それをどう革新するかという問題の考察という二つの参照システムを語ってきた。ここで、二〇世紀における中国史の激変という渦中で、儒学者、徐復観が中国人という集団の共同文化である儒教思想の再解釈をつうじて、そこにどのような新しい生命と新しい意味を賦与したかを考えてみたい。

二〇世紀における中国思想史研究の視点からすれば、一九一一年に大清帝国が崩壊してから、伝統中国の文化や思想は全面的な解体の危機に直面したと言えよう。この時代の知識人の多くは「文化的・思想的なアプローチ（cultural-intellectualistic aproach）」によって、歴史の変転のなかで生まれた問題を救済しようとした。中国文化を改造するには、中国人の思想を改造しなければならないと、かれらは考えた。とくに中国人による宇宙と人生にかんする全体的な見かたを変え、宇宙、人生、現実の諸関係にかんする全体的見かたを変えねばならなかった。つまり、中国人の世界観を変えねばならなかった(1)。現在の学界には、こうした方面の思想家にかんする研究成果がある。しかし、それらは反伝統主義を標榜する厳復《げんぷく》（一八五三～一九二一）、康有為《こうゆうい》（一八五八～一九二七）、譚嗣同《たんしどう》（一八六五～一八九八）、梁啓超《りょうけいちょう》（一八七三～一九二九）、胡適《こてき》（一八九一～一九六二）、魯迅（一八八一～一九三六）などの研究に偏り、伝統の継承を標榜する「新儒家」などの研究はこの二十余年でようやく市民権を得たにすぎない(2)。もっとも、「現代新儒家」の名のもとに括られても、それぞれの学者の間の「同一性は異質性を覆い隠すことができない」。唐君毅哲学におけるヘーゲル（George W.F.Hegel, 1770-1831）への志向が、牟宗三《ぼうそうさん》（一九〇九～一九九五）がカント（Immanuel Kant, 1724-1804）を援用して新儒教に入っていったのと異なるのは当然である。徐復観の中国専制政治への注目も銭穆《せんぼく》の見かたとは大きな径庭がある。

　現代儒家のなかで、徐復観の経歴と思想は他に類例がない。軍隊出身で、早くから帷幄に参画し、政治に関与した。壮年以後は政治から決然と勇退し、学問に潜心して、時代の変化にたいする省察を緻密な書物に留めた。その生涯は学術と政治の間を往来し、その生活経験は深く学術著作のなかに浸透している(3)。第二章で指摘したように、徐復観の中国文化解釈において、「事実」と「価値」は一体不可分で、「これは何なのか」と「どうすべきか」もまた不可分である。徐復観が解釈した中国文化は「専制政体・経世儒教・農村社会」から成る。その専制政体への批判はとくにはげしく、生涯にわたって怯《ひる》むことはなく、現代儒者の模範的姿勢を身をもって示した。儒教や農民が専制によって徹底的に搾取されてきたことに、悲痛の情を隠すことなく、無限の哀悼の意を表明した。かれは中国文化の解釈をつうじてみずからを「人民的・実践的・農本的」という場に確立し、中国専制の伝統によって形づくられた「国君の主体性」を徹底的に解体して、「人民の主体性」という新しい政治枠組みへと転換した。こうした政治工程の大転換にあって、儒教はまずみずからを転換して、先秦儒教の思想という源泉へと回帰し、人民とともに呼吸し、儒教に特徴的な道徳内在論によって、現代の民主政治における道徳的な基礎を充実したものにし、現代西洋の民主政治が契約論をもとに作られたことからくる不健康な「個人主義」の病弊を最小限のものにせねばならない。ついで、自作農を育成して、民主政党の基礎とせねばならない。われわれはこう言ってよいだろう。徐復観が展望した未来の中国文化は、古典儒教の精神と農本主義という伝統のなかにふかく浸透しているのである。本章はかれの古典儒教の解釈をさらに考察して、その解釈に表れたユニークな側面を明らかにし、その古典儒教を解釈するユニークな方法を追求して、かれの儒教解釈がかれ本人や儒教の伝統にとってどのような意味をもつのかを見てみたい。

徐復観の古典儒教の解釈やその内包する意味をよりよく理解するために、ここではつぎの三つの問題を中心にすえる。

1．徐復観はどのように古典儒教を再解釈したか？
2．徐復観による儒教の再解釈はどのような方法論の特徴を表しているか？
3．徐復観の儒教の新解釈はどのようなユニークな意味をもっているか？

二　徐復観の古典儒教の解釈学──「憂患意識」を中心に

徐復観の儒教にかんする基本的な見かたは、『中国人性論史・先秦篇』(初版は一九六三年四月出版、時に六〇歳)から晩年の『中国経学史の基礎』(一九八二年五月出版、時に七九歳)にいたるまで、大きな変化はない。儒教思想は中国の民族精神を凝集した主流であり、人類みずからの力でひと自身の問題を解決することから始まった。儒教が提出した問題は、「おのれを修めること」と「ひとを治めること」の問題にまとめることができ、この両者は、儒教においてはメダルの表と裏で、同じことがらの「終始」であり「本末」である。儒教の「ひとを治めること」は、「おのれを修めること」にもとづかねばならないし、「おのれを修めること」は「ひとを治めること」に必ずや帰着する。内なる聖性と外なる王者は、ことの表裏であって、車の両輪である。だから、儒教思想とは、おもには倫理思想であり、また政治思想でもある。倫理は政治と不可分であるというのが、儒教思想の特徴である[「儒家政治思想の構造とその転換」、XS 1976(1980):48]。こうした見かたは民国四〇(一九五一)年、徐が四八歳のときに初めて打ち出され(『民主評論』第三巻第一一期(1951.12.16))、基本的には終生変わらなかった。熊十力《ゆうじゅうりき》(一八八五〜一九六八)は、儒教の本質が「天とひとが二つでないこと」「心と物が二つでないこと」「おのれを成すことと物を成すことが二つでないこと」を主張した(4)。徐復観の以上の見かたは、この熊十力の考えを受け継ぐもので、ほかの現代儒学者もほぼ同じ見かたをする(5)。けれども、徐の特色は、「憂患意識」という概念が儒教思想の中心であるという考えを提出し、「憂患意識」を、儒教思想を再解釈する中心にすえて、「憂患意識」によって「孝」「仁」「礼」などの儒教思想の重要な概念を総合した点にあった。かれの新しい解釈は、一方で二〇世紀における儒教の自己転換のためになされた努力と見ることができるし、他方で「政治学としての儒教解釈学」の特徴を表すものでもあって、深い思想史的な意味をもつ。ここでは、徐が四つの古典儒教の概念に施した解釈に検討を加えたいと思う。すなわち、(一)「憂患意識」、(二)「孝」、(三)「仁」と「礼」である。

(一)「憂患意識」

古典儒教を新たに解釈するとき、徐復観が編み出したきわめて独創的な概念は「憂患意識」である。「敬」の観念にもとづくこの「憂患意識」は周王朝の創設者である周公(在位前一〇四二~前一〇三六)や文王《ぶんのう》(前一一五二~前一〇五六)(武王や周公の父)が提出したものだが、孔子(前五五一~前四七九)が宣揚して古典儒教に組み入れられた。周代初めの「憂患意識」は古典儒教の性善論を基礎づけるもので、中国文化の中心的な思想である。われわれは、(1)最初に、徐による「憂患意識」の定義、それが作り出された歴史的背景を見よう。(2)そして、「憂患意識」の核心にある概念とその孔子との関連を分析し、(3)最後に、徐と牟宗三が「憂患意識」を応用したさいの相違を比べて、徐の儒教解釈学の意義を明らかにしよう。

⑴一九六〇年、五七歳の徐復観は、周代の文化の特徴とその歴史的背景を研究した。「憂患意識」ということばは、そのさい提出されたものである［RX 1963（1969）：20-21］。

周のひとびとは殷のひとびととの命運（政権）を断ち切り、新しい勝利者となったが、周の初めのドキュメントに現れているのは、けっして民族が勝利したあと訪れるのがふつうな高揚した気分ではなく、『易伝』が述べたような「憂患意識」であった。（中略）憂患の心理は、政権の担当者が吉凶成敗にかんしてふかく思索したことからくる長期的な視野によって生まれた。こうした長期的な視野には、吉凶成敗が政権の担当者の行為と深い関係をもつこと、政権の担当者がその行為において負うべき責任が表現されているのがふつうであった。憂患とは、こうした責任感に由来し、みずからの力では突破することがむずかしく、なかなか突破できないときの心理状態にほかならない。だから憂患意識は、人類の精神が事物にたいしてじかに感じ始めた責任感であり、また精神においてひとの自覚が生まれ始めたことの表現なのである。[6]

殷周革命〔王国維が一九一七年の『殷周制度論』で提唱した学説。嫡子相続、宗法制度、同性不婚の三点で、殷周の交替期に大きな社会変革があったとする〕以来、憂患意識は草創期の中国における人文精神の躍動を示すものだった。しかし、この人文精神は、行為のじっさいの効果を念頭において、行為のじっさいの効果の利害を比べながら、行為を導くいくつかの規範を打ち立てるものであった。周代初期のドキュメントは、殷王朝が夏王朝を革命し、周王朝が殷王朝を革命した経験と教訓をとりわけ重んじたが、それは深い精神の省察を表すものであった。だから「憂患意識」とはこうした省察の結果と言える。ひとはかかる省察をへてみずからの行為の成果に気づき、そこから行為の規範を作り出した。それは神の手からひとが自主権を取り戻すことと同じであった[RX 1963(1969):161-162]。徐が述べるように、「憂患意識」が「ひとの自覚」の所産であるわけは、信仰を中心とした宗教的な気分のなかで、ひとが宗教によって救いを得ようとして、あらゆる問題の責任を神に委ねたときには、憂患意識などが生まれるはずはなく、このときの信仰心は神への信仰心にすぎなかったからである。みずからが問題の責任を担ったときに、「憂患意識」が生ずるのである[RX 1963(1969):200-221]。

けれども、「憂患意識」はどこから来るのであろうか？　この問題を探ってゆくと、われわれは徐復観の思想史研究のユニークな場所に導かれる。唐君毅《とうくんき》や牟宗三などの現代儒学者と徐のもっとも大きな違いは、つぎの点にある。徐が、**思想や概念に自主性という基礎があると仮定して思想を語るのではなくて、社会史と思想史が交錯する場所で思想の形成や発展を研究する点**が、それだ。一九五一年に、かれは思想と歴史環境の関連について、つぎのように語っている。

いかなる思想の形成も、それが形成されるさいの歴史条件の影響を受けるのがふつうである。歴史の特殊性は、ある思想の特殊性となる。こうした特殊性がなければ、ある思想を誘発するような動力は働かない。そしてある思想はやがてその時代の任務を担う意味を見失うだろう。歴史によって形成された思想がいまもなお生命を保っているか否かは、その思想が特殊性をつうじてどれほどの普遍性を現出するかによって判断できる。（中略）歴史学が成り立つことができ、また歴史が貴重であるわけは、それが変化するものと変化しないものが相互に関連する関係を表しているからである。［「儒家政治思想の構造とその転換」、XS 1976（1980）：47］

徐の思想史研究が一貫して追求したのは、具体的にして特殊な歴史条件から思想の形成や発展を分析することだった。古代のひとびとの思想はどれも当時の社会の求めに応じて出されたものであり、当時の社会条件の制約を受けていることを、徐はさまざまな機会に何度も強調した(7)。であるから、かれは、傅斯年の採った「言語学の見かたから思想における問題を解決する」といった研究方法には同意できず、政治思想史でいちばん大切なのは、変化の視点から思想や概念の発展を観察することであると考えたのである［RX 1963（1969）：11-12］。

こうした立場から出発して、徐は「憂患意識」を中国古代史の転換期という背景において考察した。「憂患意識」は周代の初めに生まれたと考えられたが、この意識はけっして周の文王（前一一五二～前一〇五六）や周公（在位前一〇四二～前一〇三六）のような少数のひとびとが無から構成した霊性ではなく、長期にわたる歴史プロセスのなかで徐々に作られたものだと、かれは考えた。徐の著作から引き出せるおもな論点には、（a）「憂患意識」は、周のひとびとが殷のひとびとを革命したさい、「天命」を維持するのがむずかしいことを憂えて生じたこと。（b）周のひとびとの封建の骨子は

「礼」であり、血縁にもとづくものだったが、春秋時代（前七二二〜前二二二）に礼楽が崩壊したとき、礼の刑への転換が起こり、儒者が「礼」の精神を創造的に転化して、「憂患意識」が社会的な意味をもつようになったこと、の二つがある。それをこれから述べたいと思う。

（a）徐の鋭い指摘のとおり、殷のひとびとを打倒して新政権を打ち立てた周のひとびとは高揚した気分となることなく、かえって人事上での吉凶や成敗が政権担当者の行為と密接に関係することを発見して、政権担当者がその行為の責任を負うべきだと考えた。周代初めのドキュメントはこのように語っている。周のひとびとは、こうした責任感をいだいてみずからの力で困難を突破しようとした。しかし、突破しようにも突破できない心理状態が「憂患意識」であり、人類の精神が事物にたいしてじかに感じ始めた責任感であり、また精神においてひとの自覚が生まれ始めたことの表現なのである［RX 1963（1969）：19］。徐の分析によれば、こうした「憂患意識」は、政権が出来たばかりのころ、周王朝の創始者が危機を前に恐怖を感じたさい、天を敬い、みずからを慎んで政権を維持しようとして生まれた心理状態にほかならない。こうした心理状態は、政治の世界で権力を維持することが背景にはあるが、中国の古代文化が宗教から人文へと向かう過渡期を代表するものである。周代初めに、中国人は迷信から脱出して、現実の生活における人文を肯定するようになり、とりわけ人生の価値を肯定し、鼓舞し、保障するようになって、これによって人生の価値に最終的な根拠と保障を賦与して、また人生の価値を宗教の最終的な根拠と考えるようになった。かくして天命を中心とした宗教は転倒されたのである［RX 1963（1969）：36-37］。

（b）政権を維持し「天命」を永遠に保つ必要から、周のひとびとは封建制度を打ち立てた(8)。徐によれば、周代の封建制の骨子は宗法《そうほう》〔周代の家族制度。大宗（本家）と小宗（分家）の系統を明らかにし、大宗の祖先祭祀、嫡長子相続のルールを定めた〕である。宗法は嫡子か庶子か、遠縁か近縁か、年長か年少かによって身分の尊卑貴賤を決定するが、その基本的な精神は親を親とすること（血縁にもとづき礼儀を定めること）であった。したがって、天子から大夫《たいふ》にいたる上下関係は政治的な権威によって直接にコントロールされるのではなく、「礼楽」によって維持される。礼が定める「分」（区別）は厳格なものだが、礼から発せられた要求は、行為を芸術化すること、または「文飾」によって実現され、政治的な上下関係の尖鋭な対立的性格を薄めるのである。春秋時代の朝聘会盟《ちょうへいかいめい》〔周王の号令のもと諸侯が管轄の領土を越えて外交、儀礼、経済などの諸問題を議論した会合〕のさい、相互の意思疎通や特定の要求の表現は、言語の直接的な陳述によるのではなく、詩歌の形式によってその言わんとすることをほのめかすものだった。礼が成立する基本的な条件は「敬」と「節」である。敬ならびに節（節制、謙譲）は当事者の双方にたいする要求で、一方にたいする要求ではなかったから、統治者の欲望を抑えることができたのである。徐の見るところ、殷周革命における精神の転換は親を親とする精神が流れ込んだことにほかならなかった［「西周の政治社会がいかなる構造かについての問題」、LH 1 1974：31-32］。

しかし、春秋時代になると、封建制度は瓦解し始めた。徐は春秋時代末期になって封建制度は崩壊したと考えた。統治の道具は礼から刑へと移った。鄭〔周代の諸侯国のひとつ、現在の河南省〕のひとびとが刑の書を鋳造し〔前五三六年、鄭の宰相、子産が施行〕、晋〔周代の諸侯国のひとつ、現在の山西省〕のひとびとが刑の鼎《かなえ》を鋳造した〔前五一三年、魯の昭公九年冬、晋の趙鞅と荀寅が兵を率いて汝水の辺りに築城し、晋の民から一鼓（四八〇斤）の鉄を徴収して鋳造〕のが、時代の転換を示す象徴であり、申不害《しんふがい》〔前三八五～前三三七、韓の昭公の宰相〕と商鞅《しょうおう》〔前三九〇～前三三八、秦の孝公の宰相〕の唱えた法術が、これ以後の時代精神を代表する［LH I 1974（1976）：72］。春秋時代末期から平民が姓氏を得て歴史の前面に躍り出てきた。政権はしだいに国君から貴族へと下降し、氏を贈与してその勢力を事後承認した。以後、人口の増加にともない、氏を贈与して、それらが統制されてゆく。春秋時代初期には氏を贈与することは特典であったが、徐々に氏の贈与が日常の政治行為となって、やがて氏の贈与なしでも氏を自称することができるようになった。春秋時代初期の氏の贈与は、宗《そう》法《ほう》の規定により王の父方の字《あざな》を氏とするものだった。しかし中期以後は、貴族が庶民になる一方で、庶民にも貴族に列せられるものが生まれ、「陪臣が国政をつかさどる」までになった。すると、しかるべき宗法の系譜がなくても氏を自称することができ、氏を贈与する側も宗法の規定を順守しなくてもよくなった。こうした変化によって宗法制度との関係から離れて氏が生まれることになるのである。この変化の意味は大きい。なぜなら、ここまで変化する前は、小宗が大宗に組み込まれると同時に、氏も姓に組み込まれており、氏とは姓の分かれたものであり、姓は氏の宗主であった。ところが、こうした変化の後は、氏の成り立ちが宗法制度を離れ、さらに大宗と小宗の関連を離れ、また氏が姓に従属するという関係をも離れたため、氏は、姓を離れて独立したある血縁集団の指標となったのである［LH I 1974: 314-315］。

これまで述べたような古代の社会構造の変遷のなかで、平民による姓氏の獲得こそが、中国の宗族を形づくる基礎であり、中国的な倫理道徳を形づくる基礎であった。なかでもポイントとなるのが周代の封建制度における「親を親とする」精神の浸透にほかならない。封建制度が崩壊し礼楽が破壊された後、孔子が起こって形式のなかから形式に含まれた価値を発見し、逆に価値によってその形式の是非を評価した。かれによって礼の精神は転換され、そうした転換によって、「庶人まではその形式の是非を評価した」ものであった礼は、あらゆるひとびと、あらゆる世界の行為規範である礼となった[JX 1982: 13]。春秋時代は、封建政治が繁栄から衰退へ、衰退から解体へと向かった時代であり、この時代における礼は、封建的な性格から普遍的な人生規範へと発展してゆき、ひとびとはそれによって人間としての尊厳を完成させた。それは封建から換骨奪胎された性格にほかならず、孔子はまさにこうした性格を受け継ぎ、それをさらに前進させた[JX 1982: 16]。このような転換をへて、周代初期に政権を安定させるために生まれた「憂患意識」は、社会の基層まで伝播され、社会の真正の基礎を決定づけたのである。

(2)徐復観はさらに、周代の文化の「憂患意識」には「ひとの自覚」に根ざした平等精神が含まれていると指摘した。ひとはみな生まれながらにして平等であり、みずからの行為に最終的な責任を負っている。孔子の役割は、かれがこうした「憂患意識」にもとづいた平等精神を受け継ぎ、それらを宣揚した点にある。徐は書いている。

中国文化史において、孔子によってはっきりと見出された普遍的人間は、ひととひとの不合理なあらゆる境界を打破し、また、ひとであれば類を同じくすることを承認する平等な理念である。この理念は、周代初めの天の命と民の命が並び称される思想のアーキタイプのなかに芽生えたが、この思想のアーキタイプは、統治者の上層分子から発せられるもので、より広く公開されたものではなかった。[RX 1963（1969）: 64-65]

孔子のかかる平等精神を、徐は三つの側面からより詳しく説明しようとした。（a）孔子は社会的、政治的な階級制限を打破し、伝統的な階級における君子と小人の区別を品徳上の区別へと転換し、階級のなかの圧迫者ではなく、向上心を有するあらゆる個人を指す指標が君子であるとした。孔子によって、社会的、政治的な階級はもはや人生の価値を決定する要因ではなくなり、精神の世界で階級制度に甚大な打撃を与えた。（b）不合理な統治者を打倒するのは反逆者だという政治神話を孔子は打破して、統治者を特権的な地位から引きずり下ろし、一般平民に対するのと同じように良心や理性によって審判した。（c）当時の列国が代表する地方性を打破するとともに、種族の偏見を打破し、当時の蛮夷（野蛮人）と平等に交流した。こうして『春秋』における「華夷の区別」は種族ではなく文化によって決められるようになった［RX 1963（1969）: 64-65, 68］。孔子が周代初期以来の「憂患意識」を受け継ぎ、はじめは行為の実際の効果にだけ注目していた周公たちの立場を、道徳的な反省の立場へと転換したと徐は主張している。こうした「ひとびとが自分で責任を負う」という考えには平等主義の精神が隠されている。「憂患意識」の核心にあるのが、この概念であった。

(3)徐が創出した「憂患意識」ということばは、後になって牟宗三に受け継がれたが、このことばの使い方は徐と異なる。徐は「憂患意識」の歴史的な背景を重んじた。「この憂患意識を生み出した要因は、『易伝』によれば、周の文王と殷の紂王《ちゅうおう》の間に微妙で困難な状況が存在したことに求められる。けれども、こうした精神的な自覚は周の召公〔周公と並ぶ西周建国の功臣〕や周公によって継承拡大されたのだ」[RX 1963（1969）: 21]。「憂患意識」は無から生まれたものではけっしてなく、厳しい政治情勢に迫られて生まれたと徐は考える。徐は「憂患意識」という概念を具体的で特殊な歴史コンテキストのなかで考察しようとした。

徐は周代初期の厳しい政治情勢から「憂患意識」の形成を分析しただけではない。このことばを封建制度が崩壊する社会政治コンテキストのなかで考え、さらに、宗教から人文へと転換する思想史のコンテキストにおいて分析しようとした。「憂患意識」のひとつの表現としての「礼」は、春秋時代以後の人文精神の発展を代表している。それは宗教を取り消したのではなく、宗教を人文化し、人文化された宗教たらしめた。中国人は、人文がひとびとの歴史に実現した価値を、宗教における永遠の要求に取って替え、それによってひとびとの歴史意識を強めたのである。歴史の世界を「彼岸」の世界に取って替えたのである。宗教は彼岸にあってひとの生命を拡充するが、中国の伝統は歴史のなかでひとの生命を拡充するのである(9)。「憂患意識」の形成と発展のプロセスにかんする徐の分析は、「コンテキスト化」というかれの研究方法を十二分に展開したものだが、この点は後で述べるだろう。

牟宗三はこのことばを受け継いで、中国哲学の特徴を明らかにした。しかし、徐復観と比べれば、「憂患意識」という概念を歴史的コンテキストから切り離して、これをキリスト教の「恐怖意識」や仏教の「苦業意識」と比較するものである。牟は書いている。「中国人の憂患意識はけっして人生の苦業のなかで生まれたのではなく、真正の道徳意識を引き起こすもので、徳が習得されないことや、学問がおこなわれないことへの責任感であった。ここから敬、徳を敬う、徳を明らかにする、天命などのイデーが出現した。（中略）憂患の原初の表現は、「事に臨んで恐懼《きょうく》する」という真剣に責任を負おうとする態度であった。真剣に責任を負うことから身を慎み恐懼する「敬」のイデーが生まれた」(10)。牟宗三が述べる「憂患意識」は自己充足したイデーである。徐と牟のことば遣いのこうした相違は、二〇世紀「現代新儒家」の間の相違でもある。

（二）「孝」

徐復観の古典儒教の解釈におけるユニークさを示す第二の概念は「孝」である。(1)徐は、儒教の「孝」は「仁」の出発点であり、道徳思想が放射状に広がる中心を占めると考えた。(2)徐は、儒教の孝道思想の形成を平民が姓氏を獲得する社会史のコンテキストにおいて分析した。この第二点を取り上げて徐の研究方法を明らかにするのは第三節に譲り、ここでは第一点に絞って議論をすすめよう。

(1)まず、儒教思想は仁を中心にした実践的な道徳思想である。「仁とは、ひとなり」。仁は神に由来する意義ではなく、ひとがひとである根拠としての特徴であり、したがってひとの本性に源をもつ。ひとの本質に仁の徳が備わっているのは、孟子が「年端のゆかない幼児でも、その親を愛することを知らない者はない」〔尽心上篇〕と述べるとおりである。孝はひとの子が父母に捧げる愛であり、これが仁の根底をなす。孝の実践は、仁の徳の初歩的な自覚と実践であり、また仁の徳の根底を涵養することであり、したがって有子〔有若、孔子の弟子のひとり〕は、これが「仁をおこなう本である」と言ったのだ。個人が父母を愛するにあたって、混乱し、自覚を欠くばあいは、仁の徳の根底が、それによって枯れ果てる。すると、このようなひとは、社会を調和した互いに助け合う有機体と考えることができなくなり、衝突と闘争の戦場と見るため、強者が弱者を挫き、多数が少数に暴力を振るうのを当然と思ってしまう［「中国の孝道思想の形成変化とその歴史的諸問題」、SX 1959 (1975) : 151］。徐の見るところ「孝」は儒教のあらゆる道徳行為の起点であり、あらゆる道徳項目の基礎であった。

のみならず「孝」は儒教の道徳思想を基礎づけるものとして、血縁において行使される徳行であった。そのため、儒教の道徳を論じるには、血縁関係を延長することから始めねばならないし、そこに着目せねばならない。儒教が「孝」を重視するのは、それが政治、社会に関係するからである。「孝」が宗法制度とふかい関連をもつことを徐は認めている。王権（Kingship）と血縁関係（Kinship）の重層性がきわめて高い古代中国では、「孝」は政権の崩壊を防ぐという機能を帯びざるを得なかった。徐は同じ文章でこう述べている。

周王朝の建国は、同姓を広く封じて異姓を制御するものだった。そして宗法制度を建て同姓内部の秩序と団結を打ち立てるものだった。（中略）だから、団結の目的は「文王の子々孫々が本家も分家も百世まで栄える」〔『詩経』大雅・文王の詩のフレーズ〕ことで、ひとつの姓による政権が失墜しないように維持することだった。こうして、孝の道徳的な要求が、とりわけ重要な意味をもつにいたった。ほかの道徳イデーや制度の多くは、孝を中心にして展開されたのである。［SX 1959(1975):159］

既述のように、周代初期の「憂患意識」は周王朝の創始者が政権の失墜しないように身を慎み恐懼する心に始まったと徐は考えた。同じコンテキストにおいて、儒教の「孝」にも類似した機能を認めることができるから、それを「憂患意識」のひとつの表現と見てよいであろう。

(三)「仁」と「礼」

徐復観による儒教解釈の第三の重要な側面は、二つの緊密に関連する概念――「仁」と「礼」である。徐の解釈にあって、(1)「仁」と「礼」は不可分で、相互に関係する。(2)「仁」も「礼」も儒教の「憂患意識」の別の表現である。

(1)「仁」と「礼」の関係については、前者が「内在世界」であり、後者が「客観的な人文世界」であり、両者は表裏一体だとされる。徐はこう書いている。

孔子によって内面的な人格世界が切り開かれ、人類が無限に融合し上昇してゆく機会が開かれた。（中略）内面的な人格世界というのは、ひとが生命のなかに切り開いた世界であり、客観世界の基準で評価したり、制限を加えることができないものである。なぜなら、客観世界は「量」の世界で、平面的な世界だが、人格が内在化された世界は、質の世界で、レベルを追って上昇する立体的な世界であるからだ。ひとつの人格が内在化された世界は、「仁」の一文字によって代表できる。春秋時代の人文世界を代表するのは礼であり、孔子はこの礼を内心の仁に安置した。だから、かれは「ひとにして仁でなければ、礼を用いてもどうすることもできない」（「八佾《はちいつ》」）と言ったのだ。これは、客観的な人文世界を内在的な人格世界に転換する一大指標にほかならない。［SX 1959（1975）: 158］

また、こうも述べる。

仁を自覚した精神状態とは、おのれを成すと同時に物を成すことを求める精神状態である。こうした精神状態は、個人が学問に努力する動機であり、学問に努力する方向であり、学問に努力する目的である。のみならず、この精神を具体的な生活行為に現実化すれば、仁が部分的に実現される。仁の全体からすれば、これもまたひとつの鍛錬であり、方法である。［RX 1963（1969）: 91］

以上をまとめれば、孔子の論じた仁とは、おのれを成し、物を成す精神状態であり、また具体的な生活行為の実現でもあり、鍛錬と方法でもあって、「仁」を実現する鍛錬と方法が「礼」にほかならない。徐復観が明らかにしたのは、このことだった(11)。

儒教思想における「仁」と「礼」の不可分性をめぐる、徐のもっとも見事な議論は、『論語』顔淵篇の「仁を問う」章のつぎの解釈であろう。

「おのれ」とは生理的な存在としてのひとであり、新儒教が言う「形気」に当たる。(中略)「おのれに克つ」とは、そうした私欲に打ち勝ち、みずからの形気の限界を突破し、その生活を礼と完全に一致させることで、根本的なところから着手して全面的に提起された鍛錬、方法である。根本的で全面的な鍛錬、方法は、仁を実現するプロセスの途上にあるレベルごとの限界を超越するから、仁の本体がそのまま現出する。だから、「ある日、おのれに克ち礼を取り戻せば、天下は仁のもとにあつまる」と言うのだ。天下が仁のもとにあつまるとは、天下がすべてみずからの仁の徳へと融合され、渾然として物と一体となることで、仁そのものが全面的に露呈することだ。天下が仁のもとにあつまるとは、ひとがみずからの生命のなかに切り開いた内在的世界である。そしてひとがこうした内在的世界を切り開けるのは、ひとの生命のなかに、この内在的世界(仁)がもとから備わっているからで、その切り開きは、おのれに克つことを念じるだけでよく、外在的な条件はいらない。だから、つづいて「仁を為すのはおのれによるのであり、どうしてひとによろうか」と言うのだ。けれども、こうした全面的に提起されたおのれに克つ鍛錬は、具体的に着手できる場所が必要であり、だから顔淵はその後で「その眼目を聞きたく存じます」と問うたのだ。孔子が述べた「礼でなければ見てはいけない」とは、おのれに克つ鍛錬の「眼目」にほかならない。［RX 1963（1969）: 91］

孔子の「仁」は、実践のプロセスで、多くの限界にぶつかるが、人欲や形気の障害を突破した後は、みずからの内在世界を外に向けて解放すれば、「仁の本体」がそのまま現出し、こうして「天下が仁のもとにあつまり」、渾然として物と一体となった境地が現れる。「おのれに克ち礼を取り戻す」の「おのれ」は、徐の解釈では、わが身の私欲である。徐が朱子の『論語集注《しっちゅう》』の考えを受け継いでいるのは明らかだ。「おのれに克ち礼を取り戻せば、天下は仁のもとにあつまる。仁を為すのはおのれによるのであり、どうして人によろうか」という孔子の述べるフレーズを解釈するさい、朱子は「身の私欲」に「克」つことを強調した。朱子はこう説いている。

仁とは、本心の全き徳である。克とは勝つことである。おのれとは、身の私欲を言う。復とは返ることである。礼とは、天理の節文《ふしめごとのあや》である。仁を為すとは、その心の徳を十全に保つためのものである。思うに、心の全き徳とは、天理にほかならず、人欲に破壊されることのないものである。だから、仁を為す者は必ず私欲に打ち勝って礼を取り戻すことができ、そうなれば

すべてのことがらは天理となり、本心の徳が再びわたしのものになるのだ。(12)

『朱子語類』で、朱子がまた「おのれの私に克ち、この天理を取り戻せば、すなわち仁である」(13)と述べるのも同じ趣旨で、どちらも、ひとの「自己（self）」を「天理の公」と「人欲の私」という二つの側面に分けて、「天理の公」によって「人欲の私」に打ち勝つことを強調するものである。「勝」によって「克」を解釈するのはこうしたコンテキストにおいてだった。『論語』全編のなかでも、顔淵篇の「顔淵、仁を問う」の章は、思想史において特に重要な位置を占めている。この章の重要性は二つの面から明らかにできる。まず、孔子思想の構造から見て、『論語』全書で「仁」に言及するのは全部で五八章、「仁」という単語は一〇五カ所見える(14)。「礼」に言及するのは全部で三八章、「礼」という単語は七三カ所見える。「仁」と「礼」の関係は複雑で、緊張をはらむとともに相互の関連は創造的でもある(15)。そして、こうした両者の複雑な関係をもっとも良く説明するのが、「顔淵、仁を問う」の一章なのである。「おのれに克ち礼を取り戻す」と「仁を為すのはおのれによる」という孔子が述べた二つのフレーズは、簡潔な表現のなかに「仁」と「礼」の複雑な関係を語って余すところがない。「おのれに克つ」が「わが身の私欲」を取り除くことだという朱子の解釈は、明代と清代の儒者の非難を惹起した。明末の王陽明門下の鄒守益《すうしゅえき》（一四九一～一五六二）、王竜渓《おうりゅうけい》（一四九八～一五八三）、羅近渓《らきんけい》（一五一五～一五八八）、清代初期の顔元《がんげん》（習斎、一六三五～一七〇四）、李塨《りきょう》（恕谷、一六五九～一七三三）、戴震《たいしん》（東原、一七二三～一七七七）たちは、朱子の「おのれに克ち礼を取り戻す」

にたいする解釈を激しく批判した。かれらはみな性の一元論者であって、宋代の儒者による天理を存して人欲を去るという人性論に反対で、「本然の性」「気質の性」に二分する人性論にも反対だった。「おのれに克ち礼を取り戻す」の解釈の変遷は、明清思想史の屈折と展開を具体的かつ微細に示すものである(16)。徐は古典儒教を解釈するさい、「孟子の『言《ことば》を知り気を養う』の章試訳」で朱子の注に激しい非難を投げかけた例(17)に見るとおり、朱子の注釈を批判することが多いのだが、「顔淵、仁を問う」の章ではかえって朱子の考えを受け入れているのである。批判的な継承という態度で、徐が朱注に対していることがわかるだろう。たしかに、徐は朱注を受け入れ、ひとが仁を為すプロセスによってわが身の私欲を取り除くべきだとした。けれども、かれは他方で「仁」が「礼」に先行することを強調している。孔子が「仁の体」が現出する経験を踏まえて、「仁」の先天性や無限の超越性を了解し、天の要請を主体性の要請へと転換させ、決定権を天ではなく、わたしに取り戻したことを明らかにしたのである(18)。

(2)しかし、「仁」と「礼」は儒教の「憂患意識」といかなる関係があるのか？

この問題を考えるには、儒教の基本的な性格にかんする徐復観の理解を明らかにしておく必要がある。徐は一九五二年（時に四九歳）にはすでに、儒教思想に二つの主要な側面が含まれていることがわかっていた。ひとつは、性善論にもとづいて打ち立てられた道徳内在説であり、ひとと一般の動物を峻別し、ひとを円満かつ完璧な聖人あるいは仁士に転化させ、世界にたいして責任を負わせるものである。もうひとつは、内在的な道徳を人倫日用の世界に客観化して、倫理の実践から「人類愛」へと拡大し、ひととひとの関係やひとと物の関係をひとつの「仁」の関係に変えることである。性善の道徳が内在されているのが人心の仁である。そして倫理を実践するのは仁の応用であり、これら二つは内外が合一し、本末が一致して分けることができない［「儒家精神の基本性格、その限界と再生」、RJZZ 1979: 59-60］。以上のような見かたを、徐は終生変えることがなかった。孔子が述べた「仁」の無限性はただちに外にある客観世界へと拡がり、ひとの道徳主体と内在的世界を切り開き、「仁」の順応性と構造性を客観世界のなかに発展的に実現する。儒教のこうした思想の性格によって、ひとの集団は理性的世界のなかに生活することができ、ひとの道徳主体は明朗かつ明晰なものとなって、原始宗教の残滓を取り除くことができるのである。こうした明朗かつ明晰な道徳主体においては、「仁」が「知」の追求を要請し、個人が天下や国家と結びつくことになるのは自然である［RX 1963 (1969): 263-265］。徐は、内外合一という視点から、孟子の「拡充」の概念を解釈した。「孟子は心に仁義礼智のきっかけがあることから性善を導き、これら四つのきっかけを拡充して、心を尽くし、性を知り、天を知ることについてのべた。しかし、拡充する力をもつのは、やはり仁にほかならない。（中略）仁の本体を現実化させたものが仁義礼智なのだ。知識は外から蓄積され、推量されるにすぎず、内から外へ拡充するのではない。拡充する力は仁である」［RX 1963（1969）: 183-184］。

内外一如という視点から儒教思想を理解すると、内から外へ向かう「拡充」が終わりなきプロセスであることに気づくだろう。その終わりのなさが、ひとを憂慮の状態に陥らせるのである。徐はこう書いている。

> 仁の基本的な表現は、やはり憂患意識である。だから、孟子は許行〔諸子百家のうち農家の思想家〕にかんする章（「滕文公《とうぶんこう》上篇」）で、堯、舜、禹、后稷《こうしょく》〔周王朝の伝説的祖先〕、契〔五帝のひとり。堯の異母弟で、天文学の開祖と言われる〕による民衆救済のじっさい（実、すなわち仁）を叙述し、まず、「堯はひとり、それを憂えた」と言い、つぎに「聖人はこれを憂うるあり」と言い、三度目に「聖人の民を憂うること、このようであった」と言った。みずからの修養については、「このゆえに君子はどうみずからを終えるかの憂いあり」（「離婁《りろう》下篇」）と書いたのである。［RX 1963（1969）：184］

古典儒教の思想における「仁」の解釈にとどまらず、中国文化の特徴を考えるさいも、内外一如、物我貫通という視点が援用された。徐はこう述べる。中国文化の発展の特徴は、上から下へ向かい、外から内へと収まる性格をもつ。下に向かったあと再び上昇することを天命で表現する。この天命は道徳が達成される境地であって、じつに道徳そのものの無限性でもある。内に収まったあと再び外へ拡充することを天下国家で表現する。この天下国家は道徳の実践対象であって、じつに道徳そのものの客観性、構造性でもある。人格神の天命から、法則性の天命に到り、法則性の天命から、ひとの身体に凝集したひとがひとであるところの性に向かい、ひとの性からひとの心へと現実化して、人心の善によって、性善を述べる。これが中国の古代文化の長きにわたる屈折、発展から得られる総合的な結論である」[RX 1963（1969）：163-164]。徐の逝去の年である一九八二年（時に七九歳）、かれは「程子と朱子の異同」を書き、「道徳有機体の人文世界」ということばを作って、儒教におけるこうした物我貫通の性格を描いた。徐はこう述べた。

孔子が見つけ切り開いた自己が仁であった。（中略）仁が、生命のなかに現出された道徳精神の状態にほかならないのは必然であり、だからこそ、このようにありのままなのだ。（中略）中庸は天命に根拠づけられるのではなく、ひとの性に根拠づけられ、こうして「おのれの性を尽くす」ことによって「ひとの性を尽くす」ことができる。「物の性を尽くす」と言われるのは、自己の上昇、完成にほかならず、これによって展開されるのが道徳有機体の人文世界なのである。[SXX 1982 : 573]

徐は、孔子の仁学が「おのれを為すの学」であると言う。かれは書いている。

おのれを為すの学とは、知識を追求する目的が、自己を発見し、切り開き、上昇させることで、自己の完成を求めることである。かれの言う「学を下して上達する」はまさにこのプロセスを説明する。わたしとひとや物との関係は、わたしの方でわたしの外にあるひとや物との関係を知り肯定するだけでなく、自己の発見が上昇するにつれて、生理的なわたしを道徳理性のわれに転化し、もとはわたしの外にいたひとや物を、自己と融合してひとつにしてゆくのである。

［SXX 1982: 573］

儒教の「仁」とは、「霊的」なものではまったくなく、神秘主義的な「感通」でもなく、社会・政治・経済の活動に積極的に参画するなかで、ひととひとの相互関係において「自己」の価値を十分に体現することであった。

こうした徐による「仁」の解釈は、現代儒学者のなかでは特異なもので、唐君毅のそれとは鮮明な対照をなしている。唐君毅は二〇〇〇年にわたる儒者の「仁」解釈を検討して、先秦時代と唐代の儒者が愛は仁であると言い、清代の儒者がことがらの功績を仁と言い、清末には社会の政治制度の改革が仁と言われたのは、いずれも誤っていると述べた。新儒教が、ひとの徳あるおこない、内心の境地、内心の性理から仁を語り、仁の本が天道にあることを知ったことが、孔子の趣旨にもっとも叶っているのである。新儒教の考えが哲学における意味の必然性と合致している以上、こうした新儒教の考えを使いたいというのが唐君毅の意図である(18)。かれは、新儒教の考えにもとづき、孔子による仁の定義をこう解釈した。「ひと自身の内在への感通、他者への感通、天命鬼神への感通の三側面において、ひとは情を通じることによって感をなし、感に応ずることによって通をなす。（中略）『論語』には感通を説明した文章はなく、これらは『易伝』にもとづく。だから、『易伝』が感によって通を遂げると書いたことで、初めて卜筮《ぼくぜい》（占い）の考えと関連づけられた。そして宋代の儒者がずばり、ひとの心と生命の感通によって仁を説明したのである」[20]。唐君毅は「感通」によって「仁」を解釈する。そこに物我貫通の趣旨が含まれているのを否定はしないが、唐君毅がその「実在」の精神的な位相を重んじていることは明らかである。徐復観が「活動」の現実的な志向を重んじるのとは鮮明な対照をなす。ここからも、歴史学の世界においてひとの具体的な活動に関心を向ける徐の特徴が浮かび上がるのである。

ここまでの議論をまとめてみると、徐復観は二〇世紀において儒教を再解釈するさい、周代の文化にある「憂患意識」を中心に、古典儒教における「孝」「仁」「礼」といった重要な徳目を俯瞰して、これらの道徳概念や行為は「憂患意識」の表れにほかならないと考えた。「憂患意識」はその社会的、政治的な源から見ると、政治哲学であって、政権を延命させ民族を繁栄させる働きをしたが、個人における自己修養の意識からすると、それは道徳哲学でもあった。儒教の「孝」「仁」「礼」といった徳目は内外合一の特徴をもっていると徐は捉えたのである。

三　徐復観の解釈学の方法──唐君毅との比較

さて、つづいて、徐復観が儒教思想を解釈するさい、その方法論における特殊な傾向とはなんだろうか？

第一章に書いたように、徐復観による思想史の研究方法は、「全体論の方法」と「比較の見かた」から成るものだった。「全体論の方法」はさらに第一に、「進化」のコンテキストから思想史の意味を了解しようとする「発展的な全体論」と、第二に、「部分」と「全体」の間、あるいは思想と現実の間に構造的な全体をつくりあげようとする「構造的な全体論」に細分できる(21)。徐は、自分の研究対象を髪一本引くだけで全身が動くような緊密な全体性と見た。思想やイデーをつかむのにもっともよい方法は思想やイデーを広大な時空間において考察することである。こうした古典の解釈方法を、徐は「コンテキスト化（cnotextualization）」の解釈方法と呼んだ。この方法は、徐の著作のなかで二つの具体的な操作方法として表現されている。（一）儒教思想を当時の歴史状況に置いて儒教思想と当時の社会の相互関係を探ること。（二）儒教思想を徐が生きた時代コンテキストのなかで批評し、古典に新しい意味を与え、新しい解釈を古いテキストに施すこと。こうしたじっさいの操作方法によって、徐の筆になる儒教の言説は現実を遊離した高尚な議論ではなくなり、儒者たちも庶民の日常から隔絶した花鳥風月を高吟するたぐいの貴族や隠遁者ではなくなる。それどころか、儒教テキストは時代のコンテキストに深く浸潤した福音書となり、儒教思想家は人民の苦しみに正義の手を差し伸べる闘士たちとなる。

（一）第一レベルの「コンテキスト化」

徐復観の解釈学の方法の第一レベルは、儒教思想を二〇〇〇年前の歴史コンテキストのなかで理解することである。徐の著作から、かれが二つの理由からこうした主張をしていたことがわかる。(1)ひとの存在はひとつの「歴史的な存在」であって、「非歴史的な存在」ではない。(2)中国思想には強烈な現実世界への志向がある。まず、ここではこの二点につき説明したうえで、徐がじっさいにそれらをどう操作するかを見てみたい。

(1)ひとは強烈な「歴史性」を有し、抽象的で普遍的なカテゴリーとしての存在ではない。徐復観の文章のスタイルは太史公司馬遷（子長、前一四五～前八七）の深い啓示を受け、人性の複雑さ、多面性、歴史性にたいして深刻な理解があった。かれの学術世界の「ひと」とは、庶民の日常から隔絶した花鳥風月を高吟するたぐいの貴族や隠遁者ではない。それどころか、かれの筆になる「ひと」とは、いきいきと生産活動に従事する具体的なひとである。かれが描く中国知識人は専制の伝統という害毒のもとで呻吟し、悲痛のなかから奮起して、著述に潜心し、苦難をなめる人民に正義の手を差し伸べる(22)。かれの見るところ、ひとは具体的で特殊な歴史状況のなかにあり、歴史の経験と現実に浸潤された存在であった。こうした徐の見かたは終生変わらず、一九八〇年、七七歳の高齢で『孟子』万章《ばんしょう》下篇のパラグラフ（「孟子が万章に、こう述べた。天下の善き士を友とするだけでは足りず、古えを論ずるひとを尚《たっと》ばねばならない。古人の詩を暗唱し、古人の書を読む以上、そのひとを知らないでいられようか。だから、その世を論ずるのである。これこそ友を尚ぶことなのだ」）を解釈するときも、ひとの本質とかれが理解するものをこの上なくはっきりとこう説明している。

いかなる古人も、時代（世）のなかに生きている。ひとの価値は時代のなかで形成され、また時代のなかで論評される。そうでなければ、ひとは具体的ではなく抽象的な「非歴史的な存在」になってしまう。孟子はさらに一歩をすすめて「その世を論ずる」ことにより「そのひとを知る」という目的を達しようとする。ひとと世を緊密に結びつけて、歴史によりひとを確定し、ひとによって歴史の動きを照らす。こうやって、孟子はひとの世界に入ってゆく。精神の血脈をもった歴史世界へと入ってゆくのである。［JX 1982: 31］

ひとはまさに「歴史的な存在」であるがゆえに、思想史研究には、孟子が述べるような「ひとを知り世を論ずる」レベルがなければならない。なぜなら、「思想史の仕事は、古人の思想を、現代や後世のひとびとに向かって解釈してゆく仕事だからだ。（中略）古人の思想の形成は、かれが出遭った時代と密接な関係がある。（中略）こうした発展や変化をつかんで、はじめて思想史で言われる『史』の責任を果たすことができ、あらゆる思想を公平で正確な『定位置』に置くことができる」［「中国思想史を研究する上での考証問題（序に代えて）」、LH 3 1979: 3-4］。徐が、時代コンテキストにひとを置いて分析するわけは、こうした理由からだった。

(2)「中国思想は、形而上学の気配を帯びた時期もあったが、つまるところ、現実の世界に安住し、現実の世界に責任を負うもので、観念の世界に安住し、観念の世界で観想するものではなかった」［「第三版改名自序」、LH Ⅰ 1979:Ⅰ］と、徐は断言している。かれは、中国思想はこのような現実世界への志向という特徴をもっていると考えた。だから、古代のひとびとが提出したひと自身にかんする思想を、その時代の社会の要請に応えたものと捉え、社会のさまざまな条件の制約と影響を受けたものと一貫して考えてきたのである。思想史に携わる者は、まずある思想家が生きた社会環境のなかでその思想を理解し、その思想を知のシステムとしたうえで、その後の歴史に与えた影響を評価すべきである［「孟子政治思想の基本構造と人治・法治の問題」、SX 1959（1975）: 153］。『両漢思想史』を書くにあたって、漢代の政治社会構造の特徴をつかんでから、前漢・後漢の思想の歴史的背景を明らかにしたのは、こうした見かたを採ったからである。かれは、漢代の政治社会構造の特徴は、歴史が発展するコンテキストのなかに置かなければはっきり捉えることができないと考えた［「第三版改名自序」、LH Ⅰ 1979:Ⅰ］。かれが「コンテキスト化」という解釈方法にこだわったもうひとつの理由である。

中国思想は現実世界に高い関心をもっている。したがって、中国文化が古代ギリシャ文化ともっとも大きく違う点は、こうだ。中国人は人間の災いはすべて政治に由来すると考えた。そこで、中国の古代文化はまずどうやって、ひととひとの相互の関係からくる災いを避けるかを思案したのである。中国文化の動機はギリシャのような自然への驚異ではなく、「『易』をつくった者には憂患があったのだろうか」と『易伝』が述べたところの「憂患」にあった。ギリシャ文化の動機は好奇心だが、中国文化の動機は憂患なのだ［「徐復観先生、中国文化を語る」、ZW 3 1980: 87］。徐によるこうした中国と西洋の文化の差異にかんする考えは二分法のきらいなしとしない。けれども、かれが中国の文化や思想の経世志向に注目し、さらに「憂患意識」を中国文化の動力としたことは、深い見識を示すものだった。

第一レベルのコンテキスト化という解釈方法を徐が選んだ理由は以上のとおりである。つぎに、もう一度、⑴「憂患意識」、⑵「孝」を具体例として、徐の解釈方法の適用のありさまを見てみよう。

⑴徐の儒教思想史の解釈でもっとも創見に富むのは「憂患意識」であり、これは周代初期の歴史コンテキストから練り上げたものだった。かれは周代初期のドキュメントを精査して、つぎのことを発見した。周王朝の創始者は人事の吉凶や成敗が確かでないことに、ふかい恐れと警戒の心をいだいた。こうした恐れと警戒の心から、ことに臨んで恐懼《きょうく》し、「敬」によってものごとを処分する態度を作りあげた。徐は『尚書』の精読から、こうした具体的な政治史のコンテキストに凝集された「憂患意識」を読み取ったのである。

⑵もうひとつ、徐の「コンテキスト化の解釈方法」を体現した応用例は、儒教の「孝」の思想にたいする解釈である。

「孝」が中国思想の伝統に占める重要性を、徐は十分に知っていた。かれによれば、孔子は平民の身分で社会において教育を営み、同時に孝を貴族から社会へと拡げた。『論語』において、孝は人類の基本的な特徴とされている。姓によって族を構成することが引き続き強化されたので、戦国時代中期から、諸子百家はほぼ例外なくさまざまな視点から孝の問題を論じた。『孟子』は、孝を『論語』よりずっと重視している。漢代には文帝（在位前一八〇～前一五七）から、とくに孝悌が強調されたことには、政治的、社会的な意義がある。政治的な意義とは、漢代の初めに、異姓の王侯を排除した後、同姓の王侯を大々的に封じ、孝のイデーによって団結を図ったことだ。すでに恵帝（在位前一九五～一八八）以来、孝恵・孝文・孝景など孝の字が諡号《しごう》とされていたのである。その社会的な意義とは、姓の普及に応じて宗族も普及したことに対応するため、孝のイデーが宗族の精神的な紐帯として要請されたことであった［LH I 1974 : 330］(23)。

しかし、孝道はどうやって生まれたのか？　徐は、この問題を古代の中国社会の進歩のコンテキストのなかで検討した。中国社会の姓氏がもとは部落の呼称だったことは、周辺の異族となんら異なるところはない。この時期、姓と氏は一体で区別はなかった。周代初めになると、中央の政治権力の統治機能を強化するために、姓と氏を分けて、宗法制度の中核を形づくった。春秋時代中期からは、宗法制度が崩壊し始め、姓と氏はまた合体してひとつになり、社会の平民層に姓氏が登場した。前漢の末期になると、平民が姓をもつことがほぼ完成した。こうした三回の大変動によって形づくられた姓氏は、さらに姓氏から宗族へと生成して、姓氏と宗族の基礎のうえに、中国三〇〇〇年にわたるライフ・スタイルやイデオロギーを構成して、中国独自の社会構造を打ち立て、民族の生存と発展に向けたさまざまな機能を生み出したのである［LH Ⅰ 1974: 346］。中国儒家がとくに重視する孝道は、こうした具体的な社会コンテキストにおいて誕生し、血縁を持続的に継承させる作用をもつ道徳的な思考を構成したのである。

中国思想史を研究する経験から、徐は、事実がまずあって、それからこの事実を反省して、その事実を解釈するイデーが生まれることを帰納した。イデーができると、イデーを表象することばが生まれる。イデーとことばの誕生は、事実を理論化するプロセスでもあった。事実からイデーに向かい、イデーからことばにいたるまでには、かなりの時間が経過していることがふつうである。だから、かれは、思想や概念をそれが生まれた歴史のコンテキストのなかに戻して、それが発展するプロセスを考察したのである［RX 1963 (1969) : 162-163］(24)。

（二）第二レベルの「コンテキスト化」

徐復観の解釈学の第二レベルは、儒教をかれ自身が身を置いた二〇世紀という時空間のコンテキストにおいて検証し、評価することである。この方法を用いることで、かれは「伝統の革新主義者」あるいは「儒者リベラリスト」となった(25)。

この議論をわかりやすくするため、まず徐が生きた歴史的コンテキストを説明しよう。かれが身を置いた歴史的コンテキストで、その中国文化の解釈と関連するものは二つある。第一は、二〇世紀の三〇～四〇年代における中国知識世界で起きた中西文化論争であり、第二は、民国以来の中国政治の変動である。中西文化論争という客観的なコンテキストにおいて、かれは現代の学者と中国文化の特徴を議論した。かれは二〇世紀における中国政治の激変のなかで、「発憤の心」によって中国文化の未来をつかんだのである(26)。こうした二つの歴史的コンテキストのうち、第一のコンテキストは、徐が中国文化を解釈する思想的な背景である。だが、かれの儒教思想の解釈にかんする限り、第二のコンテキストはより決定的な意味をもつ。かれの儒教解釈学と、現代中国の変動にかんするその見かたはどう関係するのか。この問題をより適切に把握するためには、以下のいくつかの論点を順に議論する必要がある。(1)中国の歴史文化の問題を徐が省察する出発点は、一九四九年の中国大陸の歴史的変動にあり、中国の救国経世こそ、かれの学問の目標であったこと。(2)現代中国の変動を省察して、中国の前途が民主化にあり、学術文化によって政治を昇華させることにポイントがあると考えたこと。(3)こうした転換の工程では、知識人がまず「憂患意識」をもってはじめて、儒教の伝統から民主政治への新しい局面を切り開いてゆけると考えたことである。

(1)一九四九年は、徐復観の生命と学問のプロセスにおける転換点となった。大陸政権が交替する以前、徐は高層レベルの政治圏に近づいたが、かれは本質において現実政治を嫌悪する者で、一九七一年、六八歳のときに述べたように、「わたしは現実政治をほんとうに嫌悪する人間だった。民国三七（一九四八）年から、いかなる現実政治にも参画しないと決意した」［「中国人の国家問題への態度」

『華僑日報』1971.1.9、ZW 3 1980: 324〕。現実の政治圏からは勇気をもって退却しはしたが、現実に関心を寄せるという志をかれは一刻も忘れたことはなく、「中国問題にかんして、分析者の立場から語るのではなく、ひとりの『当事者』の気持ちで語りたかった」〔「中共問題断想」、ZW 1 1980: 154-157〕ために、民国三八（一九四九）年五月、香港で『民主評論』を創刊して主筆となり、政論から学術へと転じて、大学にて教鞭をとり、研究と著作に専心する三〇年の新たな生命のプロセスを切り開いたのである。ここには、当時の最高指導者、蔣介石（一八八七～一九七五）の援助もあった〔「残照と影法師」、ZW 2 1980: 341-349〕。かれはほかの同時代人とともに、一九四九年の歴史的変動をへて、厄災の目撃者となり、「尊い、偉大な、誇るべき、輝けるものが一瞬にして虫けらのごとく雲散霧消してしまったのみならず、（中略）わが親友、家族、山河、大地と一夜にして、永遠の別れを告げた」〔「自序」、XS 1976（1980）: XI〕。時代の激変は、かれの心に癒しがたい烙印を押した。かれは時代の血涙をみずからの学問世界に注ぎ、その考証の仕事をも時代の感慨で浸した(27)。一九八二年二月一四日、台湾大学付属病院九〇七病室にて、曹永洋が記録した口述筆記のつぎの一節は、かれの学問の特徴をもっともよく総括するものである。

一九五〇年代に入っても、授業の合間に、前へ進もうと悪戦苦闘した。ひとつには原始ドキュメントと論理だけを頼りに、じっさいの社会や政治の問題を材料にして、伝統文化から醜悪なものを探し出して捨て去るのだが、いくらやっても終わらないのではないかと危惧した。伝統文化にある善にして美なるものは、表に出して顕彰したが、飾り過ぎていはしまいかと危惧した。三〇年間の著作には誤りも多かろうが、嘘を書いた覚えはない。一時の感情の高ぶりで書いたものは少なくないが、そうした心の動きも、もとはといえば、時世への感傷から湧き上がった気持ちであって、いま振り返ってみて心に疚しいものはないと誓って言える。［「自序」、SXX 1982: I］

かれの学問のやりかたは、まさに「時世への感傷」のなかで、身を躍り出して救国経世を試みるものだった。

(2)こうしたきわめて強い経世の動機をもって、徐復観は中国の歴史文化の長河へと勇躍乗り込み、砂から金を得ようとした。「中国の伝統文化はいまでも意義を有する。その決定的なポイントは、民主政治を切り開けるか否かだ。伝統文化のなかから民主政治を切り開けるなら、伝統文化が維持できるだけではない。民主の力を促すことさえできる。わたしが三〇年間、文化に傾注してきた努力はおもにこの点を目指してきたのである」［「中国伝統文化における性善説と民主政治」、1981.12.15（七八歳）、ZH 1984: 140］。徐のこうした見かたは民国三八（一九四九）年前後に生まれ［「殷海光先生の追憶」、ZW 4 1980: 168-179, 174］、年を追うごとにその信念は強められた。

かれがさまざまな学術論文や著作で痛烈に語りつづけたのは、中国文化の政治伝統が専制政権をおもな特徴とし、「国君の主体性」を本質として、農村社会を搾取し、先秦儒教の政治的な理想を蹂躙してきたということだった(28)。秦の始皇帝の中国統一後に「個人専制」の体制がつくられ［「封建政治社会の崩壊と典型的な専制政治の成立」、ZQH 1972（1975）：63-162］、その体制が漢代にさらに発展したことを徐は明らかにした［「漢代の個人専制政治のもとでの官僚制の変遷」、ZQH 1972（1975）：203-280］。中国専制政治における「国君の主体性」の現実と、儒教政治思想の「人民の主体性」の間の矛盾を見極め［「中国の治道」、RJZZ 1979：218-219］、こうした「二重の主体性の矛盾」が知識人に大きな閉塞感を与えていることをえぐった［「前漢・後漢知識人の専制政治から受けた閉塞感」、ZQH 1972（1975）：203-280］。漢代知識人の「怨み」を分析して、『離騒』は中国政治史において初めて書かれた「夫に捨てられた婦人の嘆きのうた」（棄婦吟）であると述べた。これら深い学識ある歴史判断は肯綮《こうけい》に当たるものばかりだった。このように中国専制政治の本質をきわめて的確に明らかにできたのは、かれが学問に精励したほかに、じっさいの政治に参画した経験とも関係している。「もっとも後悔するのは高き楼に近づいたこと」と言う通りである。

伝統中国が専制によって蹂躙されたのなら、近代中国のばあいはどうか？　徐によれば、二〇世紀の中国文化には二つの特徴がある。第一は、外国との政治的な衝突において、中国と西洋の文化同士の衝突を生み出したことである。西洋文化に反対する者は民族的な感情に駆られ、西洋文化を批判したのではなかった。中国文化に反対する者も西洋勢力への憧憬からそうしたのであって、中国文化の省察から出発したのではなかった。そうした衝突が最高潮に達したのが五四運動であった。

第二の特徴は、影響力ある文化や思想のなかで、社会の大変動にあって社会や政治の問題に関心をもたないものはないが、社会や政治の問題もまた文化や思想に影響しないものはないということだ。こうして、文化や思想は現実の政治と切っても切れない関係に結ばれる。だから、文化や思想が独立した学術研究によって発展することはあまりない。政治的な目的に促されてなされることの方がはるかに多いのである［「三〇年にわたる中国の思想文化の問題」、XS 1976（1980）：423-424］。徐によれば、こうした現象が生まれる理由は多々あるが、最大のポイントは民主政治の挫折であった。かれはこう書いている。

中華民国五〇年の歴史を客観的に振り返れば、われわれの歴史の運命がまさにもっとも大きな挫折をこうむったと述べてよいだろう。（中略）ここで言う挫折とは、孫文が唱導した民主政治が絶え間ない障害に出会って、ついには大陸ぜんぶが全体主義の政治の鉄のカーテンに閉ざされてしまったことを指す。（中略）人類は民主政治のもとではじめて、みずからの意志にもとづき、みずからの政府を選ぶことができる。政権は人民の自由な選択のもとで平和的に移行してはじめて、政権につきものの権力者殺害の災いを勝ち抜き、精神的で、物質的な、絶え間ない発展へと人類を転換させることが可能となるのである。だから、民主政治を打ち立てることは、中国の歴史の運命を飛躍的に展開させることを意味する。他方で民主政治の没落は、中国の歴史の運命のすべての挫折を意味する。［「中国史における運命の挫折」、SX 1959（1975）：257］

これは国を喪い憂患の辛酸をなめた後に残された目撃者の証言であり、中国文化を論ずるなら、まずその本来の姿が何であり、専制政治の圧迫によってこうむった汚辱が何であったかを明らかにせねばならないという呼びかけであった。中国文化が専制政治に復讐をしたうえではじめて、引き続き人類の偉大な使命を担うことができることを知るべきである［「中国史における人君の尊厳問題の検討」、XS 1976(1980): 498］。中国文化の中心である儒教思想を専制政治から徹底的に峻別することに、かれはその生涯を捧げた。

(3)二〇世紀の中国政治が何度も挫折をこうむったという歴史的コンテキストにあって、徐復観は、古典儒教を解釈するさい、儒教と現代の民主政治の間の関連に特別な関心を寄せた。儒教を二〇世紀の歴史のなかで「コンテキスト化」することで、古典儒教の思想の欠陥が一目瞭然となった。熊《ゆう》自健《じけん》が指摘するように、制限された政府、主権在民、個人の権利などのイデーや制度を欠くゆえに、儒教が民本を民主へと転換することができない、と徐は考えた。だから、儒教の政治思想を民主政治に接続させるためには、政治の主体を統治者から人民へと移行し、被統治者を起点として、徳治を客観化し、具体的で実行可能な制度につくり変えることが必要だった(29)。

儒教の根本的な欠陥は、統治者の立場に立って政治問題を考える点にあると、徐ははっきりと述べている。かれによれば、儒教とは、統治者の立場に立って政治問題を考えるために、その発言のすべてが君道、臣道、士大夫の出処進退の道を出るものがない。純粋な政治思想であっても、こうした狭いテーマに限られていては、それを客観化して、真正の政治学にすることはできない。だから、こうした思想の中身は、まだ芽が出たばかりで、花が開くまでにはいたっていない。［XS 1976（1980）：55］

こうした批判は、肯綮にあたり、肺腑をえぐるものである。儒教のそうした欠陥にたいして出された治療薬は、儒教における政治思想の主体性を転換することだった。かれは述べている。

統治者からはじめていた儒教の政治思想を、下へと切り替えて被統治者からはじめるようにし、わが国の歴史でないがしろにされてきた個人の自覚という段階を補えば、民主政治は、儒教の精神が復活するにともなって、さらに高い根拠づけを得るだろう。そして儒教の思想も、民主政治の樹立によってその真正の客観的な構造を完成させることができるだろう。［XS 1976（1980）：59-60］

儒教の思想をみずからが生きた現代中国のコンテキストのなかで考えた結果、徐は「主体性の転換」（「国君の主体性」から「人民の主体性」への転換）という仕事を、儒教が二〇世紀に不死鳥のごとく蘇る契機として提起したのである。

こうした主体性の転換という巨大な工程において、とくに期待を寄せたのが知識人だった。過去に帝王の意を迎えた「小人の儒」を非難してやまなかったのは当然だが、現代の知識人への指弾はもっと激しかった。近代の知識人は文化の問題を考えるときに、歴史と時代の限界を突破して伝統文化の力をつかむことに失敗し、つねに勢力あるもの（西洋や共産党）に寄りかかって知識にもとづいて問題を捉えなかった［「徐復観先生、中国文化を語る」、ZW 3 1980: 94-95］。政治においては、感情面で国民党を嫌悪し、内心では共産党を恐れ、嫌悪と恐怖の間で進退きわまり、自分の殻に閉じこもって、歴史文化や自分の本質とかかわる問題を避けて通り、みずからの是非の判断力を殺して語らなかった［「現在は人類が猛反省すべき時代である」、ZW 3 1980: 268］。徐は現代の知識人が左右の専制政治の力に挟撃された後、歴史文化や民族の命運から疎外された苦境を「東奔西走し、定まるところを知らない」と形容した［「宣伝問題からわれわれの前途を考える」、ZW 3 1980: 282-286］。一九四九年九月一一日、徐は痛恨の思いで大陸の変貌を省察し、「中国社会の反共の力を潰したのは誰か」という文章で、中産階級や全民衆の活力を支え、反共の力を回復するには、孔家・宋家財閥〔孔祥熙、宋子文の家族が経営する財閥のことで、蔣介石、陳立夫の家族とともに、中国経済を支配する浙江財閥を形成した〕の害毒を根絶して、派閥のエゴにゆがめられた政治の孤立を転換するほかはなく、そうしてはじめて、わずかに生き残った中産階級、とくに知識人が、自由と独立を勝ち取るための困難な仕事で力を発揮できると呼びかけた［XS 1976 (1980): 251-256］。知識人の責任を問うこと痛切にして、かれらに期待すること厚く、知識人階層が立ち上がって儒教を改造し現代民主政治へと架橋する重い任務を担うことを徐は願ったと言えよう。

「現在によって過去を解釈する」という解釈方法については、一九七九年、七六歳の高齢で、みずからの研究を回顧したさい、こう述べた。「二〇年以上の仕事は、クローチェ（B. Croce, 1866-1952）の『すべては現代史である』という発言を証明している。五〇年代の台湾における中国文化に反対する圧力がなければ、六〇年代の大陸における孔子反対、儒教反対の圧力がなければ、過去の思想を解く鍵を探し出すことはできなかったし、こうした困難きわまる試行をおこなうこともなかっただろう。江青《こうせい》といった連中が『塩鉄論』を儒法闘争〔中国思想史は儒家と法家の闘争史であり、法家の儒家にたいする勝利が歴史の進歩をもたらしたとする考えかた。林彪事件の後、批林批孔運動を展開するなかで主張された〕のお手本とし、郭沫若《かくまつじゃく》、馮友蘭《ふゆうらん》がそれに参画して、民間知識人文学を愚弄し、孔子や儒家を愚弄したから、かれらの名声赫赫《かくかく》たるに抗して、「『塩鉄論』における政治と社会の問題」を書き、この問題を徹底的に論じたのである。これはもっとも突出した例である」〔「中国思想史を研究する上での考証問題（序に代えて）」、LH 3 1979:3-4〕。徐は「歴史」のために「歴史」を書いたのではけっしてない。「現在」と「未来」のために「歴史」を書いたのである。その研究は現実の世界に対する深い関心に裏打ちされている。こうした現実への関心が、かれに儒教思想を現代中国のコンテキストのなかで思考させた根本の理由なのである(30)。

（三）徐復観と唐君毅——解釈方法の比較

徐復観が採ったこうした二つのレベルの古典解釈方法は、「コンテキスト化」をその特徴としていた。しかし、「コンテキスト化」は徐の独創ではなく、事実、現代儒家の唐君毅が中国哲学を研究する方法は、ある意味からすれば、ひとつの「コンテキスト化」の研究方法と言えるかもしれない。では、この二人の違いはなんだろうか？　われわれが考えるべき問題はこれである。

大まかに言って、唐と徐の解釈方法の違いは、唐による「コンテキスト化」が、思想や概念を思想システム内部のコンテキストのなかで分析するのにたいし、徐によるそれは、思想を具体的な歴史コンテキストのなかで考察する点にあった。この諸点をこれから説明しよう。

徐復漢は儒学の同志である唐君毅を「仁者タイプ」、牟宗三を「知者タイプ」と評した。かれによれば、

現代中国には四人の大儒者がいて、中国文化の「生きた精神」を代表する。熊十力《ゆうじゅうりき》先生であり、馬一浮《ばいっぷ》先生であり、梁漱溟《りょうそうめい》先生であり、張君勱《ちょうくんばい》先生である。熊氏の気宇は壮大で、馬氏の道理は純潔、梁氏の実践は着実である。張氏は党派に苦しめられたが、儒家の政治思想を近代の憲政のうえに定着させた功績は不朽と言える。かれらに続くのが唐君毅、牟宗三の両先生である。唐氏は仁者タイプに属し、牟氏は知者タイプに属する。(31)

徐復観の唐、牟両氏の描きかたはきわめて的確であった。

唐君毅の著作は膨大で、その『中国哲学原論』は「中庸」にある「天命を性といい、性を率《みちび》くを道といい、道を修めるを教という」の趣旨にしたがい、『導論篇』一冊(32)、『原性篇』一冊(33)、『原道

篇』三冊[34]、『原教篇』二冊[35]に区分された。『原道篇』は形而上学の発展を論じ、ひとの究極の実現と人文世界の道を探った。『原性篇』は人性論の発展を論じた。『原教篇』は新儒教の発展を論じている。唐君毅の多くの著作を通読すればわかるが、かれは哲学史の全体のコンテキストのなかで哲学概念を分析することにかなり力を注いでおり、つぎのように自分の著述の重点を語っている。「この本で見つけたいのは中国哲学の真理の異なるタイプである。それらは豊富で多様だが、それらを合わせて中国哲学全体の姿を見つけたいのである。だから、それら真理の道のりを説明するに当たって、問題の源、ことばや意味の源、思想や真理が生まれてくる源を探ってみたい。そして、過去の賢人のことばについては、そのもとになる心を跡づけ、諸子百家の異なる意味については、すすんでその趣旨の源まで尋ねて、諸子どうしを並べて、相互の意味が通じ合うところを見つけたい。そうやって相互に通じ合うところが見つかれば、中国哲学全体の姿はおのずから得ることができよう」[36]。唐君毅のこうした方法は、実際のところはもうひとつのタイプの「コンテキスト化」であり、かれ自身はそれを「哲学史にそくして哲学を論ずる」方法と呼んだ。

哲学史にそくして哲学を論ずるとは、哲学の真理が哲学者たちのことばに表れているという歴史秩序に沿って、永遠の哲学の真理のさまざまなタイプを探り、こうした哲学の真理の流れを議論することを指す。[37]

中国哲学の研究が、人物を中心に、その思想、ひととなり、師友関係、その置かれた環境、時世風俗との関係を明らかにすることは当然だが、思想家を歴史コンテキストにおいて考えるこのような「コンテキスト化」の方法は第二義的なものにすぎない、と唐君毅は述べる。

中国思想を論ずるさい、外在的な歴史の流れによって思想家ごとの考えかたを論じる『漢書』芸《げい》文志《もんし》以来のやりかたには飽き足らないものを感ずる。また、近代になって西洋思想を中国思想と比較するというやりかたも飽き足らない。この二つは、正面から過去の思想を論ずることには関心がないからである。こうした二つのやりかたは、なくてはならないものだが、しょせん第二義的なものにすぎない。それに、第一のやりかたは、中国の学術思想を列挙するいちばん古いやりかたであったとも言えないのである。(38)

唐は、中国思想を研究するには、古代の思想家の「心」のなかに入ることが必要だと述べた。

古代のひとびとの思想を正面から理解しようとすれば、われわれ自身の思想を古代のひとびとの思想と融合させ、われわれの心を古代のひとびとの心と直接につなげて、歴史の今と昔が隔てられることのないようにしなければならない。(中略)中国の先人の哲学者の思想は、まずその心の思想をつかむべきだと思う。中国思想が大事にするのは、ひとにあり、ひとのひとたる

所以はその心にある。(39)

唐は、古今東西の思想家の「心」は歴史的条件に隔てられているのではなく、時空を超えていることを強調した。まことに「かかるひとは千古にわたって心を磨滅させない」〔一一七五年の朱子との学術討論会（鵝湖の会）を詠んだ詩で、陸九淵が兄の陸後斎（九齢）について語ったフレーズ。『陸九淵集』巻二五〕のである。

唐君毅の『中国哲学原論』「導論篇」は、こうした「哲学史にそくして哲学を論ずる」「コンテキスト化」の方法をもっとも具体的に実践したものである。この著作は、中国哲学における、六つの定義を異にした「理」を明らかにした。すなわち、「物理」「名理」（あるいは「玄理」）「空理」「性理」「文理」「事理」の六つである。同書の第三章、第四章は、孟子、墨子、荘子、荀子の思想における「心」が、類を知り故を知る知識心、虚霊明覚心、徳性心、歴史文化を知る類を統べる心という四タイプの理性的な心知を表象していることを論じた。唐の本には、中国の哲学思想における「心」や「理」が時間と空間に限定されない抽象概念とされている。唐の「コンテキスト化」は、哲学概念を哲学システムのコンテキストにおいて考えるもので、かれによれば、これこそ中国哲学研究が従うべき新しい方向であった。一九六六年には、中国哲学研究の方向を哲学システムのつぎの研究に集中すべきことが提案された。⑴辞義、⑵義涵、⑶義系、⑷義旨、⑸義趣、⑹義用、⑺義比、⑻義貫の八つの研究である(40)。徐の「コンテキスト化」の解釈方法との相違は鮮明であろう。

四　政治学としての解釈学——徐復観と儒教思想の相互互換的な創造性

ここで、第一節で提出した第三の問題に入りたいと思う。徐復観の儒教新解釈にはどのような意義があるのか？

一言でいえば、徐の儒教再解釈は典型的な「政治学としての解釈学」であり、中国文化の特色をもった経典解釈の伝統を備えている(41)。こうした解釈の伝統はつぎの三つの特徴をもつ。(1)この解釈の伝統を生み出した基礎にあるのは、本体論や知識論ではなく、政治経済学や政治社会学である。なぜなら、その研究方法は抽象的な概念史の方法ではないからである。(2)その本質は、実存ではなく（あるいは実存のみではなく）、活動であり、本体世界にとどまらずに、現象世界へと現実化し、知識活動と実践活動を貫通し、両者を融合してひとつにしようとする強い要求をもつ。(3)したがって、このタイプの解釈の伝統は、内在的な動力を生むことができ、解釈者が解釈をおこなう経典との間で強い相互互換的な創造性の関係を打ち立てる。徐による古典解釈の基礎が、形而上学や本体論ではなく、政治社会学や政治経済学であることは、第二節で徐の「憂患意識」を中心に儒教の思想を再解釈したさい、すでに述べた。かれによる古典解釈の対象は、孤島のロビンソン・クルーソーではなく、日常活動に参加するいきいきとした政治家であり社会人である。この第二節の議論がここでの第一の論点の説明になると思う。第二の論点についても、徐の解釈学における「古代から古代を解釈する」と「現代から古代を解釈する」という二つのレベルの方法学の内実を第三節で議論したさい、本体が鍛錬であり、実存が活動であるという、この「政治学としての解釈」の性質を明らかにしておいた。だから、ここでは、第三の論点をさらに考えてみたいと思う。

「政治学としての解釈学」では、解釈者と被解釈者の間に「相互互換的な創造性」が生まれるので、相互に相手にたいしてその存在理由を示そうとする。この特徴は徐のばあいも顕著である。儒教の思想は二つのレベルの時間のコンテキストのなかで再解釈され、つぎのような二重の効果を得る。(1)徐の新解釈によって、儒教の思想には二〇世紀における新しい内容が賦与され、新しい動力が創造され、現実の世界との密接な相互依存の関係（とくに儒教における民主政治との関係）が獲得されたこと。(2)徐の新解釈によって、かれ自身の存在の意義が賦与され、とくにその中国共産党にたいする批判が、二〇世紀の中国という憂患すべき場において堅持すべき儒教の立場を表していることである。これら二つの論点につき考えてみよう。

(1)徐の儒教思想の新解釈のなかで最大の貢献は、二〇〇〇年の間隠蔽されてきた儒教の政治思想のなかの「人民の主体性」を再発見したことである。これによって、現代中国に必要な民主政治との接続が可能となり、二〇世紀における儒教の創造と再生のきっかけが生まれた。

孔子、孟子、荀子などの先秦儒家は、いずれも春秋戦国時代の権力が多元化され、一統をたっとぶ専制王権が未成熟の時代を生きた。だから、かれらの政治思想では人民が政治の主体的な位置を占めた。ところが、秦漢帝国以後は、一統をたっとぶ王権の圧政のもとで、古典儒教における民を本とする政治思想は地下深く潜行し、「民本」は二〇〇〇年にわたり儒者の「永遠なるノスタルジア」となった。現代の儒者にあって、徐は、古典儒教のなかの民本の政治思想を顕彰し、儒教の「ダイナミズム」と「憂患意識」を二〇世紀に宣揚する急先鋒だった。かれがまず述べたのは、先秦儒教が「おのれを修める」場面と「ひとを治める」場面で異なる要求をおこなっていることだった。「おのれを修める」とは学術上の基準で、自然の生命を徳性の方へと上昇させることである。「ひとを治める」とは政治上の基準で、人民の自然な生命の要求を第一義とし、ほかの価値はすべてこの価値に従属せねばならないというものだった［「論語の『民を信頼しなければ自立した存在とはならない』を解釈する」、XS 1976（1980）：299］。先秦儒教は、このように人民の生命を最優先する政治思想であり、現代の民主政治の基本的な精神と呼応するものだったと徐は考えた。だから、一九五三年に、民主政治の基礎は儒教の精神へと方向を転じるべきであり［「民主政治における価値の衝突を読んで」、ZW 3 1980: 186-192］、両者を融合してひとつにすることに努力せねばならないとかれは述べたのである［「こうした自己犠牲の心を保つこと――もうひとりの友への回答」、RJZZ 1979: 343-346］。

しかしながら、徐は同時に、儒教の政治思想には限界があることにも注意を促している。儒者は人民という主体を客観化し制度化する問題に十分な注意を払っていない。「儒者は人君を『交替』できると言い、『征誅』と『禅譲』〔平和的皇位継承〕という二つの交替スタイルを提出し、また大権を交替できるのは人民のみだと指摘したにすぎない。けれども、人民がどうやってこの大権を行使するかについて答えを出さず、現代における民主政治の実現までそれは持ち越されたのである」［「中国自由社会の創生」、XS 1976（1980）：293〕。

徐は、儒教の民本政治思想の根本的な欠陥を、つぎのように抉り出した。

被統治者の立場に立って政治問題の解決を図ろうとしたことはほとんどない。近代民主政治が、下層による上層との闘争から生成し発展した情勢と、これは好個の対照をなす。まさにそれゆえに、人性を尊重し、民を本とし、民を貴しとする政治思想にもかかわらず、また仁心から仁政をおこない、法を整備し良く配慮した政策、民主的なものを含んだ政治制度を絶えず考案したにもかかわらず、（中略）人民は終始、消極的で他律的な状態におかれ、民を本とはしたが、さらに一歩をすすめて、民を主とするまでにはいたらなかった。こうして政治問題は、君主と宰相の手中で撃破され、真正の政治的な主体は打ち立てられることがなかった。〔「儒家政治思想の構造とその転換」、XS 1976（1980）：55〕

政権交替時の暴力の問題にも、中国文化はなんら回答を示していないと徐は指摘している〔「暴力と民主政治」、ZW 2 1980：255-258.「われわれは民主主義を信頼する」、XS 1976（1980）：27-30〕。だから、儒教の民本政治のイデーを宣揚する一方で、その制度面における限界を語り、制度の上で民本の理想を現実のものにすることを提案したのである。徐による儒教の修復や改造は、儒教が現代に再生するうえで有効であり、儒教の伝統に隠されていた「ダイナミズム」を蘇生させるものだった(42)。

(2)徐復観の儒教解釈は、かれみずからの生命にも活力を与えるもので、その現代中国の専制政治への批判は、二〇世紀の儒学者の「ダイナミズム」を具体的に展開したものだった。徐の一生をつうじて(とくに一九四九年の台湾移住後)、専制政治にたいする批判は妥協を許さぬもので、その国民党や共産党への批判、とりわけ四人組ファシズム統治への指弾は、すべて人民を政治の主体とする立場からなされたもので、これはまさに古典儒教が政治を論ずる基本的な立場を宣揚することに努めたものだった。その中国専制政治にたいする弾劾は、古典儒教の精神が現代の儒教知識人にも浸透していることをはっきりと示すものであり、また「政治学としての古典解釈学」が知識活動と実践活動の双方に貫徹しているという特徴を表すものでもある。遺された文章によって、以上の見かたを確認してみたい。

徐は、学術面でも政治面でも「人民の主体性」の立場を採った。歴史を研究する目的は中国史上の「さまざまなやり方で専制に対抗し、専制を弱体化し、専制に開明的な要素を注入し、専制のもとで民族の生命力を維持しようとした聖賢の心、隠者の節義、偉大な歴史家や文学者が人民に向けた歔欷《きょき》と呻吟、志士仁人、忠臣義士が専制において流した血涙」を発掘することにあると、かれは自伝に書いている[RJZZ 1979: 182]。徐はこうした立場から現実の政治を批判し導こうとした。一九四九年、四六歳にして大難をへて船で台湾に渡ったさい、「中国社会の反共の力を潰したのは誰か」という文章を公表し、社会における真正の反共の力は中産階級であると書いた。なぜなら、中産階級は、独立して生き、安定した社会基礎をもち、理性を追求するからで、この中国の中産階級を壊滅させたのは、「孔家・宋家財閥」が代表する財政金融界と、国民党の「派閥政治」であった〔XS 1976（1980）: 251-254〕。「天下を公となす」精神によって中国社会の反共の力を再建することを、徐は呼びかけた。

一九五六年一一月一日には最高指導者、蔣介石が広く在野の意見を求めたのに応じて、「わたしの理解する蔣総統の一面」のなかで、政治指導者が世論を育て、それを受け入れるべきことを説いた〔XS 1976（1980）: 303-312〕。一九六八年の台湾選挙を大いに賞賛した〔WC 1991: 327-330〕。一九七二年三月、六九歳の高齢においても、なお民主政治に関心をもち、当時の中央議員が民意を代表してはいないと批判し、終身職にある民意代表は「専制政体で封ぜられた諸侯たちに等しい」〔ZW 3 1980: 337-342〕と喝破した。こうしたかれの言論によって、儒教の主張する「民を本となす」の精神や「憂患意識」が、二〇世紀後半の台湾に蘇ったのであった。

儒教の民本理念が遺憾なく発揮されるのは、一九七〇年代以後の中国共産党の多くの政策にたいする批判においてであった。徐自身が述懐するように、中国問題について、かれは分析者ではなく、当事者の立場から発言した〔「前漢・後漢知識人が専制政治から受けた閉塞感」、ZQH 1972（1975）: 281-294〕。すでに一九六二年六月、徐は中国共産党の人民公社政策を非難して、中国共産党が農民の心が拠り所とする「家」を破壊してしまった以上、人民公社が失敗したのは当然であると書いた〔「人民公社の観察」、ZW 1 1980: 1-5〕。一九六七年四月には、毛沢東（一八九三～一九七六）の反修正主義が、人類すべての運命を敵に回したと述べ〔「中共の修正主義を論ず」、ZW 1 1980: 6-10〕、一九七〇年一〇月には、江青（一九一四〜一九九一）が高価なピアノを革命バレーに導入したことで、演劇は民間から絶縁させられたと言った〔「江青の革命芸術を評す」、ZW 1 1980: 16-19〕。中国共産党の諸政策にたいするこうした批判は、その対象はさまざまだが、人民の立場より出発する徐の姿勢は一貫しており、したがって、一九七三年の初めには中国共産党の変化に希望を寄せ、中国共産党が「あらゆることは人民のために」を「人民はあらゆることのために」へと発展させるよう期待した〔「1973年の期待」、ZW 1 1980: 66-69〕。中国共産党は民主を完成させてはじめて四つの現代化〔工業、農業、国防、科学技術の現代化を実現させるという国家目標、一九七五年の全人代で提起され、改革開放期に国是となった〕を完成できると言ったのである〔「四つの現代化以外の問題のひとつ」、ZW 1 1980: 255-258〕。一九七七年一〇月、陳雲（一九〇五〜一九九〇）の文章〔「実事求是の革命的スタイルを堅持しよう」『人民日報』九月二八日〕を読んで、当面の基本的な問題は、中国共産党幹部がどうやって人民と平等な立場で一緒になれるかだと述べた〔「中共の目下の苦境」、ZW 1 1980: 193-199〕。一九八〇年七月には、毛沢東の罪悪は九億以上の人民の人格を破壊した点にあると批評した〔「ひとりの庶民の眼に映じた毛沢東」、ZW 2 1980: 236-239〕。こうした言論すべてが、徐のなかに古典儒教の「憂患意識」がいかにふかく刻印されているかを示しており、「国族《ネイション》は無窮であり、わたしのそれへの誓いも永遠である。祖国の大地は広く、その歴史は長い」[43]という偉大な悲願をかれがいだいていたことを示している。古典儒教との間に相互的な創造性の解釈関係が成り立つことは、以上の事実からも明らかであろう。

五　結論

本章が設けたテーマは、儒学者、徐復観が二〇世紀後半に起こった中国史の激動にさいし、古典儒教をどのように再解釈し、現代中国におけるみずからの存在をどう確認したかということであった。得られた結論は、徐はたしかにその新しい解釈によって、現代中国における儒教の転換を企図したというものだ。この転換は「憂患意識」という概念を中心に展開されていた。古典儒教の核心概念は、周代の文化から受け継いだ「憂患意識」にあるというのが、徐の考えだった。古典儒教の重要概念である「孝」「仁」「礼」はすべて、家族の「孝」や政権（「仁」「礼」）のもつ社会性や政治性を拡げる働きをするが、これらは「憂患意識」の表れでもあった。中国の民主に新生面を開くために、現代中国の知識人は、こうした儒教の「憂患意識」を宣揚すべきだった。これは「政治学としての経典解釈」を現代中国の学術史において発展させた典型的なケースである。こうした特色をもった解釈方法にもとづいていたからこそ、古典儒教を再解釈するに当たって徐は「憂患意識」にとくに着目することができたのである。

古典儒教を解釈する徐復観の方法に基本的な特徴は、「コンテキスト化（contextualization）」であった。この方法によって、古典儒教は古代中国の歴史的背景のなかに置かれ、また二〇世紀中国の時空間のなかで評価された。前者を「古代によって古代を解釈する」ものと呼べば、後者は「現代によって古代を解釈する」ものと呼べよう。こうした二重の「コンテキスト化」によって、儒教伝統に隠された「ダイナミズム」を新たに開発し、儒教経典を形而上学の概念遊戯ではなくて、現実と相互に互換し、苦悩する人民に正義の手を差し伸べる福音書にすることに、徐は成功した。徐が描いた孔子、孟子などの古典儒者は、人民のために不義の統治者にたいして正義を争い取り、公理を争い取る闘士であって、専制政権のならず者でもなければ、独裁者の代理人でもなかった。古典儒者は専制政権のための提灯持ちではなく、人民の勝利行進曲の作曲者であった。こうした活力ある「ダイナミズム」を徐が再び宣揚したことで、儒教は二〇世紀にその発祥の水をふたたび注入され、儒教という古代の巨大な戦船が近代化の潮流のなかに曳航《えいこう》することになり、徐自身も時代の激変で傷ついた心霊を慰め、自我を確立する根底をしっかりと築くことができた。古典儒教の「ダイナミズム」に深く徹底的に身を沈めることで、徐は、古いテキストに新しい意味を見いだしたばかりか、儒教という武器庫からまったく新しい武器を取り出して、二〇世紀における左派と右派の専制統治者やその手先たちと死闘を演ずることができたのである。

儒教を解釈するさい、徐復観が用いた解釈方法やそのもたらす効果からつぎのことがわかる。中国文化の特色をもった経典解釈の行為は、強烈な「実存的（existential）」特徴をもつ。儒教と解釈者の間には相互に解釈し、相互に創造する関係が存する。儒教の展開は、後の解釈者が新しい思想の源泉を見つけ、新しい生命を賦与できるか否かにかかっている。だが、後の儒者の生命もまた、古典儒教の浸潤と洗礼によって、その生命に活力を満たし、その存在に新しい意義を賦与することができるか否かにかかっているのである。中国文化における解釈の伝統には、つよい現実への志向があって、それは虚無の上を舞う形而上学の哲学的思索ではなくて、人民とともに呼吸し、民衆の生活が苦難に満ちているのを悲しむ政治学であった。困難にぶつかっても独立を忘れず道理を知って楽しむことを教える生命哲学とも言える。徐復観というケースから見えてきたのは、儒教の経典は博物館のミイラではなくて、豊かな意味に包まれた図書館だということだ。現代の読者は、経典の知恵の海に逍遥して、現代における啓示を汲み取ることができるのである。徐は、古典儒教の解釈をつうじて中国文化の創造を企図したわけだが、かれの行為からわかるのは、中国における儒教経典の解釈学の本質とは、「実践的な解釈学（praxis hermeneutics）」であり、儒教経典の解釈者は「観察者」であるとともに、「劇場の観衆」であり、真の意味での「当事者」であるということなのだ！

【注】

（1） Yü-sheng Lin, *The Crisis of Chinese Consciousness: Radical Antitraditionalism in the May Fourth Era.* 中国語訳書である林毓生著、穆善培訳『中国意識の危機——五四運動時期の激烈な反伝統主義』第二章、四六頁。

（2） 本書第二章の注6、7、8を参照。

（3） 蒋連華は徐復観思想の研究において、とくにこの点を強調する。蒋連華『学術と政治——徐復観思想研究』(上海：上海三聯書店、二〇〇六年)。

（4） 熊十力『原儒』(台北：明儒出版社影印、一九七一年)「序」と「原内聖第四」、一九一頁。

（5） 一例として、唐君毅、牟宗三、徐復観、張君勱らが連名で発表した「中国文化のために世界の人士に告げる宣言」『民主評論』第九巻第一期(一九五八年)はこうした主張を披瀝したものである。

（6） 徐復観『中国人性論史・先秦篇』二〇～二一頁。同書は一九六三年に台中中央書局よりその初版が刊行されたが、その第二章の原題は「周初の人文精神の躍動」であって、すでに一九六〇年一一月一日の『民主評論』に発表されている。

(7) 一例として「孟子政治思想の基本構造と人治・法治の問題」〔SX 1959 (1975) :133〕、『中国経学史の基礎』〔JX 1982: 10-11, 31〕などはすべてこうした見かたを強調する。

(8) 徐復観は「周代が封建社会である」という論点を打ち出すために、郭沫若らの奴隷社会説を徹底的に批判した。徐復観『両漢思想史』(巻一)〔LH 1 1974〕。

(9) 同右、五五～五六頁。徐復観のこの創見は、晩年に書かれた「史記を論ず」(『両漢思想史』巻三)〔LH 3 1974 (1979)〕でも鮮やかに発揮されている。

(10) 牟宗三『中国哲学の特質』(台北:台湾学生書局、一九六三年〔一九七六年〕)一五頁。

(11) わたしは最近、孔子の学における「仁」と「礼」の関係を考察した。理論面から言って、「仁」と「礼」は、本と末、先と後の関係にあるが、実践の過程では、相互の関連と相互の緊張のなかにある。黄俊傑『東アジア儒家の仁学史論』(台北:台大出版中心、二〇一七年)第四章第三節、一五〇～一五七頁。

(12) 朱熹『論語集注』『朱子全書』(上海・合肥:上海古籍出版社・安徽教育出版社、二〇〇二年)第六冊、巻六、一六七頁。

(13) 朱熹『朱子語類(三)』『朱子全書』第一五冊、巻四一、一四五八頁。

(14) 阮元『揅経室集』(四部叢刊本)巻八、一頁上半頁。

(15) Tu Wei-ming (杜維明), "The Creative Tension Between Jen and Li," *Philosophy East and West*, XVIII:1-2, 1968, pp. 29-39.

(16) 溝口雄三『中国前近代思想の屈折と展開』(東京:東京大学出版会、一九八〇年)第三章「清代前葉における新しい理観の確立――克己復礼解の展開からみて」二八八～三三一頁。

(17) 黄俊傑『孟学思想史論』(巻二)四二一～四六四頁。Chun-chieh Huang, *Mencian Hermeneutics: A History of Interpretations in China* (New Brunswick and London: Transaction Publishers, 2001), pp. 233-254.

(18) 徐復観『中国人性論史・先秦篇』〔RX 1963 (1969): 91-99〕。かれは一九五五年三月一六日に発表した「論語の『仁』を解釈する――孔学新論」(『民主評論』第六巻第六期)でも、こうした意見を明らかにしている。徐復観『中国思想史論集続編』〔SXX 1982:371-372〕。

(19) 唐君毅『中国哲学原論・原道論』(香港:新亜書院研究所、一九七四年)七六頁。

(20) 同右。

(21) 陳昭瑛「ひとつの時代の始まり」〔WC 1991: 368, 370〕。

(22) 本書第二章の九三～九四頁を参照。

(23) 越智重明は、秦漢帝国をすぎると「孝」は帝国の権力に左右されるようになったため、『孝経・広揚名章』にも「君子は親への仕えかたが孝であるから、君主に忠誠を尽くせるのだ」と言われるようになったと述べる。越智重明「孝思想の展開と始皇帝」『国立台湾大学歴史系学報』第一五期（一九九〇年一二月）三九〜六四頁。

(24)　この点が徐復観を二〇世紀のあらゆる儒者から区別する指標となり、牟宗三や唐君毅との相違点となる。劉述先が述べるように、「牟宗三とは時代から被った試練は共通するが、牟宗三の心霊は純粋で、理によって構築された世界にあった。徐復観はまったく異なる。かれは時代のもたらす結果を見ようとした。そこで、漢代の思想史を書くさい、誰にも見て取れなかったものを見ることができた。司馬遷が宮刑を受けたことや、また淮南王劉安といったひとびとというぐあいに、ひとつひとつ検討してゆくと、かれらの現実での境遇は悲惨で、いずれも政治的な迫害を受けていたのだった。（中略）こういうわけで、過去の中国の歴史を簡略化もできず、理想化もできず、ましてそれをすべて抹殺することもできなかった。徐復観が特別の見識をもったひとであることがここからわかるのである」。劉述先「学理のレベルから新儒家思想の本質を検討する」『儒家思想と現代化——劉述先新儒学論著精要』（北京：中国広播電視出版社、一九九二年）二七五頁。

(25)　徐復観の学生、蕭欣義は、かれを「伝統の革新主義者」と呼ぶ。蕭欣義「ある革新主義者の伝統観」〔XC 1980: 5-10〕。劉鴻鶴は徐復観を"Confucian Liberal"と見る。Honghe Liu, *Confucianism in the Eyes of a Confucian Liberal: Hsu Fu-kuan's Critical Examination of the Confucian Political Tradition* (New York: Peter Lang Publishing Inc., 2001).

(26)　本書第二章を参照。

(27)　徐復観の学生、翟志成《てきしせい》は、徐の新しい考証には五つの優位があると言う。(1)深い旧学の基礎、(2)原典にたいする真摯な解読、(3)西洋の学術思想にかんする厳格な訓練、(4)材料によって義理を支持し、義理によって材料を発見すること、(5)歴史的人物との内的対話、および個人の政治的経験に歴史の照明を当てること。翟志成『現代新儒学史論』（台北：允晨文化出版公司、一九九三年）三七九頁。なかでも第五点がもっとも特色をもつ。

(28)　本書第二章の九〇〜九二頁を参照。

(29)　熊自健「徐復観の民主政治を論ずる」『鵝湖学誌』一〇期（一九九四年）。とくにその四二頁、またつぎも参照。Honghe Liu, op. cit., pp. 38-50.

(30)　徐復観が「現代」のために「歴史」を書いたことをもっともよく示すのは、一九五〇年代の中国史上の「二重の主体性の矛盾」にかんする見かたと、蔣介石に提出した諫言との間に存在する一貫した関連性であろう。一九五三年五月一日、徐は『民主評論』第四巻第九期に「中国の治道――『陸宣公伝集書』(唐中期の名相、陸贄、七五四〜八〇五、の文集)を読んで」を書き、中国政治思想は人君にたいして道徳面で自己を変えてゆくこと、つまり自己の才智や好悪を捨てて、人民の才智と好悪に従うよう求めているのだと指摘した。専制政治において治道を語るなら、このレベルまで降りてゆかないかぎり、これまで述べてきたような政治における二重の主体性の基本矛盾を解決することはできず、いかなる教化も無に帰するほかはない。そう考える徐は一九五六年一〇月三一日、『自由中国』一五巻第九期の「わたしの理解する蒋総統の一面」で、つぎのことを提案した。「蒋公が個人の主観的な意志を政治の客観的な法則のなかに解消して、国家における政治の動きを、この客観的な法則にもとづいて前に進めれば、蒋公個人の刻苦精勤を軽減することができるとともに、国家が一〇〇年、一〇〇〇年にわたって繁栄する基礎をつくりだすことができるだろう」[XS 1976 (1980):311]。この文章を公表した後、徐は『中央日報』(一九五七年二月七日)社論の批判を受けたが、一九五七年二月一一日、香港『華僑日報』に「悲憤慷慨の抗議」という一文を提出して反論したばかりか、一九五七年三月一三日、『自由人』に寄稿した文章でもこう強調した。「君臣関係が絶対化したために現れた人君をあまりにも尊厳視する観念は、長期にわたる専制政治の産物であって、先秦時代の正統思想には絶えてなかったものである」[「中国史における人君の尊厳問題の検討」、XS 1976 (1980):497]。徐が一九五〇年代に思索した君臣関係や「二重の主体性の矛盾」などは歴史問題でありながら、まことに鮮やかに現代の事実を投影させている。

(31) 徐復観「馬一浮先生の本の読み方――序に代えて」馬一浮『爾雅台問答』(台北:広文書局、一九七九年)一頁。
(32) 唐君毅『中国哲学原論・導論篇』(香港:東方人文学会、一九六六年)。
(33) 唐君毅『中国哲学原論・原性篇』(香港:新亜書院研究所、一九六八年)。
(34) 唐君毅『中国哲学原論・原道篇』(香港:新亜書院研究所、一九七四年)。
(35) 唐君毅『中国哲学原論・原教篇』(香港:新亜書院研究所、一九七五年)。
(36) 唐君毅『中国哲学原論・導論篇』「自序」、三頁。
(37) 唐君毅『中国哲学原論・原教篇』七頁。
(38) 唐君毅『中国哲学原論・導論篇』「自序」、一五頁。
(39) 同右、七二〜七三頁。
(40) 唐君毅『中国哲学研究の一――新方向』(香港:香港中文大学、一九六六年)一〇〜一一頁。
(41) 黄俊傑『孟学思想史論(巻二)』第一一章、四六五〜四八二頁。および Chun-chieh Huang, *Mencian Hermenecitics: A History of Interpretations in*

China, Chap. 7, pp.155-171.

(42) けれども、自作農階層から中国現代民主政治の基礎を築いてゆくことを期待する徐のこうした見かたには、関連する諸問題が多々あり、さらなる探求が求められる。本書第三章の一六九～一七三頁を参照せよ。

(43) 徐復観「国族《ネイション》は無窮であり、わたしのそれへの誓いも永遠である。祖国の大地は広く、その歴史は長い――翟志成君への回答」〔ZW Ⅰ 1980: 224-234〕。この詩は徐復観が梁啓超の詩を改作したものである。

【第七章】

結論

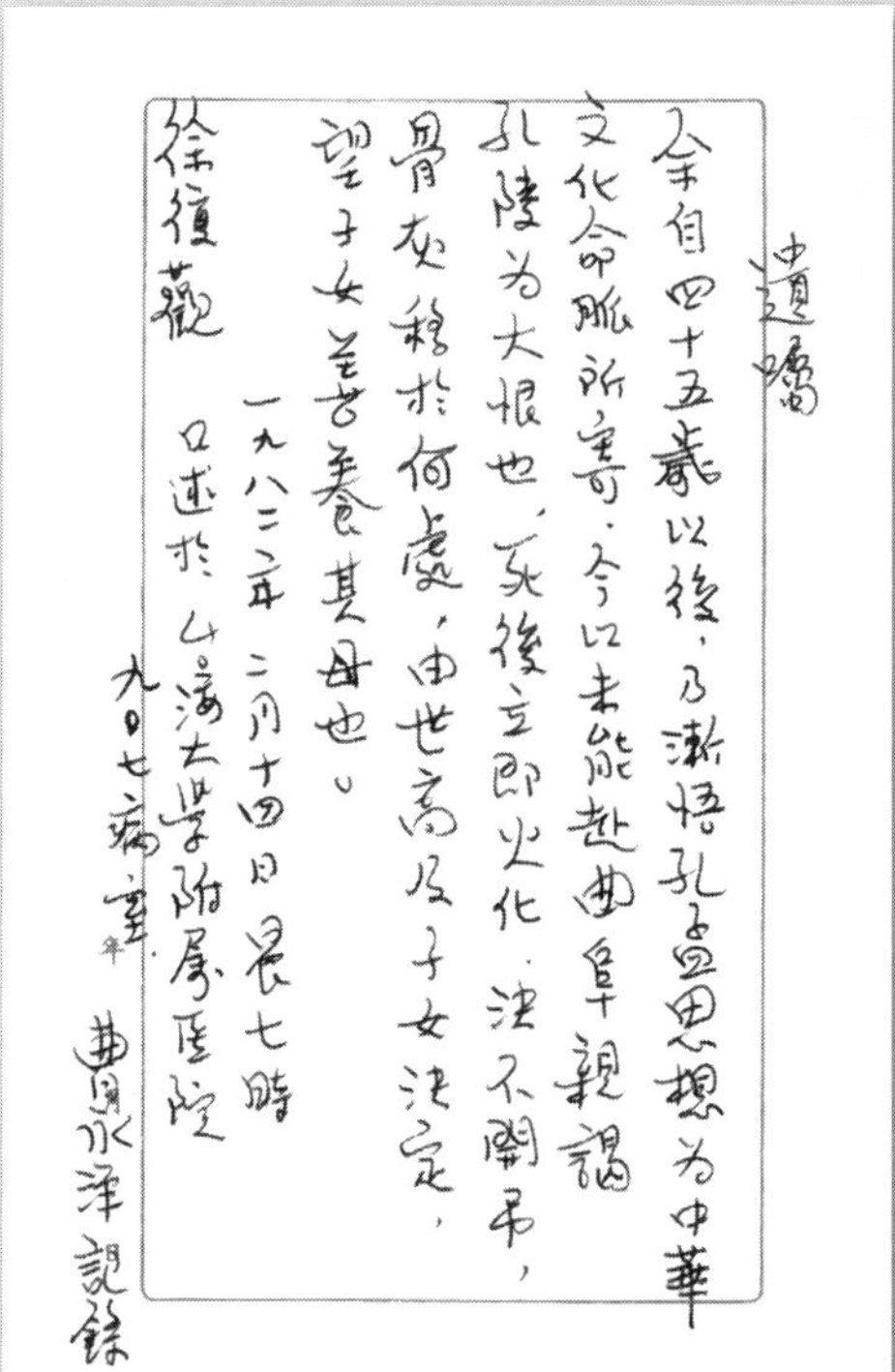
遺囑
余自四十五歳以後，乃漸悟孔孟思想為中華文化命脈所寄，今以未能赴曲阜親謁孔陵為大恨也，死後立即火化，決不開弔，骨灰移於何處，由世高及子女決定，望子女善養其母也。
徐復觀
一九八二年二月十四日晨七時
口述於台灣大學附屬醫院九〇七病室
曹永洋記録

遺嘱

わたしは四五歳より孔孟思想が中国文化の命運を握ることを理解してきたが、いま曲阜に赴き孔廟を拝謁できないことを遺憾とする。死後ただちに火葬し、遺骨をどうするかは世高（徐夫人の名）と子女の決定に委ねる。子女には母をくれぐれも大事にするよう望む。

一九八二年二月一四日午前七時

徐復観　台湾大学付属病院

九〇七病室にて口述

曹永洋記録

二〇世紀中国の「現代新儒家」は、中国の儒教史において最初に西洋文化と接した儒学者である。そのひとりである徐復観は、日本留学の経験をもち、日本語から西洋文化を理解した。このことは、「現代新儒家」のなかで、かれの存在をユニークたらしめている。本書が検討したのは、徐復観とその思想であるため、その思想における日本ファクターをとくに念頭に置いて叙述することになった。徐とその思想の特徴を的確に把握するために、「中国文化はどこへ行くのか」という問題にかんする徐の考えを分析の中心に置き、かれを二〇世紀東アジアにおける儒教思想史の系譜のなかで考察した。一方で、かれの思想的な論敵である胡適《こてき》、傅斯年《ふしねん》、銭穆《せんぼく》と対照させ、同時代の新儒家である唐《とう》君毅《くんき》、牟宗三《ぼうそうさん》と比較した。他方では、二〇世紀日本の渋沢栄一、福沢諭吉と対照させ、同一性と異質性を検討して、徐が二〇世紀東アジアの儒教史において占めるユニークな位置を明らかにしようとした。唐、牟が哲学者であるのと比べれば、徐は思想史家と言うべく、本書の第一章は、徐の思想史の方法論を分析して、本書の探求の起点としたのである。

二〇世紀中国の儒者思想家のなかで徐がユニークなのは、かれが青年期に日本に留学し、日本語の読解力を身につけ、日本語の作品をつうじて西洋の文化や学術に接した点にある。したがって、中国文化を回顧し展望するにあたって、かれは日本と近代西洋を参照しながら、みずからの思想に東アジアの視点を際立たせた。他の現代新儒家との違いはここにある。この東アジアの視点を明らかにするために、本書の第二章と第三章は、徐の中国文化の解釈とその自我の確立を論じ、第四章と第五章では、それぞれ日本をつうじて理解された西洋近代文化や日本文化の評論を取り上げた。徐は渋沢栄一とともに孔子と『論語』を推奨したが、徐が期待したのは自作農階級の勃興によって農業中国を復興し、未来の民主中国の基礎を築くことであった。これにたいして、渋沢栄一は『論語』を算盤と結びつけようとし、「義利合一」という新しい理念のもとで孔子の思想を現代資本主義社会の原理へと転換しようとした。徐が拠り所としたのは悠久の中国農業文明であり、渋沢栄一の思想の背後に横たわっていたのは近代工業文明であった。ここには「農業的」と「工商業的」というコントラストがあった。同じ理由から、徐は西洋の近代化された文化における放縦、貪欲で、変態的な個人主義を非難した。これにたいして、福沢諭吉は東アジア知識人が近代西洋を教師として、はじめて東アジアの落伍した愚昧な歴史的宿命を離脱できるとした。

現代中国の新儒家のなかで、徐の歴史学の志向は唐君毅、牟宗三の哲学の志向とはおおきな径庭がある。具体的に言うなら、唐君毅の哲学におけるヘーゲル（一七七〇～一八三一）への傾向、牟宗三の哲学におけるカント（一七二四～一八〇四）の要因は、それぞれ徐の思想のなかのマルクス（一八一八～一八八三）の要因とは鮮明な対照をなしていた。徐は、中国史に人民の苦悩と血涙を見て取った。かれは一歳になろうとする鮭の稚魚のように、その生命力を奮い立たせてみずからの精神の原郷へと回帰しようとした。その原郷とは、孔子や孟子の古典儒教の世界であった。本書の第六章は、徐による古典儒教の解釈を論じ、それを政治学としての古典解釈学であるとした。徐と唐、牟との違いは、そのまま古典儒教と新儒教の違いであった。ある意味で、政治経済学と形而上学の違いと言っても良い。徐がえがいた「ひと」は手足を傷つけて生産労働に勤しむひとであるが、唐や牟がえがいた「ひと」は、杖を片手に逍遥し、「思いは流れる雲のまにまに漂う」〔程顥（明道）の詩「秋日偶成」の「其二」のフレーズ〕思索し瞑想するひとであった。

　こうした徐の中国文化の理解や日本文化および西洋近代文化の評論から、つぎのことが見えてくる。「自我」という視点からすれば、「自我」の覚醒と再建は、「他者」との接触やその観察によって完成するのがふつうであろう。しかしながら、「自我」と「他者」が相互に関連する視点からすれば、あらゆる個人は「自我」をつうじてしか「他者」を理解できない。「自我」の主体性を欠いたまま光を当てても、「他者」の特徴ははっきり見えるとは限らない。徐の生命のプロセスにおいて、「政治的な自我」と「文化的な自我」はもっとも突出した二つの側面であり、しかも「文化的な自我」は「政治的な自我」よりもはるかに重要であった。徐の学問と思想のなかで、「政治的な自我」は「文化的な自我」に服従し、かつ「文化的な自我」に導かれている。第三章で述べたように、徐の「文化的な自我」には「人民的」「実践的」「農本的」という特徴があり、これらは、専制政体・経世儒教・農村社会から成ると徐によって表現された中国文化のイメージと切り離せないものだった。徐は、みずから構築した「文化的な自我」をつうじて、日本文化を観察し、日本民族には悲劇的な性格があり、知識人は「鋸歯型の心理習性」と「文化の消化不良病」に悩まされており、日本政治は暴力的な傾向を免れないと考えた。その日本評論には過激にすぎる一面があるが、肯綮に当たるものがないわけではない。かれは基本的には中国農村社会の伝統に現れた「中道精神」から日本の社会や文化を論評したのである。

徐の西洋近代文化にかんする批評に戻るなら、かれは鋭敏にもその「疎外」という特徴を言い当てており、そこには人類愛が欠如し、反理性的な思想の傾向が表れるとまで述べている。徐の西洋近代文化の評論は過激という欠点を免れないかもしれない。けれども、かれが身を置いた二〇世紀の動乱、離散《ディアスポラ》、分裂といった苦難の歴史から眺めれば理解可能なものである。その思想における「文化的な自我」は、「他者」や大自然との親密で相互依存的なコンテキストにおける温和で円満な「自我」にほかならない。したがって、西洋近代文化が「非人間的」な虚無の洞窟を作り出したという非難は、かれの理解した限りでの中国文化の核心的な価値理念にもとづいてなされた批評なのである。

その思想の内実からして、徐は「中国はどこへ行くのか」という問題から出発しながら、実際には「民族的」な文化的遺産と「民主的」な現代的価値をどうやって融合して、二一世紀の中国に新たな生命を切り開くかに腐心していたのである。その生涯にわたる思考を貫くのは、「文化の特殊性」と「文化の普遍性」の互換と融合の問題であった。さらに言えば、いかなる文化伝統やライフ・スタイルも、たとえば農本主義・経世儒教・専制政体といったものでも、すべては特定の時空間から生まれたもので、「時間性（temporality）」と「空間性（spaciality）」を備え、したがって「特殊性」を備える。これにたいして、徐を含む二〇世紀東アジアの知識人が直面した問題は、近代西洋に起源をもつ価値観念やライフ・スタイルが、つまり資本主義・個人主義・民主政治といったものが、この二〇〇年にわたる西欧列強の東アジア進出によって、グローバルな「普遍的価値」となったことだった。アヘン戦争以後、知識人が直面したこの問題は、「中国対西洋」「伝統対近代」といったスタイルで表立っては現れているが、実際にそれらが含意するのは「文化的な特殊性」と「文化的な普遍性」の問題なのだ。

二〇世紀東アジアの知識世界において、徐が際立っているのは、この「文化的な特殊性」と「文化的な普遍性」の間が「ゼロサムゲーム（zero-sum game）」ではないと考えたことである。かれの深い認識によれば、「文化的な特殊性」には「普遍性」の要素がある。儒教の伝統における人本主義や「仁」道は、偉大な「普遍性」を有する精神的遺産である。しかし、二〇〇〇年来の中国専制政治によってそれらは汚されてしまった。だから、かれ自身は、儒教における「主体性の転換」という偉大な事業へと邁進することを目指し、伝統儒教のなかの「国君の主体性」を「人民の主体性」に転換することを知識人に向かって求めたのである。かれは、中国史上の専制政権にたいして白鳥の歌を歌ったのでない。奮起して、人民が勝利する進行曲を歌い、二一世紀の民主中国の夜明けを迎えようとしたのである！

福沢諭吉が堅持した「脱亜入欧」の主張とは違って、徐は、中国文化における儒教の「主体性」を転換させ、農業の伝統に鑑みた自作農の復興によって現代の民主政治という新局面を切り開くことを強調した。中国文化の特殊性に深く分け入ったからこそ、そのなかから普遍的な意味をもつ価値理念を切り開き、「伝統」と「現代」をひとつに融合することができたのである。

徐が鋭敏にも見抜いたように、「文化的な普遍性」や「普遍的価値」、たとえば民主、自由、人権といった近代西洋に起源をもつ価値理念とライフ・スタイルは、抽象的な理念のレベルにとどまってはならなかった。「普遍的価値」とは、人民の生きた、具体的な、血と涙にむせび、喜び笑いさざめく日常生活へと現実化し、人民の日常生活を少しずつ向上させ、その内実を増してはじめて、人民のために幸福を創造できるものであった。徐の人性論、政治経済学、「人民の主体性」という経世儒教は、いずれも「抽象的な価値」というものが「具体的な生活」のなかにしか見出せないという信念に貫かれている。徐が切り開いたこの道すじは、思考の方法においては「反実証主義的（anti-positivistic）」であり、思想の内容においては「反形而上学的」であった。二一世紀中国におけるその民主構想は、「良知の陥穽」〔陽明学左派である王畿（竜渓）が述べた、朱子学は良知の働きを妨げるという議論。王畿「留都会記」〕に訴えて実現されるのではないし、西欧流の資本主義や個人主義を経済社会の基礎とする民主政治をそのまま移植するだけでも実現できない。中国の農村文化社会にあって自作農を拡大し、儒教伝統における「人民の主体性」を宣揚することによって、それは実現できるだろう。本書の第三章第三節で見たように、その二一世紀中国における民主への展望には、さらなる検討を要する点が多々あるが、二〇世紀後半に中国人民がこうむった「イデーの厄災」の甚大さを考えれば、徐が示した道すじは、二一世紀東アジアのオプションのなかでは、実現することが比較的容易なプロセスと言って誤りではないだろう。

最後にあたって、二つのキーワードによって徐復観の人格と思想をまとめてみようと思う。第一のものは「ダイナミズム（dynamism）」である。徐の人格やその風貌を示すのにこれ以上ふさわしいことばはない。かれは自分の個性を「感情にまかせて行動する」〔XC 1980:314〕ものと表現した。その前半生は政治への参与が中心で、国民党や共産党の最高指導者と接触をもち、一九四四年には四一歳にして蔣介石の幕僚となった。五二歳にして東海大学で教鞭をとってより、その生涯は学術一色で彩られた。かれの一生はその強靭な「ダイナミズム」にもとづいて「政治」と「学術」の間を往復したものであり、一九四〇年代における国共両党の指導者についての鋭利で深い観察も、一九六〇年代に同時代の知識人の指導者、胡適に放った厳しい批判も、いずれもかれの生き生きとした生命力の発露であり、「発憤の心」によってみずからの時代の挑戦に応えようとしたものだった。

徐復観の人格を彩る「ダイナミズム」は、かれの生涯を鮭《さけ》の生涯にも比すべきものにした。かれは八歳から読書を始め、『論語』を皮切りに、『四書』『五経』へと読み進み、一七歳にして武昌にあった湖北省立第一師範学校に入学して、その読書生活に新しい学問と古い学問を二つながら取り入れ、孫文やマルクスの著作をも読み始めた。かれは山間の渓谷に生まれた鮭の稚魚のごとく、小さな谷間から太平洋へと泳いでいった。新旧の思想が激突する大洋のなかで成長した後、一九四三年の春には熊十力《ゆうじゅうりき》と初めて出会い、おおきな精神的衝撃を受け、その精神と生命の方向は中国文化へと回帰し始めた[「熊十力先生にかんするささやかなこと」、XC 1980: 343-351.「わたしの読書生活」、XC 1980: 311-319]。それ以後、かれの後半生は成長した鮭のように、生命の力を奮い立たせて、もと居た山間の渓谷へと戻っていったのである。それは儒家精神の原郷であった。徐復観にとって儒家の伝統とは形而上学の理論によって得られるものではまったくなかった。それはひとつの政治経済学にほかならなかった。儒家精神へと召命されながら、かれの儒学の研究は「生命ある学問」となり、儒学の復興をつうじて現代民主政治の欠陥を補おうとした。「儒家民主」という新しい願望に導かれながら、かれは中国人民が二〇〇〇年にわたって専制体制からこうむってきた傷跡を癒し、中国文化の復興を切り開こうとしたのである。

第二にかれの学術と思想を貫く究極の関心事は「人文精神」というキーワードである。「人文精神」を広い意味での「ひと」への関心と捉えるなら、世界のさまざまな文明の伝統にはさまざまな「人文精神」の要素が含まれていると見てもよいだろう。なかでも長期にわたって「人文精神」はヨーロッパ近代の啓蒙主義の文明を形容することばとして使い古されてきたのは事実だ(1)。徐復観の生涯をかけた学術表現のモチーフは、中国文化というコンテキストにおける「人文精神」の探求と宣揚であった。

中国文化の特色をもった「人文精神」は、「神」ではなく「ひと」に立脚したものであることを徐復観は強調した。かれによれば、中国の人文精神は西周《せいしゅう》王朝の建国初期から躍動していた。周公や文王たちは政権を獲得してからも、深い「憂患意識」を抱いたまま、恐れ慎みながら政治を運営した。孔子の思想世界にあっても、「仁」こそは中国人文精神のもっとも核心にある価値にほかならなかった(2)。徐はこう論じている。儒家の人文精神が重んじるのは、ひとの道徳であって、ひとの才能や能力ではないと。このように、徐の畢生の著作を貫くモチーフは儒家の人文精神であり、近代西洋の文化が人類愛を欠いていることを批判し、中国の文化大革命や四人組を批判するにあたっても、その立脚点にはいずれも儒家の人文精神があった。かつて指摘したことだが、東アジアの人文精神には四つの大きな柱がある。⑴身心一如、⑵「自」と「他」の融合、⑶天人合一、⑷「過去」と「現在」の融合、がそれであり、四つ目のものがもっとも大切である(3)。なぜなら、長い時間感覚のなかではぐくまれた儒教では、歴史意識がとくに発達しているからである。徐復観の学術表現や現実批判は、こうした歴史意識に根をおろした儒家人文精神のあらわれであった。司馬遷（前一四五〜前八七）が歴史上の偉大な人物をなぜ書くのかについて振り返りながら、「これらのひとびとは、さまざまに心がさいなまれて、その志を遂げることができなかった。そこで、このように過去のことを述べ、思いを未来に寄せたものであろう」(4)と語ったことがある。徐復観の学術思想の特徴をひとことでまとめるとすれば、ここに引用した司馬遷のことばに尽きるであろう。

【注】

（1） Jörn Rüsen, "Introduction. Humanism in the Era of Globalization: Ideas on a New Cultural Orientation," in Jörn Rüsen and Henner Laass eds., *Humanism in Intercultural Perspective: Experiences and Expectations* (Bielefeld: transcript, 2009), pp. 11-19, 12.

（2） 徐復観のこうした論点は陳栄捷の考えと一致する。陳栄捷 (Wing-tsit Chan) は、中国の「人文精神」が、西洋文化のそれが「ひと」と「神」のあいだの緊張関係のうえに打ち立てられているのとは違うと述べている。Wing-tsit Chan tr. and ed., *A Source Book in Chinese Philosophy* (Princeton: Princeton University Press, 1963,1973),p.3.

（3） Chun-chieh Huang, *Humanism in East Asian Confucian Contexts* (Bielefeld: transcript Verlag, 2010), pp. 11-28.

（4） 司馬遷『史記』(台北：芸文印書館、一九五六年清乾隆武英殿刊本景印版)巻一三〇、「太史公自序」一三五三頁。

◉付論

『中国人性論史・先秦篇』における方法論の立場とその革新

日本語訳カッシーラ『人間』への書き込み

一　はじめに

台湾商務印書館より、徐復観先生の『中国人性論史・先秦篇』の新版を発行するにあたって、その序文を書くよう求められたのは感激に耐えない。半世紀前、徐先生に学問の教えを請うた記憶が昨日のことのように蘇ってくる。これまで何十年にもわたって徐先生の多くの著作から深い啓示を受けてきた。そのことへの厚い感謝の気持ちから、一冊の書物を上梓して、先生の思想について探求をおこなったことがある(1)。ここでは、つぎの読書報告をもって、徐先生の書物の著者に代わる序文としたい。

二　発展的な見かたと追体験の方法

『中国人性論史・先秦篇』は一九六二年に完成した。先生は東海大学に赴任されたばかりで、ときに五九歳であった。同書は古代中国の思想家の人性論を論じたもので、全一四章に三篇の付論を加えた書物は、創見に満ち、巨編と称するに足る。同書の論述には明確な方法論の立場が示されているが、取り上げるべきはつぎの二つである。

第一に、徐先生は古代の中国思想における人性論を論じるのに、「発展的な」見かたをとりわけ重視した。先生は本書の再版序につぎのように書いている。

思想史の研究は関連する抽象名詞の研究と言い換えてもよい。けれども、これまで思想史を研究してきたひとびとは、同じ抽象名詞の意味が時代の変化に応じて変わってゆき、また同じ時代にあっても個人の思想が違っていればその意味も違ってくることを軽視してきた。本書は、方法において細心の注意を払って「発展」の観点を導入し、動静の方向からこうした抽象名詞の意味が歴史的に変化した姿や、そうした変化における関連した条件を追って、「歴史」のはっきりした意味を明らかにするものである。［RX 1963（1969）: 2-3］

この一節が、中国思想史の研究に従事する先生の方法論の立場である。かれによれば、思想や概念は歴史のコンテキストと言語空間において変遷のプロセスをたどるのが常である。だから本書の第一章は、清代の儒者や傅斯年《ふしねん》（一八九六〜一九五〇）が思想史の問題を訓詁学や言語学の問題とみなして研究する方法を批判したのである。『中国芸術精神』の「自序」でも、先生自身の長年の経験から得たことばとして、こう述べられている。

これまですすめてきたこうした思想史の作業において、混乱のなかから抜け出て、比較的はっきりとした筋道を明らかにすることができたのは、おもに「動的な見かた」と「発展的な見かた」を適用できたことが大きく関係している。動的な見かたを静的な見かたに替えることが、これからの思想史研究がやらねばならない方法である。［「自序」、YS 1966（1967）：7］

徐先生が強調する「動的な見かた」と「発展的な見かた」は、「コンテキスト化（contextualization）」の研究方法であり、研究する思想や概念を歴史状況のなかに「コンテキスト化」し、思想や概念を生み出した経典を「全体」と「部分」から循環して解釈するなかで「コンテキスト化」してゆくことである。徐先生は『中国思想論集』にもこう記している。

われわれが読む古代のひとびとの本は、字をかさねて句をつくり、それぞれの字からひとつの句の意味を明らかにする。句をかさねて章をなし、それぞれの句からひとつの章の意味を明らかにする。章をかさねて書をつくり、それぞれの章からひとつの書の意味を明らかにする。これが部分をかさねて全体にいたる仕事である。この仕事をすすめるうえで、清代のひとびとによる考証学を用いることができる。けれども知っておいてほしい。部分をへなければ全体を理解することができないのは確かだが、こうした理解は最小限のものにすぎず、さらなる理解をおこなうには、それとは逆に、全体から部分の意味を確かめなければならないということを。ひとつの句からひとつの字の意味を明らかにし、ひとつの章からひとつの句の意味を明らかにし、ひとつの書からひとつの章の意味を明らかにするのだ。これが全体から部分を決める仕事、趙岐が「その意味をふかく求めてその文を理解する」（『孟子題辞』）と述べた仕事である。それこそ仕事の第二段階にあたり、清代のひとびとの考証学ではつかむことができない仕事なのである。

［SX 1959（1975）: 113-114, 116］

思想や概念が多くのコンテキストのなかで循環し発展することを理解してはじめて、古代の思想家たちの魂に触れることができ、孟子（前三七一〜前二八九）が述べるように「意思をもって志向を迎え」(2)、荘子が言うように「魚を得て魚を捕る網を忘れ」、「意味を得てことばを忘れる」(3)ことができると、徐先生はわれわれに告げているのである。かつて『東アジア儒教の視界における徐復観とその思想』〔本訳書の中国語原書の書名〕のなかで言及した、徐先生の思想史の方法論における「全体論の方法」と「比較の見かた」とは、じつに先生自身が語る「発展的な（evolving）」方法論の立場によって得られたものなのだ。

第二に、徐先生は中国思想史を研究するのに「追体験」の方法を強調し、本書の再版序にもこう書いている。

中国の先哲たちは、つねにみずからが体得したものを血となり肉となった事実と考え、ごく簡単なことばでのべるにとどめ、心をもちいて理論システムを構築しようとはしなかった。なかでも、多くのことばは、その場その場の状況に応じて発せられた。であるから、立体的に完成された生命体の内的な関連が、いろいろな場面に散在してしまって、ひとつひとつ独立して表れることばの形式に隠れて見えなくなったのである。われわれがこうしたばらばらのことばをひとつに集めて、比較し、分析し、「追体験」の方法によって、その内的な関連を明らかにし、その内的な関連を構造化するのではなくて、ばらばらのことばの片鱗だけをつかまえて判断をくだし、西洋の推理コードだけを頼りにあれこれ論じるなら、それは、立体的に完成された生命体から任意にひとつの横断面だけ切り取って、その生命体はこんなものですよと断定するだけである。この生命体はけっしてそんなものではないし、生命体をこんなふうに粗野に扱い、切り刻んでしまっては、それを論じることなどできるはずがない。〔RX 1963（1969）：3-4〕

徐先生が強調するこうした「追体験」の研究方法は、中国思想の特色に着目するものであった。かれは述べている。

中国の思想家は、自分の内と外の生活体験から始めるため、抽象性ではなく具体性に富む。ところが、生活体験に反省と鍛錬をくわえて、それを語るときになって、相互のぶつかり合い矛盾した要素を取り除いて、論理にふさわしい構造を取り出すのである。これを「事実の真理」と「理論の真理」の同一性、結合点と称することができるだろう。〔SX 1959（1975）：2〕

徐先生は本書において古代人の心理を「追体験」した（たとえば周代初期の「憂患意識」の分析）ばかりではない。『中国芸術精神』という書物でも、荘子の芸術精神の世界を探求するやり方は「追体験」の方法のより具体的な成果と見ることができよう。先生の「追体験」の方法は、二〇世紀イギリスの歴史哲学者であるコリングウッド（R. G. Collingwood, 1889-1943）が述べた「再上演（re-enactment）」[4]に似ており、いずれも古代のひとびとや古代の出来事を研究者の心のなかで再演し、主客を融合させて、古代と現代を一堂に会せしめるのである。こうした「追体験」を施すことによって、徐先生の思想史研究は冷たい「観念の遊戯」ではなく、思想と人間が奏でる血と涙を流し生命をもった現実の闘争の歴史となったのである。以上の二点は、われわれが本書を読むさいとくに注意すべき徐先生の方法論の立場である。

三　「憂患意識」の革新的意義

『中国人性論史・先秦篇』は古代の中国思想の人性論に焦点を当てているが、全書各章には創見が散りばめられ、多くの発見がある。それが可能であったのは、徐先生の思想史が考証の手を緩めることがなかったからだ。付録の三篇からも、先生の古典文献学の研鑽の深さが、その思想史研究の確固たる基礎となっていることを見て取れる。

本書第二章は周代初期の宗教に見られる人文精神の躍動を論じ、第三章は春秋時代が「礼」を中心とする人文の世紀を迎えたことを論じ、第六章は孟子が心の善から性善の考えを唱えたことを論じた。いずれもきわめて独創性の高い見解で、多くの後学によってその学説は継承し発展させられた。

紙幅の都合から、ここでは本書のなかでもっとも独創的な考え、すなわち「憂患意識」の提出を取り上げる。徐先生はこう書いている。

周のひとびとは殷のひとびとの命運（政権）を断ち切り、新しい勝利者となったが、周の初めのドキュメントに現れているのは、けっして民族が勝利したあと訪れるのがふつうな高揚した気分ではなく、『易伝』が述べたような「憂患意識」であった。（中略）憂患の心理は、政権の担当者が吉凶成敗にかんして深く思索したさいの長期的な視野から生まれた。こうした長期的な視野には、吉凶成敗が政権の担当者の行為と深い関係をもつこと、政権の担当者がその行為において負うべき責任が表現されているのがふつうであった。［RX 1963（1969）：20-21］

先生によれば、「憂患意識」は長期にわたって形成されたもので、けっして周の文王や周公のような少数の政治リーダーによって無から創造されたものではない。徐先生は、「憂患意識」を具体的な歴史環境のなかで理解しようとした。「ひと」をいきいきと生産労働に従事するひとびとと考え、日常の生活を離れた高尚な隠士と見なかった。徐先生による「憂患意識」の分析は、戦後フランスの実存主義哲学者サルトル（Jean-Paul Sartre,1905-1980）が一九四六年に発表した「実存主義はヒューマニズムである」[5]という講演、そこで提出された「存在は本質に先行する」というマルクス主義的な命題〔マルクスが『経済学批判』で述べた「存在は意識を規定する」というテーゼ〕を想起させる。徐先生の本書は、かれの人性論の立場を問わず語りに吐露している。その思想史学、儒教研究、それから「悲劇の時代に生まれた発憤の心」〔「自序」、XC 1980: 2〕をつうじた二〇世紀の現代政治批判はみな、かれの人性論の立場となんらかの関係がある。

要約すれば、徐先生のこの『中国人性論史・先秦篇』は考証と義理をひとつに融合した思想史の著作であり、中国文化の未来にかれが抱く希望を仮託した作品であった。一九六六年の詩で「ほんのわずかの陽気でも寒々とした渓谷を動かし、ほんのわずか木材を移動しただけでも巨大な建物ができあがる」〔「蕭一山《しょういつざん》、彭醇《ほうじゅん》士《し》先生を追悼する」、ZW 4 1980: 202〕と詠んだように、一九六〇年代の海峡両岸がいずれも中国文化への反対を標榜した時代の空気のなかで、徐先生による配慮と祈念はまことに周到であった！

（徐復観先生の『中国人性論史・先秦篇』初版は台湾商務印書館より一九六九年に出版されたが、これは出版を予定する新版のための著者に代わる序文である。）

【注】

(1) 黄俊傑『東アジア儒教の視界における徐復観とその思想(東亜儒学視域中的徐復観及其思想)』(台北:国立台湾大学出版中心、二〇〇九年)。フランス語訳に、Chun-chieh Huang, translated by Diana Arghirescu & Lin Ting-sheng, *Xu Fuguan et sa pensée dans le contexte du confucianisme de l'Asie de l'Est* (Quebec: Presses de l'Université Laval, 2015).

(2) 『孟子・万章上・四』〔宋〕朱熹『孟子集注』朱熹『四書章句集注』(北京:中華書局、一九八三年)巻九、三〇六頁。

(3) 『荘子・外物第二十六』〔清〕郭慶藩撰、王孝魚点校『荘子集釈』(北京:中華書局、一九六一年)第四冊、巻九、九四四頁。

(4) R. G. Collingwood, *The Idea of History* (Oxford: Clarendon Press, 1946), p. 228. 中国語訳は、R. G. Collingwood著、黄宣範訳『歴史的理念』(台北:聯経出版事業公司、一九八一年)二三二頁。〔R・G・コリングウッド著、小松茂夫、三浦修訳『歴史の観念』復刊版、紀伊国屋書店、二〇〇二年〕

(5) Jean-Paul Sartre, "Existentialism Is a Humanism," in Walter Kaufman ed., *Existentialism from Dostoyevsky to Sartre* (London: Meridian Publishing Company, 1989), pp.17-55. 〔J・P・サルトル著、伊吹武彦訳『実存主義とは何か』増補新装版、人文書院、一九九六年〕

◉徐復観著作一〇選

毛沢東『矛盾論』の現実的な背景

「解題」『中国一周』第一一五期（一九五二年七月七日）掲載。のち黎漢基・李明輝（編）『徐復観雑文補編（五）両岸三地巻（上）』台北：中央研究院中国文哲研究所籌備処、二〇〇一年六月に収録。毛沢東が一九五二年に『矛盾論』を『人民日報』に再公表した理由を、共産主義体制で生まれた新しい支配者階級と人民大衆との矛盾という斬新な角度から解明する。徐はこうした着想を『実践論』が五〇年末に再公表されたときから抱いていたと思われる。四七年に始まる土地改革に注目し、四七年一一月一九日の『中央日報』南京版に執筆した「中共の現段階の『土地』運動初論」を皮切りに、共産主義体制の新階級という視点を打ち出していたからである。習近平総書記が第一九回党大会（二〇一七年一〇月開催）で胡錦濤時代の和諧論と決別し、新しい矛盾論を提出した現在、多くの示唆を与える論点である。［BB 5 2001: 146-151］

毛沢東の『矛盾論』におけるその理論的誤りは、牟宗三《ぼうそうさん》先生が「毛沢東の『矛盾論』について」のなかですでに喝破しており（『民主評論』第三巻第一二期）、わたしとして付け加えることはない（正確には「共産主義者の『矛盾論』について」一九五二年六月一日）。ここで述べたいのは、毛沢東がこの文章を（一九五二年四月一日付の『人民日報』に）発表した現実的背景についてである。毛の語る「矛盾論」は「弁証法」にほかならない。けれども、毛がそれを「弁証法」と呼ばずに、「矛盾論」と呼んだのはなぜなのか。矛盾がなければ弁証法なるものもないことは確かだが、弁証法の過程には、対立の側面もあれば統一の側面もある。弁証法とはそれらの概念の総称であって、矛盾はそのなかの一部にすぎない。毛沢東はどうして一部を取り上げ全部の代わりとしたのか。一五年のあいだ秘めていた旧作をなぜふたたび発表したのか〔毛沢東の『矛盾論』は最初一九三七年八月に書かれた〕。これらは現実的な背景のなかから初めて回答を得られるものである。

まず理解すべきなのは、毛沢東の理論的な文章は権威付けのためのものではなく、誰かに向けた「指示」であることだ。一年前にも旧作の『実践論』を発表したが〔正確には、一九五〇年一二月二九日付の『人民日報』〕、それは大陸に残った知識人に向かって、マルクス・レーニン主義を学ぶだけでは本物ではなく、それだけでは全然不十分であって、実践することが必要なのだと訴えたものだった。ところが、毛の言う実践とは、他人と争わねばならないものであり、また他人から争いを挑まれるものである。そういうわけで、『実践論』の後に起こったのは、知識人による大規模な「土地改革」への参加であり、深刻な闘争による知識人の第二の全面的な「改造」であった。毛沢東は心のなかでこう知識人へ呼びかけたのだ。不満をもってはならず、拒絶してもならない。これこそ『実践論』が語る実践にほかならない、と。

弁証法における「対立の統一」では、対立が矛盾であり、統一とは矛盾の消滅である。弁証法の立場に立てば、対立だけ言って、統一を言わないことなどありえない。まして共産党の観点からすれば、共産党以外が矛盾であって、共産党自身はある種の統一を代表すべきものである。共産党の党員が闘争によって団結を求めることから見て、共産党もまた矛盾を克服して自身の統一を求めていることがわかる。共産党の革命の目標は、階級対立のない社会、つまり矛盾なき社会を実現することである。であるから、共産党が政権を奪取するまでの社会に矛盾が満ち満ちていたとしても、共産党が政権を奪取し、階級敵なるものを消滅させれば、社会は調和した、統一したものとなるはずである。共産党自身の説明によれば、このとき弁証法は、ひととひとの関係から、ひとと自然の関係へと発展し、ひとは、もはやひととは争わず、自然とのみ争うことになる。したがって、共産党が政権を奪取するまでの基本路線が、弁証法の矛盾の側面を重視するものであるのはもちろんだとしても、政権を奪取し、階級敵を消滅させた後は、その基本路線は弁証法の統一の側面を重視するものになるはずである。毛沢東が『矛盾論』を書いた時代は、陝北に雌伏するころで、「民族統一戦線」を高唱していた。かれは統一戦線が幹部を惑わせることのないように、国民党との、また全国各階層との統一は表面的で、一時的なものにすぎず、一皮むけば矛盾があるのみで、路線においては闘争があるのみだと指摘したのである。毛沢東が『矛盾論』を書いたこのころの心境は理解できる。ところが、大陸の政権を奪取した現在、毛沢東はこの上なく残酷な手段、精緻な技術によって、第一にかつての政府関係者を末端の保甲長にいたるまですべて消滅させ、第二に全国の地主を富農、中農にいたるまで消滅させ、第三に全国の知識人を徹底的に「改造」し、知識人にみずからの「原罪」を背負って、共産党の前にひれ伏しひざまずく以外には活路がないようにさせ、第四に民族ブルジョアジーを打倒して、工商業者を干からびたミイラにしてしまった。毛沢東が思い描く階級敵はすでに跡かたもなく消滅したと言えるだろう。弁証法における矛盾は大々的にその割合を減少させた。ところが毛沢東はかえって一五年前の古い楽譜を取り出してきて、もう一度演奏を始めたのである。かれは権威を誇示したのかもしれないが、すでに述べたように、共産党はプロレタリアートの社会を打ち立てたのだから、共産党の弁証法の結論は、少なく見積もっても、ひとびとの世界に限っていえば、統一であって、対立ではない。矛盾だけで弁証法をまとめるのは、共産党の立場からして成り立ちがたく、毛沢東がこの点にまったく無知であるとはとても思えない。かつての主張を現在になって発表したのは、現実の情勢に迫られて、もう一度「指示」を発しようとしたからであるのは明らかだ。これまでの指示の相手は共産党の外であったが、今回の指示の相手は共産党そのものであり、幹部たちに向けて警告を発したのである。

個人であるからこそ、実際の生活においては多くの矛盾にぶつからざるを得ない。けれども、個人であるからこそ、その生活は矛盾のなかに安住するはずはなく、それぞれが和諧統一と考えるものを求めるのは間違いないところである。ひとが前に向かって進めるのは、矛盾を追求するからではけっしてなく、矛盾の感覚によって生まれた不安に急き立てられて、生活の和諧統一を追求するからである。共産党員とても、ひとであるから、この点において例外ではない。共産党の指導者が階級憎悪を強調し、階級憎悪を作り出そうとするのは、党員が矛盾を強烈に意識し、矛盾を強烈に不安視することによって、敵とされたひとびとと激しく抗争し、階級社会の天国に到達して、そこでみなが和諧を求め、安寧を得ることができるようにするためである。本当のことを言えば、共産党であっても、革命を語るさいには、矛盾は異常事態であって、統一こそ常態であり、闘争は手段であって、和諧統一こそが目的であるという暗黙の前提がある。善良なひとびとは、こうした表には出ないがたいへん強力な願望に駆られて共産党に参加したのである。

毛沢東の『矛盾論』を構成するものは、牟宗三先生が述べたように牽強《けんきょう》付《ふ》会《かい》であるばかりか、共産党の弁証法とも十分に整合的だとは言えない。共産党の弁証法は唯物史観にもとづいて語られるものである。したがって、共産党が描く矛盾は階級対立のなかで語られる。階級対立は、共産党による「苦い根を抜き」「苦い水を吐く」〔土地改革では、貧農が地主から受けた迫害をすべて告白し（苦い水を吐く）、その後に、そうした迫害をもたらした封建的諸矛盾を糾弾する（苦い根を抜く）という方法が採られた〕といった階級教育から考えると、ひとの地位、衣食、男女などの具体的な差別をつうじて党員に理解されるものであり、だからこそ、これらは現実的で真実の問題なのである。普通の共産党員は、政権が奪取されたならば、生活における差別はすぐには根絶できないまでも、打倒された社会の差別よりひどくはならないだろうと考えた。ところが実際には、ソ連から中共にいたるまで、その統治基盤は新しい階級制度のうえにしっかりと打ち立てられたのである。新しい階級と古いそれとの違いは何か。古い階級の上層部は道徳や倹約などの観念によっておのずから制約を受けていた。しかし、新しい階級の上層部には、これら二つの制限がなかったため、特権を享受するなかで欲望をほしいままにすることができた。古い階級の地位は流動的かつ可変的で、物質をもつ者と権力をもつ者がかならずしも一致しなかった。だが、新しい階級はといえば、党の指導者が選抜されるか粛清される以外は固定的であって、個人の能力によって変えることができなかったし、しかも物質と権力が完全に一致するものだった。上層部は下級のひとびとの利益を享受するだけでなく、下級のひとびとの死命さえ制した。こうして、ソヴェト・ロシアの政権が変質するなかで、統治階級と奴隷階級の間、宗主国と衛星国の間、統治階級内部における上級と下級の間には、さらに強力な階級ができあがり、いっそう激しい矛盾が生まれた。スターリンはこうして累々と蓄積されたピラミッドの頂点に君臨し、秘密警察の恐怖によって、一本また一本と縄を締めあげ、矛盾の深淵へと突き進んだのである。政権を奪取した後の中共も、まさにこうした道へと向かいつつある。そのことは中共自身の文書のいたるところに見つけることができる。こうして、古い階級が崩壊し、新しい階級がより早く、よりはっきりと、より凶暴な勢いで生まれつつある過渡期には、一般人民だけでなく、共産党員さえもが、これまでみずから血と汗を流してようやく得られたものは、矛盾を超克することによってもたらされた統一や和諧などではまったくなくて、より凝固した、より徹底的な、より普遍的な矛盾が、これまでの流動的で、不徹底で、局部的な矛盾に取って代わったにすぎないことに気づいてしまった。階級のない理想的な社会は、いまや暗黒の空虚に変わってしまったのである。これまでの矛盾を克服しようというエネルギーが、空虚な感覚となって動揺し、ひっくり返ってしまい、共産党そのものの存在基盤に影響せざるをえなくなった。中共の多くの文書から、中共内部には「玄宗皇帝の弟の薛王《せつおう》は酔って熟睡できても、息子の壽王《じゅおう》は妻を奪われた苦しみで一睡もできない」〔李商隠「竜池」〕現象が広がっていることがわかる。上級が酔えば、下級は琴を弾いてそれに和し、上級が奢り高ぶれば、下級は途方に暮れる。共産党には新しき懐疑主義が広く蔓延しつつあるのだが、それは敵を疑うのではなく、自分を疑う懐疑主義にほかならなかった。毛沢東はこうした動揺定まらない情勢に直面して、かつて書きなぐった楽譜（『矛盾論』）をもう一度取り出し、幹部にこう告げたのだ。あらゆるものは矛盾にすぎず、永遠もまた矛盾にすぎず、数学、自然科学でさえ矛盾である。したがって、矛盾に生まれ、矛盾に死すのが、プロレタリアートの運命なのだと。諸君は新しい段階、新しい矛盾にたいして、何も不安に思う必要はない。新しい矛盾のなかで、引き続き血と汗を流すことを厭う必要もない。毛沢東の『矛盾論』はこうした現実的背景から生まれたものだ。これは理論ではなく、自分の幹部たちにかけた呪文なのである。

　毛沢東が弁証法の一面だけを取り出し、弁証法の一面だけを強調したことは、共産党の統治が、理論を修正する必要に迫られ、理論を歪曲《わいきょく》する必要に迫られていることを示すものである。現在の共産党はまさにこうした「虚空を横切り、永劫《えいごう》を上下する」〔大虚大師や熊十力など、仏教をつうじた革命を目指す近代の思想家が好んで使ったフレーズ〕矛盾を抱えて、底なしの深淵に向かいつつある。牟宗三先生が述べたように、これは「純粋否定の原理」が必然的にもたらす悲劇である。こうした悲劇は局外者だけが見るに忍びないものなのではない。スターリンや毛沢東の自己省察は、マルクスやレーニンが掲げた階級を消滅し、矛盾を消滅するという目標からますます遠去かり、秘密警察の恐怖に依存することとますます深く、かくて日々不安に苛《さいな》まれる感覚が生まれるにいたっているのだ。かかる状態に陥って、そこから抜け出るどころか、抜け出ることすらできなくなっていることは、「唯《た》だの物」（物質中心主義）のもたらした必然的な帰結である。牟宗三先生の文章は、この点を明らかにすること徹底したものがあるので、わたしはその概略を記すにとどめる。

日本における真正の中国学者、安岡正篤先生

［解題］『民主評論』第四巻第一六期（一九五三年八月一六日）掲載。のち黎漢基・李明輝（編）『徐復観雑文補編（二）思想文化巻（下）』台北：中央研究院中国文哲研究所籌備処、二〇〇一年六月に収録。一九五一年の三月から九月にかけて、徐は香港華僑日報社の記者の身分で訪日し、日本の中国学の現状について多くの知見を得た。とくに昭和維新運動（橋川文三）の重要な一翼を担った安岡正《やすおかまさ》篤《ひろ》との出会いをつうじて、国民思想の潮流から生まれた津田左右吉の中国学や、西洋の実証主義と清代の考証学にもとづいたアカデミズム中国学とは異なる、儒教の政治思想に根ざし社会実践を志向する中国学の存在を知ることになる。安岡や、満洲国の建国大学教授を務め、満洲国を代表して蔣介石との和平工作に従事した中山優《なかやまゆう》の思想を、右翼とする見かたを俗論と退け、儒教の中庸思想を体現するものだとする考えは、昭和思想の探求に当たっても示唆するところ大きいだろう。［BB 2 2001: 33-40］

日本の現在の中国学者は大きく三つに分類できる。ひとつは日本の「国学派」を受け継いだ反中国学の伝統であり、さらにすすめて中国学の専攻という外衣のもとで中国学に反対するという目的を遂げようとしている。この派は津田左右吉を代表とする。かれにはこれに関連する書物が少なからずあって、そこで採られた方法は枝葉を詮索する考証によって、中国の学術の真正な精神を解体し、曲解したうえで、中国文化には一文の価値さえないという結論に達するのである。かれは『支

那思想と日本』〔岩波新書、一九三八年〕という書物の序文で、中国文化の価値をきちんと認め、中国文化の日本に対する影響を認めれば、中国人の自信を増し、中国人の抗日の意志（この書物は日中戦争の最中に出版された）を増し、中国にたいする日本の「活動」の困難を増すことになるとこの上なくはっきりと述べている。かれが取る方法や態度は、五四運動後に少数の人々によって唱導された「新漢学」にそっくりだが、津田氏は上記の序文において、まさに中国のこの学派を引いて自説を補強しているのである。この学派は学術の普遍性を理解できず、控えめに述べても、中国文化の普遍性を理解できていないし、ある民族の光栄と偉業が、自己の文化の伝承や外来文化の吸収において集中的にあらわれることなどはまったく理解できないのである。文化の伝承や吸収ができない民族は、生命力が枯渇してしまった民族であって、それゆえ文化を創造することはけっしてないであろう。

もうひとつの派は、清代学術の影響を受け、中国学術の専門的な考証に力を入れるものである。かれらは学術のための学術という態度を採り、考証の場面で研鑽を積み、その成果は膨大である。現在の各大学の中国学講座において、この学派はもっとも有力である。先の学派との違いは、政治的な動機という不純物がなく、客観的な態度に終始するため、かれらの考証した事実はみな学術面で独特の貢献をしていることだ。かれらはみずからの専攻にたいして深い興味と細やかな感情をもっているため、一部の中国学者のように中国に関することがらを学生に半日も講義した後で「今日の話には何の意味もない」などとつぶやいて解散するようなことはない。自分にとって意味のあることを学生に教えるのではなく、よりによって意味のないことを選んで自分を苦しめているかれらの心情は理解できないが。

このほかに、中国の朱子学と陽明学の影響を受け、思想の面から、人生の面から、中国文化を理解し、中国文化を受け入れようとする学派がある。これこそ日本の中国学の正統であり、日本の民族文化を凝縮した最大の動力源にほかならない。日本の儒学者である太宰春台《だざいしゅんだい》〔一六八〇～一七四七、江戸時代前期の思想家。荻生徂徠の蘐園学派の一員〕は「日本人が禽獣の行いを免れているわけはみな聖人の教えによる」〔『聖学問答』の一節〕と考えた。実際、これら儒学者の誠実な努力があったからこそ、日本人は中国の聖人の教えに倣って禽獣の行いから抜け出ることができたのである。日本の大儒学者である伊藤仁斎〔一六二七～一七〇五、京都堀川の儒者、古学派を開いた〕も、『論語』の各巻巻頭に「最上至極、宇宙第一」という八文字を記すことを忘れなかった。ここにも、かれらの中国文化へのこのうえない敬虔な精神を見ることができよう。日本の儒学者のこうした敬虔な精神によって、儒教は中国の文化であると同時に日本の文化となり、孔子は中国の聖人であると同時に日本の聖人になった。ここには民族のすき間もなければ、民族の高下もない。有り体に言えば、中国の文化は多くの中国人の心のなかではとっくに死に絶えているが、かえって多くの日本人の心のなかで生きている。これは中国の恥辱であり、日本の栄光なのだ。西洋のなかに、キリストがヘブライ人であり、ソクラテスがギリシャ人であることを理由に、それらの文化伝統の継承には民族問題があると言う国家が存在するとすれば笑止であろう。この学派は明治維新の精神を実際面で準備し、また絶えず精神面から明治という時代において維新をおこなう人物を発掘し陶冶した。大正時代になって、この風潮は一変した。儒家の社会的な影響は、唯物主義、功利主義、ファシズムに及ばなくなったため、軽率な決定から亡国の災いを招くようになり、中国学は書斎のなかに撤退して、少数の学者が考証の緻密さを競う仕事となった。もちろん一部のひとびとは、近代哲学の習得から転向して、思想面で中国文化を肯定し、中国文化を宣揚し、中国文化を人生のなかに根付かせようとしたが、これは「斯文会《しぶんかい》」〔明治一三（一八八〇）年「斯文学会」として創設、大正七（一九一八）年公益財団法人斯文会となる。孔子の学問と文化を現代に継承し現代に創造することを目的とする〕のひとびとを代表とする。なかでも活力が旺盛で、日本の社会への影響がもっとも大きいのが、ここで紹介する安岡正篤先生である。

ここまで述べた三つの学派のなかで、わたしは反中国を目的とする人々を中国学者と考えないのはもちろんだが、純粋な考証学派たちについても真正の中国学者とは考えない。純粋な考証学派に学術上の価値があるのはもちろんだが、こうした学術の価値は中国文化の基本的な精神とは相容れない。なぜなら、これらの価値はそもそも文化価値の問題に帰着することはないからである。中国文化の価値は人生の実践のなかからつかみ取らねばならない。そして中国文化が人生の実践に提供するのは新奇なものではなく、「普段着のような言語、ごく日常の食事の味覚」〔程伊川が兄の程明道を祀ったことば〕にすぎない。このことは中国文化が人生に与えるものが平淡であり、また平凡であることを意味する。人生の実践において中国文化をつかみ取っても、文章で表せばごく平淡で、必要不可欠とも思えないような平凡なものなのだ。平凡から平淡が生まれるとは普通は思いも及ばない。現代人はこれらを鑑賞もできないし、鑑賞する必要もないと考えるにいたった。つまり、現代人（中国人や外国人を含めて）は中国文化の核心になかなか触れることができず、中国文化が世界文化に占めるべき真正の地位を認めることができないのである。だから、孔子と孟子の後では、中国文化の生命は宋代と明代の程子、朱子、陸象山、王陽明にあって、けっして清代の閻若璩《えんじゃくきょ》、胡渭《こい》、戴震、恵棟にあるのではない。日本の真正の中国学も、朱子学と陽明学によって孔孟を追求するこの学派にあり、書斎のテキストに埋もれた考証学派にはない。このことを理解すれば、安岡先生こそは日本の真正の中国学者であるというわたしの評価がけっしてたんなる追従ではないことがわかるだろう。

安岡先生を知ったのは、民国四〇（一九五一）年の旧節端午の日で、友人の紹介で、ある株式会社の別荘で繊細な日本料理を招ばれたときだった。料理の皿には一匹の鯉が載り、菖蒲の花の一振りがあしらわれて、季節感を覚えさせた。時に中国大陸が陥落し、日本は占領下にあったから、話題はおのずと国家を憂え、世界を憂えることに向かった。しかし、世を憂える心は同じでも、安岡先生の風格は堅忍不抜のなかにも従容《しょうよう》として迫らぬものがあって、話題が緊急事態に及んでも、朱子や陽明のことばを引きながら、問題の落ち着くところはここなのだということを気づかせた。かれは「理」について「知ること深い」ために、「信頼に価する」のだとわたしは思った。信頼に価するからこそ、憂えても恐れず、悩んでも焦ることはないのである。

知らない人は七〇歳前後と考えるだろう。世に知られるのが早かったからである。初対面のときは四〇歳を少し越えたぐらいに思ったが、実際の年齢は六〇歳前だった。わたしが最初に読んだかれの本は『王陽明研究』第一〇版だったが、その初版は大正一一（一九二二）年三月、すなわち民国一一年三月で、そのときかれは二十数歳にすぎなかった。この本が処女作かどうかは知らないが、かれが生涯にわたって追求したのはたしかに陽明学であり、そこから発展していったものであったのは疑いがない。かれによれば、「凡《およ》そ人間の創造し得べき最も荘厳なる人格が陽明に凝《こ》って実現されて居り、かかる人格の創造的白熱に燃ゆる力強い思想が凝《こ》って其の学と為って居る」(前掲書、再版序)。この二文は安岡先生の陽明に対する信念を示すのみならず、かれが陽明の学の核心に踏みこみ、中国文化の核心に踏みこんだことを示している。中国文化とはなべて中国の聖賢による人格の創造から流露し、ひとびとがそれぞれの人格の創造を完成するように啓発するものである。ほかに、安岡先生の『東洋倫理学概説』『東洋政治哲学』などを読んだが、いずれも身体の実践によって、中国の聖賢の実学を明らかにし、中国の聖賢の真髄をつかみ、人類の霊魂の飢渇《きかつ》を救う書物であって、煩瑣な論理や空虚な概念をもてあそぶものと同日に語ることはできない。日本の文部省が昭和五(一九三〇)年に『東洋倫理学概説』を最良の倫理学の書物に推してから、わずかの間に一八版を重ねたことは偶然ではない。身体の実践に貫かれた精神の表れであるかれの書物は二〇冊を下らないだろう。剣道、囲碁、作詩、書道にも深い造詣《ぞうけい》がある。その書は深みのなかに飄逸《ひょういつ》を漂わせる。宋明の学問へのかれの造詣から、道学先生の習気を連想するとすれば、それはこの上なく大きな誤りである。かれは英雄の気を帯び、名士の気を帯びた道学先生であって、英雄の気は名士の気に勝り、孟子にある「豪傑の士」に恥じない。

けれども、その著作に跼蹐《きょくせき》して安岡先生を理解しようとしても、先生はせいぜい日本の多くの著者のうちのひとりにすぎない。一般の著者と一日の長を争うことは、かれの本意ではない。かれは人生において中国の文化を実践しようし、社会において中国の文化を実践しようとした。中国の文化の精神を、十字路をさまよう日本人に向けて啓示し、雲のように定まらない日本人に浸透させ、日本人がまさに進むべき道を示そうとした。新儒教の講学の精神や方法にもとづき、先の大戦期に金鶏学院〔大正一五（一九二六）年開設した私塾。後の首相、吉田茂が顧問を務めた。昭和七（一九三二）年に国維会を結成〕を創設したが、ここで教えたことはたんなる知識ではなく、聖賢が身をもって人格をつくり事務を処理する原理にほかならなかった。学生は社会のさまざまな職業、年齢から成り、修学期間も弾力的であった。同学院は各人がみずからに省みてみずからに対処することを学ぶもので、資格や卒業証明書の類いは一切与えられない。その教学の結果、学生は日本に遍く、陸海空の軍人もいれば、会社の理事もいたし、中小学校の校長もいれば、各機関の課長や課員もいて、師をもって事《つか》えて「安岡先生」と呼んだ。かれも「他者に左右されないことに努めよ」と述べて、師道をおこなうことをみずからに課した。戦後に金鶏学院は廃校となったが、かれはふたたび全国レベルの「師友会」を組織し、「東洋の政教の精神を攻究し、世界の新情勢を究明し、現代人に正しき教養と指針を与え、もって日本の復興と内外文化の提携を促すことを目的と」した。月に二度の講座を開き、第一週は「照心講座」と称して、安岡先生が陽明学やその他の中国の聖賢の学を講じた。一五日は「時務講座」で、名士が専門の講演をおこなった。この師友会が東京護国寺の月光殿にて三日にわたる全国集会を開き、わたしに講演を依頼したことがあった。安岡先生にこう言われた。「全国各地の農村のリーダーをつうじて、混乱した東京のほかに、もっと広大で堅固な農村があり、日本には前途がないわけではないことを知っていただきたいのです。同時にこの機会を借りて、日本の各地の農村のリーダーにも徐先生のことを知ってもらいます」。ここに集まった数百人の多くは、その年齢が安岡先生と前後し、かつ社会的に責任ある地位にあった。かれらはみずからの伝手《つて》で自分の先生や先生の客人を招待し、「下男」「下女」といった助手の手を借りたのではなかった。中国にある「事あれば、弟子はその労に服す」〔『論語』為政篇〕という古えの教えにほかならない。開講の儀式は荘厳にして厳粛、聴講においては精神が集中しかつ統一され、ひとりとして怠慢倦怠《たいまんけんたい》の素振りが見えない。書物から偲《しの》ばれるかつての高僧の大徳、碩学の名儒による学堂講学の盛況は、図らずも日本においてその姿を再現していた。それに遭遇したことは幸いであるとともに、中国人として深く恥ずるところである。

過去には多くの軍人がかれを尊崇し、その講学を支援し、かれを師と仰いだ。そのために、かれを右翼の勢力とする見かたが生まれ、日本の占領期にはGHQによって公職追放となり、サンフランシスコ講話条約締結の前後に釈放された。だが実のところ、これは一部の人々による誤解にすぎない。真正の儒家の精神を生命とする人には、左翼も、右翼もなく、ただ「中」があるのみである。現実において、道徳の観点を前面に出して、浮ついた自由主義には賛成せず、かといって、自由に反対し、民主に反対するファシズムにも賛同しない。自由がなく、民主がなければ、道徳というものが根本から成り立たないからである。仁心をできるだけ広めてみずからの国家を熱愛するが、狭隘なナショナリズムの落とし穴にはまって侵略主義を鼓吹することはしない。みずからの国家を愛さないのは仁ではないが、みずからの国家を愛するあまり他人の国家に危害を加えるのもやはり仁ではないからだ。道徳のほかに、仁のほかに、中国文化、東方文化なるものがあるわけではないのだ。日中戦争の末期に、合理的な和平の道を模索して、日中間の戦争を終結させ、両国の厄災を救おうとするひとびとが日本にもいたことが現在ではわかっている。その試みは成功しなかったが、六〇年にわたって紛糾した日中関係にたいする反省や転換が日本の一部のひとびとに生まれていたことを見て取ることができる。安岡先生はこのころ、個人の力で、日本政府の中にいたこれら一群のひとびとに影響を与えようとし、また二度ほど上海に赴き、和平の実現可能性を実際に追求した。この二年間、わたしは『師友』月刊や日本から帰った友人をつうじて、かれが日本の前途のために、日中関係のために、共産党の狂瀾に抵抗するために、その講学活動を強化しつつあることを知ることができた。かれはまもなく自由中国〔台湾のこと〕に講学に訪れ、自由中国の朝野の人士と文化にかんする意見交換をおこなうと聞いている。自由中国の人々がこの真正の中国学者を歓迎するなら、わたし個人も先生の多くの友人も、大いに心慰められることだろう。

ここまで書いてきて、もうひとりの日本の友人——中山優先生に思いいたった。その見識は広く、文章は典雅で、緒方竹虎《たけとら》〔一八八八～一九五六、朝日新聞副社長、主筆、自民党総裁〕とともに『朝日新聞』の編集に長く携わった。いまは東京の近郊の農村に居を構え、陽明の学を村民に教授している。かれを始めて尋ねたとき目にしたのは、秋の気配が近づいた菜園を囲んだ二間の古びた家屋であった。かれの書棚には『四書』一部と誰かの詩集があった。かれの年老いた農民と変わらぬ夫人は、中国式の料理を作ってくれ、わたしたちは向かいあって酒を酌み交わし、飲んでは語り、かれの話は古今と東西に飛び交って、すべてにわたって鋭い見解を示した。別の機会には、多摩川の川沿いを散歩し、かれが考える戦後日本の進むべき進路を、懇切にして確固たる口調で描いて聞かせた。かれは道を楽しんで貧に安んずる高潔で傑出した人士の典型であるが、けっして世を避け隠遁しているわけではない。いま、かれは元軍事理論家で、東条英機への協力を拒んだ石原莞爾中将〔一八八九〜一九四九、満洲事変を計画、日中戦争の拡大には反対した〕の関係者である有志たちと、ある団体を結成し、その主張を全国に広めるために日夜奮闘しており、その成果は日々に顕著である。よそ目には朝夕の食事にも欠くと見えるかもしれない。だが聖賢の道理と国家の経《けい》綸《りん》がその頭脳には蓄えられている。かれは安岡先生とは異なる典型だろう。影響力では安岡先生には及ばないかもしれないが、その身の振りかたに東方文化の真骨頂を見ることができるし、東方文化の真髄を了解できるのである。しかるべき国家であれば、その政府が理想からは遠くても、その社会にはきっとしかるべき人物がいるし、しかるべき人物の存在を許容するはずである。社会に立ち上がる人物がひとりとしてなく、立ち上がることを許容もしないのであれば、そんな国家は破滅の道を歩むだけである。現在の日本はまだ混乱のなかにあるが、これらの日本人から判断するに、この国には必ずや限りなき前途が広がっているに違いないとわたしは信ずる。

わたしの理解する蔣総統の一面

「解題」一九五六年一〇月三一日執筆。『自由中国』（半月刊）第一五巻第九期（一九五六年一一月一日）掲載。のち蕭欣義（編）『儒家政治思想与民主自由人権』香港：八十年代出版社、一九七九年。台北：台湾学生書局、一九八八年に収録。数ある徐復観の政論のなかでもっとも論議を呼び、人口に膾《かい》炙《しゃ》された一編である。一九四三年に知遇を得て以来、一貫して中国改革の旗手として信頼を寄せた総統蒋介石が陥っていた混迷を打破するための方途を提案する。主観による不退転の現状打破は、客観への服従を前提になされねばならず、その客観の指標とは世論にほかならないと説く。切々たる訴えは国民党の現状への危機感に裏付けられていた。本書でも指摘されるように、そのはげしい現状指弾はやがて『中央日報』の批判を受けることになる。［RJZZ 1979: 303-312］

一

蒋介石総統が話をするように求めたのに、みなが誠意をこめず少し話をしただけでお茶を濁したのを見ると、いくらでも献策する用意があるという普段のことばは、当局を困らせるものではあっても、かれらを助けようという気持ちはまるでないのではないかと思わせる。わたしは『自由中国』編集のこの意見に賛成である。そこで、蒋総統が出した六つ目の呼びかけに応じて、蒋公ご自身のことにつき意見を開陳したい。

現在までのところ、国家は全体として失敗に終わっている。失敗の原因は、歴史から来るものもあり、社会から来るものもあり、国際から来るものもあるが、より多くはわれわれ知識人自身から来るものだ。あらゆる責任を蒋公個人が負わねばならないと言うことは、蒋公があらゆる責任から免れているというのと同じく事実に反する。わたしの考えは、こうだ。蔣公が負うべき一部の責任はかれの指導面での誤りから来ているが、こうした誤りが生まれたことにも、やはり複雑な歴史があって、蔣公自身がその最大の被害者であるかもしれない。けれどもその原因のなかに、蔣公自身の個人的な性格から来た誤りがあることは否定できない。わたしがここで述べたいのは、まさにこの側面にかかわることなのである。

ひとを知ることはきわめて難事である。蔣公のような偉大な人物を知ることはとくにそうである。のみならず、ひとりの個人の性格は、私的な立場にもとづくとともに、公的かつ政治的な立場にもとづき、評価に当たってはこの二つの立場を分けるべきである。ある個人の性格が孤独を好むことは、政治的には好ましくない結果を生むことが少なくないが、個人の観点に立つなら、その人格の好悪には関係しないように、蔣公にたいするわたしの見かたは、世間であまりにも喧伝《けんでん》されすぎるその成功事には言及しないし、ここで取り上げることがらは大きな間違いを含んでいるかもしれない。しかしながら、わたしの誠実なる動機のなかには、また、ひとりの国民として国家の危急存亡を検討するという立場には、蔣公の偉大な人格をめぐって、それを毀誉褒貶《きよほうへん》する意図はいささかなりとも含まれてはいないのである。

二

あらゆる偉人と同じく蔣公には堅固な意志が備わっている。けれども、かれの成功のみならず失敗もまたこうした堅固な意志によるものであり、まさにこの堅固な意志ゆえに、幾度となく難局を乗り越えたとともに、苦境にも陥ったことを、われわれはどう理解すればよいだろうか。

意志の堅固さはエネルギーが集中された表現である。いかなる事態にもエネルギーは必要で、とりわけ過渡期の混乱した時代にあってはそうだ。意志はひとの主観的な側面に属しており、客観的なものを自己に従属させ、客観的なものを主観化する。主観による序列化、主観による操作、これが「意志を貫徹する」と言われることであって、政治を語るには政策を必要とし、政策をまったくもたない政治などは想像することすら難しいのである。政策とは白紙に黒い文字を描くことで、白紙に黒い文字を描くことで血肉と霊魂を賦与し、その過程で問題を解決するのだが、これには政策を執行する者の意志が要るし、政治家の主観的な努力が要る。とはいっても、意志は個人の主観であるにもかかわらず、主観に属するものがすべて価値をもつのではない。主観に価値があるかないかは、個人が主観を形成してゆく過程によって決まるものである。政治面から言えば、ある主観的意志の価値の度合いは、かれが意志を形成する過程で客観的な状況をどのように理解し、客観的に見て異なる意見をどれだけ受け入れるかに正比例するものである。言い換えれば、意志における主観は、客観的な筋道によって形成されるから、客観にもとづいた主観なのであって、多くの客観的なものは、吸収と消化と集約をへて主観という形式となり、こうした主観の意志にしてはじめて価値をもつのである。直感や個人的な欲望にもとづく主観、広い範囲の客観にもとづかない主観に高い評価を与えることはできない。しかしながら、個人が客観的な事物に触れそれらを了解することは、個人を取り巻く環境と密接な関係がある。政治的な地位がはなはだ高く、権力がはなはだ強大で、それらをあまりにも長く保持するひとは、客観的な事物と均等に触れ合う機会（均等な触れ合いによって、はじめて客観的な事物は了解できる）が妨げられ、かくて自分の直感や欲望だけに頼って自分の意志を形成するようになり、権力から生まれた直接的な刺激や反応を、自分の意志が客観的な事物のなかに貫徹した効果だと誤解することになる。こうなると、意志はもはや客観的な事物を不断に吸収し消化して得られた結晶ではなくなり、伸縮ままならぬ凝固物に成り果ててしまう。かかる環境のなかで強い外的な制約や深い内的な反省を欠くなら、この難局を回避することはできなくなるだろう。これまでの歴史で多くの英明な君主の晩年が壮年に及ばない理由の一斑はこうした点より説明が可能だろう。そして、蔣公自身もまたそうした運命を免れることはできなかったように見える。

さらに重要なのは、政治面で主観的な意志を実現するには客観的な機構が必要であることだ。規則法令や規則法令に内在するさまざまな原理原則がそれである。これらがなければ、意志はばらばらの遊撃隊となるか、捉えどころのない詩人の感情にすぎなくなり、事実を前に何の役にも立たなくなる。けれども規則法令や原理原則はひとの主観的な意志から生まれるものではあっても、生まれた後は、ひとの主観的な意志を離れて客観的な存在となって、ひとの主観的な意志をかえって拘束するようになり、ひとの意志はその拘束された軌道のなかを軌道に沿って前進するほかはなくなる。つまり、ここにいたってひとの意志はかかる客観的なものに従属し、かかる客観的なものの支配を受けることを余儀なくされるのである。まさにこうした理由によって、一方では、ひとの意志は転変ただならぬ混沌とした状況を抜け出て、筋道のはっきりした方向へと発展し、前後矛盾に陥らなくて済むし、他方では、原理原則や規則法令が個人の特定の主観の範囲に属さず、客観的な存在であることによって、多数のひとびとが共通に認める基準となることができるのである。個人の意志がそうした共通の基準に沿って表明されることが、主観の客観化であり、個性の共通化であり、国家のさまざまな意志を共通の方向へと集約して、相互の矛盾に陥らないようにさせるのである。のみならず、規則法令、原理原則は不変の絶対的な真理を表すものでないことはもちろんであるが、個人の意志と比べれば、より大きな安定性と継続性を有し、ひとの意志の努力によって血肉を賦与され、他方、ひとの意志もこうしたものによって具体的で、安定し、持続した共通の軌道を打ち立てることができる。こうして、国家はもはやある特殊な意志が直接に支配するのではなく、これら多数のひとびとの認める客観的なものが直接に支配するものとなって、精神的な基礎をはじめて打ち立てることができる。であるから、創業の時代における偉大な政治家、その堅固なる意志は、かかる客観的な規則法令とそれにかかわる原理原則のうえに表れるべきであり、かつ率先して信頼を勝ち取り、それを貫徹してはじめてその努力が実を結ぶのである。蔣公の一生はこうした努力の不断の結果である。国民党の内部について言えば、かれは組織をとても重視し、一再ならず政党の政治綱領をつうじて政党員の共同の遵守を呼びかけた。一般的な場面でも、科学的な管理、責任の分担、権利と義務の明確化などを提唱した。特筆すべきは、われわれ国家の根本となる憲法であるが、蔣公が個人的な影響力をこれまで最大限に発揮しなかったならば、おそらくそれは流産していたであろう。以上がかれの偉大な諸点である。けれども、客観的なものを打ち立ててしまうと、ひとはそうした客観的なものに従属したかのようになってしまい、自由に自分の意志を発揮することができずに、客観にたいするコントロールを失う。こうした場面においては、もっと高次の意志によって、自分の意志を解消することを意志とすることが求められる。すなわち、過去の中国で言われた「無為にして為さざる無し」〔『老子』第三七章〕という意志によってこの矛盾を解体せねばならないのである。ところが、蔣公はこうしたレベルに達することはなかったようである。かくて、蔣公は主観と客観が対立するなかに陥り、精神と行為における混迷をきわめた。政治面で客観的なものを打ち立てたからには、たとえ自分の好みに合わないものでも、自己コントロールによって処理せねばならない。利益に欠け弊害が多いところも、より高邁《こうまい》な視野によって判断しなければならない。実行にあたって多くの困難が伴うときにも、堅固不抜の努力をすることが求められる。にもかかわらず、蔣公は、この第一をおこない得なかったゆえに、第二、第三もおこない得なかった（かれの能力をもってすればおこない得たにもかかわらず）。こうして、かれは国家の政治問題にかんして、エネルギーが有り余ったエンジニアの役割を演じることになってしまった。ある図案が早々に実現困難とわかると、このエンジニアは計画を変更し、新たに作り直した。このエンジニアが気ままな修正を加えるために、ある行程が途中で頓挫したこともある。さらには蔣公と親しい幹部が、こうした弱点を利用して、さまざまな方法でこの弱点を助長したことがある。というのも、こんな弱点があるために、客観的な制約を離れて政治上の暴利をむさぼることが可能になり、社会の側も、国家の規則法令が自分たちを制約するのではなく、規則法令があって政治生活の規範が得られるのでもなく、蔣公とその信頼する少数のひとびとの主観的な意志を前に、国家の規則法令はあってなきがごときものなのだと考えるにいたったからである。そのため、蔣公の生涯にわたる精励にもかかわらず、国家の客観的な基礎からすれば、その成就したものには大きな制約があった。蔣公のもっていた機会とその才能をもってすれば、中国のワシントンやリンカーンになることも可能であったのに、現在までのところ、ワシントンやリンカーンとして成功したとは言いがたいのはなぜか。ワシントンやリンカーンは、国会に内心では満足せずとも、国会にきわめて忠実であった。憲法に内心では満足せずとも、憲法にきわめて忠実であった。内心では自分に反対するひとびとを嫌悪していても、ワシントンがとくにそうなのだが、反対者と公務で一緒のときも、たいへん礼儀正しく誠実な態度であった（陰ではおおいに罵っていたのだが）。双方が論争するときは、自分の感情を抑え、自分の感情を脇に置いて、双方を越えた立場に立って、誠実に（欺瞞的ではなく）意見の調整を目指した。かれらの部下たちが絶えず軍事的な理由で二人に軍事独裁を敷《し》くことを求めても、毅然としてそれを退けたのである（以上は正中書局出版の『アメリカ国家の基本問題対話』第四章、第五章を参照）。蔣公はこの二人とほとんどの場面で同じである。ただ以下の場面で多少異なるにすぎない。客観化に安住しない堅固な意志、客観的な制約に安住しない堅固な意志は、あらゆる地域と時代における悲劇的な英雄が歩んだ道であるが、わが蔣公もまたこの道を歩んだと思われる。というのも、主観的な意志は客観的な要求を抑え込むことができるかに見える。しかし、それはわずかの時間であり、表面的なことにすぎない。客観的な要求は、広い範囲の客観的なものに根ざさないような主観的意志を最後には否定するからだ。現在の国家の根本は憲法である。わたしは衷心より希望する。蔣公がこれまでさまざまな困難を克服した毅力によって、憲法を貫徹されんことを。学校教育で三民主義を講義する時間の半分でも割いて憲法を教授されんことを。憲法によって改めて自らの幹部を訓戒し、政治的なプランを再設定し、すべてのひとびとがこの軌道を歩み、相互に助け合い、相互に平和に、相互に悖《もと》らず、国家が動揺唯ならぬなかで、精神ならびに法理の基礎を安定させんことを。これこそ蔣公の乾坤一擲《けんこんいってき》の大転換であり、わが国家の乾坤一擲の大いなる出発点にほかならない。

三

政治に反映される生きた客観的なるものとは世論、すなわち、さまざまな背景から生まれたさまざまな意見である。政治の任務は、こうしたさまざまな背景をもつ、さまざまな客観的なるものである意見を聴取して、それらを調整し、おおよその合意点を得ることである。この作業のなかには政治の本質にかかわるものもあれば、政治のアートにかかわるものもある。応劭《おうしょう》の『風俗通議』〔後漢末の書物〕にはつぎのような故事がある。漢の文帝の治績はこれまで言い伝えられたように好ましいものではなかった。かれがこのような過分とも言える敬愛を得たのは、意見を具申するひとびとにたいして、その意見の良し悪しにかかわらず、笑顔でもって応対し、だれもが満足して退出したからであるというのが、その大意である〔過誉第四〕。政治のアートとはこういうものである。諫言を受け入れるということは、中国専制政治に一貫して求められたもので、現代民主政治における最低限の条件でもある。この条件が政治の本質に関連していることを蒋公ははっきりと了解しているものとわたしは信じている。しかしながら、蒋公は主観と客観がいつもぶつかり合っているような性格の持ち主だから、こうしたアートの修行が苦手であることは周知のところである。とくに国民政府が台湾に移ってからは、蒋公が見聞することは、いつも濾過器にかけられたうえで、不純物が一切入り込まないものとなって、大陸にいたときと比べたら精神面をかき乱されることははるかに少なくなった。だが、個人的な野心ある話を持ちかけられたり、実際の状況を知らされないなど蒋公自身がこうむった災難もあった。ここから生まれた影響ははっきりしている。第一に、蒋公が聞きたい話は、実際の状況と比べて、その間に絶えまなく真実との距離感が生まれた。蒋公の側近である偉大な幕僚は、あらゆる困難に打ち勝ち、そうした距離感を埋めようとした。陳布雷《ちんふらい》〔一八九〇～一九四八、中国国民党の要人。「蒋中正（介石）の文胆」と称された〕と王世杰《おうせいけつ》〔一八九一～一九八一、南京国民政府外交部長。台湾移住後は、総統府秘書長、中央研究院院長〕の二先生がそれである。けれども、何人といえども、系統的で徹底した貢献をおこなうことはできなかった。普通の聡明な知識人にいたっては、その聡明さをアピールして、「台詞《せりふ》」の準備をし、時あらば蒋公の面前で舞台用の台詞を暗唱するのがせいぜいだった。ところが、台詞の最大のポイントは、感情を刺激してことがらが暗礁《あんしょう》に乗り上げないようにすることである。したがって、こうした台詞は蒋公の感情には責任を負うが、客観的な問題を正面から考えるものではなく、何カ月もかけて練りに練ってピカピカになった台詞をもって、国家のさまざまな重要案件の責任を負うにすぎなかった。こうして、内部にだけ配慮し、外部のことはまったく考えず、さまざまな案が飛び交っても、実効性はまったくないということが、こうした新官僚のシステムと新官僚の風格の特色となったのである。第二に、蔣公が諫言《かんげん》を受け入れるアートを苦手としたために、普通の官僚たちには不正常な心理が生まれ、世論が批判的であるならば、その意図するところは不純で、政府を混乱させるものだと考えるようになり、権力者がすぐさま野蛮なやり方で出動して、権力なき者がそれに唯々諾々と対応することになった。その結果、社会と政府の間には対話の機運がなくなってしまい、社会が政府からますます離れてしまったのである。なかでも八股文の作り手である聡明な人々は、「総裁によれば」という枕詞で自分の行為を正当化した。なぜなら、総裁の一言を引用することは、客観的な問題のなかに根拠を探して要求することよりもずっと効果的で、自分の忠誠心を表し、自分の地位を安泰にできるものだったからだ。万一反対の意見に遭《あ》っても、ごく簡単な論理で、自分のやったことは総裁が言ったことであり、君が反対することは総裁に反対することであり、総裁に反対することは国家に反逆することだと言えば、いかなる意見も撃退できた。うまくいけば自分の功績だし、うまくいかなければ、総裁が自分に代わって責任を取ってくれるのである。これを一言で要約すれば、政治の弊害のすべて、社会の離散状態のすべては、世論を育て、世論を受け入れることをしないところから生まれたものなのである。これこそ国民政府が出来てからこのかた、もっとも大きな致命傷なのである。いまや蔣公は徹底的な転換を決意され、政府の官僚もまたこの転換を歓迎している。これこそ、まさに政治の一大転機であり、これまでの不幸はこれをもって収束し、明るい未来がこれより開けるだろう。政治の世界の要人たちよ、この千載一遇の好機をゆめゆめ妨げないように。

蔣公の主観と客観が統一されない性格は、人材登用の場面に表れている。感情面での欲求が、無意識のうちに、事実面での業績評価を上回っていることが、それである。幹部が蔣公の感情にかなったことをすれば、それによってどのような損失があろうとも、蔣公は内心で満足する。そもそも現代の政治家のなかで、蔣公ほど人材を求めること切実で、しかも人材抜擢《ばってき》において英断を下す者はいない。けれども「評価はするが、その欠点も知り、評価はしないが、その正しさも知る」〔『大学』章句第八章〕ことを、蔣公はなしえない。だから、人材を養成するに当たって、人材を潰したり、不幸な結果を招来することを免れないのである。蔣公がとくに引き上げた人々をよく見れば、いずれも逸材揃いであることがわかる。だが、蔣公はいつもかれらに処理しきれないようなあまりにも大きな権限を与え、非常手段に訴えてかれらの精神面のバランスが崩壊してしまうまでかれらの権力を強化し、問わず語りのうちに国家の法規概念を軽視するようにしむけ、ために一人にたいする「愚かな叱咤激励」が政府内の「一〇〇〇人の失職」を生むのである。さらにかかる背景のもとで、これらのひとびとは英雄的な表現をおこなうように急で、日常的な仕事の代わりに「花火を打ち上げる」方式の仕事をすすめるようになる。けれども政治の力量というのは、日常的な仕事のなかで蓄積されるものである。もっと悪い風習は、特殊な権力をもったひとびとが「自分の学生」を幹部に養成し、自分の学生だけを頼りにして、自分の学生をつうじて周りの人材をコントロールしようと考えることである。国家が大金を投じて養成した多くの大学専門学校卒業生は、こうした特殊な学生を前にして、政治と直接の関係をもつことができなくなり、かれらが学んだ学問知識は政治にまったく生かされず、こうした学生の伝手を頼って特殊な政治的関係を築き上げることにしか使われなくなったのである。国家の活力を断ち切り、社会の求心力を離散させ、青年の人格を侮辱するうえで、これ以上のものはない。実を言えば、かれらは、そのひとりひとりを見れば、多くは尊敬すべきひとびとなのだ。けれども、現実の政治情勢によって、数人の良し悪しが政権全部の興亡を決めてしまうのである。わたしは無力であるばかりか、誰かを打倒しようというような動機を抱いていない。一介の書生として、他者の成功を願いはするが、恨みを抱いて誰かを打倒しようと願っているのではけっしてない。こうした話をしたのは、蔣公の偉大な呼びかけに応じて、すべての者が痛切な反省をすることを求めるからである。

わたしのようなちっぽけな人間が、筆を取って偉大な人格を論評し、それによって偉大な人格に貢献しようとすることには、内心恐れ多い気持ちを禁じ得ない。同時に、時代や地域を越えた聖賢豪傑のうち、能力と才能が完璧な者など存在しないのだから、普段からもっとも尊敬する人物をあえてこのように問責するのもおかしな話である。けれども、わたしが縷々《るる》述べたことを一言で言うと、こうだ。蔣公が個人の主観的な意志を政治の客観的な法則のなかに解消して、国家における政治の動きを、この客観的な法則にもとづいて前に進めれば、蔣公個人の刻苦精勤を軽減することができるとともに、国家が一〇〇年、一〇〇〇年にわたって繁栄する基礎をつくりだすことができるだろう。これこそ簡便にして実行可能な道である。のみならず、わたし個人について言えば、自分の主観的な意志を客観的な法則に従わせることは、孔子が説いた「おのれに克《か》ち礼を取り戻す」〔『論語』顔淵篇〕ことであって、蔣公が提唱する中国文化の精神にも十分に叶うことなのである。

国民党による革新の議論を慶賀する

「解題」『自由報』第二八八期（一九六二年一一月一七日）掲載。のち黎漢基・李明輝（編）『徐復観雑文補編（六）両岸三地巻（下）』台北：中央研究院中国文哲研究所籌備処、二〇〇一年六月に収録。国民党の中央委員会全体会議が打ち出した「大陸光復指導綱領」を骨子とする革新運動に、儒教政治思想の立場から提言をおこなった文章である。蔣介石に倣って『大学』『中庸』のなかに革新のためのヒントを探ろうとする。一九六〇年一一月から『民主評論』に連載されていた『中国人性論史』初稿は、この年の六月に『東海学報』第四巻第一期に載った『中庸』論で終結し、九月一八日と一〇月一日には、先秦政治思想の完成態として『大学』を考える議論が『民主評論』で展開されていた。そうした学術面での成果が、ここでの議論の重要な前提となっている。[BB 6 2001: 269-274]

一

このところ、国民党八期五中全会（一一月一二日開催）を起点に、革新運動が推し進められるのではないかというスクープがある。われわれの運命は直接にせよ間接にせよ国民党に死命を制されているのだから、自由な生存を求めるひとなら誰もが、国民党の革新に期待するだけでなく、国民党の革新を援助すべきというわけだ。ならば、わたしもそれについて少しばかり述べてみたい。

国民党はまず現実を見すえるべきだ。台湾に移ってから徹底的な改造をおこなった党が改めて「革新」の二字を打ち出したわけは、少し考えるだけで明らかである。昨年の後半から台湾の世論はとても落ち着いているから、世論のせいで革新運動が推進されたわけではない。この一年の間、国民党が活動し発展するための要因のひとつである文化が完全に自由になったと言われることがある。けれども、国民党が現政権を掌握する政党として、現実に配慮するあまり文化にまで手が回らないことも、もうひとつの事実である。したがって、この一年来、文化の自由化を推し進めた主流が三民主義を信奉する国民党員である以上は、文化問題が革新運動を引き起こすはずはないのである。国民党がとても落ち着いた情勢のなかで革新のスローガンを改めて持ち出したのは、もっと現実的なわけがあるからにちがいない。国民党の考える理由は部外者には推測するすべもない。部外者がどうあっても革新せねばならないという問題を持ち出しても、国民党の指導者の考えと一致しているとはかぎらず、また往々にしてかれらに誤解を与えることがあろう。そこで、わたしはここに、国民党の各位にたいして、あなたがたが革新しなければならない問題は何なのかを徹底的に明らかにしてみたい。党の立場に立って考えることもあるし、社会、人民、世界の大勢などの立場にたって考えることもあろう。こうして徹底的に考えぬいてはじめて、革新すべき対象をはっきりとつかむことができるのである。曖昧な感覚のままでは、革新の対象を本当に確定することはできない。革新の対象さえはっきりしないなかで、さらに何を革新しようと言うのだろうか。

二

スクープの断片的な記事から察するに、今度の革新が、実際的な効果を念頭において、サロンで歓談するよりは、立ち上がって行動しようと、ごく瑣末な枝葉から始めて、いままでのような空言だけで実行を伴わない弊害を退けているのは用意周到と評すべきである。しかし、総裁である蔣公はこれまで『大学』や『中庸』の道を提唱してきたが、今回もまた『大学』や『中庸』を提唱しているると噂されている。国民党の各位も『大学』『中庸』のなかから革新を示唆するものを真剣に探り出してほしいと愚考する次第である。ここでは二つの点のみ参考意見として掲げる。

第一に、『大学』は三綱領、八条目を列挙したあと、「ものには本末があって、ことには終始がある。それらの先後関係を知れば、道に近いと言えるだろう」と書き、また「本を知るとは、知ることの究極の姿なのだ」とある。「本を知」ったうえで、本を先にし、末を後にすることが、国を治め、天下を平らかにする基本原則である。『大学』は、身体を修めることを本とするが、このことは現在から見れば少なからず迂遠で現実から遠ざかっていると考えられるかもしれない。けれども政治の現実においても、やはり何が本で、何が末かを見つけることは依然として可能である。ごくわかりやすい言い方をしよう。「本」とは「要点」であり「重点」である。中国には伝統的な見かたがあって、「本の方は末まで到達できるが、末はと言えば本まで届くことはない」と言われる。これは時代や地域を超えた真理と言える。なにごとかを為そうとするさい「本」をつかむことができなければ、「知ることの究極の姿は得られず」、したがって「考えが誠ではない」ことになる。方孝孺《ほうこうじゅ》（一三五七～一四〇二、明代の大臣、学者。靖南の役にさいし王位を簒奪した燕王朱棣の即位の詔書を書くのを拒み処刑）の『深慮論』第三篇は、政治を革《あらた》めることをつうじて制度を調整することを論ずる。つまり、政治の革新を論ずるのだが、そこにあるひとつのフレーズは「霊性」に富んだものだと思う。方孝孺はこう述べている。「個人的な考えによって天下を運営することは、末ばかり気にして、本を考えないことだ」。このフレーズの意味は深い。各位はそれぞれに思索をめぐらしていただきたい。わたしはとくに付け加えることがないようにしよう。

第二に、『中庸』の「誠はものの終わりと始めを貫くもので、誠がなければものもない」という考えもきわめて「霊性」に富んだものだ。誠意をもって読書しない学生は、書物を十分に読んだことになるだろうか。工商業者が誠意をもって事業を経営しなければ、その事業は早晩破産するだろう。これらは「誠がなければものもない」ことの証左ではないだろうか。政治に責任をもつひとびとも、誠意をもっておこなわなければ、なにごとも成就できないだろう。誠意をもってひとに接しなければ、ひとから信用されることはないだろう。なかでも、ひとにたいする誠意は、事業を誠意をもっておこなうための基本である。事業をなすのに小手先を弄するひとは多い。かれらは他人は騙せると思い、でたらめをしてひとを欺く。ところで、ひとにたいする誠意は、人民を対象とし、社会を対象とするものだ。権謀術数《けんぼうじゅっすう》は、ほんとうの敵にたいしてなされるもので、友人にたいしてなすべきではなく、まして人民や社会にたいしてなすべきものではない。権謀術数によって利益を得ようとするひとびとは、かならずやその企みをすべて暴露され、自分の利益でさえ「ものもない」状態に帰するであろう。権謀術数の全過程において、その個々の企みを勧められ、保護され、暴露はされなかったとしても、それらが積もり積もれば、歴史の奔流のなかで必ずやすべての清算を迫られる日がやってくることは間違いないのだ。したがって歴史において、個々の冤罪《えんざい》は「それを覗《のぞ》こうとしても海のように深くて見えない」ことがあっても、総体として見れば、それらの冤罪を隠し通せることはできず、誠意なくして得た利益は、最後はすべて空無となるのである。「誠がなければものもない」ということばは、天国と地獄を説くあらゆる宗教を超越する孔子学徒の考えで、人類に捧げられた血の教訓なのである。

三

残念なことに、ここに述べた二つは依然として原則であって、こうした原則による啓蒙は、政治に応用すれば義と利、公と私の区別にどうしても関わらざるを得ない。中国の歴史には民主制度が現れたことがないけれども、この三〇〇〇年にわたり一貫して強調されてきたのが、この義と利、公と私の区別であって、これらは民主政治の精神につうじるもの、民族の生存を破局から救い出す鍵を握るものなのだ。国民党が先に述べた『大学』『中庸』の示唆を受け入れるなら、そして蔣総裁の示唆を受け入れるなら、指導的な地位にある各位におかれては、まず義と利、公と私の間に大きな区別を設けねばならない。この区別は、観念のうえのものでもあり、また事実のうえのものでもある。ここに述べたい実際面での問題は、つぎのことである。国民党の各位が、国民党以外のひとびとにたいして、さまざまな選挙活動における合理的な競争を認め、それを奨励して、合理的な競争の結果についても、それらを保障し尊重してほしいということだ。これは義と公の最小限の表れにほかならない。国民党ではないひとがある職位に就けば、とくに行政的な職位に当選すれば、国民党員なら絶対に受けるはずのない嫌がらせを絶えずこうむることが目撃されている。国民党はこうしたやり方によって党外のひとびとがそうした職位に就く気持ちを金輪際持たないようにさせるのだと社会は思っている。このままでは、社会はますます軽視され、ルサンチマンを蓄積し、国民党が掌握する政権の方も、一日また一日と、欠くべからざる威信を失墜してゆくだろう。のみならず、こうした悪風と険悪な心理が積み重なれば、国民党の品格も破壊され、国民党が革新できるときは永遠に来ないだろう。わたしの経験でも、家で甘やかされた子供は、厳しい教師に指導を委ねるしかない。政治の温室で甘やかされた集団は、合理的な競争のなかでしか改善することはできないだろう。ある野党の高齢のリーダーが一再ならずわたしに語ったことがある。「こいつら（かれらの同志）には道義もなく、才能もない。国民党が政権をかれらの手に委ねることがほんとうに起これば、どんなひどいことが起こるか分かったものではない」と。これは肺腑《はいふ》から絞り出された真実の叫びである。だから、わたしはこれまで国民党以外の党派が政権を担えば、国民党よりましになると考えたことはない。しかしながら、国民党がみずから革新しないわけにはいかないと考えるなら、台湾の県長や市長の半分が他の党派の手に落ち、しかもこれら党外の県長、市長が合理的な援助を得られ、また広い勢力の監督を受けるなら、かれらを厚遇すべきであって、冷遇すべきではない。こうなれば、台湾政治の進歩はおおいに促進され、国民党の党員がこうした社会の厳格な指導のもとで、職務に励み、社会によってますます淘汰《とうた》され、あらゆるひとが自然と発奮するようになって、国民党は真に革新され、国民党の政権はより強固となるだろう。

反共救国といういまの段階において、国民党は率先してその歴史的な任務を担って、その使命を完成させ、中原を回復しなければならない。台湾内外のひとびとで、そのことを公認しない者はない。国民党以外の党派はすべて、国家のために忍従するという前提のもとにあって、統治権を奪取しようなどとは夢にも思っていない。国民党が革新を実行するにあたって、いまこそは千載一遇《せんざいいちぐう》のチャンスなのである。国民党五中全会を通過した「大陸光復指導綱領」は、理論面では正確であり、宣伝上でも異議はない。問題は「指導」の方法をどうするかにある。言い換えれば、所期の効果をどうやって発揮するかにある。その鍵は国民党みずからがその作風をほんとうに革新し、海峡の内外の人民の熱烈な支持を引き起こしたうえで、われわれすべてが自分の力の限り、共通の目標に向かうことができるか否かにかかっている。「反共力量を団結せよ」というスローガンに反対する者はいない。けれども、このスローガンを唱えてすでに十数年経つが、あらゆる反共力量はこれまでしっかりと団結してきたであろうか。団結できなかった理由は何だろうか。執政党の指導方法に照らしてはじめて、その正確な答えを得ることができるだろう。「行動において心に満たされないことがあれば、これをみずからに照らして反省する」〔『孟子』離婁上篇〕。国民党の各位が共産党に反対し国家を回復する工作を指導するなかで、事ごとに「これをみずからに照らして反省する」誠意ある心と度量をもつなら、その革新運動は過去におけるスローガンと形式主義の轍《てつ》を踏むことなく、動員と戦闘における効果を現実のものとすることができるであろう。

劉少奇を哀しむ

［解題］『華僑日報』一九六六年八月二七日、二八日に連載。のち黎漢基・李明輝（編）『徐復観雑文補編（五）両岸三地巻（上）』台北：中央研究院中国文哲研究所籌備処、二〇〇一年六月に収録。文化大革命の前哨《ぜんしょう》となる異様な動向にたいして、徐は「毛沢東思想の最後のあがき」「毛沢東と中国の伝統文化」（『華僑日報』一九六六年七月六日、二一日）などで強い警戒感を示していた。しかし、一九四二年に延安で『共産党員の修養を論ず』を多大の共感をもって読んだ徐にとって、劉少奇を襲った悲劇は予測を超えた、かつ衝撃的な事件であった。徐の鋭い嗅覚は、毛沢東の権力がきわめて不安定であるのを見逃さない。それを弥縫《びほう》すべく、毛沢東が林彪麾下の人民解放軍に過度に依存した結果、毛と林の間に権力闘争が惹起されるのではないかと予想する。林彪をベリアに例える末尾は、政論家徐復観の面目躍如《めんもくやくじょ》たるものがある。「凡例」に述べたように、訳文は竹内和喜氏（西南学院大学名誉教授）のものを表記などを若干変更したうえで使用させていただいた。記して感謝する。［BB 5 2001: 188-196］

一

今回、中共の思想大粛清の運動中、意外に思ったのは劉少奇が党内で反毛沢東思想の大将であり、毛沢東による粛清の一番手の対象であったことだ。劉少奇は中共党内においてナンバー2であり、かって毛沢東は彼を後継者に指名したことがあった。本月（八月）一八日北京での一〇〇万人大衆大会では、ナンバー2の彼は林彪にとって代わられ、ナンバー8まで落とされてしまった。そして中共の「八期十一中全会」、その八月八日に決議された「無産階級の文化大革命に関する決定」によると、彼が粛清された事情がはっきりと理解できる。

この「決定」の第一では、彼らは今次の粛清の五大目標を説明しているが、第一の目標は「資本主義の道を歩む実権派を打倒する」である。「実権派」とは中共党内の権力を支配する、この一派の指導者であり、毛沢東を除けば、劉少奇しかいないのである。この粛清運動の最終目標は劉少奇であることからして、去年一一月以来の多くの共産党の慣例に違反する現象が説明できるのである。第一、どうして軍事的反抗の発生を叫ぶのか？　第二、どうして党で軍を統括せずに、軍で党を統括するのか？　第三、どうして『人民日報』は長期にわたって、任務を受けても行動を起こさないのか？　第四、どうして各級の党部、各種の宣伝文化機関が粛清される対象になっているのか？　あるいは動かされる地位に置かれているのか？　そしてこれは彭真《ほうしん》や陸定一《りくていいっ》が引き起こせるようなものではなく、実際に劉少奇は毛沢東に打倒されたのである。

二

抗日戦争の時期、中共は重慶で『群衆』という刊行物を出していた。およそ民国二八（一九三九）年のある一期であったが、そこに劉少奇の文章『共産党員の修養を論じる』が見えていた。それは主に国際無産階級の立場のものであったが、中には人格の本質の問題に迫ったものもあり、部分的には『論語』『孟子』のことばを引用していて、作者の相当に高い文化水準が表れていた。民国三一（一九四二）年、私が延安にいた頃、毛沢東は私に『整風〔中国共産党の党員再教育と党内反対派粛清運動、一九四二年に延安で始まる〕文献』一冊をくれたのだが、そこには劉少奇のこの文章が入っていた。ある日、毛は私に「徐さん、我々のあの中には、よいものは有りましたか？」とたずねた。私は「有りますよ」、毛「どの文章ですか？」、私「劉少奇さんの文章です」。当時の毛沢東は当然現在とは違って、私のことばに耳を貸してくれていたから、驚喜した表情で「どの文章がよろしいか？　彼はここにいるから、明日あなたに会わせましょう」と。翌日はたして劉少奇は私を宿舎にたずねてくれた。痩せた体に無口であった。互いにとりつくろったような話で何もなく、よもやま話さえ何も覚えていないくらいであった。当時私はまだ彼の中共における地位を知らなかったのだが、後に注意していると、彼は理論と組織上の重鎮であったし、毛沢東の前での重さは周恩来よりはずっと上であった。今日毛沢東みずからの手によって打倒されたのだが、これは毛沢東にとって彭《ほう》（徳懐《とくかい》）、黄《こう》（克誠《こくせい》）よりもっと悲しむべきであるし、ひどすぎるのである。そして私にとっても人の世が夢のように、幻のような一種の不思議な気持ちにとらわれるのである。

三

中共今次の「決定」で毛沢東が劉少奇を筆頭とした権力派を、悪辣《あくらつ》な手段で打倒したことがわかる。それに今次「全会」の「コミュニケ」ではこの粛清を毛沢東が実際に四年もかけて準備していたことが理解できる。昨年の一一月、姚文元《ようぶんげん》〔四人組のひとり。宣伝工作を担当〕が呉晗《ごがん》の『海瑞罷官《かいずいひかん》』〔歴史劇、毛沢東を誹謗するものと批判された〕を清算してこの問題が表面化した時期には、いつもの点火的で探索的な形式をとっていた。これ以前に毛沢東は秘密裏に布石を打っており、劉少奇たちの警戒心を麻痺させるのに、外国人との会見を惜しまずにこなしたり、ほどなく死んでしまうような装いをつくって自分が死ぬ準備の空気を放ったばかりか、甚だしくは将来中国の人民は必ずしも共産主義を必要としないなどと言っている。いまではこれは完全に自己隠蔽であり、敵をさらけ出す戦術であったことがわかる。しかし昨年一一月以前では、毛沢東はいったい何をしていたのか？　この点の解答について、まず下記する二つの問題をみよう。

上記の「決定」の第四項「大衆の運動中における自己教育」では「無産階級の大革命では大衆が自己の手で自らを解放する以外、如何なる方法も引き受けることはできない。大衆を信頼するには大衆の創造性を尊重すべきである」と言う。共産党について少しでも常識のある人であれば、彼らが決して大衆の「しっぽ」にはならないこと、決して「なすがまま」の大衆活動はさせないことは理解できる。とくにその政権範囲内では、大衆は単なる党のイエスマンであり、そうでなければ政権は大衆運動で台無しになってしまうであろう。そうであれば上記の「大衆が自己の手でみずからを解放する以外、如何なる方法も引き受けることはできない」の語は、だれに聞かせるのであろうか？こう述べておきながら、どうして北京大学をはじめ、重要大学に「工作組」〔原文は「小組」（党委員会）〕を直接派遣して代理をさせているのか？　以上がその一である。

上述した「決定」の第七項「ある者が革命的大衆を反革命にするのを警戒する」には「ある一部の学校、組織、作業チームの責任者は、壁新聞を張り出して彼らを批判した大衆に反撃する」とある。「そのうえ反党、反社会主義の右傾分子が大衆運動のある欠点と間違いを利用して、デマを飛ばして扇動したり、故意に一部の大衆を反革命にしてしまうのである」。「大衆間や学生間の闘争を煽ったりするような、如何なる口実も許さない」。この語は彼ら自身の内部のひどい混乱を反映している以外に、中共内部における二つの大衆運動系統の存在を述べている。鉄の規律による統治下、二つの大衆運動の系統は、いったいどこから出てきているのか？　これがその二である。

四

私の上述した問題の解釈は、中共の党の組織が劉少奇を始めとして、ほとんどが反毛沢東思想であるというものだ。毛沢東はどんでん返しをしたいばかりに林彪《りんぴょう》をけしかけて、武力を借りたのである。しかし武力は各級党部の側面を威嚇するだけであり、反抗させないだけで直接手をだして対処するものではない。そこで毛沢東は四年の時間内に軍事という巨大な組織を拠り所にして（民兵を含めて）、彼の党系統以外に、密かに大衆運動の系統を広く配置したのである。この秘密裏の配置は去年に至ってようやく完成したのであり、毛沢東はこの系統の大衆勢力を利用して、彼に反対する党の勢力に対抗したのである。毛は「大衆だからこそ自己で自己を解放することができる」と言っているが、これは彼の配置した新大衆系統の自由行動を指すのであり、党の組織系統に指導させないためである。これがつまり「他人に替わってなすような方法はどのようであってもとらない」ということなのである。大学では軍事系統の力量は比較的薄弱であり、毛沢東の新部署も薄弱であるほかはなかったので、「実行力のほどは覚束なかった」が外部から工作組を派遣して、他人に替わってなす方法をとらせたのである。

共産党組織の特性のひとつとは、本来大衆運動とは不可分なものである。中共の党組織系統とは自身の大衆運動系統でもある。劉少奇の実権派は警戒を怠たり、武力に怯えたため、毛沢東が秘密裏に配置した大衆運動に不意打ちを食らったのである。しかしこの不意打ちは党系統の大衆を完全に打倒するものではなく、当然、大衆にはまだ反撃する能力があったはずである。この能力は武力系統があまり浸透していない各大学や中高校では強力に働いたであろう。このように党組織系統の大衆が現れて、武力系統の大衆と対立や闘争が起きているのである。「決定」の第七項が指摘する状況はこのような推断で解釈することができる。

五

「決定」と「コミュニケ」の内容から見れば、毛沢東は林彪を用いて「事後承諾」的な勝利を得た。

事後承諾とは、毛がまず後方に隠れて武力と大衆の力で彼らの党組織系統を打ち破り、そして党中央の追認を強いて合法的な地位を得たことである。これは毛が自分自身の党と政府に対して実行した革命であり政変である。周恩来が自身を保全できたのは、郭沫若と同様に情勢をみて機敏に動いたからである。民国三一（一九四二）年、周恩来は重慶から延安に戻って来た。そして私に会いに来たけれども、この時私は何のために戻ってきたのだとたずねたのだ。すると彼は驚いて目玉をくるくる回し、きっぱりと「私は毛主席の学生になるために戻ったのです」と答えたのだが、私はいささか悲哀をおぼえたのだった。いったいどんな魔力が現実の権威に立ち向かう勇気をもった共産党人にこのような理性に欠けた卑しむべき言動をとらせるのか？　まさか毛沢東だけに脳味噌があって彼だけにしかマルクス・レーニン主義は理解できなく、他の人はみな無感覚な頭しかないから、毛に寄りかからねばならないのであろうか？　周恩来が自分を保全できたのは「毛主席の学生になる」という奥の手によったからであり、誰かと闘争したからだと言えるものではなかった。

しかし、毛沢東は決して完全な勝利をおさめたのではなく、また徹底した勝利を得てはいない。毛沢東が「北京」に戻って姿を現して以来、中共のラジオ放送や新聞紙上に表れた言葉や文字は古今東西のへつらいの言葉を使い尽くしたばかりでなく、へつらいの語彙をつくりだすことにかんして集団的な天賦の才を発揮したのだが、まさにそれは毛沢東の狂った心理が要求したものである。一群の魔術師たちが狂ったように護符《ごふ》を唱えるとき、彼らが唱える護符に「ノン」と言うことが誰に許されるだろう？　毛沢東が要求する「全国は人民解放軍に学ぶ」とは「工場、農村、学校、商行、サービス業、党や行政組織」等をみな人民解放軍と「革命化された大学校にする」ということである（以上は彼らの「コミュニケ」に見える）。それが命令に服従するしかない大兵営に変わったとき、誰かに命令系統以外の意見をもつことが許されるであろうか？　「決定」と「コミュニケ」では党内を左派と右派に分けて、「断固として革命的左派を頼りとする」といい、右派分子を「打ち倒して、崩壊させ、立ち上がれないようにする」と言っている。もし彼らが党内で毛沢東と違う意見を持つならば、それは間違いなく右派の意見であるのだから、彼らにはまだ生き残ることが許されるであろうか？　だが「決定」の第六項では、意外にも少数を保護するとあるのは真理というものが少数者にある場合があるからだと言う。たとえ少数者の意見が間違いであっても、彼らの釈明を許可するなり、彼らが自己の意見を保留することを応諾せねばならない。革命者とは独立思考にたけているから、敢然と思考し、発言し、行動を発揮するのが「共産主義的風格」であるとしている。この一節と目下毛沢東がとる一連の行動には矛盾があるのではないか！　この矛盾の出現はこの「決定」中で言われている少数なる者たちが、実際には劉少奇を首謀者とする多数者であることを説明するものである。劉少奇の実権派は不意打ちを食らっても、まだこの数句のなかに反抗力を表現して、彼らの反抗の拠点を保ちながら捲土重来を計っている。つまりこれは劉少奇が現在倒れはしたが潰れてはおらず、まだ公に顔を出せる原因でもある。

「決定」でさらけ出された反抗の拠点は毛沢東にとって大きな威嚇《いかく》であり、決して毛沢東が耐えられるものではない。よって八月一二日に可決された「コミュニケ」では、上記のこの部分の意義を完全に抹殺している。このことから、八月八日に可決された「決定」を毛沢東が認めようとせず、九日には大衆謁見のやりかたで大衆に思い切った闘争を呼びかけたことがわかる。この「決定」中の第六項と第七項（学校に対して「一律に整頓することはしない」という部分）、第一二項（科学技術者への譲歩）等でそれぞれ譲歩した部分への反撃である。これが大衆紙に載ると、またもや撤回して取り消し、取り消し後にまたもや改めて出している。これは「決定」中の上述した部分に展開された激しい闘争の反映であると私は判断している。この闘争では武力を後ろ盾にして毛沢東は勝利を収めたけれども、党における真の多数から得た勝利ではなく、武力で党に対処した勝利である。中共の党は目下のところ、まったく毛沢東の敵なのである。

よって毛沢東がこれからやることとは、つまりみずからの党組織に対する全面的な変更である。この変更とは党内の左派が右派にとって変わるものではない。なぜなら反毛沢東思想の趨勢下で左派の勢力は決して充分ではなかったからである。「決定」第九項の「文化革命小組、文化革命委員会、文化革命代表大会とは臨時的な組織ではなく、長期的に常設すべき大衆組織である」ということばから見れば、これは毛沢東が「文化大革命」を彼の党組織系統の下に置くことを止めたばかりでなく、今回彼が秘密裡に配置した大衆組織をさらにすすめて、劉少奇をトップとする現有の党組織系統に置き換えようとしたものである。このようであって初めて現在の実権派を完全に潰せるのであり、劉少奇や曲がりなりにも知識と人格をもった共産党幹部はその時になって徹底的に静粛されるのである。

ここまで分析したとおり、中共内部の闘争とはまさに全党あげての重大な展開である。そしてこれはスターリンがソ連で実行した粛清運動よりずっと広範囲である。この広範囲な闘争の過程中、その内部は間違いなく混乱状態となるにちがいないから、「コミュニケ」のなかでは再三「騒乱を恐れるな」と強調しているのである。毛沢東は目下共産党組織系統の前に裸をさらけだし、武力に頼って内外の局面を持ちこたえているだけである。毛は元々が「武力主義者」である。中共の党は毛沢東の前につぶれるのか？　あるいは毛沢東が彼の党の前につぶれるのか？　現在はまだ断定はできない。しかし毛沢東とスターリンは同じ運命であり、林彪とベリア〔一八九九～一九五三、スターリン大粛清の実行者。内務人民委員会により権力を行使。フルシチョフとの権力闘争に破れ、銃殺刑に処せらる〕は同じ運命であると断言できるのである。

「台湾独立」とは何か

「解題」『華僑日報』一九七二年一月一四日に掲載。のち黎漢基・李明輝（編）『徐復観雑文補編（六）両岸三地巻（下）』台北：中央研究院中国文哲研究所籌備処、二〇〇一年六月に収録。一九七〇年の台湾独立建国連盟の結成、七一年の中華民国の国連脱退による台湾の国際的地位の変化を背景に書かれた文章である。植民地統治時代に日本留学経験をもつひとびとが進めた台湾独立運動は、米中国交正常化によってアメリカ政府の台湾への影響力が低下したことに伴い、活動の拠点をアメリカに移した。多民族国家であるアメリカの構成員は「アメリカ」という共通のアイデンティティを当然のものとして受け入れている。なぜ、かれらは台湾において多民族が共通のアイデンティティを構築することに否定的で、台湾ナショナリズムと中国アイデンティティの両立可能性を攻撃するのだろうか。徐復観は、アメリカの言論の有する自家撞着を取り上げ、台湾独立運動が抱えるアイデンティティ問題の複雑さに読者の注意を喚起するのである。[BB 6 2001: 340-343]

一

三〇〇〇年前、西周《せいしゅう》〔前一〇四六〜前七七一〕の開国にかんする信頼すべきドキュメントには、「民主」ということばがいくつか見える〔『尚書』洪範篇にある周の武王への箕子の献策など〕。もちろん、そのころの民主と、近代の「民主」とはおおいに内容が異なる。近代の「民主」が指しているのは、「人民が国家の主人である」ということであり、国家のすべては人民によって決定されるべきだということである。そのころの民主とは、天命を受けて王となったひとが、政治活動の動機や目的のうえで、人民を中心とせねばならず、自分や、自分の家族、小集団を中心としてはならないということである。ところが、これらの意味のなかには、自分を中心としない王を批評し、それに反対し、あるいはそれを取り替えたり、再建したりする人民の権利が含まれている。だからこそ、湯王〔殷の創始者〕が夏を革命し、周が殷を革命した正当性を周公〔西周を建国した武王の弟、成王の摂政〕は何度も強調して、文王〔武王や周公の父〕が天の加護を得て命を授けられたのは、まさに文王が人民の厳しい批判を受け入れて自分を悔い改めたからだと強調したのである。あれから三〇〇〇年たった現在、政府にたいする人民の批判や反対は、憲法を有するあらゆる国家が定める重大な基本的人権であって、この立場に立つなら、台湾の独立運動は多数のひとびとの共感を得られるものではないとしても、それには寛容でなければならないし、またそれを尊重もしなければならない。これは民主政治において多数が少数を保障する大原則であろう。

けれども、人民は政府に反対する権利は有するが、自分の国家や民族に反対する権利は有していない。政府は政府の設計に反対するひとびとの意見に寛容でなければならないが、政府みずからが国家に反対する道を歩むのでないかぎり、自分の国家や民族に反対する人々の意見に寛容であってはならない。たいへん残念なことだが、台湾独立運動に従事する多くのひとびとが公然と歩んでいるのが、国家や民族に反対する路線なのである。

二

最近の自由中国における『中華雑誌』一月号に「台湾のアメリカ留学生が台湾独立を語る」という文章が載ったが、読了してあきれ果ててしまった。『台湾青年』一二六期の一四〜一五頁には、こうある。「台湾がポルトガル人に『フォルモサ』と呼ばれたのは一六世紀のことだった。このとき『中国』ということばはまだ世界に現れていなかった！」かれらは、これによって現在の台湾に住むひとびとが中国人ではなく「フォルモサ」人であることを証明しようとした。かれらはこれを理由にフォルモサ倶楽部を結成して、その発行する『台湾書簡』の巻頭にこう特筆大書した。「本書をフォルモサ人の閲覧に供する」。彭明敏《ほうめいびん》（台湾の国際法学者。東京帝国大学卒、台湾大学教授。日本語の『台湾の法的地位』（一九七六年）において台湾地位未決定論を打ち出し台湾独立の法的根拠を初めて明らかにした）は『国家観察報』の記者にたいして、こう述べた。「台湾人はポルトガル語のフォルモサを自称し、台湾人と称しない」。かれは「中国人」を否定しただけでなく、「台湾人」をもあわせて否定したのである。

かれらと中国人の間には、どんな関係があるのだろうか。かれらによれば、「第二次世界大戦後、中国人は野蛮な祖先たちに倣って、台湾にやってきて台湾を制圧した」。「二つの長いあいだ疎遠だった民族に根本的な衝突が起こった」。「少数民族が多数民族を征服しても、多数民族を同化はできないし、中国族は台湾族によって同化されることはないから、暴力革命によって中国族を駆逐しなければならない」（FG, 一九六七年四月号、二、三、四頁）。かれらはこうも述べる。「国民政府が対外的に『中華民国』を自称して、『フォルモサ』と称しないのは、台湾人を敵視し軽蔑することの表れである」（FG, 一九六七年九月号、四頁）。

それでは、台湾の「フォルモサ」族はどこから来たのか。エクアドル国連代表の考えでは、「古代より、台湾住民は、種族の点で東南アジアに近く、中国とは疎遠である」（英文版『独立台湾』一九七〇年冬季号）。もっと具体的にこう述べるひともいる。台湾人は中国人ではまったくなく、インドネシア人、マレー人、スペイン人、オランダ人、イギリス人、フランス人、日本人の混血である（FG,

四五頁)。こうした説明にはつぎのような欠陥がある。こうした説明を始めたのはアメリカのならず者たちだが、かれらはどういうわけか「アメリカ人」を混血のなかには含めなかった。おそらくアメリカのならず者たちは気づいていたのである。アメリカ人は混血人種であるにもかかわらず、「アメリカ人」というアイデンティティと名称を生み出したことに。中国は多くの異民族が混血して生まれたものだが、長い歴史の推移のなかで、早くから確固とした「中国人」のアイデンティティと名称を形成した。したがってアメリカの実情以上に、「混血人種」という説明をもってしても、「台湾人が中国人である」ことは否定すべくもないのである。

三

彭明敏もそのことを薄々感づいたのだろう。ここに述べた説明を公開講演でおこなったさい、かれは聴衆にうまく釈明することができず、ウィスコンシン大学での講演では、血縁から見て台湾人が漢族系の民族であることは認められるが、にもかかわらず台湾文化は中国文化とは大きく異なると語ったのである。かれは、福建語や客家《ハッカ》語が中国語の一系統であることを認めず、台湾に住むひとびとが福建語や客家語をしゃべることは中国語をしゃべることであり、中国語のなかの標準語に近い言葉をしゃべらないにすぎないとは考えなかった。そしてアメリカの記者に向かって、台湾人は自分の言語を守るために独立せねばならないと宣言した。彭氏のこうした宣言は、台湾のなかにかなり大きな反響をもたらした。台湾は国語運動の推進に目に見える成果を挙げたと言うべきである。だが今回、台湾に戻って、五カ月前にテレビで耳にした福建語や客家語の比率が大幅に増えたという印象をもった。これは国語推進運動の後退であろう。にもかかわらず、これによって台湾独立運動がいっこうに盛り上がらないことに、彭氏はたいへん失望したようである。

中国の領土は広大で、各省それぞれに地方方言があるばかりでなく、同じ省のなかにも、さまざまな方言がある。初めて武昌の学校に入ったとき、湖北省南部のクラスメートの話すことばが「雀のさえずり」に聞こえたものだ。けれども、文字の統一が、これら相互を結びつける大きなかなめになったのである。台湾独立を主張するひとびとは、漢字を使うことを恥辱とし、別に「フォルモサ」文字を作ろうとしている。これはローマ字によるピンイン表記の福建語であり、これにあわせて中国人の姓を廃止するというのである。帝国主義者の深謀遠慮には感嘆するほかはない。ローマ字のピンイン表記福建語を漢字の代わりに使うことは、かなり前に、外国人宣教師が始めたことである。現在、台湾内部にはまだいくつかの暴力団が、宗教を隠れ蓑に活動を続けている。人間の本性からかけ離れた活動によって、ほとんど影響力をもたないことは幸いである。

それならば、ここに記した説明の由来はそもそも何であろうか。簡潔に答えれば、すべてはアメリカと日本のならず者に教わったことである。そうであるなら、台湾独立がいかなるものかは、社会における各位が自由に判断して思い半ばに過ぎるであろう。

熊十力先生の目指したこと

［解題］『華僑日報』一九七二年六月一一日に掲載され、のち蕭欣義（編）『徐復観雑文集（四）憶往時』台北、時報文化出版社、一九八五年に収録。徐復観にとって熊《ゆうじゅうりき》十力は湖南省の同郷人であり、中国の文化復興の道を指し示してくれた恩師である。北京大学で熊十力が胡適から受けた処遇に強く同情することもあって、熊への奉仕は献身的であった。不幸なことに、中共の軍事制圧を前にその去就を決することが求められた運命の年、一九四九年の九月一〇日、原稿料の取り扱いをめぐり唐君毅、牟宗三ら門人をも巻き込んだ金銭トラブルが原因で、徐復観は広州の熊十力に絶縁状を送った。熊の台湾移住の計画は頓挫した。一方、中共はすでに熊の懐柔へと動いていた。一一月一八日、董必武《とうひつぶ》、郭沫若は熊に北上歓迎の意を伝える。一九五〇年一月末、広州市長葉剣英《ようけんえい》に見送られ、熊十力は武漢に到着。武漢市長林彪の二カ月に及ぶ接待の後、三月、北京到着、北京大学教授に就任した。以後の熊十力の痛ましいばかりの学術的良心の放擲《ほうてき》についてはここで触れる必要はあるまい。一九六八年五月二三日正午、上海での逝去も凄惨《せいさん》を極めた。その逝去を唐君毅と牟宗三から伝えられた直後の七月一一日、激しい感情に突き動かされるまま、徐は熊への最後の挨拶を認《したた》めた（「中国文化の長城の崩壊——熊十力先生を追悼する」『華僑日報』一九六八年七月一一日）。それから四年をへたこの文章を支配するのは、師との数々の恩讐《おんしゅう》を乗り越えた、水のように澄み切った静謐《せいひつ》さである。一九四九年の別れが淡々と記され、その最期が静かに語られる。ただひとつ『原儒』の評価のなかにだけ、思想家の精神のかくも無残な崩壊と、それを強いた共産主義への、哀悼と痛憤の心持ちが込められている。［ZW4 1980: 221-225］

一

『明報月刊』七八期に唐君毅先生が一編の長文を寄せている〔一九七二年六月〕。中共が政権を獲得してから、ある面からすれば、大きな成果もあり、大きな過失もあった。未来を見据え、中共には過失のなかから変革することを望む。転換の出発点とは、転換のもっとも根本をなす点と言い換えてもよい。マルクス・レーニン主義のくびきから解放され、中国文化のなかに精神の基礎を打ち立てるべきである。ソ連とマルクス・レーニン主義の正統争いをしても、ソ連は本家であって、中共はどこまでも分家にすぎない。また、マルクスとレーニンは中国をまったく理解しておらず、中共がその基準にあくまで倣おうとする限り、自分の足を削って靴をつくるしかなく、生きた中国人を、中国がまったく与り知らないような白紙に黒字で描かれた概念とするほかはない。唐先生はこう述べるとともに、中華民国以前の二〇年にわたる中国近代思想を総括して、そこには五つの基本観念があるとした。一、民族主義。二、中華の文化伝統の発展。三、社会主義。四、学術文化の自由。五、民主的な政治制度。そして、これらを「人文民主の社会主義」「人文社会主義」と総称し、これをもって国家の進むべき道を指導する大原則とすべきだと論じた。唐先生の文章は、感情が篤く、思索は深い。わたしの概略がその要点をしっかり理解していないことを恐れる。

中共が昨年、国際連合に加入し、ニクソンが北京を訪問してより、海外の知識人のなかに、祖国復帰運動の波が起こって、一〇年以上にわたった「非中国意識」に中国意識の復活の曙光が見えたことは、悪いことではない。けれども、投機的な雑念を心に起こさず、生きるうえで特殊な縁故を求めず、個人的な利害をまったく離れて、国家の前途のために問題を考えているひとびとはほとんどいないと言ってよい。良心の責任から出発して、道徳的な勇気を発揮し、国家の前途のために問題を考えるならば、中共を全面的に肯定もせず、また全面的に否定もせずに、中共の変革を望むべきである。唐先生の文章はそうした態度を代表する点で貴重である。ただいかなる個人にも限界はあり、唐先生の文章の内容にも論争すべきものがある。ただし、現実に直面して真実を語ろうとするひとがいまの世界にはあまりにも少ないのである。

唐先生は熊十力先生の学生と言ってよいだろう。唐先生の文章には熊先生について言及するところはない。だが、中共に変化を期待する気持ちを持ち、自分の微力を尽くして中共が変化するように働きかける点では、二人は一致する。そこで、この機会を借りて、稀代の哲学者——熊先生の目指したものを簡単に述べてみたい。

二

熊先生は若年のころ貧窮に苦しんだから、中国文化が含意する社会主義精神の一面に早くから感得するものがあった。二〇歳のころ武昌にて新軍に入り、秘密結社の革命運動に参加したことで、そのナショナリズムは強化された。かれは五四運動が中国文化を弊履《へいり》のごとく捨て去るのには反対したが、当時提唱された「デモクラシー」——民主政治の意義は強烈に意識した。中共が採用した闘争手段にかれが一貫して反対したのは、まさにそのゆえであった。中共が大陸を支配することが決定的になったころ、かれは広州の郊外に居を構えていたが、その去就にたいへん迷い、わたしも台湾へ赴くようにとは強く言い出せなかった。その後、董必武、周恩来、郭沫若などの要請によって北京大学に復帰し、懸命に毛沢東を理解しようと努めた。香港で初めて見たかれの小さな本〔『十力語要初読』香港東昇印務局、一九四九年一二月〕は、中国文化の大義にかんする毛沢東派のひとびとの質問に答えたものだった。かれはこの小さな本のなかで、周官〔西周時代の官僚制度〕の経済的平等政策を推奨し、宇宙人生はおおいなる和諧であって、闘争はわずかの期間の過渡的な現象にすぎず、それを根本の法則とすべきではないとした。続いて張居正《ちょうきょせい》〔明代の政治家、湖北江陵県のひと、万暦帝初期の宰相〕を論じた小さな本〔『与友人論張江陵』一九五〇年〕を出し、張居正の功業を高く評価したが、かれが講学活動を抑制したことは間違っていたと厳しく批判し、学術には自由が必要だと主張した。

熊先生の大著『原儒』を何度か読み通そうとしたが、最後まで読み通すことができなかった。そのなかに少なからぬ曲説が含まれているためだった。とくに孟子への非難は、先生のこれまでの学問の趣旨に反するもので、心が痛んだ。友人の牟宗三先生の「熊先生の学生」〔正しくは「わたしと熊十力先生」『中華学人』第一期、台北、一九七〇年〕によれば、この書物は、自分の意に反することを書きながら、共産党に影響を与え、党を平和的な転換へと導くことを望んだものであった。しかし、わたしの考えでは、知識人は、社会制度において、また個人の生活形式において、現実に妥協することがしばしばあってもよいが、歴史文化を議論するときは、その本来の姿を取り戻すべきであると思う。だから『原儒』を全面的に認めることはできない。なかでも、熊先生があのような唯心論の哲学システムを堅持したことは、中国文化そのものから言っても、現実から見ても、いずれも余計なことであった。

三

熊先生が共産党を改造しようとした理由は二つしかない。社会主義は承認しよう。だが、社会主義を民主政治と結びつけねばならない。政治面での指導は承認しよう。だが、学術には自由と自主がどうしても必要である。つまるところ、民主社会主義の方向へと向かうことを望んだのである。

一九六七年の半年間、香港にいたことがある。大陸では文化大革命が燎原の火のごとく燃え上がっていた。香港も暴動の嵐に見舞われ、わたしは文化大革命を批判する文章をいくつか発表し、そのなかの一編〔「毛沢東、江青、林彪集団の偶像崇拝運動を論ず」『華僑日報』一九六七年六月一八日〕で、林彪と江青〔毛沢東夫人。四人組のひとり〕の勢力は両立不可能であると書いたが、不幸にしてその予言は的中した。他方で、国家の前途という立場から、国家の問題を解決する方向を真剣に模索していた。台湾に戻り、その考察の結果を、かつては友人だったある人物への長文の手紙にしたため、こう述べた。中国問題は修正主義によってこそ解決することができ、それによって「人権」は保障され、安定を得られるのだ。台湾もこの方向へ向かうように努力すべきであると。この手紙がある種の誤解を生んだことが後からわかったので、わたしは「修正主義を論ず」〔「中共の修正主義を論ず」『華僑日報』一九六七年四月一五日〕「民主社会主義を論ず」〔「民主社会主義を略論する」『華僑日報』一九六八年一一月二五日〕という文章を『華僑日報』に発表し、自分の考えを公開した。これらの文章が、環宇書局が文集〔『徐復観文録』全四冊〕を編纂するさい削除されたのは残念なことであった。

修正主義を不倶戴天の罪名としたのは、共産党の言語魔術による。核戦争を回避するには、観念と制度において対立する二大勢力が、平和裡に競争を繰り広げることがどうしても必要だと、いまでは誰もが認めている。自然で秩序だった発展により、こうした競争のなかで、相互が長所を採り、短所を退け、互いに修正を繰り返し、核戦争を回避するという段階から核戦争を絶対にしないという段階へと到達することこそが、人類共通の幸福ではなかろうか。互いに修正を繰り返すとは、民主主義と社会主義の融合であり、エンゲルスはその晩年にこうした方向へと傾いた〔一八八九年の第二インター支援や、『家族、私有財産および国家の起源』（一八八四年）、『自然弁証法』（未完）に表れた共同体論と国家論の接合の試みなどを指すのであろう〕のである。今後の国際情勢にあっては、こうした方向に発展することの方が有利である。共産党国家がかかる情勢に反して内に閉じこもるなら、長期的な内乱に陥ることは必定である。

熊先生が逝去して五年、かれの目指したものは、まったく実現されていない。しかし幸いなことに、孤独のなかで逝去はしたが、闘争にかけられるという災いには遭わなかった。われわれの考えは実現されないばかりか、多くの災難を引き起こす可能性がある。けれども、自分の良心を投機や私利のなかから救い出してきた中国の知識人は、期せずして、熊先生と同じものを目指して永遠にその歩みを続けるであろう。ここには、大陸で『毛沢東語録』を暗唱し五七幹部学校〔文化大革命中、党や政府の幹部を農村に下放して思想改造をはかった農場学校〕をへて労働改造に従事する知識人も含まれている。

われわれ国家が直面するいくつかの問題にかんする考察

［解題］『華僑日報』一九七八年六月二八日に掲載。のち蕭欣義（編）『徐復観雑文集（三）記所思』台北、時報文化出版社、一九八四年に収録。一九七一年の米中国交正常化によって台湾の国際的地位はおおきく低下し、以後、国際政治における台湾の立場をどう調整してゆくかの議論が続けられた。徐復観がこの文章を書いた半年後の一二月一六日、アメリカのカーター大統領は、一九七九年一月一日を期して、中華人民共和国との国交を樹立するとともに、中華民国との国交を断絶することを宣言した。アメリカは中台関係を一九七九年四月一〇日に成立した「台湾関係法」にもとづいて処理することになる。徐復観がここで提案した平和的統一という考えかたは、期せずして一九七九年一月一日に中国の全国人民代表大会を通過した「台湾同胞に告げる書」のなかで文言化された。［ZW 3 1980: 443-447］

一

台北六月一二日の法新社（L'Agence France-Presse）電によれば、中国系アメリカ人であるマリランド大学教授の丘宏達《きゅうこうたつ》氏〔一九三六〜二〇一一、世界国際法学会会長（一九九八〜二〇〇〇）、台湾大学、政治大学、マリランド大学で国際法を講ずる。尖閣列島返還運動の理論的支柱。中華民国アメリカ大使館不動産保護運動の指導者。六四天安門事件を批判し、法輪功の人権擁護活動にも従事〕は、台湾とソ連の国交正常化を主張し、台湾海峡が中立地帯であることを宣言したと言う。電文が簡略なため、丘教授の詳しい論証についてははっきりしない。けれども、ここ数年、台湾の一部のひとびとが、アメリカが台湾を捨てて顧みないなら、国民政府はソ連と関係を結んで、中共の脅威に対抗すべきだと主張しており、その論調は、折に触れ、わたしの耳にも届いていた。丘教授は今回、アメリカ籍の学者とともに台北を訪れ、大陸問題にかんする中米会議に参加したさい、正式にこうした意見を出したのだが、このことは台湾の社会で同じような意見をもつひとびとを大いに勇気づけたことと思われる。こうした意見を出すことが、アメリカの外交政策をけん制するにすぎず、みずからの外交上の最後のカードとするのでないなら、それはそれで結構である。だが、ソ連との国交正常化を外交上のカードとするなら、その前に、さまざまな方面から慎重に検討を加えることが求められる。

わたしの記憶では、大陸の政権を獲得した中共は、真っ先に国民政府と外交関係を絶ったが、その後で中共を承認したのがソ連をリーダーとする集団だった。現在、中ソ間の摩擦はむしろ悪化しているが、ソ連が北京との外交関係を取り消して、その大使を台北に派遣して滞在させるだろうか。わたしの推測では、そんなことはありえない。ならば、国交正常化とはせいぜい「非公式」に交流するのが関の山である。となると、そうした非公式の交流は、国民政府にとっていかなる意味をもつのだろうか。もちろん、中共の台湾攻撃に抵抗するためにそうするのであって、それがなければ何もそんなことをするまでもないというのが基本的な前提ではあろう。けれども、わたしの観察では、中共はこれから一〇年ぐらいは、台湾攻撃の能力を持ち得ず、また台湾を攻撃する必要にも迫られないだろう。この時間は長くなりこそすれ、短くはなりえないであろう。とすれば、一〇年ぐらい、あるいはもっと長い時間をかけてソ連と国交正常化したとして、それは民主陣営の疑惑を深めるばかりで、ここに言われる基本的な前提を解決する役には立たないことになろう。変動きわまりない世界にあって、一〇年後に現れるであろう情勢を予測することなど誰にもできはしない。

丘教授たちは、まさに一〇年後のことを考えてこうするのだと言うかもしれない。果たしてそうなら、一般的な意味での国交正常化をしても、先に書いた基本的な前提を解決する力はもちえない。解決する力をもとうとすれば、正常化を軍事同盟あるいは軍事的協力という程度にまで高めねばなるまい。これはこれできわめて深刻な問題である。アメリカは中共と正式の国交関係を打ち立てた後も、台湾の現状を無視して、それを中共の統治に委ねることはないだろう。かれら（アメリカ）がいかなる方法で台湾の現状を維持するにせよ、またかれらの提出する方法がいかに実効性を持たないものにせよ、最低限言えることは、かれらは台湾の現状にたいして好意を抱きこそすれ、悪意を抱くはずはないということだ。ところが、台湾がソ連と軍事協力を結べば、情勢は一挙に転換し、中共とアメリカの台湾にたいする利害が完全に一致する。それがどのような結果をもたらすかは火を見るより明らかである。

二

ソ連と国交正常化をおこない軍事協力にまで深入りして、ソ連の立場に立つことで起こるであろうことはただひとつである。台湾を、大陸を包囲する陣営のなかに編入して、時期が熟せば大陸を攻撃できるような軍事力を蓄えるということだ。国民政府は大陸反攻を一貫して主張してきたから、それができるなら、機運に乗って、長年の悲願を実現できることになろう。けれども、われわれには冷静な判断が必要だ。ソ連はいまや、その野心からつくりだした情勢によって世界共通の敵となってしまった。ソ連が中共を包囲しようと努力すればするほど、世界はソ連を包囲しようとするであろう。ソ連はヒトラーよりも凶暴で、ソ連が置かれた状況もヒトラーのそれよりずっと厳しい。国民政府がこれまでの政治的立場を放棄して、このような陣営に加わる理由はどこにあるのか。

とくに「敵の敵はわれわれの味方である」という観点は、ソ連には適用できない。中共とソ連のイデオロギーの衝突は表面的なものにすぎない。民族利益の衝突こそが、その基本にある。ソ連の考えが中共の統治階層を打倒しようということにとどまり、わが大陸の領土や、その他の広大な利益を侵すことが念頭にないのなら、「敵の敵はわれわれの味方である」という観点はあるいは少しばかり適用してもよいかもしれない。けれども、ソ連のこれまでの行動を見れば、その可能性はほとんど無きに等しいだろう。だから、われわれがかれらと同じ立場に立とうとすることは、敵によるわが国家への侵略をわれわれ自身が手助けすることに同じである。それでは、現在およびこれからの歴史において、みずからの民族にたいしていかなる意味でも申し開きができない。ナショナリズムは国民党のもっとも根幹にある立脚点であり、ナショナリズムを傷つける者は国民党の反逆者にほかならない。血気盛んな若者や才子たちが気儘《きまま》に弄《もてあそ》ぶ切り札などではない。のみならず国交正常化によって、ソ連は自分と同類の傀儡《かいらい》を助けることはあっても、国民党を助けることはないであろう。

三

相互の激烈な闘争にもかかわらず、以下の三つの点で、国共両党は今後、似た者同士になるとわたしは考えている。第一は、外からの侵略への抵抗である。第二は、民主主義的な法治を確立し、人民の生活水準を高めることである。第三は、国家の統一を実現することである。

第一について言えば、中共はその主要な任務を担っている。中共が「台湾を解放する」というスローガンを強調するなかで、団結して外からの侵略を防ごうという要求を提出するのは確かに不当である。けれども、国民党はこの点にかんして、揺るぎない沈黙の態度を保つべきで、最低限、民族の敵の立場に立って世論を導いてはならず、対外関係において災いをみずから進んで招き寄せるような態度を採ってはならない。これは政治における大いなる節度であり、礼儀である。わたしはこうした見かたを、中国とインドが国境紛争を起こしたさい〔一九六二年一〇月〜一一月〕、蔣経国先生〔一九一〇〜一九八八、蔣介石の長男、一九八七年七月、中華民国総統として三八年間続いた戒厳令を解除〕に手紙で訴えたことがある。ひとりの中国人としてわたしが一貫してもつ態度がこれである。

第二について言えば、台湾が完全に民主主義的な法治を実現したなどとは、わたしは考えていない。しかしながら、台湾の人民は大陸の人民よりは多くの自由を享受し、大陸の人民よりは広い範囲にわたって能動的に創意工夫することができ、大陸の人民のように執政党員の顔色を伺いながら日常生活のあれこれを決定するようなことはない。これは鉄の事実である。台湾の上流階級の風紀は乱れ、貧富の格差はおおきい。だが、多くの人民の生活水準は、大陸の人民の生活水準よりは、とりわけ大陸の大多数を占める農民の生活水準よりは高い。これも鉄の事実であろう。台湾には自動車会社があるが、二〇年以上も、政府の有力な利益保護を受けながら、まだ自社ブランドの自動車を一台たりとも製造していない。大陸には、こんな笑い話はないにちがいない。ところが、台湾のスイカは、香港では一ポンドにつき大陸のスイカより五角も高く売れている。台湾のオレンジやポンカンも大陸の果物を圧倒している。こうした目の前の小さな事実が、政治経済のもつ意味をこの上なく厳粛に示しているのである。毛沢東の「法もなく天もない」（一九七〇年一二月一八日、毛沢東はエドガー・スノーに「坊主が傘さし、髪（法）もなく天もない」と語った。「髪」と「法」は中国語で同音）やりかたがどれほど悲惨な結果をもたらしたかを、わたしが考えるに、共産党員はわれわれ以上に痛切に感じているだろう。鄧小平は復活してから、これらの問題に気づいたようであり、民主主義的な法治が人民の生活を高めることや、四つの現代化と密接不可分であることを理解したようである。鄧小平による「現実的な」路線が転覆されない限り、大陸は良い方向へと向かうであろう。国共両党は、第二の点をめぐって競争を繰り広げてはどうであろうか。

　第三について言えば、「統一」と「解放」がまったく異なる観念であることをまず説明せねばならない。統一とは国家や民族が分裂から団結へと向かうことである。解放とは監獄に鎖で繋がれた個人の鎖を解いて、監獄から出してやることである。理解に苦しむのは、中共がこの二つの言葉を台湾について用いることだ。わたしは意識過剰なのかもしれないが、国際情勢がかなりの程度緊迫化したことに気づき、中共がそうした緊迫した情勢に対応するために、現状では実現不可能な、かつひとに反感を抱かせるような観念――「台湾解放」という観念を潜り込ませることには理解に苦しむのである。解放は平和裡にはおこなわれえない。したがって「平和的解放」はありえず、「平和的統一」のみがある。こうした問題をめぐっては、まず正確な観念をみながもつことから始めるべきであろう。二〇年、三〇年経てば、より人民の利益に即し、国家の利益に即したものが実現できるであろう。

中越戦争の回顧

［解題］『華僑日報』一九七九年三月二〇日に掲載。のち黎漢基・李明輝（編）『徐復観雑文補編（五）両岸三地巻（上）』台北：中央研究院中国文哲研究所籌備処、二〇〇一年六月に収録。一九七九年二月一五日、鄧小平の宣戦布告によって開始された中越戦争は、三月五日に人民解放軍がランソンを占拠した明くる六日、中国側によるベトナムへの軍事的懲罰の完了宣言をへて、三月一六日の全部隊の撤退をもって終結した。純軍事的な観点からは中国の敗北と言われるこの戦争を、ソ連帝国主義とベトナム共産党が東南アジアで展開した侵略行為にたいする中国の懲罰戦争と捉えて、その意味において勝利したと考える徐復観は、鄧小平が覇権を握ったばかりの中共の国際認識と完全に歩調を合わせていたと述べてよいだろう。また、和平交渉の焦点となった歴史的領土についての分析には、現在の南シナ海、尖閣諸島などの領有権をめぐる中国独自の発想の原点が窺えて、興味深い。［BB 5 2001: 494-498］

一

中共が一六日に正式にベトナムから解放軍の撤退を終えたいま、今回の懲罰戦争にたいして回顧を試みたい。

冗談交じりで友人にこう言われる。「君は『どうあってもこの戦争を始めないわけにはいかない』〔『華僑日報』一九七九年一月二四日〕のなかで、『中共が今回の戦争において、一九六二年の中印戦争のように、堂々たる大国の気風の勝利を得られんことを望む』と書いたが、君の希望は満たされたのかね」。わたしはこれにたいしてなんの留保もなくこう答えよう。今回の戦争の国際的背景は中印戦争時のそれに比べてはるかに複雑であり、今回の戦争の戦場は中印戦争のそれに比べてはるかに困難を極め、今回の戦争の意味は中印戦争のそれに比べてはるかに深遠であることを理解すれば、今回の懲罰戦争で堂々たる大国の気風が勝利を収めたことを認めないわけにはいかないだろうと。

ベトナム共産党が中共の恩義に仇をもって報じ、中国国境を七〇〇〇回を超えて侵したことは道理のうえから許容できないが、ベトナム共産党はこれを手段としてソ連に媚びているにすぎず、中共はせいぜい魯智深〔『水滸伝』に登場する一〇八人の英雄のひとり〕がチンピラにたいして採った態度をもってすればよく、大軍を動員する必要はなかった。けれども、イスラエルのペギン首相〔在位、一九七七～八三、八二年にレバノン侵攻〕が述べたように、ソ連はこの二年間に代理戦争を用いて六つの国家を領有したが、欧米諸国はソ連の策動を憂慮はしても、嘆息するばかりで為すすべもなかった。ベトナム共産党が大軍を動員して、一挙にカンボジアを領有したのは、まさに世界中がソ連の策動を恐れる心理を見抜いたからである。この流れはさらに強まり、ソ連はベトナム共産党を使って東南アジアすべてを領有して、分裂を助長しようとした。こうなると、中国の利害に影響し、世界全体の利害に影響することは必定《ひつじょう》である。欧米諸国が逡巡するなか、中共は果敢な決断を下して、一撃を加え、卑劣なベトナム共産党やソ連の策動に中国の正義の軍隊はけっして屈しないことを示した。それとともに、ソ連の策動はけっして想像されたような恐るべきものではないことを事実によって世界中に示した。こうした心理療法でソ連が計画していた多くの陰謀を阻止できた意味は実に大きいと言わねばならない。

二

国際政治の心理はたいへん複雑で、ソ連のヘゲモニーの外にある国家は、中共がベトナムに与えた教訓がソ連への教訓でもあってほしいと願わないものはない。だが、すべての望みが絶たれたことがはっきりするまでは、大戦をためらい大戦を避けようとするのも世界共通の願いであろう。したがって、中共にこの戦争を進めてもらいたいと考える一方で、事態を世界レベルの戦争にまで拡大しないように望むのは、国際レベルにおけるある種の矛盾である。

それとともに、中共の立場に立てば、ソ連のヘゲモニーによって生まれた危機は世界レベルの危機であり、危機を救うことは、世界共通の責任である。そして、危機に決着を着ける場所は西洋であって、東洋ではない。だから、ソ連は軽率にベトナムに戦争をさせないだろう。にもかかわらず、中共がベトナムを徹底的に打ち破った結果、西洋のヘゲモニー反対の戦場は極東方面に集中的に移され、中共はその責務を一身に負わざるを得なくなった。これは国家利害を考えればその必要はまったくないもので、これもまた矛盾のひとつであった。そこで中共は戦争を始めるやいなや、世界にたいして、ベトナム共産党にたいして、今回の懲罰戦争は期限付きの戦いであることをはっきりと伝えた。こうした戦略の予告が不利であることを承知しながら、矛盾をこれによって統一させようとした。堂々たる大国の信念と自制力があって初めてなしえたことだった。

ベトナムの軍事的な利点を語るさいに、中共が大規模な支援を行った長期の独立戦争において、「地下壕戦略」を発展させ、アメリカ軍はこれに大いに頭を悩まされたことがこれまで見落とされてきた。ここ数年、ベトナムはこの地下壕戦略を中越国境の険阻な地帯で集中しておこない、その地下の構造を垂直の要塞機能をもつものへと変化させた。この地帯を攻撃するには、原子爆弾よりわずかに劣るような爆弾でなければ、陣地攻撃はきわめて危険であるばかりか、地下壕にある導火線のなかに落ち込んでしまう。中印国境にはなかった状況である。中共が出兵したさい、その進軍があまりにも遅く、電撃的な大戦果を挙げることができないことをひとびとは訝《いぶか》ったが、それはこうした特殊な状況への理解が足りなかったからである。しかしながら、中共はついに「穴が掘れるなら、爆破もできる」と考え、深い地下要塞をひとつひとつ掃討してゆき、ついに総本山のランソンを攻略して、ハノイに通じる大門を開き、心理面での障害を取り除いたのであった。敵情に詳しく、訓練を積み、士気が盛んでなければ、なしえなかったことである。戦術上では奇襲し、戦略上では予告する真正面からの攻伐は、堂々たる大国の気風である。中共が撤兵するさい、ベトナム共産党は総動員を命じるほかはなかったが、このことは、その内部の動揺、とくに南部の動揺を示しており、総動員というファシズム的統治方法を宣告する以外に、こうした動揺を鎮圧する手立てはなかったのである。ベトナム全域で、軍事力は増強されず、頼みの軍隊はついに現れず、東南アジアはこうして以後平穏を取り戻すことができた。堂々たる大国の気風の勝利であろうと思う。民族の大いなる正義の立場から、この勝利を慶賀する。

三

戦争はほぼこれによって終結した。中共は和平交渉を提唱し、ベトナム共産党は「歴史的な境界」問題を出してきたが、交渉の目標とされた「歴史的な境界」の「歴史」とは、どの時代までさかのぼるものかについては不明である。越人が白雉を献上してふたたび来朝したとき〔『漢書』王莽伝に、越裳氏が王莽に白雉を献上したとある。王莽の治世は九～二三年〕にまでさかのぼれば、中共はベトナムを「秩序なき領域」と見ることはないであろう。秦漢時代までさかのぼれば、ベトナムは中国の郡県にすぎない。だが国民政府からはずっとベトナムの独立を援助してしており、中共がかれらのためにディエンビエンフーを陥落させるまで、中共はその人力と物力の五分の一から四分の一をベトナム独立戦争に投じており、歴史的な郡県概念などはきれいさっぱり忘れてしまった。ベトナムで現在語られる歴史的な境界とは、帝国主義の野心を受け継いだ境界であって、それによって中国との緊張関係をつくりあげて、ソ連に良い結果を報告するためのものであることが分かるだろう。そうでなければ、境界問題など、ちょっと会話するだけですぐさま解決できるはずのものだが、ソ連はベトナムがそんなふうに解決することなどけっして許すまい。だから、今後も長い間、膠着状態は続くだろう。

いま世界が抱えるたくさんの問題は、第三次世界大戦を起こさない限り、あるいは第三次世界大戦が完全に終結しない限り、ほんとうの意味での解決はなしえないものである。世界で第三次世界大戦が起こりそうで起こらず、絶望的な状況にはまだ立ちいたっていない現在、徹底的な解決は得られそうもない。中越関係もまたそうである。こう着状態のなかで、国力を競争させ国際的に有利な情勢を勝ち取るしか、その基礎を固めることに十全に成功する道はない。この二つの点を、ベトナム共産党は冷静に考慮するべきであろう。

国族と政権！――老いた壮士先生およびその他の読者に答える

［解題］『華僑日報』一九七九年四月一七日から一八日に連載。のち蕭欣義（編）『儒家政治思想与民主自由人権』香港：八十年代出版社、一九七九年。台北：台湾学生書局、一九八八年に収録。「国族」とは、孫文が『三民主義』のなかの「民族主義」講演で用いたことばで、ネイション・ステイトの翻訳語であった。日本では「民族」と訳されるものである。日本の訳語が血縁的な人種の概念をひきずっているのに比べて、優れた訳語だと言って良い。しかしながら、中国の社会に広く流布したのは和製漢語の「民族」の方だった。徐復観は、この長く忘れられた「国族」をもう一度取り上げ、ひとびとが相互の合意に立って国家を形成する社会契約的な含意を議論の前面に押し出そうとした。この文章を書

いたころ、中越戦争は中国が発動した正義の戦争なのだという徐の考えは中共への投降とみなされ、かれは四面楚歌のなかにあった。中共にたいする自分の評価は共産主義の政権を擁護するものではない。大陸や台湾を越えた国族の是非利害の立場に立った評価であることを、徐はこの文章で主張したのである。〔RJZZ 1979: 347-350〕

一

社会や政治が健全であろうとすれば、世論も健全であることが求められる。世論が健全であろうとすれば、責任ある作者や読者がいなければならない。責任ある作者なら、文章の内容すべてにわたって正確を期す必要はなくとも、文章を書いたおもな動機や目的が自分だけの利害にもとづいてはいないだろう。責任ある読者なら、作者のすべてに同情ある理解を示す必要はなくとも、読んだ後に、自分の意見を、とくに作者とは異なる意見を率直に作者に向けて、あるいは雑誌刊行物に発表するものだろう。最近手にした「香港の老いた壮士」の手紙は、わたしの書いた「中越戦争の回顧」を批判したものである。住所と氏名はほんものではないが、責任ある読者から寄せられたものであるのは確かである。さらに『中国人月刊』三期には馬念青《ばねんせい》先生が書いた「中越戦争についてのもうひとつの見かた」という文章が載せられ、その末尾には光栄にもわたしの「史記を論ず」〔『両漢思想史』巻三〕が引用されて締めくくられている。ことばのなかに批判を込める司馬遷の方式によって、わたしの前述の文章への不満を示したものであって、わたしが大事にする責任ある読者の手になることは疑いない。ほかにも大陸の読者のもので香港の『華僑日報』から転送された手紙がいくつかあって、わたしの同じ文章を評価している。かれらの地位は「中学教員」といったものにすぎず、その口調もけっしてわたしに統一戦線工作を説くものではない。これらもまた責任ある読者と見てよいだろう。そこで共通に触れられるのが「国族と政権」という大問題である。これら責任ある読者の好意を無にしないためにも、ここでこの問題をとくに取り上げて議論し、「責任ある読者」のさらなる教示を乞いたく思う。

ヨーロッパの一六、一七世紀に、「王権神授」説からさらに進んで「朕は国家なり」という恥ずべき観念が現れた。中世から近代への指標のひとつは、こうした恥ずべき観念を抜け出て民主政治の道へと向かうことである。ところが二〇世紀になると、遅れた地域の多くでは、「王権神授」説が「王権主義授」説〔絶対君主の権力が、「主義」あるいはイデオロギーによって保障されるという考えかた〕へと変化してしまった。「朕は国家なり」も「朕は民族国家を創造したり」に変化してしまった。イギリスでは一七世紀の初めにジェームズ一世〔在位一六〇三〜一六二五〕が「王は国家すべての偉大な教師である」、「自由なる王国とは、自由かつ気ままに物事を行える王国である」と言い出したが、われわれ現在の中国人にすれば、どれもこれも「耳に章魚ができるほど聞き飽きた」、「現在がもっともひどい」ことばではある。

しかしながら、わたしが堅持するのは、いかなる政権であれ、いかなる政権の指導者であれ、すべては自らの国族の歴史をたまたま横切った「訪問客」にすぎないということだ。声もなく通り過ぎた訪問客もいれば、末長く善政を寿《ことほ》がれた客もいるし、悪名とどろく客もいるのだが、訪問客であることには変わりはない。悪名とどろく客も国族ではないし、たとえ善政を末長く寿がれたとしても、やはり国族ではなく、「舜や禹は天下を治めはしたがけっして自分のものとはしなかった」〔論語〔泰伯篇〕〕ことが、舜と禹が末長く善政を寿がれた基本的な条件なのである。政権の是非利害が国族の是非利害とは違うことが、ここから分かるであろう。責任ある作者は、国族の是非利害によって政権の是非利害を批評する。政権のある行動が、国族の是非利害に符合するときは、国族の是非利害に立っているがゆえに、こうした行動を支持賛成するが、それは政権のすべてを支持賛成することではない。孔子は管仲〔?～前六四五、春秋時代の斉の政治家。はじめ桓公と対立したが、のち宰相として桓公を覇者たらしめた〕が礼を知っているとは考えなかったし、〔『論語』憲問篇で述べるように、〕「管仲はその器が小さいね」と思っていた。しかし、管仲が斉の桓公の宰相を務めたことについては、「天下を正しく導いた」と考えたし、中原にいた中華民族を「夷狄の風俗へと堕落させることがなかった」として、仁をもって評価することをためらわなかったのである。民族の是非利害を個人のそれよりも重視することの明らかな証拠であり、範を無窮に垂れるものでもある。

二

老いた壮士先生は書いている。「あなたが発表した大作はすべて切り取って、その見かたを尊重してきた」と。お世辞でないとすれば、わたしがこれまで中共にたいして発した厳しい批判を記憶されているにちがいない。しかしながら、わたしはまず自分の是非を決めてから、他人の是非を問うことができると考えているので、劉少奇、周恩来、鄧小平などに寛大であったし、その合理的なやりかたには希望を託してきた。是非を転倒することが、自分に固執して、敵を打倒するうえで一番効果的なやりかたとは思わない。また、わたしがカンボジアとベトナムの共産党を比べてベトナム共産党に共感を示し、かれらがマルクス、レーニン、スターリンの肖像を掲げない点からその指導者の文化水準が中共よりは高いと推測したことも記憶されていると思う〔「ベトナム和平の曙光」『華僑日報』一九七二年六月二一日〕。また、ベトナム共産党が中共を軽視するのは、文化大革命からあまりにも悪い印象を受けたせいであろうと指摘したこともある〔「中共の国際戦略の危機」『華僑日報』一九七五年一一月五日〕。香港でクメール・ルージュの残忍なテロリズムを初めて報道したのはわたしの文章であり〔「カンボジアの驚くべき実験」『華僑日報』一九七七年四月一九日〕、中共に向かって国内で四人組を打倒しながら、国外で四人組を援助することはやめよと忠告した〔「中共の外交情勢」『華僑日報』一九七八年四月一八日〕のもわたしである。さらに、中共が残忍なクメール・ルージュを援助することによって受ける被害は、アメリカが南ベトナムを援助することで受けた被害に匹敵するとも書いた〔「東南アジアの『満洲事変』」『華僑日報』一九七九年一月二四日〕。全体として見れば、歴史的かつ地域的な関係から、わたしはホーチミンや、ベトナム共産党にたいして、長い間かなりの好意を持ち続けていた。そうした共感の気持ちが変わったのは、かれらが華僑を虐待したときからであると同時に、かれらが完全にソ連による東洋のキューバに成り下がったときからである。かれらの行動のすべてが、中共を滅ぼして東南アジアを領有しようというソ連の一部となり、その一齣となった。こうして、国族の利害是非がいつしか中共政権の利害是非を圧倒して、中共による自衛や攻撃はいずれも国族の利害是非と完全に符合した、やむにやまれぬ戦いであると判断したがゆえに、かれらを支持し、かれらに賛意を表したのであった。ソ連が中国を滅ぼそうとする一味にべトナム共産党がならなければ、中共はたとえ被害を受けたとしても、戦争に訴えることはなかったであろう。反共を理由にソ連共産党とベトナム共産党の代弁者になることは、想像すらできないことであった。

台北で発行された『中華雑誌』三月号社説の、この問題にかんする分析は、わたしのものよりも、ずっと精密かつ詳細である。この社説が痛切に指摘しているのは、「多くの新聞は、この戦争の報道と評論において、民族の立場を喪失している」ということだった。その四月号の社説は、さらにつぎの点を強調している。いかなる国家の政権であれ、民衆全員の衷心よりの承認を得ることはありえない。しかし、国内の意見の違いが、国族の大きな利害に直接に反映されるなら、それによって国族を見舞うであろう生存にかかわる危機には計り知れないものがある。そして「民族の立場を喪失し」たならば、つまり、民族のなかで自己の生存を争い取る権利を喪失したならば、そうしたところでは「利益に目が眩む」ことさえできなくなるだろう。

三

最近いろいろな場面で、中共が抗日戦争において、抗戦を口実に、奪権を企《たくら》んだことを教訓にすべきだと言われる。これは事実である。まさにそうした事実のゆえに、わたしは中共への同情から中共への反対へと転じた。けれども、ここで二つの問題を考えないわけにはいかない。第一は、それなら中共があのとき汪精衛《おうせいえい》〔一八八三～一九四四、日中戦争期の一九四〇年三月より親日政権である南京国民政府を組織した〕の路線を歩んでいれば、世界の大勢における、また国内の民衆の心理における結果はどういうものになっただろうかということである。第二は、ほんとうの意味での「闘士」は勇気をもって「自分を知る」ことで、はじめて効果的に「他者を知る」ことができるということについてである。自分を省みず、ひたすら相手をどれだけ罵っても、その実態は臆病者にすぎない。日本が降伏してから、われわれが「大規模な接収」〔一九四六年一月、日産処理委員会が設立された〕という事態を引き起こさなかったならば、日本軍への対処において相手を追い詰めることがなかったならば、再編成において軍隊は要るが官僚は要らないという事態〔一九四七年の「二二八事件」への対応にさいし、二二八事件処理委員会が解散に追い込まれ、軍隊の進駐と鎮圧を阻止できなかった事態を指すか〕を招かなかったならば、選挙において恥ずかしげもなく利益の争奪ばかり繰り広げ、政治の弊害が噴出することがなかったならば、大いなる敵を前にして国民党の内部で私的利害から政治と軍事の大分裂を現出する〔一九五八年五月一五日、台湾警備総司令部が成立し、台北衛戍総部・台湾省防衛総部・台湾省保安司令部・民防司令部の四機関が廃止された直後の八月二三日、毛沢東による馬祖攻撃が勃発した〕ことがなかったならば、どんな結果になっていたのか。すべてはわたしたちが身をもって経験したことばかりだ。フランスの植民地主義はイギリスのそれより残酷である。日本の植民地主義はフランスよりもさらに残酷である。ソ連の植民地主義はとても日本の比ではない。目下のところ、国内の政治闘争を解決する方法は見当たらない。しかし、この闘争は国族の大きな利害を前にすれば、それを自然に抑制することができるはずである。老いた壮士先生たちはどう思われるだろうか。

徐復観略年譜

一九〇三年（光緒二九年）
一月三一日、湖北省浠水県の貧しい農家に生まれる。三人兄弟の次男。原名は秉常。

一九一一年（光緒三七年）八歳
一族の援助で読書を始める。一〇月、武昌にて辛亥革命勃発。

一九一五年（民国四年）一二歳
浠水県高等小学校に入学。

一九二〇年（民国九年）一七歳
湖北省武昌第一師範学校（武漢大学の前身）に入学。

一九二三年（民国一二年）二〇歳
武昌第一師範学校を卒業し、浠水県の第五模範小学校で教員生活を始める。

一九二五年（民国一四年）二二歳
湖北省立武昌国学館を受験し、三〇〇〇名の受験生中首席で合格。試験官は章炳麟の高弟、黄侃《こうかん》（季剛）であった。

一九二六年（民国一五年）二三歳
初めて『孫文学説』『三民主義』を読む。国民革命軍第七軍に参加。

一九二七年（民国一六年）二四歳
湖北省立第七小学校長となる。マルクス・レーニン主義、唯物論の思想に触れる。魯迅、周作人に傾倒。

一九三〇年（民国一九年）二七歳
湖北清郷会辨の陶子欽と清郷督辨の胡今与の資金援助により日本へ留学。明治大学にて経済学を専攻。河上肇の著作に親しむ。学費支払い困難により、東京青年総幹事の馬伯援の勧めで、陸軍士官学校歩兵科（第二三期）に転学。

一九三一年（民国二〇年）二八歳
九月、柳条湖事件への反対運動で投獄、陸士を強制退学。

一九三二年（民国二一年）二九歳
上海に帰国。広西省で軍職に就く。警衛団にて上尉営副、次いで少校団副に昇任。〔「校」は軍隊の階級で「佐官」にあたる〕

一九三三年（民国二二年）三〇歳

中校に昇任。南京政府の内政部にて新疆平定に係る秘密軍事作戦に従事。

一九三四年（民国二三年）三一歳

南京市の上新河保衛団主任、上新河区長となる。

一九三五年（民国二四年）三二歳

浙江省政府の上校参謀となり、上海、浙江、寧波の抗戦指揮部の準備工作に従事。同郷の王世高と結婚。

一九三六年（民国二五年）三三歳

黄紹竑主席に従い湖北省に戻り保安処第一科科長に就任。一一月二五日、長男、武軍が誕生。

一九三七年（民国二六年）三四歳

七月七日、日中戦争が始まる。黄紹竑とともに山西省に出兵、娘子関などの戦役に従軍。年末に武漢に帰り、湖北省の老河口にて匪賊掃討作戦に従事。

一九四二年（民国三一年）三九歳

荊宜（湖北省の荊州、宜昌）師管区の解散にともない重慶に赴任、孚頭関にて軍官訓練団の教官を務める。春、軍令部の命により、延安に赴き聯絡参謀となる。クラウゼヴィッツの『戦争論』を研究する。重慶にて長女、均琴が誕生。

一九四三年（民国三二年）四〇歳

重慶の北碚にあった梁漱溟が経営する勉仁書院にて熊十力と初めて会い、文化救国の志が芽生える。蒋介石の知遇を得、国民党上層部との交流が始まる。

一九四五年（民国三四年）四二歳

春、勉仁書院にて熊十力に再会。八月一五日、日本無条件降伏、聯合秘書処秘書長となる。

一九四六年（民国三五年）四三歳

陸軍少将を最後に志願退役。五月初め、北平から漢口へ赴く。帰郷し農村での隠居を考えるが、農村の荒廃に触れ、南京へと戻る。

一九四七年（民国三六年）四四歳

次女、梓琴が南京で誕生。蒋介石の援助で、商務印書館と共同で学術雑誌『学原月刊』を創刊。

一九四八年（民国三七年）四五歳

香港の『華僑日報』を編集する岑《しん》維休、岑才生、欧陽百川を知る。『華僑日報』を言論の舞台とする後年の機縁が生まれた。年末に広州を離れる。

一九四九年（民国三八年）四六歳
蔣介石の招きで蔣の故郷、寧波の渓口に四〇日間滞在。広州にて熊十力との別れがあった（結果として永別）。五月、台湾の台中に至る。六月一六日『民主評論』を香港にて創刊。台中には以後、二〇年間居を定め、政界から完全引退。一〇月一日、毛沢東、中華人民共和国の建国宣言。

一九五一年（民国四〇年）四八歳
次男、帥軍が台中にて誕生。

一九五二年（民国四一年）四九歳
台中省立農学院の林一民の要請により、同校の校長に就任。「国際組織と国際情勢」を講ずる。

一九五五年（民国四四年）五二歳
台中省立農学院を母体に東海大学が創設、同校中文系教授兼主任となる。

一九五六年（民国四五年）五三歳
『学術と政治の間』（甲集）を台中の中央書局より出版。一一月一日、「わたしの理解する蔣総統の一面」を『自由中国』に発表。

一九五七年（民国四六年）五四歳
『学術と政治の間』（乙集）を中央書局より出版。

一九五九年（民国四八年）五六歳
『中国思想史論集』を中央書局より出版。

一九六〇年（民国四九年）五七歳
東海大学より一年の研究休暇を与えられ、訪日。『華僑日報』に「東京旅行通信」を連載。

一九六二年（民国五一年）五九歳
二月二四日、胡適が中央研究院院士会議後のパーティーで急逝。追悼文「ひとりの偉大な書生の悲劇」を発表。

一九六三年（民国五二年）六〇歳
『中国人性論史・先秦篇』を中央書局より出版。

一九六六年（民国五五年）六三歳
二月、『中国芸術精神』を中央書局より、三月、『中国文学論集』を民主評論より出版。九月に『民主評論』半月刊を停刊（通算十七巻九期）。

一九六八年（民国五七年）六五歳
五月二四日、熊十力が上海にて逝去。追悼文「熊十力先生を悼む」を書く。

一九六九年（民国五八年）六六歳
梁容《りょうよう》若《じゃく》との対立により東海大学教授を辞任に追い込まれる。「無慚尺布裹頭帰」（貧しい僧の身なりで帰郷するも恥じず）を書いて弁明。九月一六日、殷海光病没。「わが敵を哀悼し、わが友を哀悼する」を執筆。

一九七〇年（民国五九年）六七歳
香港の新亜研究所の教授となる。

一九七一年（民国六〇年）六八歳
『徐復観文録』四冊を環宇出版社より出版。

一九七二年（民国六一年）六九歳
『両漢思想史』巻一を香港の新亜研究所より出版。

一九七六年（民国六五年）七三歳
『両漢思想史』巻二を学生書局より出版。

一九七七年（民国六六年）七四歳
初めてアメリカを訪れ、「清初学術討論会」に参加。訪米記「瞎遊雑記」を発表。

一九七九年（民国六八年）七六歳
『両漢思想史』巻三を学生書局より出版。『儒家政治思想と民主自由人権』を八十年代出版社より出版。

一九八〇年（民国六九年）七七歳
台湾大学付属病院の検査で胃癌発見、手術を受け、短期療養後に香港へ帰る。『徐復観文録選粋』、『周官成立の時代とその思想の性格』を学生書局より出版。『徐復観文集』四冊を時報文化出版社より出版。

一九八一年（民国七〇年）七八歳
三月訪米。五月に香港の雑誌『七十年代』に中国政局にかんする談話を発表。『中国文学論集続編』を学生書局より出版。『徐復観雑文続集』を時報文化出版社より出版。

一九八二年（民国七一年）七九歳
一月からホノルル開催「国際朱子学会議」の報告論文「程朱異同」全五万字を執筆中、背中右上方部に激痛を感じ、二月八日、香港より急遽、台湾大学付属病院九〇七病室に入院、癌細胞の転移が発見された。二月一四日、放射線治療後、両足の浮腫を併発、以後歩行困難となった。死期を悟り、「中国思想史論集続篇」序文を口述し、遺書を認《したた》める。五二日間の癌との闘いの末、四月一日午後五時五〇分、徐復観は人の世を離れた。四月五日午後二時、遺体は茶毘に付され、善導寺に仮安置。死後、『中国思想史論集続篇』が時報文化出版社より、『中国経学史の基礎』が学生書局より、『論戦と訳述』が志文出版社より、それぞれ出版。徐復観は死後の墓に刻む文章を準備していたが、そこには、こう書かれている。

「ここに眠るのは、政治の世界へ分け入り、政治の世界を激しく憎むに至った、ひとりの農村の子供――徐復観である」

※『論戦与訳述』台北：志文出版社、一九八二年六月の末尾に掲載された曹永洋整理になる「徐復観教授年譜」に依った。

訳者あとがき

国立台湾大学のキャンパスの西側を南北に貫く大通りには本書の著者、黄俊傑《こうしゅんけつ》氏が運営する文徳書院がある。二〇一七年一月末まで氏が勤務した国立台湾大学人文社会高等研究院のオフィスから南に歩いて二〇分ばかりのところである。黄氏はここで東アジアの儒教にかんする講学活動を続けている。大学奉職時代と変わらずその活動は多忙を極める。

歴史学を専攻した著者がみずからの研究対象に中国の儒教にかんする思想史を選んだことには、アメリカのワシントン大学で指導を受けた蕭公権《しょうこうけん》の影響が大きい。蕭公権は中国の政治思想史をひとつの学問領域として確立した研究者である。著者は蕭公権がいかに語学力に優れていたかをよく語ってくれた。その収猟する文献の範囲は欧米の諸言語からギリシャ語、ラテン語、サンスクリットまで及んだ。日本語の会話は下宿した先の子供たちから学んだという。日本の儒教をめぐる著者の幅広い知識——それは儒教を論じた二〇世紀以後の思想家にまで及ぶ——にはいつも驚嘆させられるが、そうした著者の日本への関心を呼び起こしたのは師の蕭公権であろうと考えていた。

けれども、著者と日本を結びつけるうえで決定的な影響を与えたのが、じつは殷海光と並んで戦後台湾の良心と呼ばれた徐復観であったことが本書からはわかる。自序に語るとおり、台湾大学歴史系に入学した著者は、現代における儒教復興のミッションを徐によって喚起された。そして、日本留学生であった徐が日本の書物をつうじて西洋文明を論じた姿勢が、著者の日本にたいする強い関心を呼び起こしたものと思われるのである。

黄俊傑氏の著作にはすでにつぎのような五つの邦訳がある。『台湾意識と台湾文化』白井進訳、東方書店、二〇〇八年。『東アジアの儒学——経典とその解釈』藤井倫明訳、ぺりかん社、二〇一〇年。『東アジア思想交流史——中国・日本・台湾を中心として』藤井倫明・水口幹記訳、岩波書店、二〇一三年。『徳川日本の論語解釈』工藤卓司訳、ぺりかん社、二〇一四年。『儒家思想と中国歴史思惟』工藤卓司監訳、池田辰彰・前川正名訳、風響社、二〇一六年。

今回、六つ目の邦訳として上梓される本書は、『東アジア儒教の視界における徐復観とその思想（東亜儒学視域中的徐復観及其思想）』という原題をもつ。その意図は、徐復観によって自覚された儒教復興の使命をあらためて俎上に載せ、徐が目指した儒教復興の足取りを東アジアという広い視野から再検証することであった。本書をつうじて、著者を東アジア儒教の研究に駆り立ててきた情熱の所在をわれわれは知ることができる。読者がこれまでの訳書とは一味違った読後感をもたれることは間違いない。

じつは、徐復観の儒教民主主義の構想は、欧米のリベラル民主主義の混迷を打開する可能性を秘めたものとして、近年、研究者の強い関心を引きつつある。本書のフランス語版が二〇一五年に上梓され (Chun-chieh Huang, translated by Diana Arghirescu & Lin Ting-sheng, *Xu Fuguan et sa pensée dans le contexte du confucianisme de L'Asie de l'Est*, Quebec: Presses de l'Université Laval, 2015)、英語版の出版が計画中である (*Xu Fuguan and His Thought in the Context of East Asian Confucianisms*, translated by Diana Arghirescu, Honolulu: University of Hawaii Press, forthcoming）ことに、それは現れていよう。著者の研究成果がこのようなかたちで世界的に共有されつつあるなかで、本書の日本語版は、いくつかの新機軸を打ち出すことになった。

まず「凡例」にも書いたように、著者は日本語版のために、二〇〇九年の原著に手を加えられ、先述した欧米の研究動向を追加したほか、結論において、徐復観の思想をより簡潔に「ダイナミズム」と「人文精神」という二つのことばで要約された。この日本語版は、現時点で入手しうるかぎりの最新の情報を反映したものなのである（英語版テキストも、この日本語版に準拠したものであると伺っている）。

第二に、日本語版は、徐復観というこれまで日本ではあまり知られることのなかった思想家について、読者に少しでも親しみをもっていただくために、かれの著作からその人柄と作風をよく示す一〇編を選んで紹介するとともに、その生涯を年表でスケッチした。読者は、著者の本論と合わせ参照することによって、徐復観についてより深い理解をえることができるであろう。

しかし、ここでとくに強調しておきたい第三の特色がある。それは、表題を「儒教と革命の間――東アジアにおける徐復観」としたことである。じつは、この表題の変更は、集広舎社主の川端幸夫氏と相談のうえ決めたものだが、著者の黄俊傑氏にはたいへん気に入っていただいた。

本書をひもとかれる読者は、本書に「革命」の文字がごく稀にしか登場しないことをもって、このような命名に異議を唱えられるかもしれない。多くの研究者が、徐復観を「革命思想家」ではなく「伝統の革新主義者」と呼んできたことも紛れもない事実である。しかし、欧米の思想家のなかで徐復観に最大の影響を与えたのがカール・マルクスであったことを忘れるわけにはいかない。ただし、徐の革命観はマルクスの考えた「革命」とはかなり様相を異にしていた。

徐復観の最大の創見といえる「憂患意識」は、紀元前一一世紀に樹立された周王朝の創設者たちの考えから引き出されたものである。周王朝による殷からの政権交代劇はこれまで「革命」と表現されてきた。そのさい、多くのひとびとを悩ませたのは、禅譲という平和的な政権交代を慣例としてきた中国で、なぜ暴力によって政敵を打倒する革命がおこなわれたのか、その暴力革命を周公や文王という古代中国の賢人たちが阻止しえなかったのは一体なぜなのかという問題だった。

ところが徐復観は、周王朝の革命にかんするこうした問いの立てかたを一八〇度変えてしまったのである。

周王朝の創設者たちは、革命という暴力行為に訴えて政権交代をおこなったことを心の奥深くで深く悔いていたと徐は書いている。かれらは革命の成果を人民に還元してゆくことで、革命というみずからの行為を償おうとした。そうした強い贖罪の思いが「憂患意識」となって現れたことに徐は注目したのである。

こう述べれば、本書を読まれた読者はすぐに気づかれると思うが、「革命」行為の背後に「憂患意識」を設定するという徐復観の思考スタイルは、中国政治思想の主流である儒教王道論が前提としていた「国君の主体性」の背後に「人民の主体性」を見てとり、中国政治を革新する課題を、前者を後者に転換することに見出したその姿勢とパラレルなのである。

徐復観は揚子江の中流域に広がる穀倉地帯に生を享けた農民の子供である。農民が歴史上こうむってきた差別や抑圧を解放することを自己のミッションとした思想家である。著者は見事な分析によって、徐復観の思想が「専制政体・経世儒教・農村社会」というトライアングルで成り立っていることを明らかにした。専制政体に集中された知識や権力を農村社会へと解放し、農村社会を中国の自立した主体とするに当たって、経世儒教の実践哲学を応用するというのが、このトライアングルな思考のありかたであった。しかし中国の現実の歴史を見れば、オールマイティーな専制政体にたいして農村社会は身に寸鉄も帯びない世界にすぎなかった。徐復観が漢帝国の知識人に確認したのは、人民の主体性を樹立しようとして果たせなかった挫折の歴史にほかならない。無にひとしい農村社会を主体化してゆくためには、経世儒教が過去に果たした役割を繰りかえすだけでは不十分であった。経世儒教はその果たしえなかった可能性において農村の再主体化を実現しなければならない。

　経世儒教は現実には挫折し存在することを許されなかった哲学である。そこでは、「革命」は、あるいは「憂患意識」はなんら実体的なものではない。本書でも指摘されるように、カント主義者の牟《ぼう》宗三《そうさん》は徐の憂患意識をカントが述べるような実践理性として発展させた。けれども、徐の憂患意識はそのように実体化することがそもそも不可能なものであったのだ。それは、農村社会の差別と抑圧の構造を注視し、知識においても権力においても空無であったその世界から、専制政体の支配の構造を逆照射して、その非人間性を暴きだす意識の革命でしかない。徐の言う「発憤の心」をもって社会変革を志向する構想力の原理と述べてもよいだろう。埴谷雄高の言葉を借りるならば、そうした構想力としての「革命」は「幻視としての革命」にほかならなかった。

　その始まりに位置する周王朝の革命は、「憂患意識」という「幻視」をつうじてしか実現できない。周王朝の創始者たちの深い憂慮は、孔子にいたって人民の主体性を回復することを目的とした「人文精神」へと転換する。著者は徐による「革命」あるいは「憂患意識」が「制度設計」を欠いている問題点を指摘したが、幻視としての革命にあっては、農民を想像(imagine)し、農民を再所有化する(appropriate)以外に制度を設計することはできないだろう。したがって、主体性回復の道は二重の、迂回した構造をとらざるをえないのだ。現実の抑圧的な「国君の主体性」のかなたに、「人民の主体性」と呼ばれる、幻視としての革命を徐復観が夢見たことには確かな理由があった。

こうした革命が、二〇世紀の中国が政治体制として実現した革命とはまったく別の範疇に属することは言うまでもあるまい。現実の革命が農民や人民の犠牲のうえに実現されたものであることを徐はよく了解していた。「人間の魂に触れる」(毛沢東)ことを大義に、人間の魂を完膚なきまでに蹂躙すること。それは、徐を儒教革命の道に導いた偉大な師である熊十力に現実に起こったことだった。徐が生涯をかけて闘った相手は、人間の心のなかへと土足で踏み込み、人間の良心を麻痺させ、人間の尊厳を崩壊させる全体主義体制であった。

徐復観の東アジアへの関心に戻れば、そうした関心は日本の文化や思想を省察するなかから感得されたものである。近代日本における脱亜の潮流の深層部に、徐は、中国文化と深い親近性をもつ思想の水脈を見てとった。そうした水脈と対比しながら、日本の中国研究が、客観的な学問という名のもとに、中国蔑視や中国侵略を弁証するすがたを深く憂慮したのである。また、欧米の実証主義と中国近世の考証学の奇妙なアマルガムである日本の中国学界の主流にもかかれは親しみを感じることができなかった。それは、かれが批判の標的としてきた胡適《こてき》や傅斯年《ふしねん》を彷彿とさせるものにすぎなかった。むしろ、日本では右翼と片付けられてきたひとびと(山口昌男が『挫折の昭和史』で描いたようなひとびと)

にかれは強く共鳴し、中国への深い敬愛にもとづいたかれらの探求姿勢に、日本の中国学の未来のあるべきすがたを見定めようとした。それは、幻視としての革命に対応した、幻視としての中国学であったかもしれない。

徐復観が日本の中国学のなかでも経世儒学の実践哲学をもっともよく体現する岡田武彦（一九〇八～二〇〇四）の儒教研究に惹かれたことには理由がある。岡田への共感が、儒教文献にかんする日台間の共同研究となって結実したことはひとの知るとおりである。このたび、岡田武彦に日本の中国研究の本流を見た徐復観にかんする本書について、九州を活動の拠点とし岡田の書物を数多く取りあげてきた中国書店を母体に生まれた集広舎に出版の労をとっていただけたこと、また、九州の地で徐復観を研究するかたがたの研究成果を本書に活用する機会を得たことを、たいへん嬉しく思う。瀟洒な装丁を手がけてくださったdesign POOLの北里俊明氏にも感謝申し上げたい。

著者の黄俊傑氏、天上の徐復観の導きになるこの不思議な縁《えにし》に深い感謝の気持ちを込めて、この拙い訳業を江湖に送りたい。

二〇一八年三月二〇日

緒形　康

◎扉写真出典

・黄俊傑氏より提供された徐復観の書簡　*3*

・『江山遼濶立多時』（徐復観記念写真集）　*19, 69, 213*

徐復観の妻、王世高の逝去後、残された写真の数々は子息の帥軍氏が整理のうえ、子女の均琴氏の手元に保管された。それらを編集したこの写真集は、国立台湾大学人文社会高等研究院で2009年12月5日～6日、および2013年9月28日におこなわれた徐復観をめぐる国際シンポジウム参加者に贈呈されたものである。

・『徐復観先生　手稿精選』（東海大学、2016年12月）　*143, 183, 257, 319, 329*

【事項索引】

【人名索引】

な行

は行

ま行

や行

ら行

わ行

黄 俊傑（コウ・シュンケツ）
1946年、台湾高雄生まれ。国立台湾大学歴史系卒業。Ph.D（ワシントン大学歴史学部）。研究対象は東アジア儒教、戦後台湾史。国立台湾大学歴史系主任をへて、同大学に人文社会高等研究院を創設、院長に就任、東亜儒学研究中心主任を兼務。2017年1月、国立台湾大学を退任後、台湾大学特聘講座教授、文徳書院にて講学活動を続ける。その著書は編著を含め50冊を超えるが、邦訳に『東アジア思想交流史——中国・日本・台湾を中心として』（藤井倫明・水口幹記訳、岩波書店、2013年）、『徳川日本の論語解釈』（工藤卓司訳、ぺりかん社、2014年）、『儒家思想と中国歴史思惟』（工藤卓司監訳、池田辰彰・前川正名訳、風響社、2016年）などが、最新の著書に『東アジア儒家の仁学史論（東亜儒家仁学史論）』（台北：国立台湾大学出版中心、2017年）がある。

緒形 康（おがた・やすし）
1959年、大阪府生まれ。東京大学教養学部教養学科卒業。文学博士（東京大学）。研究対象は中国近現代思想史、日中思想交流史。現在、神戸大学大学院人文学研究科教授。著書に『危機のディスクール——中国革命1926～1929』（新評論、1995年）、編著書に『現代中国と市民社会——普遍的《近代》の可能性』（勉誠出版、2017年）などがある。

儒教と革命の間——東アジアにおける徐復観
2018年6月4日　第1刷発行

著者——黄 俊傑
訳者——緒形 康
発行者——川端幸夫
発行——集広舎
〒812-0035 福岡市博多区中呉服町5番23号
電話 092(271)3767　FAX 092(272)2946

装丁・組版——design POOL
印刷・製本——モリモト印刷株式会社

落丁本・乱丁本はお取り替えいたします。
ISBN978-4-904213-60-5 C0010